DICIONÁRIO DE PALAVRAS & EXPRESSÕES ESTRANGEIRAS

DICIONÁRIO DE PALAVRAS & EXPRESSÕES ESTRANGEIRAS

Luís Augusto Fischer

L&PM EDITORES

1ª edição: outubro de 2004
2ª edição: maio de 2008

Capa: Marco Cena
Edição de imagens, projeto gráfico e diagramação: Ivan Pinheiro Machado
A autoria das imagens está creditada na própria ilustração. Aquelas sem crédito são de domínio público ou *copyright free* e pertencem ao banco de imagens da L&PM Editores.
Revisão técnica: Pedro M. Garcez
Revisão: Jó Saldanha e Renato Deitos

ISBN: 85.254.1421-1

F529d Fischer, Luís Augusto
Dicionário de palavras & expressões estrangeiras/ Luís Augusto Fischer. – 2 ed. – Porto Alegre : L&PM, 2008.
352 p. ; 21 cm.

1.Dicionários- Expressões-Estrangeirismos. I. Título.

CDU 811.134.3'276(038)

Catalogação elaborada por Izabel A. Merlo, CRB 10/329.

Rua Comendador Coruja 314, loja 9 – Floresta – 90.220-180
Porto Alegre – RS – Brasil / Fone: 51.3225.5777 – Fax: 51.3221-5380

Pedidos & Depto. Comercial: vendas@lpm.com.br
Fale conosco: info@lpm.com.br
www.lpm.com.br

Impresso no Brasil
Outono de 2008

Explicações necessárias

Este livro levou quase cinco anos para ser escrito. Ele começou a ser inventado no final de 1999, na Feira do Livro de Porto Alegre – evento tradicional da cidade, espécie de ponto de encontro anual de "todo mundo" –, ocasião em que eu estava lançando meu *Dicionário de porto-alegrês*. Sucesso para muito além de qualquer expectativa, aquele livro é uma recolha afetuosa da linguagem da cidade, das historinhas que vão sendo tecidas a cada dia por gente de todo tipo, numa lenta acumulação a que, lá adiante, se dá o nome de cultura.

Em determinado dia dessa Feira, o Ivan Pinheiro Machado, editor da L&PM, me disse que eu poderia ser o cara certo para escrever um dicionário de estrangeirismos, de palavras estrangeiras em uso no português brasileiro. Ele começou a dizer umas quantas, eu a evocar outras tantas, e ficamos ali lembrando coisas engraçadas, outras constrangedoras, que nascem desse caldo feito pela mistura das línguas num contexto de certa subserviência mental, como é o caso reiterado do Brasil em relação aos centros dominadores do Ocidente, a França no passado, os Estados Unidos no presente.

Naquele verão, me dei a um esporte ligeiramente pateta, de que eu gosto muito: na paz do veraneio, repassar revistas do ano, dos anos anteriores, de anos muito antigos. Caiu a ficha, como diz a gíria que se tornou obsoleta com a chegada dos novos telefones: comecei a perceber e a anotar as palavras e expressões que apareciam na imprensa brasileira, escritas na língua de origem. Resultado: em não mais de três dias, eu tinha uma lista de uns 800 elementos. Era o embrião deste livro.

Não sou totalmente inocente em matéria de língua. Fiz Letras, sou professor de Literatura Brasileira, estudei um pouco, fiz um dicionário – ainda que de gíria, e de uma gíria secundária no país, um dicionário. Mas também não sou um especialista, no rigor do termo. Leio alguma coisa em outras línguas, mas naturalmente o território da minha ignorância é vastíssimo, a começar do português mesmo. Se eu fosse um especialista de verdade, com conhecimento preciso de dialetologia, e mais inglês, e francês, e italiano, e sabe-se lá mais o que, provavelmente eu ficaria travado com a mera hipótese de me meter nessa empreitada.

Por outro lado, escrevo para jornais e revistas, com regularidade. No jornal *ABC Domingo*, para o qual escrevo uma coluna já há oito anos, eu publiquei o *Porto-alegrês* aos pedaços, uns tantos verbetes por semana; não seria uma boa idéia começar a freqüentar os estrangeirismos com a mesma intenção inicial, a de botar lá, cada semana, uns tantos termos e suas explicações?

Era. E comecei a conceber este livro, com essas variáveis em mente. Pensei muito sobre como fazer. A começar da mais trivial e mais decisiva das perguntas: o que entraria neste dicionário de estrangeirismos? Qualquer palavra? Eu percorreria os dicionários correntes do português atrás dos registros ali consignados para palavras em língua estranha? E mais: como eu escreveria os verbetes – a sério, como quem explica sabendo de tudo? E a linguagem, seria neutra, apagada, meramente veicular, como costuma acontecer com dicionários? E a chave de pronúncia, como seria? Eu usaria a chave internacionalmente consagrada? Muitas perguntas.

As respostas foram brotando no caminho. Primeiro, quanto ao critério de inclusão: basicamente, os termos que aparecem na imprensa brasileira (jornais e revistas, principalmente *Zero Hora, Folha de S. Paulo, ABC Domingo, Jornal do Brasil, Carta Capital, Bravo!, Superinteressante*, que são os que eu leio regularmente) na forma original. Palavras já aclimatadas, em princípio não entrariam, a menos que ainda aparecessem na forma original, a despeito de abrasileiramento já existente, ou que rendessem uma boa história. Começou a ficar claro, por exemplo, que a leva de termos do mundo dos computadores e internet era imensa, assim como o vocabulário especializado do comércio e da publicidade. Aí se definiu um critério de exclusão: não entra palavra ou expressão especializada, de setor específico de conhecimento, a menos que ele esteja de alguma maneira no noticiário e, portanto, ao alcance do leitor médio.

"Leitor médio", eu sei, é uma abstração, mas foi essa imagem que me guiou neste livro, o tempo todo. Diante de um termo que me parecia passível de inclusão, mas não totalmente cabível, pensava: eu, por exemplo, preciso saber desse conceito alemão que é usado na filosofia, desse termo francês que um cozinheiro especializado conhece bem, dessa palavra italiana que um maestro maneja o tempo todo? Como não sou nem filósofo (naquelas altas idéias, eu, como o Riobaldo, navego mal), nem cozinheiro especializado (mal me defendo), muito menos musicista (mas sou casado com uma), sou um bom critério.

Sendo porém um letrado militante, professor e escrevedor de coisas da literatura, algum vocabulário da área talvez tenha entrado a mais. No outro extremo, certamente deixei de fora os termos que definem o jeito de cair de uma onda, termos que fariam a felicidade de um surfista, assim como os detalhes fascinantes do mundo do turfe, de que eu só tenho notícia remota: para além de duas ou três noções muito gerais, estende-se aquela sólida vastidão escura do meu desconhecimento, nestes casos voluntário.

O mais foi se ajeitando como as abóboras no andar da proverbial carroça. Quanto à linguagem dos verbetes, procurei nunca ser formal, de gravata e terno, e pelo contrário tentei andar na linha da conversa. A estrutura básica do verbete compreende a tradução do termo ao português, a descrição de algumas variações de sentido, ou ao longo do tempo ou ao largo da geografia, quando é o caso, e a chave da pronúncia, e esta eu procurei fazer da maneira mais singela: tentei imitar na escrita a fala da palavra na sua língua de origem, de vez em quando consignando alguma diferença entre aquela pronúncia e a que praticamos no Brasil.

Para deixar claro: nos verbetes o leitor vai encontrar uma pronúncia culta possível da palavra na língua original, em geral a pronúncia mais usada. Não quer dizer que não haja outras formas de dizer aquela palavra, mesmo porque todo mundo sabe que as pronúncias constituem um universo quase totalmente livre e muito variado, quando se considera todo o território em que uma língua é falada; quer dizer apenas que assim é possível dizer e ser entendido. Não estou absolutamente sugerindo que o leitor deva dizer daquele jeito quando estiver conversando com o amigo: por mim, desde que seja compreensível no contexto da fala, diga como quiser, que está perfeito, feito uma amiga minha que sugere liberdade para o sujeito dizer "baudelaire" e não "bodelér" – e eu assino embaixo. Pronúncia também é história: aquele estado sulino norte-americano se chama Florida, designação oriunda da língua espanhola, particípio do verbo "florir", sílaba tônica em "ri"; como é que os falantes do inglês dizem e nós, por sinal, copiamos? E mais uma observação: em tese, as chaves de pronúncia devem ser evidentes. As regras básicas são: (a) a sílaba tônica está em maiúsculas; (b) os acentos procuram dar o timbre (aberto, fechado, nasal); (c) certos sons estão descritos de forma comparativa, como "*r* de caipira", "*r* de carioca", e assim por diante. Tomara que nos entendamos.

Estou precisando de um job...
Carlos Trillo

Neste particular das questões da pronúncia, me ajudou extraordinariamente meu amigo e colega, este sim um especialista em lingüística, Pedro M. Garcez, que teve a gentileza de me palpitar coisas espontaneamente e, depois, a fineza ainda maior de fazer uma revisão técnica de tudo. Sendo além de tudo um grande conhecedor do inglês, o Pedro me livrou de uma boa quantidade de besteiras.

Isso significa que eu escrevi este livro, no fundo, para eu mesmo aprender o que é que significam estas várias palavras. Acho que posso dizer sem parecer muito pretensioso que este dicionário se assemelha ao serviço que os enciclopedistas franceses tiveram, lá em seu tempo, mais de 200 anos atrás: também eu, em minha pequena escala, procurei compreender e ordenar, na seleção dos termos, na pesquisa e na redação dos verbetes, o mundo à minha volta, na forma de escrever a explicação para as palavras que me, nos cercam, e que muitas vezes nos oprimem por sua, para nós, obscuridade. Faço eu mesmo esta pequena luz, então.

Há outro tema candente a enfrentar nessa abertura, que já está longa. Como todo brasileiro sabe, está em causa, mais uma vez, o problema dos estrangeirismos. Ainda não faz muito, um deputado propôs uma lei (ao que sei, temporariamente posta de lado) para proibir o que ele considerava abuso na vigência de palavras estrangeiras no português brasileiro.

A opinião e os fundamentos do deputado me parecem equivocados, por várias razões, que alinho agora sumariamente, não para acabar com a conversa mas para explicar a minha posição. Primeiro, toda língua se modifica com o tempo, com as influências, com as novidades. Tudo isso está em causa no Brasil de nossos dias: o tempo histórico está passando, somos claramente um país influenciado em vários níveis, somos atropelados por novidades tecnológicas o tempo todo. Quer dizer: é fatal que apareça vocabulário novo para dar conta disso.

Vocabulário que vem de fora, dos inventores da tecnologia nova. Claro que o pessoal do Bill Gates não vai perguntar ao espanhol ou ao português para saber como chamar o que vai sendo inventado. É claro que os países e as línguas podem e devem pensar sobre seu alcance e sua vigência. Mas não se deve pensar ou agir de modo simples, em equações do tipo nós *versus* eles. Nem esse "nós" é tão claro assim (no Brasil se falam outras línguas, que só não têm mais força porque os índios perderam muito de seu fôlego com a dizimação antiga e o relativo descaso de todos os tempos; e Getúlio proibiu, nos anos 30, o ensino em alemão, italiano, japonês e o que mais houvesse, o que fez com que muita gente, eu inclusive, deixasse de ter uma segunda língua familiar), nem esse "eles" é unívoco. Como diz meu amigo e conselheiro Cláudio Moreno, o inglês domina o cenário da tecnologia agora porque é em inglês que ela é bolada, assim como o vocabulário da música de concerto é grandemente italiano, como noutros aspectos o francês manda, como noutros domínios o alemão dá o tom etc.

Isso sem contar outros dois lados. Se é para fazer política de proteção ao português, o caso é muito mais o de fazer e aparelhar biblioteca pública acessível a todo mundo, pagar e habilitar melhor os professores, oferecer escola aberta à comunidade, inventar um instituto Machado de Assis à semelhança dos Goethe, Cervantes, Camões, enfim, um monte de coisas há para fazer, antes de pensar em fechar as portas da língua portuguesa. Mais: a civilização brasileira, que se caracteriza como aberta, disponível para o mundo, negociadora, incorporadora, em parte apenas por haver sido e ser periferia do sistema internacional mas em parte por uma espécie de temperamento forjado ao longo do tempo, por que deveria se fechar justamente na língua, e mais ainda na língua culta, terreno em que as coisas andam com relativa parcimônia?

Eu não estou ignorando os alvos mais visíveis daquele projeto de lei, que eram, são, certos procedimentos claramente adesistas, de comerciantes, publicitários e outras gentes, do tipo que bota uma réplica da Estátua da Liberdade na beira da praia e chama bodega de *store* e anuncia liquidação com *off*. Essa gente merece mesmo crítica, talvez repúdio, ou melhor, desprezo, sei lá. (A propósito, disse um jornalista na *Carta Capital*, cujo nome me escapa, que é difícil legislar sobre a cretinice. Bingo.) Essa gente não se emendaria nem mesmo com a aprovação da lei do deputado.

E mais uma ainda: uma língua talvez precise de medidas protecionistas quando está em perigo, quando não tem força, quando sua população é pequena e decrescente, quando perdeu a capacidade de dizer coisas. Isso está ocorrendo com o português, o nosso ou o de Portugal ou de outras partes? Absolutamente não. Nunca como agora nossa literatura entrou no mercado e na inteligência de outras partes, incluindo novas traduções de Machado de Assis, um prêmio Nobel (não é o fato de Saramago não ser um gênio que vai obscurecer este importante fato) e o sucesso de Paulo Coelho lá para seus leitores, ele de peito medalhado com louvor intelectual na inefável França. Nossa canção popular, flor especial da língua e da cultura, está no mundo, e há gente que se mete em aulas de português em toda parte do globo para entender Chico, Caetano, Tom, Paulinho, Gil, tanta gente.

Quer dizer: neste particular estamos bem, e não custa perceber isso. Como não custa nada tomar em conta exemplos maduros do problema, como a atitude do inglês, que simplesmente traz para dentro de seus limites qualquer palavra que interesse. Pode vir do tâmil, do charrua ou do português, eles botam no dicionário, dizem a fonte e colocam à disposição do prezado leitor. Pessoalmente, acho que isso vale mais a pena. Ok, o inglês é a língua do atual império e do anterior; mas isso não altera muito os fatos para esta nossa conta, acho eu.

O inglês é a língua do atual império, e ao redigir estes verbetes ao longo de cinco anos muitas vezes vi isso de maneira total. Pude perceber a chegada da língua de George Bush júnior a domínios antes ocupados pelo francês (ninguém mais fala em *nouveau riche* hoje, preferindo ou o maiâmico *social climber* ou o nacional *emergente*); a ocupação, por vezes, mais que vocabular, gramatical, do inglês sobre o português, como na nomeação de lojas e comércios em geral, seja na versão chique, com os *sale* e os *off*, seja na versão pobre, com aqueles apóstrofos patéticos, "Silva's", ou com a inversão da ordem portuguesa, de "Bar e Restaurante Silva" para "Silva Bar e Restaurante"; na superpresença de formações substantivas na designação de coisas que fazemos toda hora (fiz um levantamento de palavras da língua inglesa terminada em *-ing*, e a soma é alta, mas deixo para o leitor interessado investigar).

Últimas palavras, eu prometo: procurei sempre averiguar no Houaiss e no Aurélio se a palavra em causa estava registrada, se na forma original, se adaptada (há muita convergência entre os dois, mas há diferenças); mesmo não sendo este livro um estudo sistemático, que não é nem pretende ser, procurei manter em mente essa diretriz. Da mesma forma, tentei mapear o caminho da palavra ou expressão no mundo brasileiro, tal como eu o percebo – às vezes a palavra permanecendo com sua cara e mesmo sua pronúncia de origem, apesar de tudo (como *show*, *marketing*, *pizza*), às vezes tendendo a ser traduzida (estas quase não entraram neste livro, por motivos óbvios), noutras a ser aportuguesada (turfe, surfe). Em todos os casos, procurei escrever para um leitor que, como eu, quisesse saber o básico para se movimentar neste mundo: o que significa, como se formou, como se pronuncia. O leitor comum, meu irmão, meu semelhante.

Os verbetes, em forma menos refinada do que aqui constam, foram publicados primeiro no jornal *ABC Domingo*, como já mencionei; mas não tinha dito ainda que eles apareciam sob o título *A língua da mãe joana*. Por quê? Quando comecei a empreitada, foi a imagem que me veio: a língua portuguesa do Brasil como uma casa invadida de todos os modos, como a consabida "casa da mãe joana". Na forma final deste livro, porém, não ficou este nome, em parte porque apareceu um livro de nome semelhante no mercado brasileiro (mas com quase nenhum ponto de contato com este trabalho aqui), em parte porque o nome não dizia exatamente o que aqui se fez, esta recolha anotada de termos estrangeiros não-especializados correntes no Brasil culto de nossos dias. Isso sem contar que, dizendo "mãe joana" para este livro, eu poderia estar sugerindo um ressentimento meu contra a presença desses termos, coisa muito distante do meu ponto de vista.

O leitor encontrará aqui, de vez em quando, verbetes mais extensos, com descrições de até uma página inteira. São exceções, mas merecem ser lembrados aqui por um motivo profundo: nestes verbetes foi possível praticar um pouco daquela descrição de etimologia que Roland Barthes faz, em sua autobiografia. Falando de si mesmo em terceira pessoa, diz ele (cito da tradução brasileira, por Leyla Perrone-Moysés, *Roland Barthes por Roland Barthes*, São Paulo: Cultrix, 1977):

> *Entretanto, na etimologia, não é a verdade ou a origem da palavra que lhe agradam, é antes o* efeito de superposição *que ela autoriza: a palavra é vista como um palimpsesto.*

Grande idéia, grande estímulo intelectual, grande imagem da vida da linguagem: construção de todos, a todo momento, infinitamente. Construção que de vez em quando é possível fotografar, pôr em papel, mostrar para os amigos, compartilhar.

Agradecimentos a Aníbal Damasceno Ferreira, que deu força para a idéia ainda em embrião; a Jane Catarina de Oliveira, que teve paciência com a edição seriada destas conversas todas, no *ABC*; a River Guerreiro, Norberto Wolfgang Wilm e Lowell Bailey, que deram palpites importantes; para o Cláudio Moreno, que além de amigo e parceiro foi de uma enorme generosidade, oferecendo dicas e informações preciosas; para meu pai, Bruno Fischer, que traduziu os latinórios mais complexos e me ensinou a ter gosto pelas coisas da linguagem, e para a Julia, que mais uma vez foi parceiríssima, em todos os níveis (incluindo conteúdos raros do sânscrito!).

LUÍS AUGUSTO FISCHER, *setembro de 2004*

A

A cappella – Expressão italiana, usada para designar o canto que se realiza sem acompanhamento algum de instrumentos, só a voz vibrando no ar. Pode ser entendido como "à maneira d[aquilo que acontece n]a capela", isto é, como acontece com o coro de uma capela, que canta sem acompanhamento algum. Se diz como se fosse português mesmo, |a ca-PÉ-la|, mas pode prolongar o "p" e o "l", que fica mais parecido com o italiano.

À clef – Diz-se que um romance é *à clef* quando ele foi escrito decalcando uma situação ou pessoas reais, que no entanto são apresentadas sob algum disfarce, com nome trocado ou algo assim. Por isso a expressão francesa *à clef* (também existe a forma *à clé*) quer dizer, literalmente, "a chave", isto é, "com chave" – porque é preciso conhecer a chave de interpretação para saber quem é quem. Se diz |a CLÊ|.

À côté – Ver *côté*.

À doré – O verbo francês *dorer* significa "dourar", tornar parecido com a cor do ouro, ou então botar ouro mesmo – manja aqueles frisos de ouro em pó, que aparecem em esculturas barrocas brasileiras? Pois é. Daí que existe, na arte de fritar coisas, por exemplo bifes, uma modalidade que é, escrevendo em francês, *à doré*, quer dizer, "à moda dourada". Consiste em, basicamente, passar ovo batido e uma farinhazinha em volta do bife e levar essa deliciosa composição à fritura. Fica douradinho mesmo. Se diz, mais ou menos, |a dô-RRÊ|, com o "r" rosnado. Ver também *jeunesse dorée*.

À la carte – Este *à la* é francês e significa o mesmo que o nosso "à", no sentido de "ao estilo de", "à moda de", "nos termos de". Neste caso, é "nos termos da carta", isto é, do cardápio impresso que o restaurante oferece. Quando um restaurante diz que serve *à la carte*, está querendo dizer que o freguês precisa encomendar algo que esteja lá, no cardápio, e portanto não há comida pronta para servir, um prato feito, um bastantão. Se diz, mais ou menos, |a la-CARRT|.

À la garçonne – Corte de cabelo feminino, à maneira de um menino, o tal *garçon*, que em francês significa isso mesmo, "rapaz". O corte este era meio típico nos anos 50 franceses, e daí se espalhou ao mundo, como moda ligeiramente existencialista, com as moças que assim tosavam o cabelo se apresentando como transgressoras, liberadas, isso tudo expresso no cabelo curto, contrariando a tendência secular de as mulheres manterem cabelos longuíssimos. Se diz mais ou menos como em português, apenas com o "r" forte |a-lá garr-ÇON|.

À la minuta – O mesmo *à la* já mencionado antes, de origem francesa (ver *à la carte*) só que aqui significando "a cada minuto", ou seja, a toda hora, na hora em que o freguês quiser. Num restaurante, em geral a expressão significa que ali há um prato que se prepara naquele exato momento, um bastantão, em geral uma composição de arroz, bife, batata frita, ovo frito e alguma salada. A forma é híbrida: em francês, a forma seria *à la minute*, que a gente transformou para "à la minuta", e que se vê escrito de tudo quanto é jeito: *ala minuta*, *a la minuta*, *alaminuta*, *à la minuta*. O Aurélio, sabiamente, diz que a forma mais correta em português seria "à minuta", sem o *la* francês. Já Celso Luft sugere *a la minuta*, sem o sinal de crase.

À la mode – Expressão francesa, traduzível por "à moda", que se usa em cardápios. Seria uma expressão por assim dizer transitiva, exigindo um complemento, *à la mode de Paris*, *à la mode du chef* etc. Só que de vez em quando ela vem sozinha, significando "à moda da casa". Se diz |a la-MÓD|.

A media luz – Título de tango famosíssimo, um dos cinco ou seis mais gravados em todos os tempos, criado em 1924 por Carlos César Lenzi (letra) e Edgardo Donato (música). O começo é famoso por dar um endereço:

Corrientes, tres cuatro ocho
Segundo piso, ascensor...
No hay porteros ni vecinos;
Adentro, cocktail y amor...
Pisito que puso Mapple,
Piano, estera y velador,
Un telefón que contesta,
Una victrola que llora
Viejos tangos de mi flor,
Y un gato de porcelana
Pa' que no maúlle al amor.

O tango não foi composto, como poderia parecer, em Buenos Aires, onde de fato há uma famosa rua Corrientes; e nem existe nada relevante neste número, 348 (funcionava ali uma loja de encerar e lustrar sapatos). Esse pequeno erro referencial se explica pelo fato de os autores serem uruguaios e terem escrito a canção em Montevidéu. Um amigo deles foi conferir o que havia no lugar e ficou tremendamente decepcionado. O estribilho é que menciona a expressão:

Y todo a media luz...
¡Qué brujo es el amor!
A media luz los besos,
A media luz los dos
Y todo a media luz,
Crepusculo interior...
¡Qué suave terciopelo
la media luz de amor!

A expressão significa "à meia luz", no escurinho. Se diz |a-MÊ-dia LUÇ|, com "d" de dedo.

À outrance – Francês, "a todo pano", "a todo transe", "a todo custo", "desmedidamente". Pronuncia-se |a u-TRÃNÇ|, com o "r" na garganta (e não com o "r" vibrante da ponta da língua batendo no alto dos dentes de cima), como sempre é de bom-tom na pronúncia do "r" francês. Em espanhol, os caras adaptaram para *a ultranza*. Eu achava que eles tinham inventado esse "l" aí, mas – o dicionário sempre ajuda – o *Petit Robert* informa que *outré*, exagerado, excessivo, vem de *outrer*, que vem de *outre*, que vem de *ultra*, do latim. Enfim, o "l" está aí, firme e forte.

A posteriori – Latim bem conhecido, que significa "posterior", coisa resultante, "depois do ocorrido", e se pronuncia |a pos-te-ri-Ó-ri|. Ver *a priori*.

A priori – Latim manjado, que se pronuncia |a-pri-Ó-ri| e significa, para nós que somos inocentes em Kant e raciocinamos com a linguagem de dia de semana, "previamente", antes de qualquer outra coisa. Mas se o senhor levar a sério a questão, tem que ir ao Kant, aliás Immanuel Kant (1724-1804), alemão que nunca saiu de sua aldeia, mas organizou racionalmente o mundo e tem no centro de sua filosofia a categoria *a priori*, que significa "coisa que não depende da facticidade ou da experiência". Com todo o respeito.

À rebours – Francês de novo, pronunciado |a rrâ-BURR|, com os "r" sempre naquela onda francesa, significa "ao contrário", "a contrapelo", "às avessas", como o tremendo romance chamado justamente *À rebours*, de Joris Karl Huysmans, escritor francês (cujo verdadeiro nome era Charles Marie Georges Huysmans), nascido em 1848 e falecido em 1907, romance famoso por sua característica perversa, maldita (v. *maudit*), tendência que por muito tempo foi chamada de decadentista.

À vol d'oiseau – Expressão francesa, hoje pouco usada, mas de largo uso durante a vigência do francês como língua de cultura no Brasil, significa literalmente "a vôo de pássaro" e, com certa licença metafórica, "vista (a coisa em questão) desde o alto", "vista panorâmica". Pronuncia-se |a-VÓL dua-ZÔ|, com o "l" bem líquido. Gentes de cultura formal, feito advogados, usavam a expressão como preliminar a alguma observação que não se prenderia a detalhes, mas ao contrário buscaria o desenho geral da questão, os grandes traços do problema. Por exemplo, imaginemos um juiz de direito que, para pedir escusas por não descer a detalhes ínfimos de um caso, dissesse: "Vistas as coisas *à vol d'oiseau*, quer parecer que se trata de um caso patológico". Falando nisso: advogado é useiro em expressões que atenuam as afirmações. É o caso dos inúmeros "Salvo melhor juízo", expressão de cautela que antecede um juízo, muitas vezes óbvio.

Ab imo pectore – Latinório para "do fundo do peito", isto é, verdadeiramente, sinceramente, afetuosamente. Dizia-se, no tempo do latim, que, por exemplo, se queria cumprimentar o candidato aprovado no concurso *ab imo pectore* – atenção, dizendo |PÉC-to-re|. No mesmo sentido se usava também a expressão análoga *ab imo corde*, "do fundo do coração". Detalhe que vale para outros casos: a preposição latina *ab* é uma das matrizes da preposição "a" do português, mas com um sentido preciso: no latim, era usada para designar procedência, proveniência, ao contrário de outra preposição latina, *ad*, que também confluiu no "a" do português, mas com um sentido de direção, de destino.

Ab ovo – Expressão latina que significa "desde o começo", "a partir do começo", com o "ovo" ali significando literalmente o ovo. Uma metáfora simples. Seria o começo de uma frase latina maior, *ab ovo usque ad mala*, isto é, "do ovo até a maçã", porque certas refeições romanas começavam no ovo e terminavam mesmo na maçã.

ABS – Sigla moderna para um sistema de freios nos automóveis e motos. Nasceu como *Anti-Lock Breaking System*, sistema antibloqueante de freio.

Abstract – Do inglês, significa "resumo", apanhado geral das idéias que aparece no começo dos trabalhos científicos, idéias quc obviamcnte estão desenvolvidas no corpo do trabalho. (Claro que a palavra também significa, como se pode imaginar, aquilo que em português a gente chama de abstrato, oposto de concreto, incorpóreo, teórico etc.) Se diz |ABÇ-tract|, ou, se preferir a pronúncia texana, |ÉBÇ-tréct|.

A. C. – D. C. – bC/aC – A. D. – Em português, por influência direta do catolicismo, quando se trata de marcar o número correspondente a determinado ano como pertencente ou não à era Cristã, usamos A. C. (ou a. C.), sigla para "Antes de Cristo", para os anos anteriores ao calendário cristão, e D. C. (ou d. C.), "Depois de Cristo", para os demais. Na tradição latina, provavelmente a matriz da forma portuguesa, também se usou a sigla *A. Chr. n*, *ante Christum natum*, antes de haver nascido Cristo, oposta a *P. Chr. n.*, *post Christum natum.* Em inglês, usa-se *B. C.*, *before Christ* (antes de Cristo) ou *A. C.*, *after Christ* (depois de Cristo), e este *A. C.* inglês já foi confundido com o português a. C., sendo um o oposto do outro, como deu pra ver. Outra possibilidade é usar A. D. (também a. D.), ou por extenso *Anno Domini* (dito |DO-mi-ni|), latim para "Ano do Senhor", para os anos posteriores ao suposto nascimento de Cristo (que, tudo indica, nasceu uns seis anos antes do ano zero de nosso calendário, e daí vem parte dessa bronca sobre quando é que começou o novo milênio, mas deixa pra lá). Os judeus, por motivos óbvios – não reconhecem Cristo como filho de Deus, e portanto ele não teria tanto prestígio a ponto de marcar a mudança de toda uma era –, usam, para a era cristã, em português, a sigla E. C., "Era Comum", e A. E. C., "Antes da Era Comum", para o tempo anterior. O que é compreensível, afinal: o calendário judaico está agora no ano cinco mil e tantos, e não seriam esses magros dois mil anos que fariam assim tanta diferença. A propósito, e para confundir um pouco mais: nos anos de 70 e 80, houve um conjunto de *rock* que fez furor, *rock* pesado, o dito *heavy-metal*, |RRÉ-vi-MÉ-tal|, ou "metal pesado", para os não-iniciados, chamado justamente AC/DC, tudo junto e com acentuado aspecto satânico (como o Black Sabbath), dito no Brasil com pronúncia meio inglesa, |ei-ÇÍ dji-CÍ|. A banda era de país de língua inglesa; então, por que a abreviatura em latim? Porque também lá eruditamente se usa AC para *anno Christi*, "ano de Cristo", isto é, depois dele, do Salvador dos cristãos (este uso do AC, como deu para ver, é oposto ao anotado ali em cima, e esse paradoxo tem registro em dicionários da língua inglesa). Por que será que o nome era esse? Seria para marcar a banca como algo transcendental? Deve ter a ver com um outro sentido da sigla: AC significa também, em inglês, corrente alternada (*alternating current*), ao passo que DC significa *direct current*, corrente contínua, em português. Outra hipótese plausível: na gíria norte-americana, AC/DC é designação para bissexualidade, numa insinuação metafórica de que o indivíduo em questão funciona nas duas correntes – coisa que no Rio de Janeiro, em épocas passadas, se usava qualificar como "barca da Cantareira", a barca da travessia Rio-Niterói, que atracava dos dois lados...

Acquaplaning – Mistura entre *acqua*, "água" em latim, e o verbo *to plane*, do inglês, que dá no nosso "planar". É o efeito que acontece em carros que andam rápido sobre superfícies lisas (asfalto), feito os carros de corrida como os Fórmula 1, efeito que os faz deslizar, planar sobre a água. Diz-se |acua-PLÊI-nin|. Já apareceu escrito como *acquaplanning* (que se diria |acua-PLÉ-nin|), com dois "n"; mas aí não dá, porque se trataria do verbo *to plan*, planejar.

A. D. – *Anno Domini*: Ver A.C.

Ad absurdum – Latim para "ao absurdo", isto é, "levadas as coisas até o limite do absurdo". Se diz |ad ab-ÇUR-dum| ou |a-dab-ÇUR-dum|. Usa-se para certo procedimento matemático de demonstração negativa, em que se procura explicitar o resultado absurdo que derivaria da adoção de determinado caminho argumentativo ou da radicalização última de certa tese. Também usado em situação de debate regido pela lógica, em geral. A expressão completa seria *reductio ad absurdum*, "redução até o absurdo". Parece que um dos primeiros praticantes da idéia foi Zenão, aquele famoso discípulo de Parmênides, lá no século 5 a. C. Parmênides, filósofo pré-socrático, achava que este mundo que conhecemos não é o verdadeiro mundo, mas apenas uma espécie de ordenação enganosa das palavras, e que mudança e movimento de fato não existiam; Zenão resolveu demonstrar tal coisa mediante um raciocínio que procurava provar que não existe movimento – a gente aprende no colégio aquela história paradoxal que ele apresentou: uma flecha que sai de um arco em direção a um alvo tem que se deslocar por um certo trecho; este trecho pode ser dividido, e este resultado pode ser mais uma vez dividido, e assim sucessivamente, até o infinito, que nesse caso seria o não-deslocamento, de forma que, pensava nosso Zenão, a flecha de fato não se movimentava.

Ad aeternum – Expressão bastante usada, na linguagem mais ou menos polida, como sinônimo de "para sempre", eternamente, para todo o sempre, daí por diante até o fim. Caberia dizer no mesmo sentido *ad aeternitatem*, "até a eternidade". Diz-se |ad e-TÉR-num| ou |a-de-TÉR-num|. Nos manuais de latim como o *Não perca seu latim*, de Paulo Rónai, ou o impagável *Phrases e curiosidades latinas*, de Arthur Rezende, estranhamente não aparece a expressão, que talvez seja menos tradicional que uma sua parente, *ad in-*

finitum, que quer dizer a mesmíssima coisa.

Ad astra per ardua – Frase latina, que o defenestrado presidente Collor, de má memória, usou em uma de suas camisetas famosas (hoje esquecidas, talvez, mas fizeram sucesso: ele punha uma camiseta nova, a cada domingo de manhã, e saía a correr pela redondeza da Casa da Dinda, com a imprensa em seu encalço). Quer dizer, literalmente, "Aos astros (se chega) por caminhos estreitos", "difíceis". A pronúncia é |ad AS-tra per AR-dua| ou |a-DAS-tra pe-RAR-dua|. A frase tem variações em latim mesmo: *Ad astra per aspera* (dita |AS-pe-ra|, significa "dificuldades"); e outra, mais distante: *Ad augusta per angusta*, dita |ad au-GUS-ta per an-GUS-ta| ou |a-dau-GUS-ta pe-ran-GUS-ta|, significando "A coisas sublimes (se chega) por caminhos difíceis".

Ad hoc – Do latim, muito usada na linguagem erudita, significa "para este fim", "para isto" que se acabou de mencionar. Diz-se |ad-ÓC| ou |a-DÓC| ou, para ficar pedante e posar de bacana, |ad-RRÓC|, com o "r" aspirado. Por exemplo: numa tese universitária, pode acontecer de o sujeito precisar usar determinado conceito *ad hoc*, isto é, para aquele caso que está sendo analisado especificamente. Ao mencionar a expressão, o sujeito está dizendo, implicitamente, que ele sabe que há outros casos possíveis. Sinônimo no português, mas meio desusado: "adrede" (dito com o "e" tônico aberto). Também acontece na linguagem formal que algum cargo seja ocupado por um sujeito nomeado *ad hoc*, isto é, com funções limitadas especificamente àquele caso: procurador *ad hoc*, escrivão *ad hoc*. No mundo acadêmico, tem também sentido pejorativo, indicando um argumento ou um exemplo forjado apenas para comprovar a tese em pauta. Pronúncia abrasileirada: |a-DÓ-qui|.

Ad hominem – Por extenso, *argumentum ad hominem*, quer dizer, ao pé da letra, "ao homem" e "argumento ao homem" (para ser politicamente correto, deveríamos providenciar um *ad feminam* ou *ad mulierem*, quando estivesse na cena uma mulher). Diz-se |ad O-mi-nem| ou |a-DO-mi-nem|. Usa-se para designar um argumento que é usado especificamente contra o contendor, não contra as idéias que ele defende em geral – é um ataque, de fato. Outro sentido, para a mesma expressão: argumentar e debater *ad hominem* é também promover a argumentação usando as palavras ou as idéias do adversário para contraditá-las.

Ad infinitum – O mesmo sentido de *ad eternum*, neste caso, "ao infinito", "até o infinito", literalmente. Na pronúncia, cuidado: deve-se dizer |ad in-fi-NI-tum|, |a-din-fi-NI-tum|, mas sem palatalizar o "d", isto é, não pronunciar |a-djin-fi-NI-tum|.

Ad libitum – Dito |ad LI-bi-tum|, como uma proparoxítona. Significa "à vontade", do jeito que interessar. Usa-se no mundo da música erudita como indicação para o executante, que pode exercitar sua liberdade naquela parte assinalada com a expressão.

Ad maiorem gloriam Dei – Literalmente, "Para maior glória de Deus", dito |ad mai-Ó-rem GLÓ-riam DÊI|. A frase é a divisa da Companhia de Jesus, quer dizer, dos jesuítas. Aparece também na forma *Ad majorem Dei gloriam* (ou *maiorem*, indistintamente).

Ad nauseam – Do latim, dito |ad NÁU-zeam|, o "m" dito como se viesse uma vogal depois, quer dizer, ao pé da letra, "até à náusea", isto é, até os limites mais remotos que se possa imaginar, até a saciedade. (Entre parênteses: em vez de dizer "ao pé da letra" ou "literalmente", usa-se, embora raramente, dizer o latinório conveniente, *ad litteram*, dito |ad LI-te-ram|, ou então, mais comum, *ipsis litteris*, dito |IP-çis LI-teris|, que quer dizer "com as mesmas letras", "nos mesmos termos", "textualmente".) A expressão é usada para configurar a reiteração de algum procedimento até dizer chega: repetir um exercício *ad nauseam*, um chato fica dizendo as mesmas coisas *ad nauseam* etc.

Ad referendum – Outro latim, desta vez bastante usado na linguagem burocrática quando alguém dá seguimento a alguma iniciativa, mas faz a restrição de que será preciso consultar os envolvidos ou as instâncias superiores, para confirmação da validade da decisão. Literalmente, significa "ao referendo", isto é, que se deve ainda confirmar, que deve ganhar o referendo de outrem. A palavra *referendum* é paroxítona.

Adicto – Direto do latim *addictu*, significa "afeiçoado", dedicado, mas entrou na circulação do português contemporâneo para "drogado", que é um dependente. Usa-se o termo drogadicção para o fenômeno da dependência de alguém à droga, e drogadito ou drogadicto, para o dependente ("drogadito", quando ouvi pela primeira vez numa palestra de psicólogo escolar, me pareceu apenas um diminutivo afetuoso para "drogado"). Coisas do curso da língua: durante muito tempo se chamou o dependente de álcool de alcoólatra, aquele que idolatra o álcool; depois, com o aparecimento da noção de que não se trata de amor, mas de doença, mudou-se o termo para alcoólico, e o alcoólatra caiu em desuso. Assim também com o drogado, que foi reconhecido como dependente, adicto. Quando se usa o nome da coisa, se usa "adicção", com os dois "c", naturalmente para diferenciar de adição, pura e simples, se bem que o Houaiss registre "adição" mesmo para os dois significados.

Adiós, muchachos – Na língua comum de nosso país, volta e meia se diz a expressão para marcar o fim de algo. "Se tudo der certo no meu plano, *adiós, muchachos*", por exemplo. É expressão da língua espanhola, literalmente "adeus, rapazes", ou melhor, "tchau, rapaziada", e deve ter sido popularizada por causa de uma canção de muita fama, um tango, que se chama, precisamente, *Adiós, muchachos*, letra de César Felipe Vedani para música de Julio César Alberto Sanders, de 1927, gravado por todo mundo e imortalizada por ninguém menos que Carlos Gardel, e que começa assim:

Adiós, muchachos, compañeros de
mi vida
Barra querida de aquellos tiempos.
Me toca a mí hoy emprender
la retirada,
Debo alejarme de mi
buena muchachada.
Adiós, muchachos, ya me voy y me
resigno,
Contra el Destino nadie la talla...
Se terminaron para mí todas
las farras,
Mi cuerpo enfermo no resiste más.

Affair – No francês era *affaire*, feminino, dito |a-FÉRR|, e queria dizer "negócio", ocupação, caso. Passou para a língua inglesa sem o "e" final, com o mesmo significado de caso, negócio, questão (por exemplo, *Watergate affair*, o "caso Watergate"). Mas também acontece no inglês de se escrever *affaire*, com o "e" final, especificamente para o *love affaire*, isto é, para o caso amoroso, particularmente o caso secreto e passageiro. Em português corrente também se usa bastante, sobretudo neste último sentido.

After-shave – Inglês, significando "pós-barba", literalmente. Aparece em produtos usados para este mister. Se diz, na pronúncia norte-americana, |ÉF-târ-chêiv|, ou |AF-ta-chêiv|, se for para imitar os britânicos.

Aggiornamento – Palavra italiana usada de vez em quando no português e noutras línguas, modernamente, para designar o que significa, literalmente: "atualizaçao". Se diz |a-djor-na-MEN-to|. Ocorre também a palavra *aggiornatto*, menos comumente, significando atualizado. A palavra entrou na circulação culta do Ocidente por causa de João XXIII, o papa responsável pela convocação do Concílio Vaticano II, iniciado em 1962, reunião que visou – adivinha – a uma atualização da Igreja Católica, com modernização dos ritos, das concepções, da doutrina etc.

Agit-prop (ou ***Agitprop***) – Termo vindo do russo, algo como *agitatsiya propaganda*, propaganda de agitação política, referente à mobilização comunista. A palavra formou-se, como se pode ver, com a junção dos começos das duas palavras. Em português sobrevive, parece, mais na boca da direita política, para descrever o trabalho da esquerda, em comícios, distribuição de panfletos etc. Ouvi uma vez apenas sua pronúncia, como |a-GUIT-prop|, mas acho que não faz feio dizer à brasileira, |a-GIT-prop| mesmo.

Agribusiness – Palavra inglesa, que às vezes aparece assim mesmo na imprensa brasileira, mas noutras vezes na forma *agrobusiness* (o que é uma liberdade parcial, porque bota um "o" português em lugar do "i" inglês, mas mantém a segunda parte da palavra em inglês), que significa o que nós podemos escrever como "agronegócio": a economia moderna em larga escala na agricultura. A pronúncia é |É-gri-BIZ-nâç|.

Aiatolá – Termo popularizado no Ocidente com a ascensão do regime religioso no Irã, após a queda do Xá da antiga Pérsia, aí por 1979, sobretudo por causa do famoso aiatolá Khomeini. É palavra persa, de origem árabe, e designa um líder elevado na hierarquia muçulmana, parece que apenas abaixo do imame ou imã (não confundir com ímã, paroxítona), este o líder máximo. Por causa da impressão de arbitrariedade ou de despotismo que veio associada à figura do líder, no Brasil parece terse convertido em sinônimo de ditador, autoritário, prepotente, por aí.

Aide-mémoire – Francês, usado com relativa freqüência no inglês assim mesmo, pronunciado |éd-me-MUÁR|, pode ser traduzido simplesmente como

compêndio, manual, livro a que se recorre para facilitar o acesso a um determinado conteúdo, ou como uma lista, um sumário de tópicos redigido para auxiliar uma reunião de negociação, por exemplo (diplomatas usam o termo). Literalmente, quer dizer "ajuda-memória".

***AIDS* – SIDA** – Como se sabe, *AIDS* é uma sigla para *acquired immune deficiency syndrome*, literalmente, "síndrome de imunodeficiência adquirida", o que dá a seqüência SIDA, que por sinal é como os portugueses e os falantes do espanhol tratam a doença. Nós, ao contrário, mantivemos a sigla do inglês, mas a pronunciamos em português: enquanto eles falam |ÊIDZ|, nós dizemos |AIDS| ou |AI-djis|. Por que será que preferimos manter a sigla da língua original do termo? Por um lado, fazemos isso bastante – basta ver *DNA*, *deoxyribonucleic acid*, que preferimos a ADN, ácido desoxirribonucleico –; por outro, talvez tenha parecido estranho chamar SIDA a uma doença, em vista de tanta Cida que há no país, no mínimo por ser a Maria Aparecida a padroeira do Brasil.

Airbag – Do inglês, dito |ÉR-bég|, literalmente quer dizer "saco de ar", que é o que é: aquele balão que se infla automaticamente na frente do motorista e do carona quando os carros modernos batem. Tão estranho era o termo e a coisa, que pouco tempo atrás houve uma campanha publicitária que botou dois operários a dizer a palavra com a pronúncia inglesa, com vistas a popularizar a novidade. E se nós o chamássemos saco de ar mesmo, o brasileiro levaria a sério o mecanismo?

Airbus – Palavra da língua inglesa que é nome de uma empresa que fabrica aviões com esse nome. Quer dizer: assim como tem Boeing, Fokker e Douglas, que são marcas, tem Airbus. A empresa foi criada em 1971, num consórcio entre França, Espanha, Alemanha e Inglaterra – na verdade, havia desde 1945 uma empresa inglesa com esse nome. *Airbus* quer dizer, literalmente, "ônibus aéreo", o que dá bem a medida da marca da empresa: fabricar aviões grandões, que acolhem entre 140 e 300 passageiros. Se pronuncia |ÉR-bâs|.

A.k.a. – Abreviatura para *also known as* (pronúncia aproximada |ÓL-çou NOUN-éz|), literalmente, "também conhecido como". Usa-se no mundo inglês, e a gente daqui macaqueia de brincadeira, para mencionar um apelido ou uma característica de determinado sujeito – "estamos falando de Paulo Coelho, *a. k. a.* O Mago", digamos.

Al dente – Expressão italiana usada no mundo da comida para designar o grau de cozimento de massas e arrozes (nos risotos): aquele estado em que a massa ou o grão de arroz (e mesmo os legumes, em comida chinesa) ficam cozidos, mas ligeiramente resistentes ao dente – *al dente* quer dizer, literalmente, "ao dente".

Al primo canto – Expressão italiana, também do mundo da cozinha, que significa "ao primeiro canto", designando a idade (precoce) em que se abatem certos frangos, que mal e mal estariam entrando em sua (digamos assim) adolescência, aos três meses de idade (e pouco mais de meio quilo de peso). Têm carne tenra e ossos ainda moles, proporcionando um sabor singular.

Alea jacta est – Frase latina das mais permanentes na cultura ocidental, significa "O dado está lançado", no sentido de "A sorte está lançada", e se pronuncia |A-lea IAC-ta ÉST|. É repetida sempre que em determinada situação dá-se um passo irreversível, em que a decisão está tomada e não há como retroceder, e portanto passa-se a correr riscos, para o bem e para o mal, em direção à glória ou ao fracasso. A origem histórica: o imperador romano Júlio César (nascido talvez em 102 a. C e assassinado a 15 de março de 44 a. C.) tinha saído da península itálica para conquistar a Gália (região da atual França, principalmente) e tinha um acordo com Pompeu (casado com Júlia, filha de César) e Crasso para a sucessão no poder; morto Crasso, em 53, e falecida Júlia, em 54, Pompeu viu-se livre para implementar planos diferentes dos acertados com César, o qual, por sua vez, se viu repentinamente impedido de seguir em suas conquistas ao norte; Pompeu havia conseguido a adesão do Senado a essa oposição a César, e o Senado havia definido que o general que comandasse a Gália seria proibido de retornar a Roma, e se o fizesse seria declarado sacrílego; César, voluntarioso e corajoso, resolveu avançar rumo ao norte mesmo assim, e às margens do riacho Rubicão (que passa pouco ao norte da cidade de Rimini, ao norte da Itália atual, e deságua no mar Adriático), limite entre os territórios da república romana e da Gália Cisalpina, proferiu a frase. Era o começo do ano de 49 a. C. A frase famosa encontra rival em outra tirada sua, de grande efeito até hoje: conquistada Roma, seguiu guerreando, agora no norte da África – onde por sinal passou férias memoráveis com Cleópatra –, e logo a seguir na Ásia Menor; no ano 47, após derrotar Farnaces em batalha rápida e fulminante, escreveu um brevíssimo e notável relatório ao Senado: "*Veni,*

vidi, vici", isto é, "Vim, vi, venci". Esta frase ainda hoje é relembrada a propósito de enfrentamentos que acabam em rápido e favorável desfecho.

Alla – Palavra italiana que em português dá "à", quer dizer, a + a, no contexto sendo lido "à maneira de", como em "bacalhau à Gomes Sá", que significa "bacalhau à maneira de Gomes Sá". Aparece em cardápios, seguida de palavras que designam a origem ou o estilo do prato: uma massa *alla romana*, à maneira de Roma, *alla putanesca*, à maneira das putas, *all'amatriciana*, à maneira de Amatrice (cidade italiana), ou *alla carbonara*, que tem a ver com *carbone*, que é carvão – talvez porque o bacon que vai nesse molho venha chamuscado.

Alma mater – Latim para "mãe nutridora", expressão com que o mundo anglo-saxão costuma referir à universidade em que se estudou na graduação. Se diz |AL-ma MA-ter|.

Alter ego – Latim, expressão usada no mundo artístico, especialmente literário, quando se fala de um personagem de um romance que dá a pinta de ser uma representação indireta do próprio autor. Significa "outro eu" e se pronuncia |AL-ter É-go|.

AM – FM – a leitura brasileira das duas siglas dá "Amplitude modulada" e "Freqüência modulada", e estamos conversados. O curioso é que a origem inglesa dos termos, que vinham estampados nos – que remédio – diais (ver dial), nos mostradores dos rádios e das eletrolas, tem ordem inversa: era *Amplitude modulation*, "modulação de amplitude", e *Frequency modulation*, "modulação de freqüência", justamente porque se trata disso, modular ou a amplitude ou a freqüência da onda do rádio, no receptor. Mas a gente faz assim mesmo, torce o que for em função das necessidades. Ver *fiberglass*.

AM – PM – são duas siglas que vêm do uso inglês, a primeira referindo as horas do dia anteriores ao meio-dia, a segunda, as horas posteriores a ele. A origem, porém, é latina: AM para *Ante meridiem*, "antes do meio-dia", e PM para *Post meridiem*, "depois do meio-dia". Na pronúncia inglesa dá |ÊI-ém| e |PI-ém|, com o "m" pronunciado como se viesse uma vogal depois. Hoje em dia, uma rede de postos de gasolina ostenta as duas siglas na fachada de suas lojas ditas de conveniência.

American way of life – Literalmente, "modo de vida americano" (pronuncia-se |â-MÉ-ri-can UÊI-ov-laif|). A expressão parece ter-se popularizado após a Segunda Guerra Mundial (1939-1945), quando os Estados Unidos da América, aquele país lá ao norte, impôs a praticamente todo o continente seu modo de vida como o melhor, o mais correto, o único no fim das contas. Praticar o *american way of life* equivale, ou equivalia então, a ter carro e um monte de eletrodomésticos dentro da casa, além de prezar os valores da vida do consumo. Debaixo das palavras que compõem a expressão está uma pequena sacanagem: América, na opinião dos estado-unidenses, é nada mais que seu próprio país, por sinal um país sem nome próprio – trata-se de uma união de estados num certo ponto do planeta – , o que é quase o exato oposto, conforme observou Caetano Veloso em seu genial livro *Verdade tropical*, do caso brasileiro, porque o Brasil seria um nome próprio sem país. Daí que eles se refiram a seu país como América, no cotidiano. É de perguntar o que sobra pra nós, cá embaixo. Quando os Estados Unidos lançaram uma consigna política como "A América para os americanos", na saída da mesma guerra, estavam utilizando essa pequena e significativa ambigüidade: a América toda, o continente, para os americanos, isto é, eles mesmos.

Ancien Régime – Francês, significando "Antigo Regime", referência ao mundo pré-Revolução Burguesa, pré-1789, o mundo da aristocracia e da Igreja mandando no Estado, sem deixar quase nenhuma beira para a burguesia e para o povão. A partir desse uso, se generalizou na crônica política, sempre designando o regime (ou o estado de coisas) anterior a uma ruptura relevante. Se pronuncia mais ou menos |an-CIÃ rre-GIM|, com o "m" dito como se viesse uma vogal depois.

Apartheid – Nome do felizmente fenecido regime oficial da sociedade sul-africana, que legalmente separava brancos e negros em vários aspectos referentes a direitos, dos mais triviais, como o acesso a certas partes da cidade, aos mais complexos, como a possibilidade de votar e ser votado. Durou oficialmente cem anos, até 1995 (mas há quem diga que nasceu oficialmente apenas em 1948). O desfecho do horror está para sempre simbolizado na atuação de Nélson Mandela, que gramou numa prisão por anos a fio, por crime de insubordinação a esse pavoroso regime, e depois foi eleito presidente de seu país. O Aurélio sugere a pronúncia |a-PART-rrait|, com o segundo "r" fortemente aspirado, mas há registro de |a-PAT-rrat|, sem o primeiro "r", como na pronúncia britânica. Já ouvi pronunciado quase como se escreve, |a-par-TÊI-dji|, o que é pouco polido, mas é expressivo. A palavra é do africâner, a língua do colonizador branco da República Sul-Africana (os brancos de lá se chamam africânderes), derivada do holandês do século 17. As principais línguas do país, hoje, são, ao lado do africâner, o inglês e línguas africanas, mais o tâmil e o hindi. Origem da palavra: *apart* vem de matriz latina, via francês, como sinônimo de "apartado" mesmo, separado, mais o sufixo *heid*, que equivale ao inglês *hood*, como em *brotherhood*, irmandade. A palavra é usada no Brasil em referência à profunda e insuperada clivagem social existente no país. Entre nós: para quem lamenta a expulsão dos holandeses no Nordeste brasileiro na mesma altura do tempo, porque eles teoricamente seriam mais civilizados que os portugueses e teriam capacidade de legar uma sociedade mais moderna, deve-se recomendar uma olhada no que os mesmos holandeses fizeram no sul do continente africano, em que passaram séculos em regime de segregação explícita de grupos conforme etnia.

Aplomb – O Aurélio dá como sinônimo de "segurança", controle, desembaraço, e diz que vem do francês. Há registro corrente no inglês, mesma forma e pronúncia |a-PLOM|, significando também "segurança", correção no porte. Vem da expressão *a plomb*, do latim, significando "a prumo", quer dizer, no prumo (em português popular o pessoal *falam* "a plumo", "no plumo", confere?). Por sinal, em português tem o substantivo aprumo, mesmíssimo sentido.

Apparatchik – Palavra russa que entrou na corrente sangüínea das línguas ocidentais com o comunismo soviético, tendo registro em várias delas. Se escreve assim mesmo ou com um "i" a mais, e se formou de *apparat* (do francês, "aparelho", "organização") mais *-chik*, que seria o -eiro do português, o sufixo para designar o "agente". Traduzindo: o cara envolvido diretamente com a organização, um capa-preta, um graúdo do sistema. Designava, durante a Guerra Fria, o agente secreto comunista, ou o oficial dedicado cegamente ao ofício e ao partido, e hoje ainda se usa o termo (pronunciado por aqui como |a-pa-ra-TCHIC|) para designar os dirigentes de partidos de esquerda.

Approach – Inglês, significando "aproximação", abordagem, sentido que permanece entre nós. Se pronuncia |ã-PRÔUTCH|, com o "r" caipira. O termo tem muito curso no mundo esportivo, e daí parece ter derivado para um universo mais amplo, chegando a significar até o jeito de ser de alguém, o jeito com que este alguém se relaciona com (aborda, se aproxima de) os outros. O compositor Zeca Baleiro, em 1999, compôs o *Samba do approach*, ironizando na boa a superpresença do inglês na vida brasileira. Samba que assim começa:

Meu temperamento é *light*
Minha casa é *high-tech*
Toda hora rola um *insight*
Já fui fã do Jethro Tull
Hoje me amarro no Slash
Minha vida agora é *cool*
Meu passado já foi *trash*
Fica ligada no *link*
Que eu vou confessar *my love*
Depois do décimo *drink*

Après nous, le déluge – Frase que se ouve volta e meia, às vezes com mudança na pessoa (*Après moi, le déluge*), que significa "Depois de nós (ou "de mim"), o dilúvio", isto é, "Depois de mim, tanto faz, estou me lixando", mas também "Depois de mim, não há mais conserto, tudo acabará". A pronúncia dá mais ou menos |a-PRRÉ mo-A lâ-de-LUJ|. Raimundo Magalhães Júnior registra que, embora atribuída à marquesa de Pompadour, a amante favorita do rei Luís XV, da França, a frase já existia, havendo mesmo uma versão de que constaria de um texto perdido de Eurípides.

Apud – Preposição latina que, literalmente, significa "junto a". Usa-se em linguagem erudita escrita para citar alguém ou alguma coisa segundo fonte secundária, por exemplo citar Aristóteles segundo uma citação dele feita em texto posterior. Quando o francês dominava o panorama das Humanidades no Brasil, *apud* alternava com *d'après*, que se usa no mesmo lugar e sentido. Diz-se |A-pud|; não |a-PUD|.

Arreglo – Palavra espanhola, usada no Rio Grande do Sul e mais raramente no Brasil todo, significando arranjo, acordo. Tem uma forma popular que é "arrego".

Ars gratia artis – Frase latina, mas não antiga (deve ter sido composta no século 19, e o senhor já vai ver por quê), que ganhou fama mundial por ser legenda da megaempresa cinematográfica norte-americana MGM, Metro-Goldwyn Mayer, desde 1916, quando o publicitário Howard Dietz inventou de botá-la como marca, junto com o leão rugiente. (O mesmo Dietz inventou a outra frase que definia a MGM: "*More stars than there are in heaven*", "Mais estrelas que no céu"). Significa "arte por causa da arte", literalmente, mas o significado corrente é "arte pela arte", isto é, arte sem submissão a critérios exteriores à arte, como a política, a ideologia e o dinheiro. (Cá entre nós: o senhor vai querer me convencer que um filme da MGM não se submete nem ao orçamento, nem à bilheteria? Então tá.) A expressão "arte pela arte" é tradução literal da frase francesa *L'art pour l'art*, que teria sido formulada pelo francês Vitor Cousin, no contexto da reação formalista contra a arte de denúncia, na segunda metade do século 19. (Há uma expressão de valor equivalente, em alemão, *das Existensrecht der Kunst als Kunst*, o que dá literalmente "o direito à existência da arte enquanto arte".)

Ars longa, vita brevis – Frase latina, às vezes aparecendo com o verbo (*est*) no fim, que significa "A arte é longa (duradoura), e a vida é breve", ou sinteticamente, "Arte longa, vida breve", pronunciado |ars-LON-ga, vi-ta-BRÉ-vis|. Alude à aspiração de eternidade que toda obra de arte apresenta, em contraposição à finitude da vida nossa. O formulador parece ter sido Hipócrates, médico grego de grande fama até hoje, nascido por volta de 460 a. C. e mencionado já por Platão. O *Dicionário Oxford de Literatura Clássica* menciona a frase toda de onde se extraiu aquele trecho famoso: "A vida é breve, mas a arte é longa, a oportunidade é fugaz, a experiência é perigosa, o julgamento é difícil", o que, convenhamos, é bem mais cauteloso. Este é um dos *Aforismos* de Hipócrates, um dos vários livros que escreveu (ou que se atribuem a ele). A idéia da frase de Hipócrates é retomada por Sêneca, filósofo e escritor latino nascido em Córdoba, Espanha, por volta do ano 4 d. C. (e falecido em 65 d. C.), mas criado em Roma.

Art de vivre – Literalmente, "arte de viver", mas em francês, o que soa mais bacana. Tem a ver com o mito de que quem sabe mesmo viver são os civilizados franceses, que sabem desfrutar dos prazeres da carne e das carnes, digamos assim, além dos gostos de vinhos e queijos, incluindo os que cheiram a podre, que é que se pode fazer. A palavra "arte", aqui, não se refere à produção de objetos artísticos, mas ao sentido de maneira, jeito, forma (de viver). A pronúncia fica algo como |ARR dã-VIVRR|, com a tônica bem pronunciada e a vogal final meio que sumida.

Art déco – Todo mundo sabe que é o nome de um estilo artístico, diminuído de *art décoratif*, arte decorativa, por causa de uma exposição, *Exposition Internationale des Arts Décoratifs et*

Industrieles Modernes, acontecida em Paris, 1925, quando o estilo apareceu no mundo. O acento do "e" marca, em francês, o timbre da sílaba, átona neste caso, de forma que a pronúncia fica |ARR dê-CÔ|. Originalmente foi um movimento artístico que combinou alguma coisa do cubismo com o movimento Bauhaus, de arquitetura moderna e supostamente funcional, e por isso mesmo é conhecido como "estilo moderno", porque foi uma espécie de adaptação das propostas modernistas originadas nas artes propriamente ditas para o mundo da decoração, dos objetos, dos móveis e da construção. Seu auge foi nos anos 25 a 39, mais ou menos, tendo caído de moda durante a Segunda Guerra e ressurgido de tempos em tempos desde então. Suas características: superfícies limpas e simples, com ornamentos geométricos; mistura de elementos artificiais ou industriais, como o plástico (aquele telefonão preto de baquelite é do estilo), com elementos naturais, como pedras; certas marcas de admiração pela modernidade industrial, relativa à máquina, figurada em linhas simples, em simetrias, em repetição de formas (o universalmente famoso *Empire State Building* é um dos exemplos mais acabados). Em várias cidades brasileiras há prédios com essa marca ou essa inspiração – em Porto Alegre, o Centro de Saúde Modelo, na João Pessoa, a ponte sobre o arroio Dilúvio, da Ipiranga, esquina Getúlio Vargas, por exemplo.

Art nouveau – Diga sempre |ARR nu-VÔ|, com o "r" carioca e não vibrante, que não tem erro. Como o nome insinua, trata-se de "arte nova", mas nova no sentido do século 19 (detalhe: em francês, a palavra *art* é masculina). É um estilo de ornamentação que apareceu na última década do século 19 na Europa e nos Estados Unidos, que ganhou corpo na arquitetura, na decoração e no desenho em geral – quem nunca viu um dos pôsteres do grande Alphonse Mucha, com aquelas mulheres desenhadas com roupas de festa, chapéus decorados e muitas linhas curvas, em composição colorida, com umas flores estilizadas ao fundo? Em tudo que é banheiro de bar metido a chique tem, ou tinha. O negócio do *art nouveau* é curva, sinuosidade, excesso, sem nada de geometria trivial ou clareza racional (aquele telefone cheio de frescura, de arabescos, de dourados, que os emergentes acham que é finíssimo e gostam de ostentar para as visitas, é exemplar). É um estilo a que se opôs a *art déco*, justamente por causa dos aparentes excessos e sinuosidades que a modernidade queria extinguir em favor da funcionalidade e da geometria. Barateando um pouco, o estilo *art nouveau* é um barroco mais próximo de nós.

ASAP – Sigla da expressão inglesa *as soon as posible*, quer dizer, "tão rápido quanto possível", ou, em português melhor, "o mais rápido possível". Usa-se no mundo das entregas, das encomendas, e portanto nos aeroportos e tal. A pronúncia dá mais ou menos |é-ÇUN éz-PÓ-çi-bol|.

Assemblage – Juntação de coisas, de materiais, ou de pessoas, para compor algo. Sim, eu sei que um artista não diria isso de modo tão tosco, mas é isto: *assemblage* é uma palavra francesa (se diz |a-çãm-BLAJ|) aparentada da nossa assembléia, trazendo a idéia de reunião. Se usa o termo no mundo das hoje chamadas artes visuais para objetos e instalações feitos mediante mistura de materiais. Um cara famoso no Brasil por fazer isso foi Arthur Bispo do Rosário (1912-89), um sujeito que passou grande parte da vida internado como esquizofrênico, na colônia Juliano Moreira, mas que recebeu da saudosa dra. Nise da Silveira a oportunidade de ser um ser humano, e pôde trabalhar com suas mãos e sua alma. Usa-se também para dizer que o vinho é uma mistura de vários tipos de uva.

Assembled in – Ver *made in.*

Assistência – Claro que todo mundo sabe o que é assistência (se bem que, umas décadas atrás, era sinônimo de ambulância, sentido que se perdeu totalmente – a gente dizia que tinha que chamar a assistência quando havia alguém doente): é sinônimo de ajuda. O caso é que hoje em dia, em função da transmissão de jogos de basquete da *NBA*, *National Basketball Association*, a liga dos grande times norte-americanos do esporte, que popularizou astros como o genial Michael Jordan, o pessoal que faz transmissão de jogos de futebol passou a chamar passe de assistência. Mas não qualquer passe: se trata do passe que se dá para o chamado último homem do ataque, para aquele que faz ou deveria fazer o gol. Este sentido para a palavra vem diretamente do uso da narração norte-americana do basquete, que anota a estatística de tudo, inclusive a tal assistência, para valorizar não apenas o marcador de pontos, mas também o cara que sabe dar aquele merengue para o finalizador.

Atelier – O Aurélio dá essa possibilidade, direto do francês, juntamente com a forma aportuguesada "ateliê", com o mesmo sentido de oficina, local de trabalho de pintores ou, por metonímia, o conjunto de artistas de uma mesma oficina ou que trabalham com um mesmo mestre.

Au niveau – Ficou em moda, certo tempo atrás, usar em português a expressão "a nível de" para estabelecer comparações, muitas vezes de modo esquisito. Aldir Blanc chegou a brincar com tal uso em certa canção, que referia certa iniciativa de um personagem como sendo "a nível de proposta", forma que de fato acontecia na vida real, parece que na boca de gente que queria falar de modo mais elevado. É feio, naturalmente. Em francês se usa, por exemplo, dizer que alguma coisa está *au même niveau* de outra, ao mesmo nível de outra, no sentido físico – isto é, estão ambas no mesmo plano. Também acontece *de niveau*, "de nível", "do mesmo nível", que em português parece ter sido reinterpretada como "de alto nível", isto é, de bela feitura, de alta realização, de excelente maneira. A pronúncia é |ô ni-VÔ|, |ô MÊM ni-VÔ|, com o "m" como se viesse uma vogal depois, e |dâ ni-VÔ|. Em português, recomenda-se dizer "ao nível" para a situação física de coisas que estão no mesmo nível, no mesmo plano. Metaforicamente, cabe qualquer coisa.

Au point – Expressão francesa (pronunciada |ô pu-Ã|) que significa "ao ponto", e, se o senhor quiser fazer uma onda, pode usar no restaurante chique para dizer que quer o filé aquele nem torrado, nem cru.

Aufhebung – Alemão, dito |auf-RRÊ-bung|, com o "r" pronunciado à brasileira, isto é, sem ser vibrante, mas gutural, e o "g" quase mudo. Quer dizer "suspensão", abolição, levantamento, no sentido literal. Particularmente, é usada em alusão ao conceito de Hegel, que implica a noção de superar uma dada condição ultrapassando-a, vencendo-a e atingindo outro estágio. Como sempre no alemão, os substantivos devem ser sempre grafados com maiúscula.

Aufklärung – Do alemão também, dito |auf-CLÉ-rung|, com o "g" quase mudo. É o termo alemão para a filosofia das Luzes, para o Iluminismo. É usado como sinônimo de esclarecimento, racionalismo politicamente esclarecido, fundado na consideração filosófica das coisas envolvidas, e, portanto, como antípoda do obscurantismo, do irracionalismo.

Aurea mediocritas – "Mediocridade dourada", em latim (se diz |AU-rea me-di-Ó-critas|), significando "áureo meio-termo". A fonte é um trecho de Horácio, autor latino (65-8 a. C.), em que se exalta um estilo de vida mediano, sem pobreza nem opulência. Essa frase será retomada várias vezes, incluindo o Arcadismo brasileiro, tendência literária que floresceu na última metade do século 18, sempre no sentido de elogiar a vida amena, discreta, a salvo da inveja e da piedade. Uma frase da mesma têmpera: *In medio stat virtus*, "A virtude está no meio".

Avant-garde – O termo francês de onde derivou o nosso "vanguarda", tanto no sentido de tropa militar que toma a frente da batalha, da ocupação, da luta, quanto no sentido presente no mundo artístico e filosófico, sobretudo do século 20. Em algumas revistas chiques brasileiras, se usa o termo francês, como noutras situações, para dar um ar mais notável ao grupo ou à atitude vanguardista. A pronúncia francesa dá |a-VÃ GARRD|, com o "d" quase mudo.

Avant la lettre – Literalmente, quer dizer "antes da letra", do francês, e se diz |a-VÃ la- LÉTRR|, com o "r" gutural. Usa-se para designar situações que parecem acontecer ou ter acontecido antes do tempo, para coisas antecipadas. Por exemplo, pode-se dizer que o pintor Hyeronimus Bosch, holandês do século 15, foi um surrealista *avant la lettre*, tendo em vista sua relativa proximidade com o Surrealismo, vanguarda do século 20. Parece que a expressão foi cunhada nas gráficas, para designar as provas de gravuras que mais tarde receberiam legendas, as tais letras.

Avant-première – Em português daria ante-estréia, pré-estréia, e se usa para designar sessões (de filme, de teatro) especiais que acontecem antes da estréia em circuito comercial. Literalmente, no francês, quer dizer "antes da primeira", e se diz |a-VÃ prre-mi-ÉRR|. No Brasil, não cansa de aparecer a palavra, no sentido mencionado.

Avis rara – Essa é daquelas expressões que aparecem das mais variadas formas (por exemplo, *avis raras*, como se houvesse concordância nos plurais), muitas delas absurdas. O certo é assim, *avis rara*, singular no latim, dito |A-vis RRA-ra|, significando, literalmente, "ave rara". Usa-se em referência à raridade da figura em questão, que naturalmente não é uma ave literal. Os dicionários registram que a expressão completa é *avis rara, avis cara*, significando, literalmente, "ave rara, ave cara", isto é, "ave rara, ave querida", frase que se usa para acentuar o nexo entre o quanto é rara a dita ave e ao mesmo tempo o quanto é desejada a sua presença. Hoje em dia parece que se diz apenas para consignar a raridade: uma *avis rara* é, por exemplo, um médico altruísta e desinteressado, um político profissional não corrupto etc.

Axé – A palavra veio do ioruba e designa cada um dos objetos sagrados da divindade. Popularizou-se como sinônimo de bons fluidos, de desejo de boa sorte e felicidades.

B

Babalorixá – Palavra de origem ioruba, devidamente dicionarizada, que mistura babalaô, o sacerdote dedicado a Ifá, o deus da adivinhação, e orixá, divindade. É a palavra adequada para o pai-de-santo.

Baby – Palavra inglesa muito aparecida no português nosso das últimas décadas. Quer dizer "bebê", para começo de conversa, mas aqui ela entrou já na gíria rockeira, roqueira, *baby* significando então "gata", quer dizer, "garota", quer dizer, "namorada" ou "namorável". Se diz |BÊIB| ou |BÊI-bi| e naturalmente é uma palavra de origem onomatopaica.

Baby beef – Correspondente mamífero, bovino, do *al primo canto* (v.): trata-se de uma expressão inglesa que quer dizer carne de novilho precoce. Se diz |BÊI-bi BIF|.

Baby boomer – Ao final da Segunda Guerra Mundial, em 1945, os norte-americanos conheceram um fenômeno de explosão demográfica. Sabe-se lá, os soldados voltavam do *front*, o pessoal se entusiasmou, seu país era a nova superpotência do mundo, essas coisas. Daí que o fenômeno ganhou um nome, *baby boom*, literalmente, "explosão de bebês", e os caras que nasceram nessa época são os *baby boomers* (dito |BÊI-bi BU-mârz|), sem tradução literal plausível, mas de sentido preciso: são os caras nascidos na época, que resultaram ser uma geração de gente que expandiu em muito o domínio norte-americano, fez florescer a economia, popularizou o computador pessoal. Há quem seja mais preciso: os *boomers* seriam os nascidos entre 1943 e 1960, com características de muito trabalho para enriquecer. O ex-presidente Bill Clinton é tido como representante da geração. A expressão parece ter sido anotada pela primeira vez em 1953, quando um relatório da Comissão de Imigração e de Naturalização escrito ao presidente Truman (1884-1972) apontou a questão da explosão demográfica. O termo se relaciona ao sucesso de um livro, possivelmente o maior *best seller* de todos os tempos, salvo a Bíblia: *Baby and child care*, traduzido entre nós como *Meu filho, meu tesouro*, publicado a primeira vez em 1946, nos Estados Unidos. O autor era o doutor Benjamin Spock, um pediatra que viu suas teses de educação infantil liberal triunfarem sobre a tradição repressiva anterior. Parece que ele pessoalmente era um cretino, um pai ausente e um marido canalha, mas seus conselhos todos eram na direção de amansar a coisa para os bebês que estavam nascendo, tratá-los amorosamente, beijá-los e tudo o mais que antes se achava errado.

Baby-look – Aglomeração de palavras inglesas feita no Brasil. Nome de roupa de mulher (adolescente ou jovem ou adulta) com aspecto de roupa de criança, de bebê – *baby-look* se traduziria, literalmente, por "aspecto de bebê". Se diz |BÊI-bi LUC|.

Baby-sitter – O verbo *to sit* (dito assim mesmo, |SIT|, não |ÇAIT|), significa, entre outras coisas, sentar, fazer sentar e manter sentado. É o que faz a pessoa que mesmo entre nós, imitando os norte-americanos, se chama de *baby-sitter* (dito |BÊI-bi-SI-ter|): é a pessoa que é contratada, a dinheiro (coisa típica entre os estudantes dos EUA) ou no amor, para cuidar de crianças, os *babies* envolvidos na questão, não necessariamente para manter os petizes sentados, é claro. Tem gente que diz erradamente *baby sister*, que dá "irmã do nenê", o que não é o caso.

Background – No português contemporâneo, se usa dizer, por exemplo, que a pessoa habilitada a desempenhar determinada tarefa tem *background* para o cargo. Literalmente é o "fundo", o plano mais baixo, no sentido físico (*ground* é "terra", "chão", "fundo", "sedimento"); mas também em inglês tem o sentido de experiência acumulada. Diz-se |BÉC-gráund| ou, abrasileirado, |bé-qui-GRAUN-dji|.

Backhand – Aquele golpe, no jogo de tênis, que o tenista dá a partir do lado oposto ao da mão com que segura a raquete, de forma que fica com o dorso da mão para a frente – justamente aí está a origem do termo: *back* é "dorso", "costa"; *hand* é "mão". Diz-se |BÉC-rrénd|, com o "r" forte aspirado. Quando o golpe parte do mesmo lado da mão de jogar, se chama *forehand*. Diz-se |FÓR-rrénd|, com o primeiro "r" caipira e o segundo assoprado.

Backing vocal – No mundo da música *pop*, muitas vezes aparece aquela voz que faz o coro, que faz um canto de fundo, para colorido da voz principal. Por vezes o pessoal esse também dança, ou se balança, ali do lado do palco, de roupinha bacana e sorrisos. É o *backing vocal* |BÉ-quin VÔU-cl|, literalmente, "coral de retaguarda". Se ouve hoje em dia dizer, aqui no país, apenas *backing* |BÉ-quin|, "fazer o *backing*", sem o substantivo original. Em inglês se diz e escreve *backing vocals*, sempre no plural, mesmo que seja feito apenas por uma pessoa. Detalhe: em inglês tem a palavra *chorus*, dito mais ou menos |CÓ-râç|, equivalente ao nosso coro; mas no mundo *pop* ela não entra.

Backlight – Literalmente significa "luz de trás", que no mundo dos carros modernos do Brasil ganhou denominação macaqueada do inglês. Também designa um tipo de *outdoor* (v.), oposto ao *frontlight* (v.): este último é iluminado pela frente, e o *backlight* por trás. Diz-se |BÉC-lait|, com o "t" de tato, se bem que o brasileiro faz |bé-qui-LAI-tchi|, quase sempre.

Backstage – Palavra inglesa que designa o que nós chamamos, em português, "bastidores". *Backstage* quer dizer, literalmente, "atrás do palco" e se pronuncia |béc-ÇTÊIDJ|.

Backup – No mundo dos computadores, todo mundo tem que saber o que é: a cópia de segurança dos arquivos. A expressão é de língua inglesa e se pronuncia |BÉ-câp|, mas no Brasil se diz |be-CA-pi|.

Bacon – É o nome corrente moderno do toicinho defumado, que nem por ganhar esse nome deixou de ser carne de porco. A onda atual de consumo de *bacon* deve ter nascido da influência norte-americana na nossa comida, embora antes disso a gente já traçasse o toicinho. Ninguém diz |BA-con|; todo mundo faz a pronúncia aproximada do inglês, |BÊI-con|.

Bad boy – Literalmente, "guri mau", garoto de maus modos, de mau gênio. Entrou na moda recentemente, por exemplo, para descrever o estilo pessoal do Edmundo, aquele jogador de futebol de temperamento rude. Tem até marca de roupa esportiva, destinada a lutadores de artes marciais truculentas. Diz-se |BÉD bói|, ou |BÉ-dji BÓI|. Ver *enfant gaté*.

Bad trip – Expressão inglesa que entrou na circulação do português brasileiro para designar a mal-sucedida viagem (*trip*) proporcionada por drogas. Em inglês, *trip* já designa "viagem alucinatória". Se diz |BÉD TRIP|, ou mais frouxamente |BÉ-dji TRI-pi|.

Bag – Significa saco e se usa em algumas palavras do brasileiro de nossos dias, como *airbag* (v.). Assim sozinha, apareceu como característica de certo corte de calça, meio folgada, sem chegar à bombacha, que se chamava justamente calça-*bag*.

Baguette – Palavra francesa que designa o pão alongado e fino, crocante, beleza de comer quando ainda quentinho. Se pronuncia |ba-GUÉT|. Em francês se usa a palavra noutras circunstâncias, por exemplo *baguette magique*, a varinha mágica.

Banana republic – Designação pejorativa para as pequenas repúblicas da América Central, especialmente durante o tempo em que elas eram apenas plantações de produtos exóticos, como a banana, para atender o mercado norte-americano. Cuba era um caso, até a tomada do poder pelo pessoal de Fidel Castro. Havia mesmo empresas estadunidenses que faziam o serviço, explorando o local. Dessa circunstância, o termo passou a ser usado generalizadamente para designar Estados nacionais subservientes e, do ângulo dos EUA, manipuláveis, habitados por gentalha e dirigidos por corruptos. Inclusive para o Brasil, se usa o termo. Pronuncia-se |bâ-NÉ-na ri-PÂ-blic| (com o "r" caipira) e significa, literalmente, "república de bananas". Em português, parece que a gente acrescenta certo aspecto semântico, também pejorativo, presente também na expressão "a troco de banana", sinônimo de coisa sem valor, imprestável, e ainda outro, como aquele negócio de chamar alguém de banana, significando que o sujeito é um pateta.

Banana split – É o nome de um prato doce preparado com banana, naturalmente, mais sorvete e uns cremes, umas caldas, umas coberturas. No inglês, *split* quer dizer rachar, fender, cindir, de forma que a tradução literal seria "banana cindida", ou, mais rigorosamente, "cisão da banana", por aí. Na pronúncia brasileira, fica banana |is-PLI-tchi|, porque a gente tende a botar vogais em sílabas com muita consoante ou com encontros consonantais não comuns na língua portuguesa.

Band-Aid – Palavra inglesa que é marca de um curativo para pequenos ferimentos e se transformou em nome genérico, feito gilete, modess, bombril. Compõe-se de *band*, "faixa" ou "banda", e *aid*, "ajuda", "socorro". Foi patenteado pelos irmãos Johnson em 1921, mas começou a nascer em 1876, quando o farmacêutico Robert Johnson ouviu uma conferência num congresso médico sobre uma novidade teórica do momento, as doenças causadas por germes. O responsável direto pela invenção foi um empregado da firma, um comprador de algodão chamado Earle Dickson, cuja esposa se cortava à toa, em qualquer coisa que fizesse na cozinha. O maridão, consternado, e conhecendo as bandagens de algodão e gaze fabricadas na firma dos Johnsons, juntou essas coisas em tamanho pequeninho e grudou-as ao corpo da patroa com uma fita adesiva. Bingo. Earle deu esse mole para a firma, mas enriqueceu bem.

Bandleader – Expressão inglesa que designa (designava?) o chefe do conjunto de música, o "líder da banda", e se diz |BÉND LI-dâr|.

Bang – É uma onomatopéia (palavra que procura reproduzir o som da coisa) do inglês para "estouro", qualquer um, inclusive *big bang*, que é a teoria recente sobre o começo do universo, que teria nascido de uma grande explosão. Tinha o estilo cinematográfico, que no Brasil ficou conhecido como bangue-bangue, abrasileiramento de *bang-bang*, neste caso arremedando o estouro das armas dos caubóis, por sinal *cowboys*, isto é, vaqueiros. Esse tipo de filme também foi dito *Western*, o que em português daria "ocidental", pura e simplesmente, termo nascido a

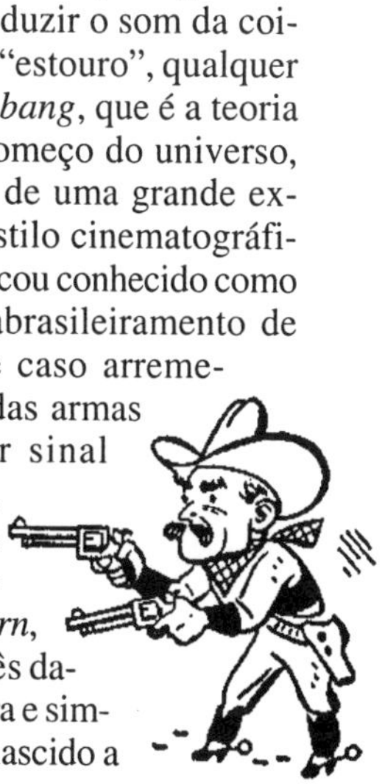

partir do significado norte-americano de conquista do Oeste (em inglês *West*) deles, trucidamento de índio, general Custer e coisa e tal.

Banner – Palavra inglesa que significa "bandeira", "estandarte", um pedaço de pano com símbolos e/ou frase, com cores específicas, tudo isso simbolizando um país, um reino, um time, qualquer dessas agrupações que os homens inventam para fugir do perigo ou espantar a solidão – desculpada a má poesia. Hoje em dia se usa para referir aquela faixa de propaganda em congresso, reunião de partido. Se diz |BÉ-nâr|. A origem da palavra é a mesma de bandeira, como dá pra imaginar, um latim *bandus* que parece ter vindo de uma raiz germânica.

Banzai – Grito de batalha japonês, que significa "Viva dez mil anos". Nasceu, ao que parece, como saudação em tempos normais, tipo "Seja feliz", mas na Segunda Guerra teve seu uso invertido, passando a ser o grito que saía da garganta dos soldados japoneses ao fazer uma carga de baioneta.

Banzo – Palavra devidamente incorporada ao léxico do português, tem origem no quimbundo *kubanza*, conforme o Aurélio, verbo este que significa "pasmar", "espantar". "Banzo" entrou na circulação brasileira inicialmente como designação da nostalgia que os africanos escravizados no Brasil sentiam de sua terra natal, "nostalgia que era mortal", literalmente. Depois passou a significar "tristeza", "abatimento".

Barman – Em bom português antigo, daria bodegueiro, o homem da bodega, do bar. Por frescura, tem gente que usa chamar *barman* ao garçom, ou ao carinha que atende nos bares chiques, e certamente não chama assim o sujeito que te atende no pé-sujo e serve uma cerveja. Deve dizer-se |BAR-mén|, para ficar no chiquê.

Bas-fond – No francês, quer dizer "baixada", a parte do terreno que fica mais embaixo numa cidade. Quando aparece um "s" final, *bas-fonds*, refere a "gentalha", a ralé, o submundo. Diz-se |BA-FÕN|, nos dois casos (com e sem "s"). Dá pra suspeitar que o termo de gíria brasileira bafão, que quer dizer confusão, bronca, briga, fofocalhada, tenha a ver com o termo francês.

B2B – Sigla moderníssima, usada no mundo do comércio e na internet, para significar negócios feitos entre empresas, não entre empresa e consumidor. A sigla brinca com a expressão *business to business* (que se diz |BIZ-nâs tu BIZ-nâs|, literalmente, "de negócio para negócio", "de empresa para empresa", aproveitando a letra inicial, o "b", e trocando a preposição *to* pela representação do número dois, que em inglês é *two*, com pronúncia igual à de *to*. *B2B* se opõe, nesse mundo, a *B2C*, *business to consumer*, isto é, "de empresa para consumidor". Por sinal, essa brincadeira de trocar o *to*, preposição, ou o *too*, advérbio (que significa "também"), por *two*, numeral (todos pronunciados em inglês mais como |TSU| do que como |TCHU|, esta que é a pronúncia de *chew*, mastigar), já é velha, estando presente, por exemplo, na banda U2, que se lê |IU TU|, e o falante do inglês decodifica como *you too*, isto é, "você também" (ou ainda *you two*, isto é, "vocês dois"). A banda inglesa se chama assim, entre outros motivos, por ter uma pegada engajada, participante, e por isso resolveu botar em seu nome uma insinuação de que a conversa é com você também.

Beach – Quer dizer "praia", em inglês, e em português do Brasil a gente pronuncia singelamente como |BITCH| ou |BI-tchi|, sem atenção à existência de outra palavra em inglês, a mesma *bitch*, que significa "cadela", a mulher do cachorro, e mais ainda "prostituta", ou pelo menos mulher de comportamento abusado, imoral e inconveniente. Quem fala o inglês, portanto, diferencia a praia da prostituta, alongando o "i" em *beach* (na verdade, para os falantes de inglês são duas vogais tão diferentes quanto os nossos "ê" e "é", "ô" e "ó", que os falantes de espanhol não distinguem). No Brasil varonil de nossos tempos, a palavra aparece em anúncios publicitários que vendem terrenos e construções em praias metidas a chique.

Beat – Palavra com um monte de sentidos em inglês, mas que no português apareceu com um só, específico: "batida", no sentido de marcação de ritmo na música. Se diz |BIT|, com o "t" dito como "t" mesmo, não como "tch". (O verbo *to beat* significa "bater", servindo, como em português, tanto para dar porrada ou bater as claras quanto para fazer um barulho no tempo da música.) Em nossos dias, se usa o termo no mundo musical *pop* para falar da levada da música. O Michael Jackson tinha uma canção chamada *Beat it*, expressão repetida no refrão com ênfase, insinuando um sentido informal de *go on*, "mete bronca", ou mais propriamente "cai fora". Ver *Beatnik*, a respeito dos escritores *Beat*.

Beatnik – Palavra hoje em desuso, mas de importância forte na história da cultura deste último meio século. Designou primeiro um certo comportamento, começado nos anos 50, o da pessoa anticonvencional, que se vestia de modo estranho e pensava de modo anticonservador. Foi o momento de origem do movimento *hippie*. Um cara *beatnik* (diga |BIT-nic|, ou diga abrasileiradamente |bi-tchi-NI-qui|) era um contestador, um ousado, eventualmente um drogado ou beberrão. A palavra, conforme o dicionário enciclopédico *Webster*, se compõe de *beat*, a mesma aí de cima, mas com um conteúdo ligeiramente negativo, de desaprovação moralista, agregado ao sentido de batida rítmica, e do sufixo *nik*, que provém do ídiche (língua aparentada do alemão e falada sobretudo por judeus do centro-leste da Europa) e poderia ser escrito como *nick*, que denota algo como pessoa conectada com algo em especial, o algo que está contido na palavra com que combina. A palavra

Gilbert Shelton

ainda circula para designar certo grupo de escritores que apareceram no período e logo depois, grupo chamado *Beatniks* ou *The Beats* ou Literatura *Beat*, simplesmente, uma gente cujas poesias e cujos relatos davam conta dessa vida marginal ao Sistema e próxima dos valores da iluminação oriunda das drogas, do diagnóstico da decadência irremediável da sociedade de consumo etc. Há quem diga que *beat*, neste sentido específico, provém de *beatific*, "beatífico", por causa da prática religiosa da meditação, eventualmente regada a drogas (o que servia para eles também como contestação aos valores de classe média cristãos), ou de *beaten down*, que talvez a gente pudesse traduzir em brasileiro corrente por "vencido", "derrotado" ou mesmo "caidaço", no bom sentido, gente que desistiu de seguir os valores do consumismo e preferiu viver marginalmente. São representativos, especialmente, Jack Kerouac, com seu relato *On the road* (1957), que literalmente quer dizer "Na estrada" (mas o tradutor brasileiro preferiu, com toda a razão, *Pé na estrada*), o poeta Allen Ginsberg, com vários livros, em particular *Howl* (1956), traduzido no Brasil por *Uivo*, mais William S. Burroughs, com *Naked Lunch* (1959), ou *Almoço nu*, Gregory Corso, Gary Snider e Lawrence Ferlinghetti, ou ainda um cara que parece ter feito mais fama no Brasil em relação ao grupo todo, Charles Bukowski, cuja carreira literária começou também no fim dos 50. É ainda de notar que a tradução desses autores ao português no Brasil tardou um quarto de século ou mais, e quando apareceram fizeram grande sucesso.

Beaujolais – Nome de tipo de vinho produzido na região que tem esse nome, ao sul da Borgonha, França, a partir da uva Gamay (diga |ga-MÉ|). São vinhos leves, frutados, com fraco teor alcoólico. Devem ser consumidos jovens, segundo os especialistas. A pronúncia é |bo-jo-LÉ|.

Beautiful people – Expressão que se usava na crônica social para designar as pessoas que os colunistas julgavam dignas de aparecer ali, isto é, as elites de sempre, mais os adesistas da hora. É inglesa, significa "pessoal lindo", "gente maravilhosa", e se diz mais ou menos |BIU-di-ful PI-pol|, com o "d" de dedo. Ver *jet set*.

Behaviourismo – *To behave*, em inglês, quer dizer "comportar-se", e *behaviour* (na grafia britânica; *behavior* para os americanos) significa "comportamento" (diz-se |bi-RRÊI-vi-âr|, com aquele duplo R pronunciado à brasileira, é claro). A palavra "behaviourismo" parece ser preferida no ambiente clínico de psicologia e na universidade a "comportamentalismo", que significa a mesma coisa. Dá uma pronúncia mista, |bi-rrêi-viô-RIS-mu|, assim mesmo (nunca ouvi |bê-a-viô-RIS-mu|, por exemplo). O ter-

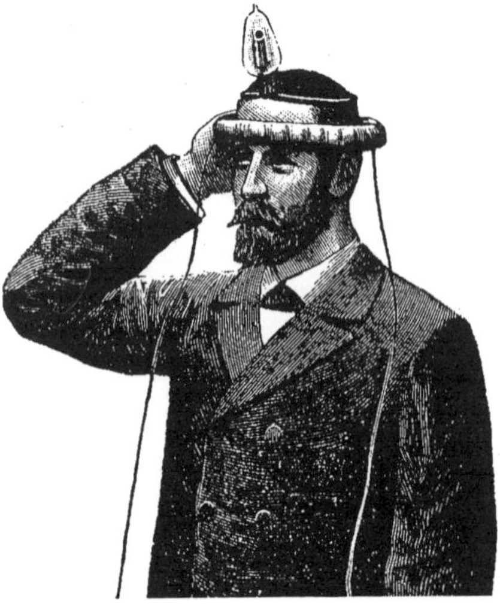

mo designa uma teoria do mundo psi (psicologia, psicanálise e psiquiatria), que crê ser o comportamento (e não as profundezas do inconsciente) o foco do trabalho do profissional sobre o paciente, assim como seria o comportamento a matriz do aprendizado, no sentido de que as pessoas aprenderiam não por motivos internos ou mentais, mas por imitação de comportamentos. É o que explicaria o aprendizado pelo sistema estímulo-resposta, usado em animais de laboratório (o mais famoso cientista da matéria, que ganhou fama mundial, foi Ivan Petrovich Pavlov, fisiologista russo (1849-1936), que cansou de ensinar ratinhos a meter a pata em placas com e sem eletricidade para ganhar recompensas), ou em gente como eu e você, barato leitor. Um dos papas da matéria foi B. F. Skinner (por extenso, Burrhus Frederic Skinner), psicólogo e professor norte-americano que viveu entre 1904 e 1990 e escreveu vários livros de grande influência no século, inclusive um romance estranho sobre uma utopia, *Walden Two*, que desde o título remete a um clássico norte-americano, *Walden*, de Henry David Thoreau.

Bel canto – Expressão italiana nascida no mundo da ópera (significa, como nós já deduzimos, "belo canto"), designa o estilo virtuosístico de cantar, com a voz empostada e não naturalmente emitida. Parece que nasceu como uma resposta dos cantores ao virtuosismo que os instrumentos já tinham alcançado.

Belle époque – Expressão francesa, pronunciada |bé-lê-PÓC|, que se refere aos anos da virada do século 19 para o 20, antes da Primeira Guerra Mundial (1914-18). Literalmente, significa "bela época", e nasceu para designar um período supostamente magnífico, em que

tudo parecia caminhar bem, progresso, ciências, artes, essa coisa toda. No Brasil, fala-se em "*belle époque* tropical" a respeito do Rio de Janeiro, naturalmente com muita licença, porque ao mesmo tempo em que a literatura bem aceita – poesia parnasiana, narrativa "sorriso da sociedade", conferências variadas para impressionar a patuléia – falava de maravilhas remotas, a sociedade brasileira escondia como podia os horrores da escravidão recém-liquidada e o abismo social entre os que tinham e os que não tinham.

Belvedere – Palavra já dicionarizada também como belveder, nasceu italiana ("bel", de *bello*, igual ao nosso belo, mais *vedere*, o verbo ver) para designar um lugar do qual se tem uma bela vista, uma bela paisagem.

Ben trovato – V. *Se non è vero, è ben trovato.*

Benchmark – Originalmente, significa, em inglês, um marco, feito esses que há em morros altos, construídos em ou com pedra, indicando o nível de altura do local em relação ao mar. No mundo do *marketing* de hoje, significa, derivadamente, uma marca (de produto, de empresa, mas também de valor abstrato) que se considera paradigmática, por sua qualidade, quantidade, capacidade etc., de tal forma que outras coisas podem se medir por ela, a marca. *Bench*, sozinho, significa "banco", de sentar, "assento", ou mesa de tribunal etc.; *mark* é "marca" mesmo. A junção das duas deu isso aí e se pronuncia |BENTCH-marc|.

Bergère – Francês, dito |berr-GÉRR|, significa a poltrona almofadada, com braços e espaldar alto, e nos lados, bem no alto, umas orelhas, que parecem servir para descansar a cabeça. É criação do século 18 francês. Aquela coisa fina ou parecida com *finesse*, muitas vezes forrada com veludo vermelho escuro. Se usava mais no tempo em que o francês dominava o cenário mental brasileiro. Curiosidade: a palavra *bergère* se traduz, literalmente, por "pastora", a mulher do pastor. Teria sido inventada por um artesão a pedido de madame Maitenon, amante de Luís XIV – ela queria uma poltrona confortável para descansar sua beleza. E qual a relação entre pastora e a madame em questão? Palpite: naquela altura histórica, século 18 francês, primeira metade, uma das marcas estéticas possíveis (já meio reacionária, tanto que representou a posição conservadora na famosa *Querelle des Ancients et des Modernes*, em português *Polêmica dos Antigos e dos Modernos*) era a convenção pastoral, que localizava num campo ideal a felicidade, já não mais possível no convencional mundo urbano e cortesão; daí que Luís XIV, ou alguém de suas relações, pudesse, verossimilmente, chamar sua amante de *Bergère*, "pastora", como quem dissesse, nos anos de 1970, "Minha gata". Daí a cadeira dela ter herdado o nome: a poltrona da pastora virou "Pastora". Boa, a hipótese?

Best seller – Essa é tão comum que todo mundo no Brasil conhece e usa. Trata-se de expressão inglesa, que significa "o mais vendido", ou "o que vende bem", e se diz |BÉÇT ÇÉ-lâr| mesmo, sem problema. *To sell* quer dizer "vender", e *best*, "mais", "melhor"; aquele sufixo *-er* grudado ao verbo indica o autor da ação que o verbo denomina – como *to play*, "jogar", e *player*, "jogador". De forma que *to sell* daria *seller*, como vendedor, mas na expressão *best seller* entendemos não o mais vendedor, o sujeito que vende, mas o objeto da venda.

Best, the – Hoje em dia virou manha de linguagem jovem dizer que certa banda ou pessoa ou coisa em geral, quando é boa, é *the best*, a melhor. Inclusive acontece uma duplicação, por exemplo na frase "Fulano é o *the best*", sendo *the* artigo, assim como "o". Diz-se, brasileiramente, |de BÉSTCH|, bem parecido com o inglês, |dâ BÉÇT| (só que, canonicamente, aquele "th" se pronuncia mais ou menos como se fosse um "d" dito com a língua entre os dentes).

Bête noir – Francês, dito |BÉT nô-ARR|, literalmente, "besta negra". Usa-se em referência a alguma figura, pessoa ou coisa que representa a própria encarnação do diabo, conforme o contexto. Tipo: Leon Trotski seria a besta negra do estalinismo, Karl Marx seria a besta negra do capitalismo etc.

Bibelot – Essa já está abrasileirada, como bibelô, que é a pronúncia da palavra francesa original. Mas às vezes, por frescura, se vê escrito ainda com o "t" final. É o que o leitor está pensando mesmo, aquele adorno pequeno, de porcelana ou outro material, que se põe sobre mesas e em prateleiras, coisa e tal.

Bidet – Outra já abrasileirada, que o Aurélio registra como bidé ou bidê (esta, a preferida, pela pronúncia fechada). Em francês é cavalinho ou bidê mesmo, isto é, aquela espécie de bacia oblonga e baixa, com pé, que serve para as abluções íntimas e antigamente para as mães botarem roupa (íntima) de molho. Não tem nada a ver, mas antigamente "roupa íntima" se chamava de "roupa branca".

Big – Palavra inglesa que se traduz singelamente como "grande", apenas isso. Mas o uso que tem em português é maior que isso. Já há décadas se usava elogiar qualquer coisa excepcional como "uma *big* duma janta", "uma *big* festa", "uma *big* duma roupa" etc. E aí naturalmente se dizia |BI-gui|, e não |BIG|, como na língua de Shakespeare.

Bike – Termo de largo uso em nossos dias, dito |BAIC| (ou |BAI-qui|), provém por redução de *bicycle*, do inglês, que é "bicicleta", como todo mundo sabe. É uma palavra informal, no uso de quem fala inglês, e designa tanto a bicicleta quanto a motocicleta – ainda esses dias vi reportagem de motoqueiros que faziam questão de serem chamados de *bikers*, |BAI-quers|, mesmo usando motos potentíssimas. Nunca pensei.

Bildung – Palavra alemã que significa "construção", "formação", e é usada internacionalmente em contextos em que se fala da evolução de uma vida, por exemplo. No mundo da literatura se usa a categoria *Bildungsroman*, que designa o romance de formação, aquele que relata a formação de um indivíduo, seus anos jovens e a chegada ao mundo adulto. Se diz |BIL-dung| e |BIL-dungs-rro-MAN|.

Bip – É a forma brasileira de uma onomatopéia do inglês *beep*, que imita o som de um sinal acústico emitido a intervalos regulares. Se diz |BIP| mesmo, ou |BI-pi|, e deu origem ao verbo bipar, que tem uso específico: diz-se "Vou te bipar", por exemplo, para significar "Vou te chamar" por meio do *pager* (v.), isto é, daquele aparelho eletrônico que recebe sinais retransmitidos por uma central que é acionada por quem quer mandar mensagem a alguém. Houaiss já registrou "bipe".

Biscuit – Tem dois sentidos em português, um mais antigo, que foi quase totalmente substituído por "biscoito", isto mesmo, aquele bolinho de farinha cozido e com recheios ou coberturas, e outro também antigo, mas ainda usado, que designa a porcelana (ou o objeto feito com ela) branca, cozida duas vezes, cuja textura e cor imitam o mármore. Ainda hoje se usa a palavra para aqueles adornos, bibelôs, que figuram por exemplo uma dançarina (clássica, naturalmente). Se diz |bis-CUÍ|.

Bistrô – Termo já aportuguesado, com esse acento e tal, tem origem cultural na França (em francês se escreve *bistrot*), mas parece que em sua matriz lingüística há algum russo. *Bistro*, ou algo pelo estilo, é russo para uma ordem de "Rápido!", e assim os cossacos teriam gritado para os garçons franceses, no tempo de Napoleão. Outra hipótese dá como origem *bistouille*, uma gíria que designa álcool de má qualidade. Em todo o caso, bistrô é um restaurante pequeno, simples e aconchegante.

Bit – Palavrinha que entrou na veia do mundo ocidental, pelo menos, com o advento do mundo da informática. Em inglês tem outros sentidos, anteriores (*bit* é um pedaço de algo, uma pequena quantidade de alguma coisa), mas no que nos interessa agora, em português contemporâneo, tem um sentido específico: *bit* (dito |BIT| mesmo, não |BAIT|), sigla para *binary digit*, dígito binário, é uma unidade de medida de informação em computadorês, equivalente à menor unidade possível em um dado sistema. Em português, a grafia alterna parece que livremente com "bite", dito |BI-tchi| mesmo, não |BAI-tchi|. *Byte*, do inglês, designa uma certa quantidade de *bits*; *byte*, este sim dito |BAIT|, é uma unidade de armazenamento da informação no computador. A quantidade de espaço disponível num computador, ou a quantidade de espaço necessário para armazenar certo arquivo na memória do computador, se mede em *bytes*.

Bitter – Em alemão, quer dizer amargo, e por essa qualidade a palavra *bitter* virou nome genérico de bebida alcoólica licorosa, preparada com frutas, folhas, sementes ou raízes maceradas, que se usa como aperitivo ou digestivo. Se for pra escrever em português elevado, deve ser "bíter", com acento e um só "t".

Black – Até muito pouco tempo atrás, se usava a palavra para o mercado paralelo do dólar, isto é, para o mercado "negro", conforme a expressão original, *black market*, do inglês, literalmente, "mercado negro" (dito |BLÉC MARquet|); a expressão *black market* se refere, em inglês também, a qualquer atividade comercial ilícita ou ilegal. Não era raro ouvir, em rádio, frase como "O dólar no *black* fechou hoje a tantos cruzeiros". Não que tenha deixado de existir o mercado paralelo, mas parece que o termo "paralelo" ganhou de *black* na preferência geral.

Black music – "Música negra", literalmente. Designa especialmente a música *soul* produzida nos Estados Unidos, anos 60 e 70, mas mais amplamente o *rock* e, recentemente, o *rap* do mesmo país. Se diz |BLÉC MIÚ-zic|.

Blackout – "Escuridão total", em inglês (literalmente, se forma de *black*, "escuro", mais *out*, "fora", desligamento). Usa-se a expressão especialmente quando apaga (subitamente) a luz que havia. Se diz |BLÉC-aut| ou |blê-CAU-tchi|. Tanto o Aurélio quanto o Houaiss já anotam "blecaute", por sinal o apelido de um sambista, por extenso Otávio Henrique de Oliveira, nascido no interior de São Paulo (1919-1983).

Black power – Literalmente, poder negro, dito |BLÉC PAU-âr|. A expressão nasceu com o movimento negro norte-americano, especialmente nos anos de 1960, por exemplo, o *Black Panther Party for Self-Defense*, o famoso partido dos Panteras Negras, fundado em 1966, agrupamento de características agressivas e, nos anos 70, terroristas mesmo. Falava-se no poder negro como símbolo da resistência da cultura que hoje se chama de afro-americana, cultura que tinha na música seu mais notório centro. Um dos subprodutos do movimento negro era o cabelo grande, usado por vários dos caras, cabelo que assumia proporções enormes, em função da natureza. No Brasil, foi justamente esse cabelo ("capacete" era outro nome) que ganhou o nome de *black power*, tendo tido em Toni Tornado, cantor, uma das primeiras expressões públicas.

Black-tie – Esta é uma palavra bacana no seu uso português. Diz-se |BLÉC-TAI| ou |BLÉ-qui-TAI| e designa, como os dicionários brasileiros já consignam, aquilo que nós resolvemos chamar *smoking*, palavra inglesa cuja pronúncia correta é |ÇMOU-kin|, mas a gente diz |iz-MU-qui| ou no máximo |iz-MU-quim|. O nosso uso de *smoking*, palavra que assim sozinha designa o ato ou o hábito de fumar, veio do nome de um traje semiformal, o *smoking jacket*, literalmente "paletó de fumar", mas simbolicamente a roupa masculina escura, o terno de tecido liso e gola recoberta por cetim, tudo arrematado por gravata de laço ou borboleta. Em inglês, especialmente no norte-americano, o que nós chamamos *smoking* ou *black-tie*, eles chamam *tuxedo* (que se diz mais ou menos |tâ-CÇI-dou|). O *tie* da expressão refere a gravata, não aquela língua comprida que desce do gogó até a cintura, mas a de laço com pontas pendidas (*tie* significa "laço", "nó") ou a que nós chamamos borboleta. Ainda: *black-tie* pode ser usado como definição do estilo de uma festa, recepção, encontro, para demarcar o padrão de exigência da roupa, sugerindo que para homens é "esmuque" e não tem choro.

Blague – Esta também entrou nos dicionários do português brasileiro, e entrou assim mesmo, sem tirar nem pôr, provindo do francês, em que tem exatamente a mesma escrita e quase a mesma pronúncia. Originalmente significava, em francês, a bolsa de fumo, de tabaco, e passou a significar o que a gente sabe, "pilhéria", "dito espirituoso", "brincadeira" (especialmente verbal). *Faire une blague*, em francês, literalmente, "fazer uma blague", traduz-se por "pregar uma peça".

Blasé – Também do francês veio esta palavrinha, que já foi mais usada. Se diz |bla-ZÊ|, fechado, e significa "entediado", "insensível". Se for para usar a forma francesa, *blasé* é masculino e *blasée*, de pronúncia aproximadamente igual, mas com o "e" final mais comprido, é feminino. Em português, se usa para designar o ar ostentado por alguém que parece nem estar ligando, que não tá nem aí, que acha tudo um tédio, um saco. Jovens são mais propensos a demonstrações desse tipo.

Blazer – A palavra já tinha lugar no português como nome do casaco da fatiota, do terno, como o casaco social, sempre dita |BLÊI-zâr|. Recentemente, virou nome genérico e específico de caminhonetes potentes que a classe média confortável compra e usa nas cidades, embora elas pareçam ter sido inventadas para o trânsito rural, com aquelas imensas rodas e grande distância do chão. Este último uso parece ter vindo de um dos sentidos do verbo *to blaze*, do inglês norte-americano: a partir do sentido antigo do verbo como "brilhar", "resplandecer", aparecer gritante e ostensivamente, veio o sentido presente na expressão *to blaze a trail*, que daria aproximadamente "explorar uma trilha excitantemente difícil", ou algo pelo estilo, que é o que pode fazer um carro desse tipo. Por sinal, *Trailblazers* é o nome de um time de basquete daquele país (da cidade de Portland, mais especificamente) que, como sacou Caetano Veloso, é sem nome, Estados Unidos da América.

Blend – *To blend*, em inglês, quer dizer "misturar", "combinar" (diz-se como se escreve, |BLEND| mesmo, com o "d" por último), de forma que o substantivo *blend* quer dizer "mistura", "combinação". Tenho a impressão que o termo entrou no Brasil no mundo semântico do uísque, que tem um *blend* de diferentes uísques ou de composição com outros destilados, *blend* que varia. Hoje se encontra o termo em uma acepção análoga, do mesmo campo da mistura, para a combinação de elementos apresentados por algo ou alguém: pode ser um *blend* de elementos numa composição escultural, um *blend* de qualidades de um sujeito etc., sempre no sentido de que a combinação esta resulta admirável. Por sinal, *blender*, em português, dá liquidificador, aquele aparelho que mistura e, ora, liquidifica elementos sólidos e líquidos.

Blister – Em inglês, bolha, mas mais que isso, hoje em dia é o nome daquela cartela em que vêm acondicionados os remédios, dentro de uma bolha de plástico. Se diz |BLIÇ-târ|.

Blitz – Palavra alemã que, como Caetano Veloso já disse numa canção, quer dizer "corisco", "raio", "relâmpago" (a canção é *Língua*, e a passagem diz "*Blitz* quer dizer corisco, *hollywood* quer dizer azevedo", e é mesmo, quer dizer, o bosque de azevinho), e que deve ter migrado para o sentido brasileiro de batida policial a partir da palavra também alemã *blitzkrieg*, "guerra-relâmpago", guerra de alta intensidade, a matar ou morrer. Se diz |BLITÇ| mesmo e faz plural em *blitze*, e alguns jornais brasileiros, ao usarem a palavra, fazem este plural elegante e correto, mas impreciso em relação à língua alemã, que exigiria maiúscula para *Blitz*, *Blitze* e *Blitzkrieg* (todos os substantivos em alemão o exigem).

Blitzkrieg – Ver *blitz*. A pronúncia alemã é |BLITÇ-crig|.

Blockbuster – Inglês, que entrou na nossa vida recentemente com uma cadeia de lojas que alugam e vendem fitas de vídeo e DVDs e por causa de um significado muito norte-americano: eles lá chamam *blockbuster* qualquer coisa que seja, metaforicamente, "arrasa-quarteirão" (aliás, esta a tradução literal de *blockbuster*: *block* é "quarteirão", *buster* é, em sentido moderno, "detonar", estraçalhar com alguma coisa, lembra do filminho aquele, *Ghostbusters*? Era "Os caça-fantasmas", ou, diríamos nós, "Os detona-fantasmas"). Diz-se que um filme ou um livro que venda muito por bastante tempo é um *blockbuster*, que é mais que um *best seller*. Originalmente, *blockbuster* era uma bomba que arrasava, literalmente, um quarteirão, ou quase. Se diz |BLOC BÂÇ-târ|.

Blog – Abreviatura para *weblog*, que virou sinônimo de diário pessoal exposto à visitação pública na rede. *Log* significa, entre outras coisas, diário de bordo, aquele caderno em que são anotadas as coisas de viagem, num navio, e *web* é a rede. O resultado, então, é "diário posto na rede". O sujeito que faz *blog* é, em inglês e parece que em português, *blogger*, mas parece estar ficando popular a forma adaptada "blogueiro". Se diz |BLÓG| ou |BLÓgui|. Ver *login*.

Blonde – No inglês, provindo do francês, quer dizer loira (a forma masculina no francês é *blond*). No Brasil, se usa a palavra no mundo da moda, para falar das moças loiras, naturalmente. Na origem, parece que a palavra tem a ver com *blend*, no sentido no verbete descrito aludindo a mistura – vai ver, naquela remota época os loiros eram vistos como gente misturada, no sentido étnico, e não pura.

Bloody Mary – Um *drink* (v.) bastante conhecido, composto de vodca e suco de tomate. Reza a lenda que a denominação veio de Maria I, Maria Tudor, rainha inglesa (1516-1558), não porque ela tomasse essa mistura – o tomate ainda não tinha chegado na ilha, nem a vodca –, mas porque ela era sanguinária, tendo mandado matar umas trezentas pessoas, incluindo uma rainha anterior e o arcebispo de Cantuária, o equivalente ao papa católico no âmbito do anglicanismo. Se diz, em inglês da ilha, |BLÂ-di MÉ-ri|, com "d" de dedo (não |dji|) e "r" caipira.

Blue chip – Do inglês, literalmente "ficha azul", é uma expressão que entrou na corrente sangüínea atual para designar ações (aquelas da bolsa) que tenham alta rentabilidade e liquidez imediata, quer dizer, que paguem dividendos altos e sejam vendáveis a qualquer momento. Também se chama assim um bem, uma propriedade com essas características. Parece ter origem em uma ficha dessa cor usada no pôquer. Se diz |BLU TCHIP|.

Blue jeans – Ver *jeans*.

Blues – Palavra da língua inglesa norte-americana que designa tanto o sentimento de melancolia quanto a música que o expressa, aquela música lenta, inventada e desenvolvida por músicos e cantores negros, do sul dos Estados Unidos, uma das matrizes do *rock'n'roll*. As origens do estilo são, como sempre, obscuras, perdidas no tempo, mas é certo que foi entre gente sofrida e de pouca ilustração que ele brotou. (Chama-se *blue note* a nota modificada, o acorde diminuído, que dá um aspecto triste ao som.) As letras das canções relatam o estado de ânimo do cantor ou da personagem que ele encarna. Há gente famosa na matéria, como John Lee Hooker, ou Bessie Smith. *Blues* se diz |BLUZ|.

Blush – Nós chamamos assim aquilo que os de língua inglesa também chamam de *blusher*: uma maquiagem usada para avermelhar a face, coisa que em certa época era considerada caminho para a beleza. *Blush* é avermelhado, a cor rosada tendendo ao forte. Se diz |BLÂCH|. Ver *rouge*.

Board – Palavra que tem sido muito usada hoje em dia, tempo de globalização dos mercados, o Terceiro Mundo entregando de bandeja o patrimônio nacional para a grana internacional, essas coisas, e usada no sentido inglês mesmo, de "conselho", "direção", as gentes que mandam em uma empresa, os chefões. Fica aparentemente mais elegante dizer que "o *board* da empresa reuniu-se ontem para definir as estratégias de *downsizing*" (v.) do que dizer "a alta direção reuniu-se para definir como vai botar no olho da rua aquela gentalha". Este sentido proveio do significado de mesa que a palavra tem (mesa mesmo, a tábua da mesa). Diz-se mais ou menos |BÓRD|, mas com o "ó" ligeiramente alongado. A palavra já tinha dado o ar de sua graça no português com a expressão marítima *on board*, que veio ao "a bordo". Em português, vai aparecer em palavras como bombordo e estibordo.

Bobo – Um jornalista norte-americano chamado David Brooks inventou essa onda, na altura do ano 2001, para designar o que ele achava que era uma síntese da geração daquele momento, mistura da juventude rebelde dos 60 com a juventude conservadora dos 80 – daí a sigla, *Bobo*, ou *BoBo*. Ao contrário do que sugere a interpretação brasileira da palavra, ela seria uma fusão de *bourgeois* ("burguês", em francês, mas também em inglês culto) e *Bohemian* ("boêmio"), isto é, um sujeito que teria enriquecido sem perder certo traço de rebeldia, ficando aquele astral descolado, *in*, cara que concilia paletó e gravata com zen-budismo, altíssima tecnologia com forno a lenha, essas ondas. Em inglês, a pronúncia é |BOU-bou|.

Bocca chiusa – Italiano, olha só, também entra na circulação do português contemporâneo. Ou nem tanto, para falar a verdade: faz tempo que eu não ouço ou leio a expressão. Mas informalmente se ouve por aí, no sentido literal do italiano, "boca fechada" (diz-se |BO-ca QUIU-za|). Emprega-se, por exemplo, quando se acaba de contar a alguém uma informação sigilosa, que não deve passar adiante no contexto, e funciona como uma advertência, como se se dissesse em português "come e tranca" ou "come em tranca", isto é, guarda para ti, não conta pra ninguém.

Bock – Palavra alemã que é nome de uma cerveja preta e meio adocidada, mas mais forte que a habitual. A designação *Bockbier* teria vindo de *Einbeckisch Bier*, cerveja da cidade de Einbeck. Em outros tempos, talvez a designação tivesse relação com bode, que em alemão é *Bock* também. A pronúncia é |BÓC| mesmo. Ver "cerveja". Tem também uma salsicha com esse mesmo nome, que não consta nos dicionários brasileiros correntes. Por extenso, é *bockwurst*, sendo *wurst* o mesmo que "salsicha". Trata-se da salsicha de sabor suave, feita com carne de vitela temperada com alho e outras coisas. (Se diz |BÓC-vurst|.)

Body – Em inglês quer dizer "corpo", o corpo humano, ou alguma coisa derivada metaforicamente daí, por exemplo o corpo de um documento (isto é, a parte substantiva dele), e assim por diante. Mas ultimamente tem sido empregada para uma peça do vestuário feminino que eu suspeito que seja o que antigamente se chamava corpinho, aquela peça íntima, que não é nem calcinha nem sutiã, aquele corpete, enfim, se deu pra entender. Deve ter relação com o *collant* (v.). Se diz |BÓ-di| mesmo, mas com o "d" de "dedo".

Body art – Inglês para "arte do corpo" ou "arte no corpo". Trata-se de uma das novidades das últimas décadas, quando artistas resolveram usar o próprio corpo como suporte para sua expressão. Sim, estamos falando de *piercing*, tatuagem, escarificação, escultura do corpo, com objetos enfiados sob a pele ou dentro do lóbulo da orelha ou do lábio inferior, até mesmo certas operações para marcar definitivamente a pele etc. e tal. É designação atual e urbana, mas se baseia em práticas rituais vagamente artísticas presentes em várias civilizações – basta lembrar o Raoni, aquele cacique brasileiro que usava um batoque imenso no lábio inferior e que ainda nos anos 1980 correu mundo, sob patrocínio do cantor inglês Sting. Se diz mais ou menos |BÓ-di ART|.

Body-building – Depois que entrou essa mania (naturalmente oriunda dos *States*) de malhar em academia (e pensar que malhar era outra coisa, e academia também era outra coisa...), inventou-se também de chamar assim (dizendo |BÓ-di BÍL-ding|, com os "d" ditos de modo ortodoxo, "d" de dedo) à atividade de construir o corpo mediante exercícios regulares para fazer crescer os músculos, que é o que a expressão significa, literalmente, "construção do corpo". (O verbo *to build* significa construir.) Esse troço que faz as gentes gastarem uma enormidade de tempo e grana para alcançarem uma impossível juventude eterna (a noção de velhice anda muito em baixa neste pobre mundo). Fico pensando em como seria se a mesma dedicação fosse usada para o exercício da inteligência e do bem público. Há uma penca de outras expressões associadas a esse universo: *body combat*, coreografia que simula vários tipos de combate corpo-a-corpo, também praticada em academias (nota histórica: antigamente, esse exercício de simular boxear se chamava *shadow boxing*, mais ou menos *box com a sombra*); tem também *body pump*, que é o lado forçudo da coisa, ficar levantando peso para ficar, como se diz por aqui, bombado – por falar nisso, *pump* |PÂMP| é, entre outras coisas, a bomba, aquele mecanismo de transferir fluidos de um lugar para outro.

Boiler – Palavra inglesa amplamente vencedora em várias partes, para designar o que em português pode ser chamado de "caldeira", aquele recipiente em que se esquenta a água (ou outro líquido) ao ponto de ferver, de forma que ela circule em uma serpentina que aquecerá a água com que se tomará banho ou se lavará a mão e a louça suja. Tem origem latina, que aproxima as coisas: *bulla* era "bolha", *bullire* era "borbulhar", tudo muito parecido com a nossa língua portuguesa. Se diz |BÓI-lâr|.

Bombonnière – Loja de bombons, assim como caixa ou pote de depósito de bombons. Em português dá "bomboneira", e em espanhol platino dá *Bombonera*, o estádio do Boca Juniors, assim chamado não porque guarda bombons, mas porque tem as arquibancadas altas e retas como numa caixa da guloseima.

Bombshell – *Shell*, como no nome da empresa de petróleo, significa "concha", ou "casca", ou "granada", e *bomb* quer dizer "bomba" mesmo. Mas a junção das duas dá um sentido metafórico de notícia bombástica, ou derivadamente "manchete escandalosa". No colunismo social brasileiro, emprega-se a palavra para aludir a gente que causa sensação, em geral por protagonizar pequenos ou grandes escândalos. Carmen Miranda, dita "a pequena notável" por aqui, era conhecida nos States como *the brazilian bombshell*. Se diz |BÓM-chel|, com o "m" pronunciado como se viesse uma vogal depois e o "l" como o de lata.

Bondage – Termo inglês antigo, mas de uso moderníssimo, refere atividades sexuais mais ou menos perversas, daquelas em que um dos participantes se submete até o limite da escravidão ao outro. Seguem-se, para os apreciadores do lance, roupas fetichistas e por aí vai. Literalmente, a palavra quer dizer "escravidão", "servidão", e se diz |BON-dadj|, mais ou menos.

Bon sauvage – Expressão francesa que significa "bom selvagem". É coisa inventada pelo pensador e escritor Jean-Jacques Rousseau (1712-1778), autor do *Contrato social* e outros livros, que postulou a tese de que o homem nasce bom e é corrompido pela sociedade. Daí ele derivou a idéia de que os selvagens (como os índios americanos, que naquela altura eventualmente eram vistos na Europa, levados por explo-

radores) eram naturalmente bons, sem maldade, sem mácula, sem mesmo idéia do Mal, sem pecado original sequer. É uma das idéias fortes do Romantismo, em sentido amplo, e recebeu figuração em várias obras, por exemplo, nos romances de José de Alencar (1829-1877), como *Iracema* e *O guarani.* A pronúncia é |BÕ sô-VAJ|.

Bon vivant – Essa o Aurélio registra, notando que é expressão francesa, significando, literalmente, "bom vivedor", isto é, aquele que sabe viver a vida, apreciar a vida, levar numa boa, ter humor e, bem, *savoir faire* (v.). A expressão é usada em francês mesmo, e no Brasil se emprega no mesmo sentido e com a mesma pronúncia, |BÕ vi-VÃ|, com tônica mais forte na última sílaba do conjunto.

Bonsai – Palavra incorporada diretamente do japonês, para designar a árvore anã, que se cultiva em vaso. Segundo o Aurélio, *bon* é vaso e *sai* é árvore.

Bonus track – Hoje em dia, com certa onda de regravação em formato de CD de antigos discos de vinil (ou mesmo de outros e mais antigos materiais), começou a aparecer a expressão essa aí, do inglês, para designar o que os fazedores do novo disco consideram um bônus, um extra, um brinde: uma faixa de gravação que não estava no disco original. Em inglês se deveria dizer |BÔU-nâç TRÉC|, mais ou menos, com a palavra latina *bonus* (bom, justo, agradável, correto), que veio para o português como sinônimo, entre outras coisas, de bônus, isto é, "vantagem", prêmio, e a palavra inglesa *track* (no contexto, pista estreita, o que no mundo discográfico quer dizer "faixa de gravação").

Book – Todo mundo sabe, desde as primeiras aulas de inglês (aquelas do *The book is on the table*), que *book* quer dizer "livro". Mas no português brasileiro de hoje, certamente provindo do inglês trivial do mundo da moda, veio a significar o álbum de fotos que muita gente ingênua faz, pagando os tubos, para mostrar a eventuais contratantes de serviços de passarela e coisa e tal. Em inglês, se diz |BUC|, e entre nós virou |BU-qui|: "Vou fazer o meu *book* e vou pra São Paulo", por exemplo.

Booker – No mundo de hoje, especificamente o das modelos/manequins/atrizes-em-potencial-para-novela-da-Globo, *booker* é o cara que faz o *book* das candidatas e dos candidatos ao estrelato fácil, que nem sempre sai. Em inglês, a palavra significaria isso mesmo, porque aquele sufixo *-er* designa o sujeito que pratica, faz, constrói aquilo que diz o substantivo ou o verbo a que se agrega.

Bookmaker – Já no inglês existe a função designada pela palavra, que em português veio a dar buquemeque: o anotador do jogo, que recolhe a aposta e depois distribui a grana para os ganhadores. Em português, também assim se chama a aposta feita coletivamente em torno de algum episódio, jogo de futebol, por exemplo: "Vamos fazer um buquemeque?". Em inglês, a pronúncia ficaria mais ou menos |BUK-mêi-kâr|.

Boom – Literalmente, significa "estouro", e é uma palavra onomatopaica, que imita o som da coisa que pretende designar. Também em inglês, que é de onde veio o uso, se usa o termo para o súbito aparecimento ou o repentino ou inopinado desenvolvimento de algo: o *boom* da soja, o *boom* da literatura latino-americana, o *boom* de qualquer coisa. Curioso que, na grafia em português brasileiro, ninguém use a forma "bum", simplesmente, que é a pronúncia da coisa, e sempre prefira a forma inglesa original *boom*, mas dizendo "bum". Dá um cacófato engraçado, mas tudo bem (feito "bum da soja", que vira "bunda soja"). Vá entender. Em inglês, se pronuncia com o "m" final, como se viesse uma vogal depois.

Bootleg – Em inglês, o sentido mais comum é o de fazer, transportar ou vender bebida alcoólica ilegalmente, mas em português parece designar outra coisa: a parte de cima da bota, ou alguma cobertura que fique ali, onde está o cano da bota, ou a perna da bota, que seria uma tradução literal da expressão. Vi usado em revista para designar uma espécie de calça justa na parte da barriga da perna e curta, como se tivesse sido feita para usar com botas. Se diz |BÚT-lég|.

Bordeaux – Bordéus, principal região vinícola francesa, sudoeste da França, que produz vinhos há uns oitocentos anos. Tem pra tudo que é gosto, brancos e tintos, mais e menos fortes, secos ou doces, mas sempre vinhos naturais, sem adição de coisa alguma, alguns dos quais chegam a cem anos – é o que dizem os entendidos na matéria – com excelente qualidade. O nome da região virou uma palavra que designa vinho tinto da região, o que se comprova pela aproximação entre a cor e a palavra que designa a cor, o bordô. Se diz |borr-DÔ|.

Borderline – Em inglês (pronunciado |BÓR-der-lain|, com "r" caipira e "n" de nada, ou abrasileirado para |bór-der-LAIN|), significa a linha demarcatória entre duas superfícies ou situações. Daí evoluiu para designar o sujeito que está por algum motivo no limite da aceitabilidade em relação a algum critério. No Brasil, se usa em relação a sujeitos que apresentam comportamentos tais que não se definem claramente entre a sanidade e a loucura, seja lá o que signifiquem estas palavras. Já vi limítrofe como sinônimo, mas parece mais comum usar-se a forma inglesa mesmo.

Boss – Inglês, igual ao nosso "patrão", ou "chefe", o cara que contrata e manda em você, resumindo. Tem aparecido com freqüência no mundo brasileiro para designar isso mesmo, como uma espécie de reconhecimento tácito, ou melhor, lingüístico, de que quem manda tem que ser designado logo na língua do império. De vez em quando aparece a composição *big boss*, "chefão". Se diz |BÓÇ|.

Bottom – Aqui há um outro caso magnífico de influência arrevesada do inglês sobre o português. Sabe aqueles botões, discos, com algum dizer, que se usa por exemplo em campanha política? A gente chama de "bóton", não é? E na maioria das vezes, quando se trata de escrever, se escreve *bottom* ou *botton*, não é? Pois é. Botton não ocorre em inglês, mas *bottom*, que é dito |BÓ-tâm| (com o "m" dito como se viesse uma vogal depois), quer dizer "fundo" (o fundo do mar, por exemplo), ao passo que a gente queria dizer *button*, também dito |BÓ-tõ| entre nós, mas cuja pronúncia inglesa seria |BÂTN|, que quer dizer "botão", isso mesmo. Maravilha essa perversão familiar brasileira. Agora: custava chamar simplesmente de botão aquele troço?

Boulevard – Palavra francesa, pronunciada |bul-VAR| (com o "l" de lata), de vez em quando encontrada na forma abrasileirada "bulevar", que designa uma rua larga e em geral arborizada. (Originalmente, designava uma obra de defesa ou uma terraplenagem.)

Bourgogne – Borgonha, região da França, no leste. É a mais antiga das regiões produtoras de vinho francês – a coisa começou há mais de dois mil anos, desde os romanos –, e dá origem a vinhos fortes. Se diz mais ou menos |bur-GÓ-nhe|.

Boutade – Essa, pra variar, veio do francês, em que se escreve assim mesmo, e quer dizer dito espirituoso, pequeno sarro verbal, piada engenhosa, trocadilho. Se diz |bu-TAD|, com "d" de "dedo".

Box – Tem o esporte e o lugar, o espaço. O primeiro é bastante velho, e em inglês se chama *boxing*. Há registros dele, em versão rude, desde 1500 antes de Cristo, muito antes das charqueadas, da invasão de Zeca Neto e mesmo dos gregos clássicos e não clássicos. Chegou na Inglaterra no começo do século 18; segundo a *Britannica*, o primeiro campeão foi um certo James Figg, em 1719. No Brasil, virou *box* mesmo, dito |BOCS| ou, em casos extremos, |BÓ-quis|, mas foi aportuguesada como boxe, o que francamente. Além disso, a palavra designa a divisão territorial em lojas, em garagens ou dentro do banheiro, em que o *box* ou boxe passa a ser o espaço do chuveiro, eventualmente com alguma parede de vidro ou cortina a separar as coisas e evitar a molhaçada no chão.

Boy – De primeiro era *office boy* (dito |Ó-fiç BÓI|), literalmente, o "garoto do escritório", o "mandalete", o que no Rio Grande do Sul antigo se chamava de chasque ou próprio. Daí, por economia de saliva, passou a ser *boy*, simplesmente, e depois ainda evoluiu, a palavra, para *motoboy* (v.).

Brainstorm – Em inglês, significa um plano ou uma idéia que vem subitamente à cabeça de alguém, mas parece que entre nós predomina o sentido de esforço, em geral coletivo, para pensar criativamente sobre certo tema de forma a ter uma idéia genial, ou candidata a isso. A palavra se formou de *brain*, "cérebro", e *storm*, "tempestade". A pronúncia é

|BRÊIN stórm|, com o "n" e o "m" ditos como se viessem vogais depois. A sessão em que se tenta chacoalhar as idéias se chama, em inglês, *brainstorming*, e esta é a palavra para designar o que aqui se reduziu a *brainstorm*, a idéia.

Brasserie – Comércio, ou melhor, casa de pasto, que mistura confeitaria, bar, café e restaurante, onde se pode beber e comer decentemente a qualquer hora. De primeiro designava-se com essa palavra a fábrica de cerveja – *brasser*, em francês, quer dizer fermentar o malte para fazer a cerveja (vem do latim *braciare*, ligado a *brace*, que é "malte" em latim). É palavra francesa e se diz |braç-RRI|, com os "r" na garganta.

Break – Esta é uma palavra de largo curso em português brasileiro. Talvez o primeiro uso tenha sido como sinônimo para o freio do carro, o que em São Paulo ainda se ouve como breque (e deu na expressão "samba-de-breque", popularizado por Moreira da Silva). A pronúncia inglesa é mais ou menos |BRÊIC|, mas deu no |BRÉ-qui|. Nos anos de 1980, começou a aparecer outro uso, naturalmente provindo dos Estados Unidos, relativo a certa dança oriunda de grandes centros e praticada originalmente por jovens negros. É aquela dança engraçada, em que o sujeito mexe de modo quebrado – falando nisso, *to break*, em inglês, quer dizer, fundamentalmente, "quebrar" – os braços, as pernas e o corpo todo, como se passasse pelas partes do corpo do dançarino uma corrente elétrica que fosse induzindo os movimentos. Hoje em dia, com o mundo *hip-hop* (v.), usa-se o termo *b-boy*, que quer dizer *break-boy*, isto é, o dançarino de *break*. Recentemente, também se passou a usar a palavra em simpósios, encontros, seminários e tal, para o intervalo dos trabalhos: se diz que às tantas horas haverá um *coffee-break*, o que antigamente, num certo país que fala português, se chamava recreio, intervalo para o cafezinho. A partir do mesmo sentido, se usa também, entre a juventude, chamar de *break* o intervalo comercial da rádio ou da tevê – "A gente vai pra um *break* e volta logo" –, e até mesmo se usa dizer "Dá um *break*" no sentido da expressão norte-americana *Give me a break*, o que em português contemporâneo se traduziria por "Dá um tempo", isto é, pára de aborrecer, vai ver se eu tô lá na esquina, por aí.

Bricoleur – Já tem dicionarizada em nossa língua a forma "bricolagem", do francês *bricolage*, significando o trabalho de artesanato doméstico (pintar cerca, arrumar fiação, colar aquele velho abajur quebrado no último futebol do filho). Em francês, *bricole* é isso mas também "biscate", trabalho qualquer; em português, esse sentido parece não existir, tendo-se fixado o sentido de trabalho miúdo, artesanal, cuidadoso. O *bricoleur* (dito |bri-co-LÉR|, que é masculino, com feminino em *bricoleuse*, dito mais ou menos |bri-co-LÉZ|) é o sujeito que gosta de bricolagem. Em crítica de arte se usa a palavra para poetas ou escultores que colecionam elementos aparentemente menores, de pouca importância, em arranjo simpático.

Briefing – Em inglês, *brief*, dito |BRIF|, é "breve", "curto", "rápido"; daí que *to brief* signifique relatar rapidamente informações e *briefing* seja a sessão em que se faz isso. No mundo dos negócios e da política, um encontro para fazer esses relatos breves, curtos e diretos também no Brasil se chama *briefing* (pronúncia |BRI-fin|), e se criou o verbo brifar para designar a ação de passar as informações, às vezes em sentido criativo: por exemplo, se diz para um assessor de prefeito prestes a encontrar-se com alguma autoridade de certa área especializada que ele, assessor, deve brifar o prefeito, isto é, passar-lhe as informações de que ele necessitará na ocasião.

Bruster – Palavra que apareceu recentemente no país, designando um produto novo no mercado de carnes: um peito de ave, alguma ave, um imenso peito, desses que só em laboratório é que dá pra inventar. Nas propagandas, é vizinho de *chester* (v.). A palavra deve ter-se originado no alemão *Brust*, "peito", "tórax", acrescentado daquela terminação *-er*, que existe nas línguas germânicas.

Brother – Quer dizer "irmão", em inglês, e no Brasil entrou em circulação parece que no mundo dos surfistas, em que também acontecem as formas derivadas brode, bró e brou. Aqui o sentido não é propriamente de irmão, mas de "amigo", "camarada", "parceiro" (tanto que bem recentemente apareceu um coletivo, brodagem, como designação do conjunto dos camaradas, dos amigos, dos parceiros). A pronúncia é |BRÓ-dâr|, sendo o "d" pronunciado daquele jeito estranho para nós, como um "d" dito com a língua entre os dentes. E teve aquele programa da linha *reality show* (v.) chamado *Big Brother*, alusão a uma metáfora do romance de George Orwell, *1984*, utopia negativa em que a vida seria totalmente controlada por uma onipresente câmera de televisão, a captar imagens de todo mundo o tempo todo.

Brown – O senhor sabe, em inglês esse é o nome da cor "marrom", mas também é sobrenome, adivinha de quem e por quê. No Brasil, apareceu no mundo *pop* negro, por exemplo na música (tinha e tem o James Brown, mestre do *soul* e do *rock*), e se incorporou ao nome de alguns caras, como o Mano Brown, dos Racionais MCs, e o Carlinhos também Brown, genial compositor e percussionista baiano. Se diz |BRAUN|, por sinal, a forma alemã da mesma cor.

José Anotnio Muñoz

Brownie – É o nome daquele bolo (talvez inventado nos *States*) de chocolate, de consistência grudenta, em geral feito também com nozes, com uma calda de chocolate em cima, que a gente costuma comer em cubos. Se diz |BRAU-ni| e quer dizer "amarronzado" (*brown* é "marrom", *brownie* seria, também, "marronzinho").

Browser – O programa de computador que se usa para navegar na internet. O verbo *to browse*, no inglês, significa procurar despreocupadamente, sem rumo, ou olhar a esmo, curtindo a paisagem, ou ainda ler aleatoriamente. Se diz |BRAU-zâr|.

Brunch – Nasceu da contração de *breakfast* e de *lunch*, quer dizer, da mistura entre a palavra referente a café-da-manhã com a palavra referente ao almoço. Claro, a coisa de nome *brunch* se chama assim porque é uma refeição híbrida de uma coisa com outra: é uma refeição do meio para o fim da manhã, com frutas e tal, como se fosse um desjejum, mas na qual a gente deve comer mais, como se fosse um almoço. Se diz |BRÂNTCH|.

Brut – Palavra francesa que significa o que o senhor está pensando mesmo, "bruto", e designa espumantes ou vinho extremamente secos, sem qualquer doçura. Pronuncia-se mais ou menos como se lê, em nossa língua, mas com o "r" na garganta e não na ponta da língua.

Budget – Palavra inglesa que ficou chique usar aqui no Brasil, especialmente pelo pessoal mais "muderno", tipo publicitários e afins. Poderia ser usada, em seu lugar, a singela e conhecida palavra "orçamento", que é o que aquela lá significa, mas sabe como é, dizer em inglês pode dar um ar de maior importância, talvez dê para cobrar mais... Se diz |BÂ-djêt|.

Buena dicha – Expressão do espanhol, literalmente "boa sorte", "destino feliz", às vezes usada no Brasil assim mesmo, na língua original, como para significar coisa mais enigmática. Ciganas costumam dizer que ao lerem as mãos estão lendo a *buena dicha*. Diz-se |BUÊ-na DI-tcha|, com o "d" funcionando como "dê" mesmo.

Buffet – Nos últimos anos, entrou na rotina das gentes brasileiras a palavra, ora escrita assim, em francês (e pronunciada |bi-FÊ|, com o "i" dito com aquele biquinho de quem estava pronto para dizer um "u" e acaba dizendo um "i"), ora escrita bifê ou bufê (esta última, a forma preferida pelo Aurélio, alternando com, veja só, bufete, sim, senhor, forma esta usada na literatura portuguesa desde tempos). No francês, a palavra designa a mesa de botar as vasilhas e utensílios para comer e, naturalmente, de servir comidas. Tenho a impressão de que entrou no português a partir de uma expressão que trinta anos atrás era chique, *buffet froid*, dito |bi-FÊ frro-A|, expressão que insinuava que só seria servida comida fria. No Brasil, bufê ou bifê (minha pre-

ferência insubordinada) ou ainda bufete (que só vi no Aurélio mesmo, nunca na vida real) significa tanto a mesa das comidas quanto as próprias, o conjunto delas. Ver *catering*.

Buffer – É coisa do mundo do computador e da eletrônica em geral; no computador, trata-se de uma parte da memória que armazena temporariamente certos dados. Se diz |BÂ-fer|.

Bug – Na virada do milênio, a palavra circulou um monte no Brasil em função de uma ameaça, afinal não concretizada, de que os computadores do mundo entrariam em parafuso na precisa mudança de 1999 para 2000, número este que não seria reconhecido por certos computadores, aqueles construídos ainda com notação de data específica apenas com os dois últimos algarismos do ano (então, os tais computadores enlouqueceriam, porque leriam "2000" como "00" e, portanto, como "1900", pondo a perder todos os arquivos que dependessem de datas e tal, como por exemplo registros de previdência, de seguridade etc.). Em inglês, a palavra designava, inocentemente, "inseto", passando no mundo da informática a significar um erro de programação. (Se diz |BÂG|, ao passo que entre nós se dividiu a tigrada, uns imitando a fala inglesa, outros dizendo |BÂ-gui| ou |BU-gui| mesmo.) Na verdade, entre o inseto e o erro informático há um passo intermediário: na época da Revolução Industrial, aquelas toscas e primitivas máquinas davam pane à toa, por motivos que ninguém, ou quase ninguém, sabia explicar; daí o povão, quando uma máquina travava, dizer que era um *bug* – palavra que podia significar tanto um inseto, um bicho que tivesse entrado nas engrenagens, como algo desconhecido, um fantasma. Isso porque há quem derive *bug* do galês *bwg* – o senhor vá imaginando como é que o povo de lá, da terra do poeta Dylan Thomas, diz essa coisa –, palavra que significava "fantasma", "alma penada", um troço sobrenatural desses. A ser verdadeira essa hipótese, talvez se encontre aí a razão de os estado-unidenses serem tão temerosos dos insetos, bichos que eles toleram bem menos do que nós, brasileiros: se o *bug* tem esse conteúdo *bwg*, a associação é significativa.

Buggy – Se o senhor gosta de carro, deve lembrar aquela espécie de jipe (v. *off-road*) que nos anos 70 teve certo prestígio. Se chamava assim, *buggy*, havendo quem escrevesse *boog*, *boogie*, *bug* e coisas ainda menos razoáveis. O caso é que a palavra (pronuncia-se |BÂ-gui|) vem direto do inglês, em que designa uma pequena carruagem, um cabriolé, puxado por apenas um cavalo (e duas rodas, na versão inglesa, ou quatro, na norte-americana). A origem dessa designação pode ter a ver com *bug*, porque esses veículos são mesmo parecidos com insetos (em português se chama aranha a charrete leve, de um só cavalo), ou com *bogey*, que designa algo real ou imaginário que dá medo, causa pânico.

Bungee jumping – Aí uma das modernidades tolas de nosso tempo: é um dos – vá lá – esportes radicais atuais, com aquela corda de elástico que o vivente ata num dos tornozelos e se larga desde uma altura entontecedora, só pra sentir vertigem e ficar balançando, se não estourar tudo e o sujeito então calhar de ir comer capim pela raiz. Sinceramente. *Bungee* é isso mesmo, uma corda elástica usada para absorver impacto, que se usa no mundo da aviação, além de ser o nome de uma mola usada em controles manuais do mesmo mundo de asas; *jump* é "pulo", "salto". Se diz |BÂN-dgi JÂM-ping|, e a tradução literal seria mais ou menos "salto-mola".

Bunker – Esta tem em alemão, e se diz |BUN-ker| mesmo, e em inglês, dita |BÂN-kâr| (em alemão, se usa escrever com maiúscula, *Bunker*, porque é um substantivo). É o nome do abrigo subterrâneo, antibomba, que parece terse popularizado na Segunda Guerra. No Brasil se usa o termo em sentido derivado, com o significado de local abrigado, local de refúgio, sala privativa, por aí, muitas vezes em sentido irônico: "O presidente voltou para seu *bunker*, fugindo da chuva de ovos que o aguardava", digamos.

Bureau – Palavra francesa bem conhecida nossa, já aportuguesada para birô (imitando a pronúncia francesa, que faz um "r" mais na garganta e coisa e tal), designa "escrivaninha" e por extensão o escritório ou mesmo o grupo de pessoas que decide coisas. A gente se lembra dela, de vez em quando, por causa do FBI, o *Federal Bureau of Investigation*, a polícia federal (e muitas vezes de ação secreta) da nossa metrópole moderna, os Estados Unidos da América. De *bureau* veio a burocracia, sempre é bom lembrar: o regime da escrivaninha, em que o cara que senta nela é que manda.

Business – Esta todo mundo sabe: vem do inglês e quer dizer "negócio", que é a alma do mundo do mercado, onde tudo pode ser comprado e vendido, de cascalho a consciência. Se diz mais ou menos |BIZ-nâç| e deu origem a várias frases (como a desculpa medonha *Business is business*, que quer dizer, em bom português, "Azar do goleiro", isto é, "Dane-se, porque os negócios estão acima de tudo") e a palavras, como *agribusiness*, que alguns preferem grafar agronegócio, ou como *businessman*, "homem de negócios", ou sua variante feminina, *businesswoman*, ou ainda *show business*, muito comum no Brasil na forma *showbiz* (v.).

Button – Ver *bottom*.

By – Preposição do inglês que não tem nenhuma culpa pelo uso que fazem dela os redatores de publicidade. Quer dizer, entre outras coisas, a nossa preposição "por": a gente lê na revista brasileira da moda que tal roupa é "*by* Fulaninha" e deve entender que a tal roupa foi feita, ou melhor, foi desenhada ou concebida por ela (e certamente feita por outrem). Se diz |BAI| e aparece em outra expressão freqüente no país, *stand-by* (v.).

By default – Ver *default*.

Byte – Certa quantidade de bites (ver *bit*).

C

C'est la vie – Frase do francês, que ainda se ouve no Brasil, provavelmente desde o tempo em que a língua de Racine tinha prestígio entre nós. Significa "É a vida", em tom de comentário cheio de sabedoria, e se diz |ÇÉ la VI|, como quem diz para consolar "Não foi nada", "Não esquenta", ou como quem resume a fatalidade de algum acontecimento, por exemplo naquelas situações de enterro, "Se morre à toa", "Pra morrer basta estar vivo" etc. Meu irmão encontrou esses tempos um garçom cujo nome era, segura essa, Zelavir; indagado, o sujeito disse que era homenagem a certa música, chamada *C'est la vie*.

Ça va sans dire – Outra frase do francês, que já foi muito usada e hoje é rara. Alterna com *Cela va sans dire*, forma mais elegante, nos dois casos podendo ser traduzidas literalmente por "Isto vai sem dizer", que em bom português dá "Isto é evidente", tão evidente que nem precisa dizer. Ocorre ainda em textos elegantes, quando, lá pelas tantas, o autor apenas menciona, e de passagem, certo aspecto que ele considera totalmente fora de questionamento, por ser evidentemente correto. Se diz |ça VA çãn DIRR| (ou |çla VA çãn DIRR|), com "d" de dedo e "r" na garganta.

Cabernet – Nome de uva, podendo ser de tipo *franc* ou *sauvignon*. Aquele dá vinho frutado, de consumir jovem, sendo uma das uvas que mais se adaptaram à terra e ao clima da América do Sul; já este dá vinho intenso, de sabor acentuado, que deve ser consumido após certo prazo, para oferecer seu melhor, sendo uma das mais conhecidas e fora de sua região original, *Bordeaux* (v.). A cepa nobre da família *cabernet* é a uva *merlot*. Pronúncias: |caber-NÊ|, |sovi-NHON|, |bor-DÔ| e |mer-LÔ|, sempre com o "r" carioca.

Cable – Palavra inglesa que entrou no nosso mundo esses dias, para designar o que nós poderíamos chamar de "cabo", sem prejuízo de significado, porque é isso mesmo que quer dizer.

Se pronuncia |QUÊI-bol|. Aparece no mundo da transmissão de informações eletrônicas por cabo, como é o caso do sinal da televisão e da internet.

Cache-col – Palavra já abrasileirada para cachecol, formada pelo verbo *cacher*, "esconder", e o substantivo *col*, "gola"; isso significa que cachecol é aquele pedaço de pano que se passa em torno do pescoço (da gola) para proteger do frio.

Cache-nez – O Aurélio já registra cachenê, assim escrito, para a mesma palavra, que vem do francês: *cacher* significa "esconder" e *nez* é o "nariz". De forma que a junção das duas coisas significa uma mantinha que protege do frio todo o pescoço e ainda o nariz, escondendo-o.

Cache-pot – Mais uma palavra que vem do francês e está dicionarizada como cachepô, numa imitação da pronúncia. *Pot* é o nosso "pote". De maneira que a combinação do verbo *cacher*, "esconder", mais *pot* resulta em "esconde-pote": aquele sobre pote que se usa para disfarçar, esconder um vaso em que se plantam coisas.

Cachet – Outra palavra francesa já perfeitamente aclimatada ao português, na forma cachê, a remuneração que se recebe por um serviço. A palavra parece ter entrado em circulação a partir do mundo das artes, em que se paga cachê (e mais raramente salário regular) aos artistas.

Caddy – Forma que, segundo o Aurélio, alterna com *caddie* (sempre dito |QUÉ-di|), ambas designando o sujeito que fica a serviço do jogador de golfe para carregar-lhe os tacos.

Também em inglês se usam as duas formas, mais *cad*. Talvez provenha, por redução, de *cadet*, francês, que deu no cadete do português. Mas *cad* também significa o sujeito grosseiro de modos – bom, nada a estranhar, sendo o golfe um esporte nobre e meio metido. Falar nisso: em português a gente paranaense chama o sapato de praticar esporte de "quedes", enquanto outros preferem "guides" ou algo por aí; vai ver, tanto uma quanto outra vem de *caddie*.

Calendas – O senhor já ouviu a expressão "calendas gregas", não? Pois é. Se alguém diz que certo compromisso, especialmente de grana, ficou para as tais calendas, significa que ficou para o dia de São Nunca, para nunca mais, como o corvo de Edgar Allan Poe. Origem: *kalendae*, que está no fígado de "calendário", designava, entre os romanos, o primeiro dia do mês, qualquer mês, dia em que o sacerdote anunciava as datas importantes previstas para aquele mês, e dia em que se pagavam as contas. Os gregos ignoravam o termo e o conceito, de forma que as calendas gregas não existem. Os dicionários registram que o imperador Augusto (por extenso, Júlio César Otaviano, "augusto" sendo um título honorífico), segundo o depoimento do biógrafo Suetônio, é quem usava a expressão (para dar bolo nos credores, vai ver), que entrou para a cultura ocidental desde então. A expressão latina para o caso é *ad kalendas graecas*, "para as calendas gregas".

Call center – Hoje em dia, com a mudança das coisas, essa instituição virou um troço importante: trata-se do lugar, o *center*, em que ficam trabalhando várias almas, atendendo telefone (o *call* referido aí é isso: *to call* é "telefonar", "chamar por telefone") ou mandando bala na venda de alguma coisa também por telefone. Se diz |CÓL CENtâr|, ou sem o "r" final, se quiser imitar o sotaque britânico metido.

Call girl – Prostituta que trabalha a partir de chamada telefônica, daí o *call*, do sentido inglês de "chamar" pelo telefone, e *girl*, "guria", "menina", "garota". Diz-se mais ou menos |CÓL-gâl|.

Calundu – Esta palavra já está abrasileirada há tempos, tendo provindo do quimbundo *kilundu*, que significa "espírito" e no português designa o amuo, a cara feia de quem está emburrado ou triste.

Camelô – Sim, está dicionarizada a palavra, mas há pouco tempo. Veio do francês *camelot* (dito |cam-LÔ|), que designa justamente a mesma atividade, a dos vendedores ambulantes, que por sinal hoje em dia, no Brasil, são bem pouco ambulantes.

Camp – Em inglês significa várias coisas em torno da idéia de acampar, mas entrou na crônica social e cultural brasileira como nome de um estilo de vestimenta e comportamento de gentes da noite (que alguns ainda chamam de "tribo" e quejandos), também derivada do uso no inglês, que indica exagero, afetação, vulgaridade e/ou efeminação. Nestes sentidos, o termo aqui é, ou era (nunca se sabe se essas coisas da moda perduram mais de uma estação), usado com sentido positivo, para identificar o grupo *camp* (dito |KÉMP|), sem a negatividade que cercava o termo (nos Estados Unidos era usado como despectivo para comportamento exagerado que seria, conforme quem usava o termo, típico dos *gays*).

Campagnard – Francês para "camponês" (ou mais genericamente para coisa do campo), sujeito que vive no campo; exagerando um pouco (não muito) daria caipira. Se diz |cam-pa-NHARR| e é preferido por certa crítica literária brasuca como designativo para a literatura feita sobre matéria camponesa, talvez para tentar livrar a cara do caipira nacional e fazê-lo parecer mais elegante, com esse francesismo. Chique uma barbaridade.

Camping – Em inglês, é "acampamento", e em português virou sinônimo de local para justamente isso. A pronúncia inglesa é |QUÉM-ping|, mas em português virou |CÃN-pin|, na boa.

Campus, campi – Um dos únicos casos de plural latino que se manteve no uso corrente do português brasileiro (outro, *medium* e seu plural *media*, se perdeu, embora se mantenha no inglês e a gente use, aqui no Brasil, o termo mídia tal como os norte-americanos dizem o seu *media*, a partir da expressão *mass media*, que dá "meios de comunicação de massa"). Mas *campus* ficou, em português, com essa feição totalmente latina, incluindo o plural, para designar o aglomerado de faculdades e institutos de ensino superior de uma universidade. Foram os norte-americanos que inventaram esse específico uso para a palavra, e nós imitamos (mas eles fazem o plural em *campuses*). Claro que em latim *campus* queria dizer, como dá para imaginar, "campo", "terreno", "superfície de terra", se bem que a raiz que mais frutifica em português, nesse aspecto semântico da terra, é *ager*, *agri*, que significa "terra" e está em agronomia, agricultura e tantas outras palavras. Já tem sido usada a forma câmpus, com acento, abrasileirando a palavra e acabando com aquele plural latino e usando câmpus como singular e como plural.

Canaille – A gente conhece a palavra na sua forma aportuguesada, "canalha", e não assim em francês (dito |ca-NAI|, com "i" longo). Mas de vez em quando, no jornalismo cultural brasileiro, tem gente que prefere essa forma para referir não um sujeito canalha em especial, mas a canalha, a gentalha toda. Paulo Francis usava.

Cannellone – Nome de uma massa, dessas de comer no domingo. Literalmente, a palavra quer dizer "tubo pequeno", "tubinho", e de fato a massa é feita com massa como a da lasanha, enrolada e recheada. Não tem nada a ver com canela, mas com cano, canudo.

Canyon – Em português está dicionarizado como cânion, mas provém dessa forma inglesa, com o mesmo significado geográfico: uma garganta sinuosa entre montanhas, formada pela ação de curso de água ao longo de muito tempo. Encontra-se escrita assim mesmo, de vez em quando. Foi para o inglês talvez a partir do espanhol *cañon*, que justamente quer dizer o mesmo que em português, "canhão", tubo longo.

Capo – Em italiano quer dizer, antes de mais nada, "cabeça", esta que a gente usa pra pôr o chapéu. Daí que tenha evoluído para designar o "cabeça", o chefe, como na expressão *capo di tutti i capi*, "cabeça de todos os cabeças", como a gente ouve nos filmes da máfia para designar o chefão de todos.

Capolavoro – O mesmo que "obra-prima", quer dizer, a mais importante, a primeira (em italiano, *prima*). *Capo* é cabeça, metaforicamente, a coisa mais importante, e *lavoro* é trabalho. O resultado se lê |CA-po la-VÔ-ro|.

Cappelletti – Massa também chamada de *tortellini* e de *tortelloni*, seu nome se traduz por "chapeuzinho" (pequeno *cappello*), o que de fato designa a cara de sua forma. Come-se em sopa, geralmente. Difere do *raviolli* (v.).

Cappuccino – Hoje em dia é a designação de um tipo de café, incrementado por leite e chocolate. Em italiano, a palavra *cappuccio* (se diz |ca-PU-tcho|) significa capuz, e portanto *cappuccino* é capuzinho. A história da palavra pode começar em São Francisco de Assis (1182-1226), que era filho de um grande comerciante, mas pirou o cabeção e virou um frade católico, vindo a fundar uma organização de larga influência. Um dos ramos dos franciscanos deu origem ao grupo dos capuchinhos, espécie de subdivisão liderada por um certo Mateus Basci, no século 16. Esses frades, como os demais franciscanos, marcavam sua vida pela pobreza e pela singeleza; usavam um hábito marrom, naturalmente dotado de um capuz. Este pessoal vai para a França, e daí para a Inglaterra e para o mundo, sempre mantendo a designação de *cappuccino,* ou uma variação (francês, *capuchin*). Na Itália, a palavra ganha outro significado, o que nos interessa agora, o de um tipo de café *espresso* (v.), em função da similaridade entre a cor do café e a do hábito usado pelos capuchinhos. Uma história diz que o monge Marco D'Aviano (1631-1699), italiano, teria inspirado diretamente a nomeação da bebida: em 1683, soldados austríacos que libertaram Viena, reconquistada aos turcos, teriam encontrado sacos de café abandonados pelos invasores; mas ao preparar a bebida acharam-na muito forte – daí meteram creme de leite e mel, amansando o resultado. E teriam batizado o resultado de *cappuccino* em homenagem ao tal monge e seu pessoal, que usavam hábito daquela cor amarronzada.

Caput – Latim para "cabeça", e por extensão a parte mais alta do que quer que se esteja referindo. Por isso se fala

no *caput* de um artigo ou regulamento, quer dizer, na cabeça do artigo, na parte inicial e por isso mesmo mais substantiva dele. Se diz |CA-put|. Não confundir com o *kaputt* alemão (dito |ca-PUT|), que quer dizer estragado, ou, em voz moderna, detonado. Pelo menos dois dicionários do inglês relacionam as duas palavras, *caput* e *kaputt*, o latim e o alemão. Durante a peste bubônica, na Idade Média profunda, os mortos eram contados por cabeça (*caput*), e dessa circunstância teria havido um deslizamento para *kaputt* como morto, estragado, sem mais serventia. Em inglês informal, usa-se *kaput* ou *kaputt* com este último sentido.

Car – Essa todos sabemos, quer dizer "carro", ou como dizemos no Sul, auto, o automóvel. Aliás, "carro" veio daí mesmo, deste *car*. O caso é que a palavra *car*, pelo significado civilizatório que o automóvel adquiriu, aparece em um monte de palavras criadas no português no universo do carro, por exemplo, no nome de concessionárias de automóveis.

Carbonara – Ver *alla*.

Card – Depois da popularização do cartão de crédito (por sinal tradução direta e literal de *credit card*) entre nós, a palavra entrou na circulação diária da língua brasileira. De forma que *card* (dito assim mesmo) significa "cartão", pedaço de papelão (no caso presente, plástico) com coisas escritas que, se o sujeito tiver saldo, abre as portas do paraíso do consumo, para aqueles a quem consumir é felicidade.

Carpaccio – Nome de um prato, quer dizer, de uma carne que se serve crua, em fatias finíssimas, com determinado molho. Dizem os dicionários especializados que o inventor da receita foi um Giuseppe Cipriani, italiano, que quis fazer um prato que fosse comível pela condessa Amália Nani Mocenigo, que estava de rigorosa dieta. Nada disso até agora explica o nome do prato, que se deve ao pintor renascentista, italiano também, Vittorio Carpaccio, que usava uma característica cor avermelhada em vários tons, coisa que foi lembrada pelo culto Cipriani na hora de batizar a carne crua que ele inventou e que tinha cor parecida. Em italiano, a pronúncia é |car-PA-tchio|.

Carpe diem – Latinório bacana (pronúncia |CAR-pe DI-em|, com o "d" de dedo), usado ainda hoje de vez em quando, que significa, literalmente, "Aproveita o dia (de hoje)", isto é, não fica pensando em tudo o que virá, relaxa e goza. Aparece às vezes não como referência direta à origem, que está num verso de Horácio (no cartório romano, Quintus Horatius Flaccus, que viveu entre 65 e 8 a. C.), nas *Odes*, Livro I, 11, 8, para ser bem exato. Informa Paulo Rónai que o verso inteiro tem esse começo e o seguinte desfecho: *nec minimum credula postero*. É uma advertência a uma moça: "Aproveita o dia (de hoje), confiando o menos possível no (dia) de amanhã". Em suma: é uma espécie de consigna para aquilo que a juventude sabe fazer como ninguém mais em outra idade.

Case – Tem dois sentidos correntes, em inglês como em brasileirês contemporâneo. Um é o de "caso", "evento", "episódio", e se usa muito no mundo publicitário para referir, por exemplo, uma determinada campanha publicitária (o *case* da Bombril, digamos). Outro é o de "embalagem", caixa de proteção desenhada especialmente para abrigar certo conteúdo – tem *case* para certos instrumentos musicais raros, por exemplo. Nos dois casos, passando o trocadilho, a pronúncia é |QUÊIÇ| em inglês, mas se diz |QUÊI-zi| por aqui.

Cash – Inglês puro, significando dinheiro ao vivo, dinheiro na forma de cédulas e moedas. Fala-se "pagar a conta em *cash*", ou "pagar *cash*" simplesmente – em português brasileiro! O *American Heritage Dictionary* dá como origem a palavra portuguesa "caixa", que teria provindo de uma forma oriental que significava o nome de uma moeda. Pode ser, mas pode não, porque a "caixa" do português vem diretamente de *capsa*, latim, que sobrevive quase com a mesma cara em cápsula, por exemplo. Sabe-se lá. A pronúncia é |QUÉCH|.

Cassete – Palavra já abrasileirada e dicionarizada, oriunda do francês *cassette*, que vem a ser um diminutivo de *casse*, isto é, caixa, singelamente.

Cast – Se usa no Brasil, como nos Estados Unidos e no mundo de língua inglesa em geral, para designar o conjunto de gente que participa de um filme como ator, o "elenco". Se diz |QUÉÇT| e comporta uma variação, o gerúndio, *casting* (dito |QUÉÇ-tin|, com "t" de teto), para a ação de selecionar os atores. Uma tradução literal e ligeiramente irônica para o termo seria, para *cast*, "eleitos", e para *casting*, "eleição", tanto porque esse é um dos sentidos do inglês quanto porque no mundo das telenovelas brasileiras aquelas carinhas sorridentes que aparecem na telinha são mesmo de pessoas eleitas para pairar acima do bem e do mal, enfeitar baile de debutante no interior, posar em capa de revista, opinar sobre o futuro da genética e outras coisas mais.

Casual – A palavra tem correspondente idêntico em português, mas é inglesa no sentido aqui apontado: se diz |QUÉ-ju-al| e significa mais do que o trivial "casual" do português. A palavra vem, parece, do mundo da moda, para referir certa atitude de comportamento e vestimenta, que tem a ver com informalidade, falta de premeditação, à-vontade. Feito aquelas peruas que aparecem com moda *casual*, da roupa aos cabelos, tudo estudadamente casual.

Catering – Termo inglês que se vê empregado no mundo da aviação, mas não por isso: ele designa o serviço que provindencia a comida e mesmo os pratos e talheres para a comida. Se usa nos Estados Unidos alternativamente a *buffet* (v.) e lá se pronuncia |QUÊI-tâ-rin|, com "r" caipira. A palavra veio do latim profundo: lá no começo da história da palavra tem o verbo latino *captare*, que significa entre outras coisas "caçar"; daí foi ao inglês *cater*, passando por algumas estações intermediárias; e de "caçar" passamos a "prover comida", o que, convenhamos, faz sentido.

Causa mortis – Latim dos mais conhecidos, significa "a causa da morte" (atenção, é tudo singular). Se diz |CAU-za MÓR-tis|.

Causeur – Nome francês do sujeito de boa prosa, "conversador", contador de "causos". Se diz |co-ZÉRR|, com aquele "r" final lá na garganta. Feminino: *causeuse*, dito |ko-ZÉZ|. Fica mais chique chamar assim o caipira falador e contador de mentira, ao ver de alguns.

Cazzo – Nome popular do membro viril, do pênis, dito |CA-tzo|, como em italiano. No Brasil, parece ser usada a palavra como interjeição, assim como "porra", ou então em frases feito "Te devo um *cazzo*", significando "Não te devo nada", o mesmo que "Te devo porra nenhuma".

CD – CD-ROM – CD é sigla para *compact disc*, disco compacto, literalmente. O adjetivo deve ter sido bolado por contraste com os velhos discos de vinil, notavelmente maiores que os cedês (esta forma não está dicionarizada, mas é análoga a outra, já dicionarizada, elepê, que é a sigla LP, de *long-playing* ou *long play*, por sua vez chamada de *long* por comportar muito mais tempo de gravação do que os discos anteriores, aqueles bolachões de acetato hoje encontráveis apenas em museus). Tem gente que diz cedê, tem quem prefira a pronúncia inglesa, |CI-DI| (com o "d" dito como em "dedo"). Nos países de língua espanhola, há quem prefira chamar de *compact*, isto é, |CÔM-pact|. Há outras siglas conexas: CD-DA, que designa a mesma coisa, o disco de música, sendo o DA redução de *digital audio*, áudio digital. Tem também outra, mais comum, CD-ROM, que significa *read-only memory*, isto é, literalmente, "memória apenas para leitura", portanto não apto a regravação, espécie que se popularizou entre nós com os cedês para computador, com imagens, sons e outras informações. A pronúncia desta sigla, em inglês, é |CI-di-RÔM| (com aquele "r" enrolado), não |RUM|, porque essa é a pronúncia da palavra *room*, isto é, o quarto (de dormir, por exemplo). Em português brasileiro da vida real, a pronúncia alterna entre as duas e outras mais: tem |çe-dê-RRÕN|, |çi-di-RRÕN|, |çe-dê-RRUN|. O Aurélio anota que em geral se escreve a sigla com maiúsculas, capitulares.

Cellula mater – Latim, já abrasileirado para "célula-mãe", numa tradução literal. Se diz, no latim, |CÉ-lu-la MA-ter|, e muitas vezes aparece como forma de mencionar a família, a instituição familiar, que seria, conforme certa concepção, a célula-mãe da sociedade.

Cerveja – A palavra não tem nenhum problema, é claro, e só está aqui como título geral de uma pequena seção, já que há uma série de termos estrangeiros no mundo semântico da cerveja. Vamos lá: *pilsen*, palavra alemã para o tcheco Plzen, nome de uma cidade tcheca em que se criou uma cerveja, conhecida desde a Idade Média, caracteristicamente leve, clara e de baixo teor alcoólico – é bem o padrão da cerveja brasileira; *brahma*, palavra sânscrita que designa o deus principal do hinduísmo, que, melhor dizendo, é menos uma divindade do que um princípio (e por que raios veio dar em nome de cerveja?); *malzbier*, do alemão *malz*, que é "malte", a cevada da cerveja, mais *bier*, que é a própria "cerveja", tudo isso sendo o nome de uma cerveja preta adocicada com alto poder nutritivo; *bock*, ver este termo; *chopp*, ver o termo "chope"; *weissbier*, cerveja clara feita da fermentação do trigo, que em alemão é *Weizen*, sendo *weiss* o nome da cor branca; *bohemia*, que é o nome de uma região da mesma República Tcheca, por sinal matriz do nosso "boêmio", por associação com ciganos desta região, segundo o Houaiss.

Chachacha – Palavra onomatopaica que é o nome de um estilo de música e de dança criado por Tito Puente, percussionista cubano, e por Fred Kelly, coreógrafo americano – segundo Ruy Castro, tudo aconteceu na escola de dança do Fred, em Pittsburgh, Pensilvânia, no pós-guerra. Se diz, em português, |tcha-tcha-TCHA|. Para registro histórico: o Fred era o irmão mais novo de um certo Gene, que ganhou fama mundial por sua graça e leveza como dançarino.

Chairman – Literalmente, o "homem da cadeira", mas, metaforicamente, o chefe, o diretor, o capa-preta, claro que por causa da simbólica ocupação da cadeira de quem manda. Diz-se |TCHÉR-mén|, com "n" de nada no final.

Chaise-longue – Móvel de sentar bem acomodado, que havia nas residências finas de outrora, e hoje é mais raro. Trata-se de uma poltrona com o assento comprido, de forma a acomodar toda a extensão das pernas. Literalmente é isso mesmo, "cadeira longa", dita |CHÉZ-LÕNG|.

Chakra – Palavra de origem sânscrita, que quer dizer "roda", "círculo". No corpo humano, segundo o ioga, há sete centros de energia, distribuídos ao longo da coluna. Em sânscrito, a pronúncia é |TCHA-cra|. Houaiss dá "chacra".

Chambre – Todo mundo sabe, é o roupão, aquela roupa que se usa sobre o corpo ou sobre outras roupas, os muito finos (feito gente de filme), no inverno, os mortais comuns, na saída do banho, e a gentalha, nunca. A palavra está dicionarizada em português assim mesmo, mas entrou no português há tempos compondo uma expressão, *robe de chambre*, dito |RÓB-dâ-CHÂMBRR|, literalmente "vestido (ou mais amplamente roupa) de câmara" ou "de quarto", ou ainda, em sentido metonímico, "de casa". Ficou o *chambre*, que é "quarto", como nome da vestimenta, se bem que mais recentemente, parece, também se chama de "robe" o roupão.

Champagne – Nome de uma bebida francesa de uva e espumante, nascida na região desse nome, no nordeste da França, e dicionarizada entre nós como "champanha". Noutras partes do mundo em que se fabrica coisa parecida, o nome é proibido, para preservar a marca, sabe como é. Há registros de produção do tal vinho borbulhante desde os anos 1700, um pouco antes, segundo a mitologia, por invenção de um monge, o tal de Don Pérignon, que dá nome a uma marca famosa, que, mesmo que não tenha inventado a bebida, foi certamente quem encomendou uma garrafa mais resistente e a providência de amarrar a rolha com arame.

Champignon – É o nome daquele fungo comestível (dizem os que gostam, o que não é o meu caso...) em forma de guarda-chuva. A palavra é francesa, tem forma aportuguesada em |chãm-pi-NHÕN|, o que convenhamos. Origem:

John Tenniel

latim, talvez *campaniolus*, que terá vindo de *campania*, no sentido de "coisa do campo", em latim *campus*.

Chantilly – Nome de um creme, com consistência de *mousse*, que teria nascido no castelo de Chantilly, França. A mesma região tem fama por sua renda (também chamada de *chantilly*, mas não muito comum aqui no Brasil) e porcelana. A forma aportuguesada é |chan-ti-LI|.

Charleston – Nome de uma fenecida mas movimentada dança, coisa dos anos de 1920, quando de fato empolgou o mundo todo, através do cinema, a partir de uma cidade da Carolina do Sul que tem esse nome.

Charm – Palavra já dicionarizada em português como charme, que todo mundo usa e sabe o que é: aquele encantamento que existe ou se imagina existir em pessoas ou lugares (ou ainda em coisas). De vez em quando se encontra escrita sem o "e" final, afetando mais sofisticação, porque vem de fora (no nosso caso, do inglês, embora a palavra exista também no francês, desde muito tempo). Vem do latim *carmen*, que quer dizer "canto" e "encantamento" (viu só como têm o mesmo coração as palavras?), feito nos *Carmina Burana*, cantos medievais (século 13) oriundos da cidade de Beuern (donde o adjetivo latinizado *burana*), Bavária, atual Alemanha, aproveitados em parte por Carl Orff (1895-1982) em sua cantata de mesmo nome.

Charter – É o nome de um tipo de viagem por mar ou vôo de avião, especialmente fretado para algum fim ou para um restrito grupo (não pode ser de linha regular, portanto). Vem direto do inglês e ficou assim mesmo, muitas vezes pronunciado à brasileira, |CHAR-ter|, ou então como no original |TCHAR-târ|. O sentido do termo evoluiu, no inglês, de *charter* no sentido de documento em que se estampam leis ou acordos (o que daria no português "carta", como na expressão "carta de intenções"), para *charter* no sentido de certo privilégio, imunidade ou exceção concedido a alguém (o que equivaleria ao que no português se chama "carta branca"). Daí para o sentido de frete exclusivo foi um pulo, ou um vôo.

Châssis – Já incorporada ao português na forma chassi, a palavra designa, em francês e entre nós, "quadro", uma estrutura destinada a manter presos alguns elementos – pode ser um papel, uma foto ou um automóvel, que é montado sobre um chassi. Se diz |cha-ÇI|.

Chat – Termo moderníssimo para coisa idem: a conversa via computador. *Chat*, em inglês (dito |TCHÉT|), significa "bater papo", conversar informalmente, à toa – mas com o detalhe muito significativo de que se trata agora de conversar por escrito, em tempo real. E há quem use o neologismo "chatear" como sinônimo de conversar, o que francamente. (Ver o anexo de termos internéticos.)

Château – Em francês, quer dizer "castelo", mas a palavra estendeu seu sentido a ponto de recobrir outra coisa:

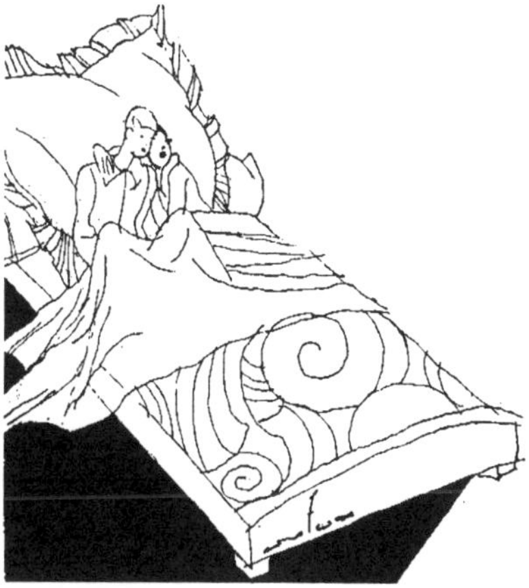

especialmente na região de Bordeaux, ou Bordéus, os *châteaux*, no começo da produção, eram mesmo castelos, sedes de fazendas de produção de uva e vinho, mas passaram a designar, por metonímia da parte pelo todo, a empresa, a casa produtora do vinho. Se diz |cha-TÔ| e, por estranho que pareça, era uma palavra bem comum no português corrente do Brasil nos anos 40 e 50, como sinônimo irônico de casa, de local de moradia, mesmo que pobre, mas também de apartamento de solteiro, quer dizer, o local para onde rapazes levavam as moças, antes da existência dos motéis – como se pode saber ouvindo a megafamosa canção de Lupicínio Rodrigues (1914-1974) *Se acaso você chegasse*, que começa perguntando assim: "Se acaso você chegasse no meu chatô e encontrasse aquela mulher que você gostou?".

Check-in – Quem viaja de avião faz o que chamamos, na intimidade, de |ché-QUIN| (os falantes do inglês dizem |TCHÉC-in| para o substantivo), no aeroporto: é a, hum, checagem, conferência, vistoria, acerto preliminar, que se faz no balcão da companhia de aviação em que se vai voar, a alma entregue a Deus ou a outros espíritos na esperança de chegar no destino são e salvo. *To check*, na língua de Shakespeare e Bill Clinton, quer dizer, bem, "checar", "conferir", "averiguar", "verificar"; e *to check in*, com essa virtude sintética da língua do império, insinua, com aquela preposição, que se vai entrar (no avião, mas também no hotel), se vai *in*, para dentro. Em hotéis, há o chamado *check-out* (dito |TCHÉC-aut| ou |chê-CAU-tchi|), a conferência de saída, quando a gente paga a dolorosa.

Check-up – Quem tem alguma idade superior a trinta anos já fez ou pensou seriamente em fazer: é o exame geral de saúde, aquele, que parece ser chamado apenas por seu nome inglês esse aí, pronunciado à brasileira |che-CA-pi|, e só raramente como no inglês |TCHÉC-âp|. "Exame geral", que daria certo, nem pensar.

Cheek to cheek – Nome de uma canção norte-americana, que virou expressão. *Cheek*, em inglês, é a "bochecha", ou então, metonimicamente, a face (em uso vulgar, a nádega). De forma que *cheek to cheek* quer dizer "face a face", "cara a cara", especialmente no sentido de intimidade, não no de afronta, como dançar de rosto colado, não como rosnar na fuça de alguém. A famosíssima canção é de Irvin Berlin, popularizada na voz do chamado *The*

Voice, ninguém menos que Francis Albert "Frank" Sinatra.

Heaven, I'm in heaven
And my heart beats so that I can hardly speak
And I seem to find the happiness I seek
When we're out together dancing cheek to cheek

O que dá mais ou menos o seguinte, com certas liberdades:

Céus, eu estou no céu
E o meu coração bate de um jeito que nem sei explicar
Acho que encontrei a felicidade que eu buscava
Dançando contigo de rostinho colado

Cheese – É como se chama o "queijo", em inglês. Daí entrou no nome de um sanduíche, o tal *cheeseburger*, que no Brasil ganhou curso e passou a ser o xis nosso de todo dia. Engraçado é que na maior parte das vezes se perdeu a notícia de que significava queijo, de tal forma que encontramos por aí até mesmo a oferta de "xis-queijo", o que convenhamos.

Chef de cuisine – É como se diz "chefe de cozinha" em francês (pronuncie |CHÉF dâ cui-ZIN|, com o "u" soprado com aquele bico característico). Usa-se no Brasil, como em toda parte, para designar o sujeito que comanda a cozinha, que assina o cardápio de certo restaurante chique, que faz por onde.

Chemisier – Essa o Aurélio registra, no sentido de vestimenta feminina com corte parecido com o de camisa (*chemise*, em francês). É um vestido meio sobre o largadão e se diz |chê-mi-ZIÊ|.

Cherchez la femme – Frase que já se usou mais no país, mas ainda se usa. Se diz |cherr-CHÊ la FÂ-mâ| e quer dizer, literalmente, "procurem a mulher". Significa isso mesmo que o senhor está pensando: quando acontece uma confusão, um arranca-rabo, um assassinato, deve ter mulher no meio, e ela deve ser a razão do conflito – é o que a frase insinua. Em bom português, a frase francesa tem tradução corrente em "Tem mulher no meio", resumo da mesma sabedoria. A frase, conforme Raimundo Magalhães Júnior, já foi atribuída a várias pessoas, entre as quais Napoleão Bonaparte, Joseph Fouché e outros, sendo de registrar que se popularizou com Alexandre Dumas, não consegui saber se o pai (1803-1870) ou o filho (1824-1895), ambos folhetinistas e dramaturgos franceses, ambos prolíficos, ambos com textos dedicados a registrar os modos de ser da classe média de seu país – o pai é o autor de *Os três mosqueteiros* e *O conde de Monte Cristo*, o filho de *A dama das camélias*.

Chester – É uma marca de carne de galináceo totalmente mexido geneticamente para ter mais carne de peito – *chest*, em inglês, é "peito" (e se diz |TCHÉÇT|).

Chez – Preposição francesa (dita |CHÊ|) que significa "em casa de". É ainda hoje usada na crônica social, quando se diz, por exemplo, que certa recepção aconteceu *chez* Fulaninha. Chique uma barbaridade.

Chiaroscuro – Palavra italiana, dita |quia-roç-CU-ro| (nunca |chi-a-roç-CU-ro|, por favor), traduzida por "claro-escuro", referente à noção oriunda do mundo da pintura (italiana renascentista) de transição ou contraste entre o claro e o escuro, ou referente ao efeito desse contraste na percepção humana. Aparece escrita em italiano, talvez mais para efeito de erudição do que por precisão.

Chic – Em francês, originalmente significa "habilidade", "destreza", e se diz |CHIC| mesmo. *Avoir du chic* significa "ter elegância", e sozinha a palavra se usa em francês como sinônimo de elegante – este o sentido existente no uso brasileiro. Uma vez ou outra aparece no Brasil escrita assim mesmo, na forma francesa, e não como "chique", a forma já aclimatada. Tem também a forma "chiquê", talvez criada como brincadeira, mas que permaneceu: "Andas num chiquê que sai da frente", por exemplo.

Chiclete – Não sei o senhor, mas eu imaginava uma origem norte-americana para a palavra. Mas não: é palavra náuatle, língua e povo aborígine da América Central, algo como *tzicli*, depois espanholada para *chicle* e depois é o que se sabe. Diz-se chicle, chiclete e chiclé. Havia uma antiga pronúncia, chíclets, que me parece um puro gesto de adesão aos norte-americanos. Em inglês norte-americano corrente, é termo antigo, que sobreviveu como marca; o nosso chiclé lá é *bubble gum*, *chewing gum* ou apenas *gum*.

Chill out – Relaxar depois de dançar um monte, na voz corrente das danceterias de nosso estranho tempo. *To chill*, em inglês, é "esfriar", literalmente, de maneira que o *chill out* é isso com a preposição *out*, que entra em composições verbais significando "fora", "para fora", desligamento, coisas assim. Se diz |TCHIL aut|, com "l" de lata e "t" de tato.

Chip – Além de ser o nome da batata frita em inglês (no estilo inglês, formato fino e alongado, ou norte-americano, aquelas rodelas), significa também "lasca de madeira" e, o sentido mais corrente na civilização eletrônica, aquela peça de silício que está na alma dos computadores, o circuito integrado em língua de Camões. A palavra é inglesa e é velha: quer dizer, originalmente, um pedaço de qualquer coisa, como uma lasca de madeira, um caco de vidro, um fragmento de pedra. Daí, nos últimos tempos, recebeu o nobre encargo eletrônico. Se diz em inglês, tanto para a batata quanto para o circuito, |TCHIP|, mas nós desavergonhadamente dizemos |CHIP| ou |CHI-pi| mesmo, parecendo ser *ship*, o navio em inglês. Tem também a expressão *blue chip* (v.), literalmente, "lasca azul".

Chiquitito pero cumplidor – Frase em língua espanhola, cuja origem não descobri, que significa "pequeno mas suficiente", "curto mas que dá conta do recado", usada em referência a indivíduos ou atributos (a genitália masculina, especialmente) que são de pouco tamanho, mas não apresentam problema de desempenho. Nem no genial livro *Tres mil historias de frases y* *palabras que decimos a cada rato*, de Héctor Zimmerman, tem registro. Vai ver, entrou em circulação só aqui no Brasil mesmo, por algum motivo circunstancial. A pronúncia em espanhol deveria ser |tchi-qui-TI-to pe-ro cumpli-DOR|, mas a gente diz |chi-qui-TCHI-tu|.

Chop-suey – Prato de origem chinesa que consiste em carnes de frango, porco e peixe, refogados com legumes aos pedaços, servido com acompanhamento de arroz. A palavra é chinesa mesmo. O Houaiss dá a forma *shap sui*, que significaria "pedaços variados"; o *Heritage* dá *tsapsui*, que seria a forma do chinês cantonês, ou *za sui*, a forma do mandarinês. Eu, que não entendo uma vírgula de chinês, fico com as três.

Chope – Essa todo mundo conhece, é palavra portuguesa, oriunda do francês, com a mesma forma, esta por sua vez provinda do alemão. Mas não diretamente: em alemão não existe algo como "chopp", feito algumas vezes se encontra escrito, para dar aparência de língua alemã. O que existe é *Schoppen*, que significa certa porção de líquido (meio litro) e também é a quantidade de bebida que cabe num copo – por exemplo *ein Schoppen Bier*, um copo de cerveja, *ein Schoppen Wein*, um copo de vinho. Palavra vai, palavra vem, no francês e no português optamos por uma metonímia, caminho freqüente nas línguas, tomando o continente, o copo, pelo conteúdo, a bebida, a cerveja, e ficou chope como nome da cerveja fresca tirada do barril diretamente.

Chose de loque – Falso francês, que se popularizou na boca de um personagem do Jô Soares que representava um exilado brasileiro vivendo na França. *Chose*, na língua de Montaigne e Zidane, é "coisa", mas *loque* não significa "louco", como a expressão insinua, sendo uma tradução fajuta da conhecida "coisa de louco", expressão de espanto e admiração na nossa língua. *Loque* quer dizer farrapo, resto. Mas é sonora e dá a impressão de existir no mesmo sentido nosso.

CIA – Esta sigla todo mundo manja, de ver nos filmes norte-americanos: resume o nome da *Central Intelligence Agency*, Agência Central de Inteligência – sim, no mundo do poder eles chamam isso de espionar e tal de "inteligência", que é que nós podemos fazer. A pronúncia inglesa da sigla dá |ÇI-AI-ËI|, e a gente diz frouxamente |CIA|. É uma agência, um departamento do governo norte-americano, formalmente criada em 1947, mas descendente direta do *Office of Strategic Services* (Escritório de Serviços Estratégicos), esta tendo funcionado durante a Segunda Guerra Mundial. Antes ainda, quem fazia espionagem e essa coisa toda eram setores do exército e da mari-

nha, ao lado do FBI, o *Federal Bureau of Investigation* (outro conhecido nosso dos filmes), literalmente Departamento Federal de Investigação, equivalente da nossa Polícia Federal. (A sigla FBI, eles dizem |ÉF-BI-AI|, e nós |É-fi-BÊ-I| mesmo.)

Ciabatta – Palavra italiana que dá nome a um tipo de pão feito originalmente com pouco trigo – é mais um caso daqueles em que uma comida feita primeiro por gente pobre, sem recursos, depois vira um negócio chique. A palavra designa, em italiano, um chinelo caseiro, um sapato velho, e o tal pão tem a forma disso mesmo, uma coisa meio largada, nada que lembre nem uma forma, nem o estilo alongado da baguete francesa. A pronúncia é |tchia-BA-ta|. (A origem da palavra parece que é turca.)

Ciao – A forma italiana legítima que veio a dar no nosso "tchau", a nossa despedida universal, aqui no Brasil e em várias outras partes do mundo. A pronúncia é praticamente igual, |TCHIAU|. A notar apenas uma diferença: os italianos dizem *ciao* tanto na chegada quanto na saída, significando um saudação, não uma despedida especificamente. De vez em quando, aparece na imprensa brasileira em contexto irônico, feito em alusão a banqueiro italiano que operava no Brasil, roubou meio-mundo aqui e deu no pé, voltando à velha Itália.

CIP – Ver *VIP*.

Circa – Latim de alta utilidade, muito encontrado em legendas de fotografias ou ilustrações, tanto em livros de língua portuguesa quanto nos de outras línguas civilizadas. Em geral aparece nas tais legendas abreviado, apenas como "*c.*" ou também "*ca.*" – nenhuma das duas abreviaturas são consignadas no Aurélio. O sentido é o mesmo: quer dizer "cerca", "cerca de", "aproximadamente", e se usa para dizer que a data ali apontada é estimada, mas não totalmente certa. Pode ser a data de uma fotografia: "*c.* 1911". Lê-se |ÇIR-ca| mesmo: "*circa* 1911", "*circa* século 12 antes de Cristo".

City tour – No Brasil a gente faz isso quando passeia por uma cidade, que é o que significa literalmente a expressão em inglês, dita |ÇI-ti-tur|. Detalhe é que *tour* foi do francês, em que significa "giro", "volta", "circuito", além de "torre", para o inglês, e a expressão composta a gente copiou tal e qual, dizendo |Çi-tchi-TUR|.

Classic – Essa ninguém desconhece, pela semelhança com o português, aliás oriunda do latim *classicus*, originalmente composta pela raiz que deu na palavra "classe", em português, mas usada em referência aos elementos culturais do mundo grego e romano antigo – há aí uma insinuação de que tais elementos sejam da mais alta classe imaginável. No Brasil, de vez quando se usa a forma inglesa essa aqui, talvez para efeitos de embasbacamento da platéia. Mas o sentido é o mesmo. Naturalmente, hoje em dia se chama de clássica qualquer coisa que seja considerada de alta qualidade, tendo-se perdido o sentido de pertença ao mundo greco-romano.

Clean – Adjetivo inglês para "limpo", sem sujeira (mas também existe o sentido, como no português brasileiro, de alguém estar livre de condenação judicial, ou estar fora do lance das drogas, e estar, por isso, *clean*). Se diz |CLÍN|, com "n" pronunciado como se viesse uma vogal depois. No mundo do *design* contemporâneo, mesmo no Brasil, se diz *clean* um elemento despido de adornos, de formato despojado, uma coisa *clean*.

Clip – Palavra que vive no português há algumas décadas, designando aquele prendedor de papéis muito prático, de metal, com forma portuguesa "clipe", tudo isso vindo do inglês, em um dos sentidos de *to clip*, que é o de "prender". Depois, apareceu o *videoclip*, aquele pequeno filme feito para ilustrar visualmente uma canção; aqui, o sentido do inglês original é outro, o de "cortar", e daí *clip*, já na língua de Orson Welles, significar um pequeno pedaço de filme.

Clipping – Palavra que entrou na vida dos escritórios brasileiros há não muito tempo, como sinônimo de juntação de notícias de jornal que interessam (se diz mais ou menos como na leitura portuguesa, |CLI-pin|). Há mesmo o neologismo clipar para designar a atividade de selecionar (geralmente feita por um estagiário de jornalismo) as notícias que interessam ao leitor, em geral, o chefe ou os escalões superiores. Vem do inglês *to clip*, que tanto quer dizer recortar (algo de uma publicação, ou pedaços pequenos de alguma coisa), quanto pendurar coisas nos, ora, ora, clipes, aquelas coisinhas de metal ou plástico que algum americano inventou e nós adotamos. Daí. Olhe o verbete na coluna ao lado.

Clone – É uma réplica de um DNA, copiado sem a intervenção da reprodução sexuada, portanto, é coisa de laboratório mesmo. Em inglês, se diz |CLÔUN|, com o "n" final como se viesse uma vogal depois, e parece que entre nós vai ficar escrita assim mesmo mas com a pronúncia nossa, |CLÔ-ni|. Vem do grego a palavra, e lá significava "rebento", "novo broto".

Close-up – Mais simplesmente *close* (em inglês dito |CLÔUZ|, entre nós |CLÔ-zi|), é a tomada que a câmera de filmar ou de fotografar faz de um indivíduo qualquer, mas bem de perto, tipo assim quando pega só a cara, ou só um detalhe da cara (ou de qualquer parte do corpo). É termo que vem do mundo do cinema e da televisão.

Closed – Quer dizer fechado, em inglês, e se diz |CLÔUZD|, com "d" de dedo. Se vê por aí, em *shoppings*, para dizer que tá fechada a loja. Besteira, claro, mas acontece. Muito confundida com *closet* (v.).

Closed-caption – Aparece de vez em quando, na tela da tevê, essa expressão, e o pessoal já pode saber: trata-se de uma transmissão que, mediante certo dispositivo no aparelho, pode ser fruída de outra maneira além da mera audição, com legendas escritas (*caption* é legenda), para que quem não escuta possa acompanhar. Se diz |CLÔUZD QUÉP-chon|, e se traduz, literalmente, como "legenda escondida", mas passível de ser trazida para a tela.

Closet – Diferentemente de *closed*, este aqui se diz |CLÓ-zet|, com duas sílabas e "ó" aberto, e, embora tenha algo a ver com o anterior, é diverso: designa um quarto fechado, um espaço privado, hoje em dia aquele espaço que em certos apartamentos entrou em lugar dos roupeiros. Aquele negócio que ficou famoso por aqui, o "sair do armário", como sinônimo de assumir a condição *gay*, se diz em inglês *to come out of the closet*. Ver *Water closet*, o popular WC.

Clown – No inglês, equivalente a "palhaço", o do circo, que a gente adora quando é criança e depois toma como sinônimo de coisa ruim, estupidez, por aí. Se diz |CLÁUN|, com o "n" dito como se viesse uma vogal depois. Na imprensa brasileira se encontra de vez em quando para designar o tipo teatral do palhaço, não para xingamento de alguém como palhaço – que para isso tem a palavra em português, mais efetiva. E tem aquele grande poema do Manuel Bandeira, "Poética", que encerra declarando "Quero antes o lirismo dos bêbedos, o lirismo dos *clowns* de Shakespeare – Não quero saber do lirismo que não é libertação".

Club – É só dar uma olhada para a palavra que já se sabe: é uma daquelas que vieram direto pro português, ganhando apenas um "e" final. Mesmo sentido, pronúncia ligeiramente diferente (para eles é |CLÂB|, para nós |CLU-bi|). Mas a palavra voltou à circulação nos anos de 1980, parece, para designar o que antes se chamou de boate, aquele bar dançante noturno em que se entra pagando, tudo de mistura com certo ar de azaração, de erotismo volatilizado na atmosfera. Diferente dos clubes sociais mais antigos no uso do nome, que eram associações de gentes de um mesmo bairro, cidade, etnia ou afinidade.

Clubber – Este é o freqüentador do *club*, como se disse acima (e se faz chamar de |CLÂ-ber|, como seria de esperar). O habituê, o que não sai dali, o que vira móveis e utensílios do local. Mas também a palavra designa uma moda, ou um estilo de ser e vestir, ligado naturalmente ao *club*: gente de roupa cheia de manhas, conforme a época mais ou menos retrô, muito *glitter*, muito *camp*, essas coisas.

R. Crumb

Cockpit – O senhor já ouviu o Galvão Bueno dizer que o *cockpit* do carro do Fulano foi redesenhado, por exemplo. Mas, salvo se for falante do inglês, aposto que o senhor nunca pensou que essa palavra equivale ao "rinhadeiro", ao cercado em que os galos brigam. Pensou? Pois é, esse parece ser o primeiro sentido da palavra, porque *pit* é "buraco", "fosso", por aí, e *cock*, em língua de gente decente, quer dizer "galo" (no chulo, é um dos vários nomes do membro viril). Mas em seguida chamaram *cockpit* (dito |CÓC-pit|) a outras coisas, como a cabine do piloto do avião e daí àquele lugarzinho espremido em que se sentam os pilotos de carros de corrida. Consta que a Bélgica, o país, foi conhecido como o *cockpit* da Europa, pelo fato de inúmeras batalhas terem acontecido lá – o que tornaria aquele país uma espécie de campo de batalha, de rinhadeiro.

Cocktail – Tudo bem, já está aportuguesado para "coquetel", ninguém tem dúvida. Mas ainda se encontra escrito por aí assim, no inglês, que é de onde veio o termo. Lá significa também o coquetel, aquele preparado de bebida alcoólica com outra coisa para disfarçar e fazer graça, ou o aperitivo, o tira-gosto que se usa para abrir o apetite. Mas também significa outras coisas, talvez antes, no tempo: um sujeito que quer se passar por cavalheiro mas é mal educado, por exemplo, é um *cocktail* (dito |CÓC-téil|, com o "l" de lata), talvez por causa do sentido literal de *cock* e *tail*, o primeiro significando "galo", o segundo, "rabo", no sentido de cauda. É nome de formato de nuvem também, além de significar cavalo sem estirpe pura, entre outras coisas. Há várias versões para a origem da palavra: uma insinua que a palavra viria do francês, talvez de uma bebida da época da Revolução Francesa; outra, que teria vindo de *cock-ale*, uma bebida que supostamente seria dada aos galos antes de entrarem na rinha; outra, interessantíssima, que seria um brinde feito ao galo que, ao final da rinha, tivesse restado com mais penas no rabo – versão bacana, a minha predileta –; a mais delirante e criativa liga o nome a uma bebida, na verdade um suco de cáctus, oferecido a um imperador azteca e levado por uma moça de nome Octel ou Xochitl, o que teria dado origem ao nome. Belo delírio. Ver *drink*.

Coffee break – Antigamente a gente chamava de intervalo para o cafezinho, mas passou a ficar mais charmoso, em nosso país, chamar de *coffee break*, literalmente, "pausa para o café" (dito |CÓ-fi BRÊIC|). É dos casos evidentes de adesismo para parecer mais civilizado.

Coffee shop – Esta também é moderna, quer dizer, adesista contemporâ-

nea: chamar o café antigo, o ponto de venda de café, de *coffee shop*, literalmente isso mesmo, a venda, a loja de café. Pode conferir, está escrito em toda parte nas cidades do país.

Cogito, ergo sum – Esta a gente aprende desde o colégio: é a frase de René Descartes (diga |de-CARRT|, é francês, jamais a pronúncia literal |des-CAR-tes|, no máximo tolere |de-CAR-te|), filósofo francês tido como símbolo do racionalismo, do pensamento lógico (dedicou-se à álgebra e à matemática muito tempo), pensamento que é muitas vezes tratado justamente pelo termo cartesianismo, veja só, a partir da forma latina do nome dele, *Cartesius*. Descartes viveu entre 1596 e 1650, tendo nascido na França e vivido entre seu país natal, a Holanda, e os países nórdicos – por sinal, morreu na Suécia. A frase latina (pronunciada |CO-ji-to, ÉR-go SUM|) significa "Penso, logo existo" e deve ter sido primeiro pensada em francês mesmo, *Je pense, donc je suis*, mas o latim é que era a língua das ciências e da filosofia então. A frase e a certeza que ela expressa parecem ter ocorrido a Descartes na altura de 1630 (o livro em que ela consta, o famoso *Discurso do método*, na parte 4, é de 1637), quando vivia feliz da vida na Holanda; ele estaria desafiando seu próprio método de pensar, duvidando sistematicamente de tudo o que conseguia afirmar, e lhe ocorreu que sistematicamente, ao duvidar, estava pensando, e que isso era o mesmo que estar vivo. Daí a frase, que coloca no centro da vida humana sua prerrogativa de pensar.

Coiffeur – Nome francês do cabeleireiro, pronunciado |coá-FÉRR| (se for mulher, cabeleireira, fica *coiffeuse*, |coá-

FÉZ|). Por causa da origem francesa desses babados de moda e arrumação em geral, ainda se vêem por aí essas casas de cortar e pentear cabelos com essas palavras. Neste mesmo mundo aparece o termo *coiffure* (dito |coá-FUR|, com o "u" pronunciado como se fosse "i", o senhor sabe como é, aquele biquinho francês, e "r" na garganta), que significa "penteado".

Collant – Também do francês vem esta, bem comum no Brasil para designar certa peça de roupa, para a parte de cima do corpo, com a característica de ser, ora veja, colante ao corpo. Por isso *collant*, dito |co-LÃN|.

Collection – Do inglês, "coleção", exatamente como no português. Mas no mundo *fashion* fica mais elegante chamar assim e dizer |co-LÉC-chân|, para designar as costuras de estilistas bacanas.

Collector's item – A expressão andou aparecendo em revistas chiques brasileiras para referir elementos, peças, coisas, badulaques que por algum motivo ficaram raras e disputadas, passando a merecer a designação de "item de colecionador", tradução literal da expressão inglesa (cuja pronúncia norte-americana fica mais ou menos |co-LÉC-tor-ZAI-dem|). Tipo assim caneta Parker 51 original, a primeira latinha de Coca-Cola feita no Brasil, chaveiro esquisito distribuído por ocasião de certo evento importante do passado etc.

Color – Além de ser quase o nome do sujeito aquele que governou o país – toc, toc, toc – é como se diz "cor" em inglês. Por ser inglês, já sabemos, ganha um prestígio danado aqui na colônia: entra na composição de nome de empresa de fotografia, na coluna social, no comentário mundano das artes plásticas etc. Em inglês, se pronuncia |CÂ-lâr|, mas por aqui se diz |CÓ-lor|, bem que nem o sobrenome aquele.

Comme il faut – Francês bastante usado, com leve tom de blague, para dizer "como deve ser", que é o significado literal da expressão, ou "como manda o figurino". Digamos que é um texto sobre uma festa, e que o autor quer dizer que os convidados foram recebidos de modo adequado: então eles foram recebidos *comme il faut*. Se diz |cô-mil-FÔ|, com o "l" de lata.

Commedia dell'arte – Expressão italiana, de circulação internacional, a designar um tipo específico de atuação teatral, que mistura algo do teatro sério com elementos circenses, burlescos, florescida no final do século 16 e viva até hoje. Tem alguns personagens estáveis, como alguns que acabaram entrando na história brasileira, o Arlequim, o Pierrô, a Colombina, o Pantaleão. (Os motivos da entrada na cena brasileira dessas figuras? Na virada do século 19 para 20, a elite do Rio de Janeiro quis distanciar-se das festas populares, que existiam há tempos mas que ganhavam força com a libertação oficial dos escravos; daí por que se proibiram, nas festas de carnaval, as fantasias de índio, talvez por lembrarem os tempos antigos do país, e se incentivaram as figuras citadas, que transitavam no carnaval veneziano.) A expressão italiana, que parece traduzível diretamente por "comédia da arte", seria mais propriamente "comédia de companhia", no sentido de "comédia de uma guilda", de uma trupe – isso, tomando a palavra "arte" em um de seus sentidos antigos, o de técnica praticada por certo grupo de profissionais.

Commodity – Literalmente, quer dizer "mercadoria" (no passado significou, como parece em português, "comodidade", "conveniência"), especialmente as da agricultura e da mineração, mais que as manufaturadas. A palavra circula no mundo dos mercados, com o sentido de mercadorias de grande importância comercial no comércio internacional, feito petróleo, café, algodão, cobre, ferro. Fala-se em investir em *commodities* (se diz |co-MÓ-dji-tchis| na vida real, e não |câ-MÓ-di-tis| como seria em inglês). Ultimamente, apareceu a expressão "comoditização" na imprensa, em referência a produtos que deixaram de se diferenciar entre as marcas (por exemplo, cervejas), passando a valer apenas o que o mercado determina: se as várias marcas de determinado produto, então, perderam valor distintivo no mercado, as cervejas "viraram comódites".

Compagnon de route – Francês, "companheiro de viagem". Ver *fellow traveller*.

Concierge – Nome francês para o porteiro nosso de cada dia (mas pode ser o zelador também). Fica mais bacana, claro. Em certos hotéis se vê a portaria chamada de *conciergerie*. *Concierge* se diz |con-çi-ÉRRJ|, com o "r" feito carioca.

Conditio sine qua non – Do latim, condição indispensável ou, literalmente, "condição sem a qual não". Usa-se no jargão jurídico e no mundo da argumentação lógica. Diz-se |con-DI-tzio ÇI-ne QUÁ non|. Também se usa dizer, no Brasil, condição *sine qua non*, misturando as duas línguas de modo adequado.

Condottiere – Também dito *condottiero*, ambos no italiano, pode ser traduzido literalmente por "conduzidor", aquele que conduz, portanto o líder, o comandante. Usa-se em português, de vez em quando, em referência a um líder político, mas se usa em geral para líderes algo autoritários, quem sabe de tipo messiânico, conteúdos esses que não estão na palavra original, que se referia a líder militar, mas que entraram para seu espectro semântico talvez em função de Benito Mussolini, o líder fascista italiano, um *condottiere* típico. Se diz |con-do-TIÉ-re|.

Connaisseur – Francês, usado para referir o sujeito que é conhecedor profundo, detalhado, de alguma área específica de saber – fala-se de um *connaisseur* em vinhos, em charutos, em carros etc. Quer dizer, é um *expert*, um "especialista". Curiosamente, em inglês a palavra acabou ficando registrada como *connoisseur*, o que é diferente do francês, diferença que os dicionários explicam em função de a palavra ter migrado do francês para o inglês há muito tempo, quando o verbo atual francês *connaître* ainda era *conoistre*, que vem do latim *cognoscere*, o mesmo que o nosso conhecer. A pronúncia é, mais ou menos, |cô-nâ-ÇÉRR|, mas com o "r" na garganta.

Consommé – Palavra francesa que é o nome da sopa nossa de cada inverno, aquele caldo fino feito com vegetais ou carne. Dizem que pode ser comido frio também, mas não precisa me convidar para essa. A palavra vem do latim *consummare*, "consumar", e se diz |cõn-sô-MÊ|. O Aurélio registra "consomê".

Consummatum est – Latim bem conhecido pelos cristãos, porque é, segundo o evangelho de João, a frase final de Jesus na cruz: "Está consumado", ou "Está tudo acabado", ou em vulgar de nosso tempo "Já era".

Container – *To contain*, em inglês, se traduz por "conter", no sentido de abranger, acolher, servir de recipiente (não no de parar, travar): uma bacia contém água, por exemplo. Daí, no inglês, o termo *container*, que se lê |cân-TÊI-nâr|, em inglês como em português, literalmente, "contenedor", "continente", aquilo que contém, mas de sentido preciso em nossos dias: aquele paralelepípedo de metal que os navios carregam pelos mares, e os trens e caminhões levam pelas estradas, contendo coisas da maior diversidade. No plano da gíria, o aumentativo de mala, sinônimo de chato, é *container*, contêiner – esta forma já está dicionarizada, no Aurélio e no Houaiss. Faz plural em contêineres, com acento também.

Continuum – Palavra latina, usada parece que principalmente na matemática (sentido dicionarizado), que se lê na imprensa em referência a um conjunto de coisas, ações ou pensamento que não se esgota nem tem ruptura. Exemplo: "Entre todos os líderes do partido há um *continuum* de idéias". Se escreve assim mesmo, mantendo o latim, e se diz |con-TCHI-nu-um|.

Contra legem – Latim, encontrado no universo jurídico, significando "contra a lei". Se diz |CÔN-tra LÉ-gem|.

Contra naturam – Outro latim, agora significando "contra a natureza". A expressão também é usada no mundo do Direito, mas não só, e serve para dizer que há coisas que não se podem evitar, porque pertencem à natureza. Se diz |CÔN-tra na-TU-ram|.

Cookie – Biscoitinho daqueles bem bons de comer. Vem daquelas línguas lá do norte da Europa, dinamarquês ou algo assim, *koek*, que veio a dar no *cake* (dito |QUÊIC|), bolo, no inglês. Hoje em dia a palavra também designa um tipo de vírus internético. Não é bem vírus: é um arquivo de texto que alguém manda para o teu computador e que fica ali, instalado, sem maior dano. Ele serve para identificar o teu aparelho para aquele que mandou o *cookie*, muitas vezes uma empresa que quer mais é te vender coisas. E este inocente arquivinho diz, lá para o computador da empresa, quem é o dono do computador em que ele está, mediante código. Dizem que ele pode fazer coisas piores, do tipo monitorar hábitos do usuário (horário de uso da internet, por exemplo). Toc, toc, toc.

Cool – Vem do velho inglês, em que era palavra popular para designar o que ainda hoje designa "frio" (adjetivo), o estar ou ficar frio. Se diz |CU-âl|, com o "l" de lata. Nos nossos tempos, *cool* virou gíria norte-americana, usável no lugar de *great*, *excellent*, o que no Brasil seria chamado de "legal", "bacana", "maneiro", "porreta" (na Bahia), "tri" (no Rio Grande do Sul) – por sinal cinco adjetivos de origem figurada (de lei, de bacanal – origem muito discutível, mas vá lá –, de maneira, de porra, de três vezes). Em filme se vê a toda hora. Na imprensa brasileira, se vê às vezes em

contextos que procuram definir o estado tranqüilo e discreto que alguém ostenta, quando talvez se esperasse certa sofreguidão ou nervosismo: "O cara permaneceu na dele, *cool*".

Cooper – Em inglês, além de ser sobrenome, é o substantivo que designa(va) o sujeito que arruma casco de barco (diz-se |CU-per|). Já em português, em honra de um sujeito que ganhou fama por aqui e alhures com seu método de preparação física baseado na corrida, nos anos de 1970, e que se chamava Kenneth H. Cooper (com seu livro *Aerobics*, de 1968, entre outros), a palavra entrou para a circulação regular: falava-se em "teste de Cooper", e depois "Vou fazer um *cooper*", por exemplo, se dizia para significar "Vou dar uma corrida a pé". O tal teste estipulava prazos para correr certas distâncias – tinha a ver com doze minutos e sei lá quantos metros. Criou-se até um trocadilho, "estar com o *cooper* feito", que se ouve "cu perfeito".

Copydesk – Termo já abrasileirado para copidesque (que é mais ou menos a pronúncia inglesa da palavra), com lugar nos dicionários recentes. Primeiro era simplesmente, em inglês, a "escrivaninha" (uma *desk* de fazer cópia) a que se sentava o redator final dos jornais, para revisar o texto e estabelecer a manchete, entre outras coisas. Nos anos de 1960, entrou em circulação outra noção de jornalismo, aparentemente mais objetivo, menos rebarbativo, menos autoral, com inspiração norte-americana mais uma vez; no Brasil, a moda entrou pelo Rio de Janeiro (Nelson Rodrigues, em suas crônicas, lamenta barbaramente a chegada do tipo, que acabou com o jornalismo romântico em que ele se refestelava, jornalismo cheio de manchetes que gritavam e se escabelavam), e entrou em ação o sujeito chamado de *copydesk*, o cara que fazia *copydesk*, "copidesque": tratava-se do redator, que pegava o texto bruto do jornalista repórter para dar-lhe feição final, objetiva e tudo o mais, com direito a *lead* (v.) e tal. Se usa o termo ainda hoje, mesmo que a função tenha virtualmente acabado (espera-se que todo jornalista saiba fazer um texto decente), como sinônimo de revisão, às vezes "Vamos copidescar isso aqui", às vezes "Vou fazer um cópi neste texto".

Copyright – Literalmente, significa "direito de cópia", de copiar, reproduzir, publicar qualquer material literário, musical ou artístico em geral. Tem até simbolinho próprio, ©, que se vê em todos os livros (ou se deveria ver...), na página de créditos, em que se designa quem é o detentor dos direitos de cópia do texto ali impresso, se do autor mesmo, se do editor, se dos herdeiros etc. Se diz |CÓ-pi-ráit|, com o "r" caipira, como se vê nos filmes americanos. No Brasil, se usa a palavra neste sentido mesmo, e alguma vez aparece o abrasileiramento, copirraite, que parece doer na vista, mas já tem registro oficial há décadas. Esses dias apareceu uma piada interessante, chamada *copyleft*, palavra que faz um trocadilho político entre *right* e *left*, direita e esquerda, respectivamente. Os caras que bolaram o *copyleft* sugerem, com a palavra e com sua prática política, que os direitos (autorais) são meio de direita.

Corbeille – Palavra francesa, já aportuguesada para "corbelha", significando um buquê de flores, aliás, um conjunto de flores dentro de uma cestinha. A palavra francesa (que se diz, mais ou menos, |cor-BÉIâ|) vem de um diminutivo do latim *corbis*, que quer dizer cesto.

Cordon sanitaire – Expressão francesa para o que nós aqui chamamos, traduzindo o conceito e as palavras, "cordão sanitário", isto é, "cordão de isolamento sanitário", a barreira que se monta, em fronteiras, em portos e aeroportos, para evitar que uma doença se espalhe. Durante a Guerra Fria, a expressão também designou, em metáfora meio sinistra, um grupo de coisas, pessoas ou mesmo países que ficavam ao redor de uma coisa, uma pessoa ou um país considerado perigoso, contagioso, no sentido político e ideológico. Se diz |corr-DÕN ça-ni-TÉRR|.

Corner – Palavra inglesa ainda resistente à adaptação brasileira (escanteio), no universo do futebol. Outras deixaram de existir: quase ninguém mais diz *back* ou beque para o zagueiro, nem *center-half* ou centeralfe para o centromédio – aliás, nem mais em centromédio se fala, mas em cabeça-de-área ou em volante. Em inglês, *corner* é simplesmente o canto, o ângulo formado no encontro de duas linhas, como o *corner* do *ring* do boxe. Se diz |CÓR-ner|, como todo mundo sabe.

Cornflake – Palavra inglesa composta de *corn*, "milho", e *flake*, "floco", e dá nome àquele produto (da marca Kellogg's, principalmente) que os norte-americanos ensinaram o mundo a consumir, molhando com leite e de vez em quando botando uma frutinha junto. Se diz |CÓRN-flêic|.

Corpus – Latim, literalmente significando "corpo", usado no mundo acadêmico para designar o conjunto de fatos ou elementos tomados em consideração para a análise, o conjunto restrito que é o tema do estudo. Se diz |CÓR-pus|.

Corselet – Nos dicionários, já aparece "corselete", aportuguesamento da forma francesa *corselet*, dita |corç-LÊ|.

Também se chama de corpete (com "e" fechado, na pronúncia) a coisa: uma roupa íntima feminina, ancestral do sutiã, que parece ter nascido como pequena armadura para o peito, no tempo em que armadura resolvia os problemas de agressão ao tronco humano, lá no tempo do cavaleiros medievais, e daí ter virado aquela armação para sustentar o busto feminino.

Cosa mentale – Reza a lenda que Leonardo da Vinci, o magnífico artista italiano, em certa ocasião defendeu a idéia de que a arte era uma coisa mental, *una cosa mentale*, em oposição a uma idéia materialista banal de que a arte se fazia, no caso da escultura, por exemplo, com mármore e martelo. Daí até hoje encontrar-se a expressão como referência à natureza radicalmente humana e por assim dizer espiritual da arte.

Cosa nostra – Nome da Máfia nos Estados Unidos. Ver *mafioso*.

Côté – Do francês, significa "lado" (e se diz |co-TÊ| mesmo). Em colunismo social ainda aparece, de vez em quando, para falar que Fulano tinha Fulana *à côté*, isto é, "ao lado". Outro uso é, por exemplo, dizer que fulaninha tem um *côté* meio insano, com o significado de ter ela uma ponta de loucura, um lado meio louco.

Côterie – Os camaradas, a parceria, a brodagem, em voz moderna. É francês e se diz mais ou menos |co-TRRI|, com o "r" dito lá na garganta. Parece que a origem é de raiz germânica, algo como "*Kote*", que quer dizer "cabana", "moradia".

Cotton – Significa "algodão", em inglês, mas no português brasileiro entrou em circulação recente, pelo mundo da moda, para designar um tecido feito de... algodão, veja só. Tem malha de *cotton*, segundo ouvi falar.

Couché – Palavra francesa que já ganhou forma portuguesa, cuchê, designando um tipo de papel, em que a lâmina de polpa propriamente dita está revestida dos dois lados por uma película que dá a sensação do toque de seda (sim, eu estou exagerando um pouco). É o papel próprio para a impressão de muitas cores, e por isso é aquele que se usa em livros chiques, com fotos reproduzidas e coisa e tal. A palavra veio do verbo francês *coucher*, que significa, literalmente, estender (por exemplo, o corpo sobre a cama). Deve ter derivado daí, porque o papel *couché* estende aquela película.

Country – Em inglês se diz |CÂN-tri|, e a palavra designa "campo", isto é, o interior do país, e também o país em conjunto, isso sem contar que é também o nome genérico da música que, por analogia, poderíamos chamar de caipira, mas deles lá. Aqui, no quarto dos fundos do império norte-americano, se diz |CÁUN-tri], e a palavra entrou como designação de um estilo de viver e vestir, relativo ao mundo dos caipiras e peões de rodeio, o dito mun-

do *country*. Antes desse tempo caipira-caubói, cujo epicentro brasileiro são as festas de rodeios no interior de São Paulo, Barretos em particular, a palavra era usada como adjetivo para clubes exclusivos de ricos – Paranapanema Country Club, digamos. Negócio chique à beça.

Coup de grâce – Francês que em português se diz, no mesmíssimo sentido, golpe de misericórdia (literalmente, seria "golpe de graça"). Se diz |CU dâ GRRAÇ|.

Coup de main – Se diz |CU dâ MÉN| e significa, literalmente, "golpe de mão", mas na prática quer dizer o que nós chamamos de uma mãozinha, uma ajuda, um *help*, se é que o senhor não se ofende.

Courrier – Francês, o mesmíssimo que "correio", mas aqui se usa para designar o mensageiro que leva a mensagem, tipo "Vou mandar um *courrier* em seguida". Se diz |cu-RRIÊ|.

Couvert – Para começo de conversa, é o particípio do verbo *couvrir*, "cobrir" – o que dá "coberto", em português. Mas o uso da palavra é metonímico: chama-se de *couvert* (dito |cu-VÉRR|, com "r" na garganta) os instrumentos e coisas que se põem sobre a mesa para fazer a refeição – pratos, talheres, guardanapo; depois, chama-se assim também aqueles comes breves com que uma refeição mais elaborada inicia – pãozinho, azeitona, manteiga, um queijo etc., uso este que é mais brasileiro do que francês, porque lá eles chamam a isso *entrée* ou *apéritif* (também *hors d'ouvre* – v.); terceiro, *couvert* é o preço que se paga por essa comidinha, muitas vezes cara pacas; finalmente, também no Brasil, se usa a expressão "*couvert* artístico", que é um pagamento extra, para além do que se paga pelo rango, para dar um troco para o artista que fica lá se esforçando e, cá entre nós, na maioria das vezes é só um aborrecimento.

Cover – O substantivo inglês *cover*, dito |CÂ-ver|, mas que a gente aqui diz |CÓ-ver| ou mesmo |CÔU-ver|, quer dizer "cobertura", ou capa, tampa, abrigo, proteção. Capa de disco, por exemplo, ou capa de revista – hoje em dia, as moças que posam mediante pagamento se chamam *cover girls*, "garotas da capa". Bom, mas o caso é que o termo inglês, por uma operação semântica, veio a designar o conjunto ou o cantor que canta e toca músicas de outros, músicas que já têm notoriedade na boca de outros, eventualmente seus próprios autores. São bandas *cover*, cantores *cover*. Bem, dá para imaginar um sentido aproximado: o cantor *cover* como que cobre o intérprete primeiro. Será por isso? Se usa dizer "fazer *cover*". Num jornal de São Paulo, eu li a seguinte frase, que anotei: "Nem Fulano sabe o *set list* dos *shows* da turnê brasileira, mas adianta que será um *mix* de *jam session*, *hits* e *covers*". Então tá.

Cover girl – O nome atual da moça que aparece (muitas vezes pelada) na capa de revistas, literalmente "garota da capa". Em inglês, se diz |CÂ-vâr GÂL|, mais ou menos.

Cowboy – Palavra aportuguesada para caubói, numa imitação bastante consistente da pronúncia inglesa. Significa "vaqueiro", o "rapaz da vaca", e entrou no repertório nacional com os filmes de faroeste (por sinal *far-west*, isto é, oeste remoto, longínquo), aqueles de conquista do território, matança de índio, elogio aos conquistadores, tudo naquela falta de culpa dos norte-americanos em celebrarem sua história truculenta. (Os filmes também se chamavam, quanto ao gênero, de bangue-bangue, expressão esta por sua vez adaptada de *bang-bang* (v.), onomatopéia do barulho do revólver e do rifle do conquistador.) Também se qualifica assim, *cowboy*, o uísque sem gelo, o oposto, neste sentido, do uísque *on the rocks* (v.). Derivadamente, fala-se em *cowgirl*, a guria correspondente. Num jornal esses tempos apareceu a notícia fulminante: que a Madonna, a cantora *pop*, tinha lançado a moda *cowgirl*. Então tá.

CPU – Sigla de *central processing unit*, que dá "unidade de processamento central", que está no coração dos computadores, inclusive este que está aí na sua sala, prezado leitor. Parece ter ficado no português contemporâneo dita assim, soletradamente, |çe-pê-U|.

Crack – Esta é uma palavra que entrou duas vezes no português: na primeira, virou "craque", o sujeito que sabe jogar bola como poucos (e daí derivou para qualquer excelência: um craque na contabilidade, um craque em jogar palitinho, etc.); na segunda, virou nome de droga, aquela mistura feita à base de cocaína que nesta virada de milênio é uma das modas terríveis entre os miseráveis urbanos em toda parte. A palavra, em inglês, significa umas duzentas coisas, entre elas o barulho de um estalo (a pronúncia norte-americana é mais ou menos |CRÉC|, com o "r" caipira), uma rachadura, um bate-papo, uma observação aguda e sarcástica, e mais isso mesmo, um craque.

Crash – Inglês de novo, pronunciado |CRÉCH|. Claro que os que falam inglês retorcem o "r", ronronam um pouco, ao passo que por aqui a gente faz um "r" simples. O verbo *to crash* significa "quebrar", "despedaçar", detonar violenta e barulhentamente. No nosso português, sua circulação começou e permaneceu como substantivo e se deve, parece, à menção ao dito *Crash* da bolsa de Nova York em 1929, quando um mundo acabou, e outro nasceu, por sinal este mesmo, o atual: passou o *crash*, recessão, reorganização da economia, Segunda Guerra e domínio absoluto dos Estados Unidos.

Crawl – Estilo de natação, aquele mais conhecido de todos, com golpes dados com um braço de cada vez, em rotação, para a frente. A palavra é do inglês e significa "arrastar-se", engatinhar, enfim, deslocamento lento, com os braços. Se diz |CRÓL|, mais ou menos, com o "l" de lata.

Crayon – Palavra francesa que dá nome ao lápis de grafite macio. Se diz |crêi-ÕN|. *Craie*, na língua de Rousseau, é "giz", provindo do latim *creta*, "barro branco".

Cream-cracker – Nome de bolacha, que a gente diz |crin-CRA-quer|, daquelas secas, folhadas e algo salgadas. Por que o nome? Tem a ver com o *crack*, o "barulho", o estalo que faz a bolacha quando a mordemos, e por isso mesmo é designação para ela; e *cream* é porque esta bolachinha, ao contrário de sua aparentada "água e sal", leva "creme", nata, em sua composição, e parece que há quem goste de comer essa bolacha com creme por cima, outra hipótese para o nome dela. De maneira que, em se tratando de evitar gordura animal, minha senhora, prefira a outra.

Crème de la crème – Francês, desta vez, *crème*, dito |CRÉM|, com o "m" dito como se viesse uma vogal depois, significa "creme", "nata", mais precisamente, ou "flor", em um dos sentidos desta palavra – não se trata da flor que aparece no galho da árvore, mas da flor no sentido de a parte mais fina, mais sofisticada de algo, como "a flor da família", "a flor da intelectualidade", por aí. A expressão *crème de la crème* (notar que é feminino, o substantivo) se usa ainda para designar um grupo seletíssimo, o mais seleto possível na circunstância. Se um colunista de jornal disser que na festa tal estava *la*

crème de la crème, pode ter certeza de que lá estavam, segundo a opinião do sujeito, os melhores tipos humanos disponíveis. Tem certo traço de elitismo, de resto convergente com os interesses e práticas do colunismo social em nosso desigual país.

Crepe – Forma abrasileirada e já dicionarizada de *crêpe*, do francês, pronunciado |CRÉP|, com o "r" na garganta, *comme il faut*. É um tecido e um tipo de panqueca. Nos dois casos, a origem estará no latim *crispus*, que veio para *cresp* e, no português, resultou em crespo, isso mesmo que o senhor está pensando, crespo como ondulado, não-liso.

Crescendo – Esta é uma palavra de largo mas inadvertido uso. Fala a verdade: o senhor já ouviu dizer que "as vendas vêm num crescente"? Que "o time vem num crescente"? Todos nós ouvimos isso. De onde vem tal estranho uso? De *crescendo*, que é italiano e, portanto, se pronuncia, originalmente, como |cre-CHEN-do|, com certa ênfase no "n" de "nada", que os italianos espicham um pouco. Tomado como gerúndio, o termo significa o mesmíssimo que no português, estar crescendo. Mas como substantivo, o *crescendo*, vem do mundo da música de concerto e designa um aumento progressivo na intensidade, na força da música, por exemplo, mediante a agregação sucessiva de instrumentos na execução. (Há seu oposto, também italiano, que é *diminuendo*.) De forma que talvez aquelas frases mencionadas acima ficassem mais elegantes com "as vendas vêm num crescendo", "o time vem num crescendo", mesmo que pronunciado à brasileira, |cre-ÇEN-du|.

Croissant – O senhor sabe o que é, não? Aquele pãozinho meio folhado, que os hispanoparlantes chamam de *medialuna*, isto é, meia-lua, claro que em função de sua forma, de meia lua mesmo. No Brasil, como o chamamos? |croá-ÇÃ|, certo?

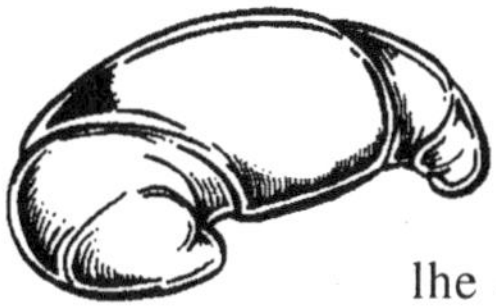

Do francês, *croissant*, que quer dizer – atenção para o detalhe – *crescente*, em referência à lua crescente, e por isso mesmo dá nome ao pãozinho, em francês primeiro, em português (português?) depois.

Crooner – Designação antiga e desusada para o cantor que acompanha um conjunto (hoje em dia só se chama conjunto de banda, ao que parece). Em inglês, há um verbo *to croon* que quer dizer "cantar suavemente".

Croquis – Palavra francesa, abrasileirada para croqui (que é a pronúncia da palavra original, fora o "r"), significa "esboço", planta de uma casa ou rua, etc.

Cross – O verbo *to cross* quer dizer "cruzar", "atravessar". Em português, acompanhando moda primeiro-mundista, apareceu o termo no mundo do motociclismo dito – olha aí – *off-road* (v.), fora da estrada, perambulação pelo meio do mato, em lugar ruim, atolando e perdendo o pé, comendo poeira, estas coisas agradabilíssimas (para quem gosta, naturalmente). Nesses lugares se faz ou fazia *motocross* ou simplesmente *cross*, dito |CROÇ| mesmo.

Crossover – Utilizado no mundo da música (e das artes, mais genericamente) como sinônimo de interpenetração (opa) de estilos, cruzamento de tendências ou fontes díspares. Essa conversa de mundo *pop* como lugar de mistura, como a gente sabe e é verdade.

Crowd – Termo inglês com vigência no português brasileiro a partir do mundo do *surf*, parece. Dito |CRAUD|, com "r" ronronado, ou |CRAU-dji| na boca brasileira, significa "multidão", "gentama", ajuntamento irregular de gente. Caetano Veloso, em uma canção notável (*Língua*), diz frase arremedando fala de surfista, "Tá cráudi, brô", comentário traduzível por "Tá cheio de gente, meu amigo". Em certos ambientes, derivou-se daí o verbo craudear, por exemplo, "Craudeou a praia", isto é, encheu-se de gente a praia. Essas coisas.

Cucaracha – Palavra espanhola que quer dizer "barata", aquela mesmo, repulsiva, que nos anos 80 começou a ser usada pejorativamente nos Estados Unidos para designar os hispano-americanos (na verdade, os latino-americanos, porque nós brasileiros cabemos na definição racista deles). Se diz |cu-ca-RA-tcha|.

Cuba libre – Bebida que mistura rum com coca-cola (os heterodoxos permitiriam pepsi, igualmente), mais gelo e limão, e que se toma (tomava?) nos bailes. "Cuba" porque o rum é de lá, *libre* não em homenagem anos-60, à tomada do poder pelo grupo de Che Guevara e Fidel Castro, mas em homenagem à independência da ilha, em 1898. Parece que nasceu como bebida dos revolucionários, mas numa mistura mais singela, rum e água ou mel, mais limão, tomada como refresco. Outra versão diz que o rum entrou depois na composição.

Cult – Termo que entrou em franca circulação faz pouco, para designar locais, objetos artísticos, pessoas e comportamentos considerados de alto mas raro e cifrado valor cultural. Pode-se ouvir que um bar é |CÂLT| – eis a pronúncia inglesa, que pode virar |CUutchi| em boca irreverente –, ou que um autor o é. Significa, literalmente, "culto". Quase sempre, o que é tido como *cult* deve ser de usufruto e apreciação restrito, restrita, não generalizado/a, porque então deixa de ser *cult* para ser trivial. Típico caso é *cult movie*, "filme de culto", cultuado.

Cum laude – Latim que se ouve de vez em quando no mundo universitário ou escolar em referência a um ótimo formando: diz-se que tal sujeito formou-se *cum laude*, dito |cum LAUde|, significando "com louvor". Há o caso excelente, que se diz *summa cum laude* (dito |ÇU-ma cum LÁU-de|), isto é, "com o máximo louvor".

Cum grano salis – Latinório bacana, significando, literalmente, "com uma pedrinha de sal", "com um grão de sal". Usa-se para dizer, elegantemente, que certa afirmativa deve ser tomada com ressalvas: "Isso que o historiador diz acerca do tema deve ser lido *cum grano salis*", por exemplo. Se diz assim como se escreve.

Currency board – Literalmente, "mesa de moedas", ou balcão de troca de moedas. Trata-se de um regime de administração da moeda segundo o qual um país só emite papel pintado, aquele que a gente usa para comprar pão e tem a impressão de que ele vale alguma coisa, quando tem reservas em moeda forte em seus cofres, o que neste nosso pobre mundo quer dizer dólar, e portanto emite apenas na proporção do que tem guardado. Apareceu muito no noticiário econômico, e a Argentina do peso cavallar aparece como exemplo do caso. Uma definição do grande Luiz Gonzaga Belluzzo: "Regime de conversibilidade plena com taxa fixa de câmbio". O destino dessa prática é a bancarrota, conhecida hoje em dia pelo nome de *default* (v.). Se diz |CÂ-rân-çi BÔRD|, com os "r's" como os do caipira.

Curriculum vitae – Esta todo mundo conhece: trata-se daquele ajuntamento das nossas virtudes, reais ou imaginadas, que a gente escreve para impressionar o futuro patrão. Do latim, dito |cu-RRI-cu-lum VI-te|, faz plural erudito em *curricula vitae* e se traduz, literalmente, por "carreira da vida" – o verbo latino *currere* veio a dar no nosso "correr", sendo, portanto, da mesma família. Forma abrasileirada: currículo, só.

Curry – Palavra vindo do remoto mundo tâmil, que fica no sul da Índia – se parece raro, é de ver que tâmil também é nome de língua falada por muita gente e escrita desde o século 3 a. C. É o nome de um pó que se usa para temperar comida. A gente costuma dizer |CÂri|, com o "r" enrolado do inglês, porque os ingleses é que difundiram o uso do pó do lado de cá do planeta. Mas, se não me engano, daria para dizer com "r" simples (como em "pare"), como os tâmeis dizem. Parece que o termo foi para o inglês por intermédio do português, veja só. O Houaiss usa a forma "caril", mas quase só ele usa.

Cybercafe – Nome moderníssimo de coisa moderníssima: o café que, além da preciosa rubiácea em forma de líquido, oferece computador para o cliente entrar na internet. Se diz |ÇAIber ca-FÉ|. O *cyber* este é um termo de origem diretamante grega: *kubernetes* (sendo que aquele "u" ali é dito em grego quase como um "i"), que quer dizer "governante", "o que manda", e veio ao francês *cybernetique*, em inglês *cybernetics*, a cibernética, nome de um ramo da ciência que esteve em voga nos anos 50 e 60, quando a computação eletrônica engatinhava, ramo dedicado a decifrar os processos últimos de organização, comunicação e controle de máquinas e seres; daqui vem o tal *cyber*, redução que familiariza a coisa. Dessa longa e fascinante história humana.

Cyberspace – O espaço cibernético, o mundo em que se viaja quando se entra na internet. A palavra foi criada pelo escritor norte-americano William Gibson, no livro *Neuromancer*, um trocadilho entre as palavras *neuron*, neurônio, e *romance*, o tipo de narrativa longa. Se diz, em inglês, |SAI-bâr ÇPEIÇ|.

Cyborg – Numa época, anos 70, apareceu uma série norte-americana de televisão que se chamava assim, *Cyborg*, e apresentava no subtítulo uma cifra espantosa para a época: "O homem de seis milhões de dólares". Ah, tempos. A palavra é uma criação que compõe *cyb(ernetic) org(anism)*, quer dizer, "organismo cibernético": organismo humano que conta com alguma parte ou algum processo feito ou comandado por intervenção mecânica ou eletrônica. Um cara com um singelo marca-passo, por exemplo. Sim, senhor, a vida muda.

D

Da capo – No mundo musical, se usa dizer essa expressão italiana, dita |da CA-po|, para significar "desde o princípio", desde o início, indicando aos intérpretes que se deve tocar (ou cantar) desde o começo novamente – desde o começo de tudo ou do trecho em questão, quando se trata de uma composição de vários movimentos. Maestro ensaiando diz isso para seus músicos. No dicionário italiano está grafado o advérbio *da ccapo*, com dois "c", significando novamente, "desde o princípio", mas em dicionário de música (e noutros, como um enciclopédico francês), lê-se *da capo*, e essa forma parece ser mais freqüente nas notações correntes. *Capo* tem tudo a ver com *caput*, latim para "cabeça", parte mais alta. Entende?

D'après – Volta e meia aparece na imprensa, muito especialmente em cartuns e ilustrações, essa expressão francesa, dita |da-PRRÉ| com o "r" gutural. *Après* significa "depois", após, e *d'après* é "segundo", "conforme", no sentido de "à imitação de". Cartunista que toma por exemplo um quadro famoso, digamos a *Mona Lisa*, para fazer sobre ele uma ironia visual, botando a cara do presidente sobre o sorriso enigmático original, assina embaixo assim: "Fulano de tal, *d'après* Leonardo da Vinci". Alterna, nesse sentido, com o latim *apud* (v.).

Dark – Do inglês, significa "escuro", trevoso, mas também triste e mesmo enigmático. Por esses conteúdos é que a palavra, dita como se escreve mesmo (mas entre nós ganhando um "i" final, fazendo |DAR-qui|), nomeava um estilo de vestir e se comportar, na linha do sorumbático, do noturno, cara meio fechada e astral negativíssimo.

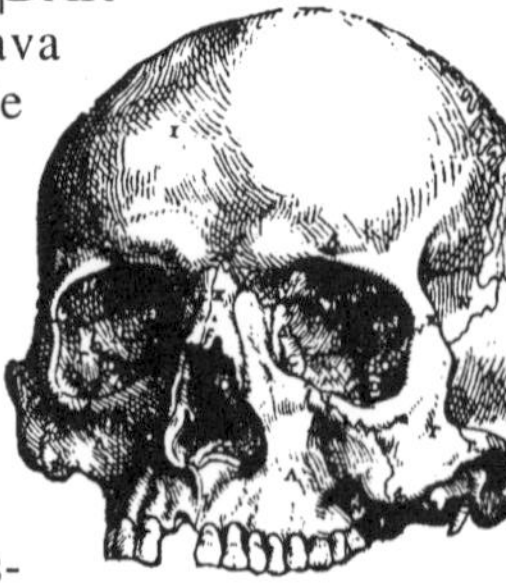

Darling – Do inglês também, significa "querido", isso mesmo, "queridinho", feito filme norte-americano antigo, "Querida, onde eu pus meu roupão?". Ainda se usa hoje em dia num sentido ligeiramente irônico, quando se quer referir alguém que por algum motivo é querido e protegido por algum setor ou grupo: "Agora o Guga é o *darling* do esporte brasileiro", por exemplo; "A Sandy é a *darling* da Globo". Na pronúncia inglesa, assim como na brasileira, a palavra perde o "g": |DAR-lin|.

DAT – Sigla de *digital audio tape*, "fita de áudio digital", quer dizer, fita que armazena sons em sistema digital, não analógico. A sigla é o nome (pronunciado |DA-tchi| entre nós) de certa fita mais ou menos recente, muito mais sofisticada que as fitas de gravador cassete; candidatos a cantor gravam fitas *DAT* para levar às estações de rádios, para serem tocados, quer dizer, serem levados ao ar.

Data – Sim, tem a data, já conhecida, que significa a indicação de tempo, ano, mês, dia, essas coisas. Por sinal, de história interessante: consta que em documentos medievais, quando a língua portuguesa começava a existir, o escrivão iniciava o texto anotando *Data littera* dia tal e tal, o que, traduzido diretamente, significa "Letra dada dia tal e tal", isto é, "Estas letras aqui escritas o foram no dia tal e tal". Antes disso, quer dizer, antes da Idade Média, em latim se usava escrever o que nós hoje chamamos de data numa correspondência assim: *Data Romae* e em seguida vinha o dia, digamos, 15 de abril. Isso se interpretava diretamente: *Dada em Roma em 15 de abril*, ou então com o significado por extenso, "Esta carta foi dada/mandada no dia 15 de abril". Mas o negócio é que o termo *data* voltou ao português de nossos dias, por assim dizer, pela porta dos fundos: no latim, *data* é plural de *datum*, que quer dizer "dado", elemento ou coisa presenteado(a) ou dom concedido. No mundo da ciência, dado é um elemento que entra em causa em determinado sistema, por exemplo os dados referentes ao comportamento do clima na terra, para quem estuda climatologia. Vai daí, no inglês se manteve o uso de *datum* (eles dizem |DÊI-tâm|, mais ou menos, plural *data*, pronunciado |DÊI-dâ|), significando os nossos "dado" e "dados". Quando entrou a febre dos computadores, o termo voltou com força, porque o que essa máquina mais faz na vida é colecionar e relacionar os dados, quer dizer, os *data*. E tome empresa botando no seu nome a palavra *data*, latim que nem se suspeita que é latim, porque vem do inglês. Essas coisas.

Data venia – Latim básico do mundo jurídico, daquele que mesmo analfabetos (em latim) aprendem para cumprir a exigência formal do mundo dos bacharéis. Se diz |DA-ta VÊ-nia| e significa "concedida a vênia", isto é, "uma vez dada a vênia" – e é sempre bom lembrar que "vênia" quer dizer "licença", "permissão". É uma fórmula elegante, de boa retórica, para introduzir uma intervenção que discordará da posição do interlocutor. Quando se ouve algum debate mais ácido em algum parlamento brasileiro, em que os contendores xingam as mães alheias, fica engraçado, porque quase se ouve "*Data venia*, o senhor é um vigarista", e o outro contrapõe "*Data venia*, vigarista é o senhor seu pai".

Datashow – Aparato tecnológico moderníssimo que consiste em apresentar em telas grandes as imagens de um computador. A palavra mistura *data* (v.) com *show*, o que dá na soma "apresentação de dados". Em inglês, a pronúncia seria |DÊI-dâ CHÔU|, mas parece que entre nós ficou |DA-ta CHÔU| mesmo. Em inglês, esse termo é usado mais para um certo *software* do que para o aparelho, que é referido como *multimedia projector*, ou simplesmente *projector*.

Datcha – Palavra russa que entrou em circulação internacional no século 20, especialmente como símbolo do período estalinista. A palavra designa a casa de campo, mas não qualquer uma, e sim aquela casa confortável, verdadeira mansão de férias, que na dura e pobre realidade da União Soviética era reservada apenas aos pouquíssimos amigos do poder, ao círculo íntimo. Diz o Houaiss que a forma *dacha* deve ser evitada em português, talvez porque a forma *datcha* se aproxima mais da pronúncia original. A palavra parece que designava, antigamente, a terra loteada pelo príncipe.

Day after – Expressão inglesa que significa, literalmente, "o dia seguinte", foi moda nos anos 90, talvez associada à idéia de que no dia seguinte a uma catástrofe (nuclear? econômica?) é que se vê o estrago, moda que foi aproveitada por um filme com esse nome, naturalmente um filme-catástrofe norte-americano. No Brasil, a vigência da expressão me parece confundir-se com uma outra frase, esta nascida de uma propaganda de bebida alcoólica, a vodca Orloff. A peça apresentava um sujeito num bar e, ao lado dele, um outro, que sugeria ao primeiro que bebesse apenas a vodca dessa marca; ao que o primeiro perguntava "Mas quem é você?", e o segundo dizia "Eu sou você amanhã" – como quem diz, "eu sei que amanhã será melhor ter bebido apenas dessa marca, que não dá ressaca". Propaganda inteligente, que popularizou a expressão "efeito Orloff", aludindo à peça publicitária.

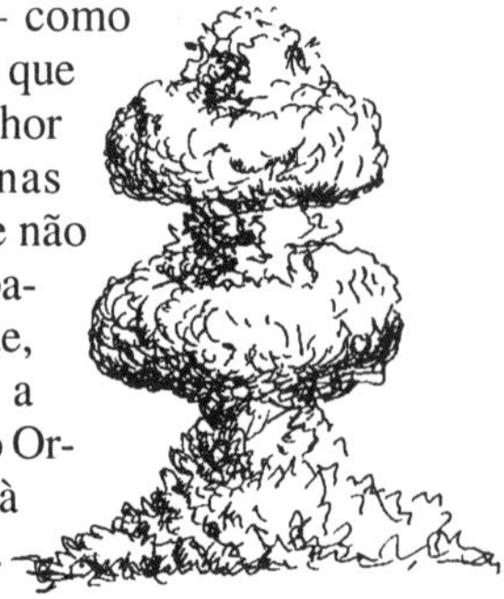

De facto – Latinzinho ameno, de significado igual ao português brasileiro "de fato", sem nada mais, só um certo chiquê: "O presidente *de facto* era o assessor Fulano", por exemplo. Pronúncia? Se é para dizer, se diz |dê FAC-to|, não |dji FA-tu|.

De luxe – Expressão francesa que um tempo atrás aparecia em alguns produtos brasileiros (lembro pessoalmente de ônibus com essa qualificação). Significa exatamente o que o senhor pensou: "de luxo". Se diz mais ou menos |dâ LUCS|, com aquele "u" dito como se fosse dizer um "i".

De rigueur – Francês bacana, para usar domingo feito roupa de festa, a expressão significa o mesmo que a expressão portuguesa "a preceito", isto é, "conforme os costumes", segundo as regras assentes. Se diz mais ou menos |dã rri-GUÉRR| (os "r" rascando a garganta, e o "é" dito com a boca de dizer "u", mais ou menos) e se usa assim: um amigo te encontra na festa, vocês dois numa estica notável, e ele estranha a tua roupa, nunca viu você daquele jeito tão arrumado, e te cobra isso; e você responde "Bem, mas eu tô *de rigueur*". Ouve-se ainda, aqui e ali, por exemplo no mundo da etiqueta, por exemplo quando alguém ao pé do ouvido te recomenda "Vai lá e cumprimenta o chefe, é *de rigueur*".

Deadline – No mundo editorial e jornalístico se usa a palavra com freqüência: *deadline*, dito |DED-láin|, quer dizer "prazo absolutamente final", sem recurso nem choro. Jornalistas perguntam ao editor "Qual é o meu *deadline*?", significando "Até que horas eu posso entregar o trabalho?", "Qual é o meu último prazo?". Tal sentido vem de *dead*, "morto", mas também "definitivo", absoluto, mais *line*, "linha". Com a mesma palavra se designa, em inglês, aquela linha traçada em presídios, que a gente só vê em filme antigo, que não pode ser ultrapassada pelo preso, sob pena de ele morrer. Nesse caso, é literal o sentido: "linha de morte".

Débâcle – No francês, dito |dê-BACL|, quase sem vogal nenhuma depois do "l", significa "degelo", literalmente, mas figuradamente quer dizer "derrocada", e por aí adiante, falência, degringolada, ruína, derrota, debandada, tudo isso e mais um pouco. Usa-se (isto é, quem usa) para o mundo financeiro, "*débâcle* financeira" (atenção, é palavra feminina), assim como para o mundo dos relacionamentos, "a *débâcle* do casamento". O Aurélio registra a palavra assim mesmo, só que sem os acentos franceses.

Début – Quer dizer "estréia", "começo", início de carreira. Se usa, no Brasil, para moças que vão supostamente ser apresentadas ao mundo, no baile de quinze anos, e para cavalos que estréiam nas pistas, sem que haja qualquer relação necessária entre umas e outros. Se diz mais ou menos |dê-BU|, só que este "u" dito com uma boca que estivesse pronta para dizer "i", com aquele biquinho. Em português, entraram as palavras "debutante" e "debutar", mas parece haver o costume de ainda usar *début* para falar do evento.

Deck – Inglês, significa o mesmo que "convés" ou, mais simplesmente, uma plataforma de madeira, como um jirau; no mundo brasileiro da decoração, se usa falar no *deck* da piscina, por exemplo, aquela plataforma que ladeia a dita. A gente diz |DÉ-qui|.

Décor – Substantivo masculino do francês, equivalente ao nosso (derivado) "decoração": "O *décor* do ambiente era agradável", com o sentido esse, de decoração. Parece mais chique usar o termo francês, ainda hoje. Derivadamente, significa "cenário". Se pronuncia |dê-CÓR|, com o "r" na garganta.

Default – Nome elegante para "bancarrota econômica" ou, mais amplamente, "falência", incluindo as falências de um procedimento no computador, por exemplo. A palavra (que se pronuncia em inglês |di-FÓLT|) vem em última análise do latim *failir*, que veio para o português "falir", velho conhecido. Encontra-se a expressão *by default*, por exemplo, no mundo do jornalismo sobre economia, para dar o motivo por que um país recorreu ao FMI, quer dizer, "por falência". No planeta específico dos computadores, a mesma palavra designa a seleção pré-especificada que uma máquina ou um mecanismo faz automaticamente quando o usuário ou o programador não seleciona uma opção própria: se eu for salvar um arquivo do Word simplesmente apertando o ícone do disquete – falando nisso, que coisa mais antiga o disquete ali! –, a minha máquina vai, *by default*, salvá-lo na extensão ".doc".

Deficit – Latim já aportuguesado mediante acentuação gráfica, "déficit", que a gente pronuncia |DÉ-fi-çi-tchi|, ou então, mais relaxadamente, |DÉ-fi-çi|, ou mesmo |DÉ-fiç|. O Houaiss já registra "défice", mas eu não sei não. Porque vamos combinar que é raro o estilo da palavra, proparoxítona e ainda por cima terminada por um "t", assim, na maior. Pensa bem: no rigor da prosódia brasileira, a palavra seria uma anteproparoxítona, com acento na quarta sílaba de trás pra diante: dé-fi-ci-ti. Mas não há tal em português, pelo menos não se reconhece sua existência no plano da escrita (em teoria fonológica sim, há a "bisesdrúxula", feito "helicóptero" que a gente diz |heli-CÓ-pitero|, mais ou menos, ou "rítmico", que a gente pronuncia quase |RÍ-timico|), ao contrário do caso espanhol, que tem sim a *sobresdrújula*. (A falta que faz a gente ter uma Academia de Letras empenhada, que se ocupasse de pensar coisas sobre a matéria ortográfica e soubesse propor coisas ponderadas...) Diretamente, o termo é a flexão do verbo latino *deficere*, "faltar", na 3ª pessoa do singular do presente, "falta", que por sinal é justamente o que significa em português a palavra em questão: déficit é "falta", "aquilo que falta", a quantia a menos entre o que entrou e o que saiu, essas coisas que a gente manja de sobra quando considera a relação entre o salário, o volume das contas no carnê e a extensão dos dias do mês.

Dégradé – Francês, traduzível por "matiz", gradação de tonalidade. Diz-se no mundo das artes plásticas e da moda para designar isso mesmo, a alteração gradual, para mais ou para menos, de uma cor. A cor resultante e o conjunto das tonalidades, qualquer um pode-se chamar *dégradé*, por sinal pronunciado |dê-gra-DÊ| e se poderia escrever, aportuguesando, "degradê".

Déjà-vu – Todo mundo já ouviu a expressão francesa, composta de *déjà* (dito |dê-JA|), isto é, "já", e *vu* (dito |VU|, com o "u" com bico de quem ia dizer "i"), isto é, "visto", particípio do verbo "ver". Na soma, em português o conjunto se pronuncia |dê-já-VI|. O que dá em "já-visto"; mas é mais que isso, como sabemos – trata-se da sensação de já ter visto certa coisa, que dá algum ar de familiaridade, mas a rigor não foi ainda vista; se usa naquelas situações em que se tem a impressão de "será que eu já não vi isso em algum lugar antes?". Freud meteu bronca na matéria, relacionando a sensação, o *déjà-vu*, a coisas medonhas, que nem ouso mencionar (é brincadeira, o Freud era um cara bacana, nem ia sugerir coisas medonhas). Em português culto corrente, se diz, por exemplo, "Eu acabei de ter um *déjà-vu*". Detalhe: se for para coisas femininas, fica, canonicamente, *déjà-vue*, de pronúncia praticamente igual.

Dekassegui – O Aurélio aportuguesou para "decasségui", pondo o acento gráfico adequado. É como no Japão se chama hoje em dia o estrangeiro descendente de japoneses que vai trabalhar lá. Antes, a palavra designava o migrante interno, o cara que saía de sua aldeia para outra, para a cidade.

Delay – Em inglês, a palavra significa "atraso", demora, e se diz |di-LÊI|, com "d" de "dedo" e não de "dia", bem entendido. Tem-se usado o termo hoje em dia mais ou menos francamente no universo das transmissões de dados e imagens via satélite. Então se escuta dizer "Tem um pequeno *delay* na transmissão", para dizer que há um pequeno retardo entre o tempo dos fatos na cena real e a chegada das imagens no aparelho receptor, por causa da viagem da imagem ou dos dados até o satélite, ida e volta. Quem ouve futebol pelo rádio e simultaneamente vê o jogo, o mesmo, pela televisão, já percebeu o fenômeno: parece que o narrador do rádio vê os lances antes de eles aparecerem na telinha. E é mesmo. Tem em francês um termo irmão deste, *délai*, dito |dê-LÉ|, de sentido bem parecido. Ambas as formas provêm do latim.

Delenda Carthago – Expressão latina que ficou na linguagem culta do português (pronúncia |dê-LEN-da car-TA-go|), para insinuar que se deve tomar medidas drásticas na situação. Literalmente, quer dizer "Destrua-se Cartago",

Larry Gonick

isto é, a cidade de Cartago deve ser destruída. Li ainda há pouco em jornal a frase "*Delenda* PM", significando "A Polícia Militar deve ser destruída", e é claro que se tratava de uma das não poucas situações recentes em que a PM tinha metido os pés pelas mãos e os revólveres pela palavra. Origem: o historiador Plutarco registrou que Marco Pórcio Catão (234-149 a. C.), figura de destaque ao longo de seus mais de trinta anos de vida pública, como cônsul romano e como censor, costumava encerrar seus discursos, sobretudo depois do ano 153, com a frase – "*Ceterum censeo Carthaginem esse delendam*" (dito |ÇE-te-rum ÇEN-seo car-TA-gi-nem E-se de-LEN-dam|), o que em língua de dia de semana dá "Aliás, sou de opinião que Cartago deve ser destruída". Cartago virou, dizem, uma obsessão de Catão, que costumava ter posição militante contra a dissolução dos costumes de Roma, que ele atribuía em grande parte às más influências estrangeiras; Catão era a favor da manutenção das tradições, dos valores romanos. Por curiosidade: *delenda*, "destrua-se", tem a ver com "deletar", logo abaixo.

Deletar – Aqui está um dos neologismos que espanta os conservadores (de esquerda e de direita) em matéria lingüística. No uso atual, o termo vem do mundo dos computadores, por causa do verbo inglês *to delete*, que quer dizer, bem, eu ia dizer que significa "deletar", mas, enfim, significa "destruir", "desmanchar", "desfazer", "reduzir a nada", ou mais simplesmente, no computadorês, "apagar". Daí que a macacada brasileira, sem pensar muito, engoliu a isca e tascou uma terminação que faz verbo a partir de substantivo, "-ar" no fim de *delete*, e um abraço na família. Em inglês, a pronúncia é |dâ-LIT|. O caso interessante é que o verbo inglês veio do latim velho de guerra, mais propriamente de *deletus*, particípio passado de *delere*, que quer dizer "apagar", "destruir" mesmo. Assim que temos aqui um caso notável de passeio lingüístico: saiu do latim, vindo sabe-se lá de onde, foi ao inglês – e, atenção, também ao português, que tinha e tem uma forma (desusada, mas constante dos dicionários) "delir", que ainda se escuta por aí como sinônimo de desmanchar, apagar, destruir –; depois, do inglês veio ao português, estacionando no "deletar". Ver *Delenda Cartago*.

Delicatessen – Se diz assim mesmo, |dê-li-ca-TÉ-çen|, e designa aquela loja que vende coisinhas sempre necessárias para o deleite das gentes de gosto refinado e anti-*fast food*, como pãezinhos, geleiazinhas, vinhos finos, chocolatezinhos, sanduíches para comer na hora, coisa e tal. O Aurélio a registra como está escrito aqui, mas sem aportuguesar a palavra – que, se aportuguesada, como faz o Houaiss, leva um acento, "delicatéssen", paroxítona terminada em "n". Vem do alemão, em que *Delikatesse* significa "guloseima", petisco ou, igualmente, "delicadeza"; o "n" final é marca de plural. A forma aqui usada, com "c" e não "k" e sem maiúscula, vem do inglês, em que ela foi parar a partir do mesmo alemão e em que significa o mesmo que entre nós, fazendo plural em *delicatessens*, veja só.

Delirium tremens – Nome de doença, significando literalmente "delírio tremente", se é que o senhor me entende. É um quadro típico das pessoas que antigamente se chamavam de alcoólatras, hoje em dia alcoolistas, e se caracteriza por tremores, alucinações, ansiedade. É latim e se pronuncia |dê-LI-rium TRÊ-mens|.

G. Doré

Delivery – Aqui está uma das palavras que irritou o deputado que propôs a lei antiestrangeirismos, quando podia ter-se informado melhor com os lingüistas e proposto lei de ortografia, lei para criar e manter bibliotecas decentes em todo o país, lei para definir política de divulgação do português brasileiro no exterior etc. Mas não, emburrou foi com o uso ligeiramente pateta e claramente adesista que certa elite brasileira faz de estrangeirismos, muito particularmente do inglês norte-americano. Por exemplo: *delivery*, dito |dâ-LI-vâ-ri|, com o "r" caipira, se quiser imitar norte-americano falando, ou seco (como em "guri"), se quiser arremedar inglês chique. Quer dizer "entrega", e por isso aparece tanto por aí: porque hoje em dia se entrega em casa qualquer negócio, de remédio a *pizza*, passando por dinheiro e, se facilitar, até amor de mãe. (Não, mãe, eu tô brincando, amor de mãe não vem assim não.)

Démarche – Francês, significando "diligência", no sentido policial de "providência", "trâmite", e não no de carruagem, deu pra entender. Ou então quer dizer "tentativa". Se diz |dê-MARRCH|, sem mais. É feminino: as *démarches*.

Demi-sec – Ver *sec*.

Démodé – Francês, significando "fora de moda" e pronunciado |dê-mo-DÊ| – por mim, abrasileirável para "demodê", na boa. Se usava bastante na imprensa, e agora parece, escusada a redundância, meio demodê. Em francês, é adjetivo masculino, fazendo flexão feminina em *démodée*.

Dépaysé – Mais um francês, que também era bastante usado no mundo letrado chique brasileiro em sentido mais ou menos metafórico, sendo o sentido literal o de "desterrado", "exilado" (a palavra traz em seu ventre *pays*, "país"). Usava-se para descrever a situação do sujeito (artista, por exemplo) que não encontra par neste pobre mundo banal que nós habitamos. Faz lembrar a situação de nossos escritores e artistas românticos, que, como disse Sérgio Buarque de Hollanda, nunca iam para a Europa, sempre voltavam para ela – mesmo que nunca lá tivessem posto os pés antes. Se diz |dê-pê-í-ZÊ|.

Déraciné – Outro termo que tinha certo curso no Brasil letrado chique: dizia-se do sujeito moderno, urbano, submetido à velocidade do mundo, que ele era *déraciné* (dito |dê-rra-çi-NÊ|), isto é, "desenraizado", sem identidade referida a qualquer local específico, era um sujeito do mundo, um cosmopolita, mas com certo travo de amargura, uma vez que havia perdido a raiz. Não por nada a matriz da palavra é *racine*, "raiz" mesmo.

Dernier cri – Expressão francesa que também foi muito usada, sendo hoje em dia rara, raríssima; parou-se de usar não porque o Brasil tenha sido assaltado por uma súbita consciência nacionalista, ou tenha deixado de ser pateta e copiador da moda alheia, mas porque não é mais a França que funciona como nossa metrópole mental. (Talvez hoje, tendo sido a França substituída pelos Estados Unidos, a expressão francesa tenha dado lugar a uma inglesa, de uso semanticamente assemelhado, *up to date*, que quer dizer "atualizado".) Significa literalmente "último grito", em referência ao mundo da moda, portanto querendo dizer "a coisa mais moderna", "a última novidade" etc. Se diz |dêrr-niê CRRI|, com todos os "r" rascando na garganta.

Pons

Alex Varenne

Derrière – Forma elegante (e mais ou menos desusada) de referir o traseiro de mulher, o que hoje se chama, até na frente de pai e mãe na hora do almoço, de "bunda", palavra que foi palavrão durante muito tempo. Enfim. Naqueles tempos, escrever ou dizer *derrière* era ao mesmo tempo elegante e provocante, ficava num limbo, num ponto intermediário entre o não dizer nada e o dizer nome feio. Coisa de salão. A palavra é francesa e, como substantivo, quer dizer isso mesmo, "traseiro", a parte das costas, o lado de trás. É palavra masculina, no francês, e se diz |dé-rri-ÉRR|, com os "r" feito carioca, não como vibrantes na ponta da língua.

Design – Inglês, vindo do verbo francês *designer*, por sua vez provindo do latim *designare*, quer dizer concepção ou exercício de desenho, coisa que é feita por um *designer*, sendo as pronúncias |di-ZAIN| e |di-ZAI-nâr|, ou mesmo |DZAI-nâr|, com o "d" como em "dado". Claro que no português contemporâneo o termo, entre outros motivos, se usa em função da hegemonia do mundo anglo-saxão, especialmente norte-americano, sobre a produção de inteligência industrial, comercial etc., quer dizer, eles é que têm as concepções, o *design*. Vai daí, nós esquecemos o "desenho", já tão nosso, e adotamos o *design*, que serve hoje em dia para projeto de casa ou carro e coisas assim concretas, como para concepções abstratas.

Designer – O cara que faz *design* (v.).

Desktop – Nome genérico do computador de mesa (mesa, dessas de estudar, é *desk*), formalmente *desktop computer*. Não sei se desde que surgiu o *PC* (v.), o *personal computer*, já se chamava assim, ou se foi para diferenciar de *laptop* (v.). Bom: neste mundo do computador, tudo entre nós se chama pelo nome inglês. Ainda. O *desktop* assim se chama porque se usa em cima (*on top*) da escrivaninha (*desk*). O *laptop*, sendo leve e portátil, pode ser usado em cima (*on top*) dos joelhos (*lap* é "colo", "regaço"). O *palmtop* é tão pequeno e leve que é usado em cima (*on top*) da palma da mão (*palm*).

Deus ex machina – Latim erudito, referente ao mundo do teatro clássico grego (a forma grega parece ter sido consagrada por Menandro, autor teatral, que viveu entre 342 e 292 a. C., aproximadamente, a quem se atribuem outras frases de permanente interesse, entre as quais "Aquele a quem os deuses amam morre jovem"), em que parece ter designado originalmente um personagem, um deus mais especificamente, que fazia aparição em alguma cena embananada, sem solução, baixando das alturas mediante uma máquina, sabe-se lá qual (imagino umas cordas, umas roldanas – a tal da "máquina" mencionada, da qual baixa o deus-personagem), numa intervenção que resolvia a parada. Daí derivou-se o sentido atual, de coisa ou indivíduo que faz intervenção inesperada e feliz, harmoniosa, para determinado impasse. No mundo do teatro, e não só nele, se usa a expressão depreciativamente, para referir a artificialidade da resolução do problema, derivada talvez justamente do fato de provir dos céus, metaforicamente falando. Se diz |DÊUS ECS MAqui-na| e significa, literalmente, "deus que vem da (ou de) máquina".

Diablo viejo – Ver *El diablo sabe más por viejo que por diablo.*

Dial – Em português ficou dial, assim mesmo, dito preponderantemente |dji-ÁU|, rarissimamente |di-AL|. Designa o mostrador dos números das estações que a gente escolhe com o botão de selecionar a estação de rádio desejada, no aparelho de captação das ondas de rádio, que a gente chama de "rádio" mesmo, só ("seleciona a rádio no rádio", pronto). O mostrador já teve muitos desenhos, desde aqueles do tempo da válvula, com umas quantas faixas de onda e uma haste conduzida pelo botão, até os modernos, um monte de números piscando e atordoando o pobre do cristão. (O botão era de girar, no tempo da válvula, e passou a ser um controle deslizante e chegou agora a coisas inimagináveis.) Em inglês, se diz |DÁI-al|. Volta e meia ainda se escuta locutor de rádio localizando a estação com um "Cento e dois ponto três no seu *dial*" ou "dial".

Diesel – Nome de motor e do combustível desse motor. Ninguém, que eu saiba, se atrapalha com a pronúncia dessa palavra (|DJI-zêu|, raramente |DI-zêl|, com "d" de dado e "l" de lata), que vem do alemão: era o nome do sujeito que inventou o motor que leva seu nome. Ele se chamava Rudolf Christian Karl Diesel, nasceu em Paris, de pais alemães, em 1858, e faleceu afogado, no canal da Mancha, em 1913, ao que tudo indica caído do navio em que estava, o *Dresden*, a caminho de Londres. Engenheiro, com estudos na Alemanha e muita capacidade de pesquisa (parece que o bicho era também amante das artes e das línguas), ele se propôs desenvolver o motor de combustão interna, acabando por chegar ao motor hoje chamado com seu nome – que é diferente do motor a explosão. Esse, também de combustão interna, faz explodir a mistura de ar e combustível mediante uma faísca, ao passo que o motor do nosso Rodolfo não usa a faísca, aproveitando-se da extrema pressão e da conseqüente alta temperatura para promover a ignição do combustível.

Diet – No inglês, quer dizer "dieta", e o verbo *to diet* significa "fazer dieta". Se diz mais ou menos |DAI-ât|. Por sua superpresença no português (e no mundo) contemporâneo, com essas neuroses novas para comidas industriais medonhas e conseqüentes doen-

ças que acabam engordando o sujeito – isso sem contar a obrigação de magreza imposta pela indústria da moda –, acabou que a palavra está em toda parte do país, como adjetivo de comida e bebida. Já vi escrito "dáit", o que é de uma simpatia enternecedora. Difere de *light* (v.)

Diktat – Palavra alemã que significa "ultimato", um decreto fatal, e se usa em contextos políticos. Se diz |dic-TAT|, com "d" de dedo.

Direct mail – Em inglês, se diz |di-RECT MÊI-âl| ou |dái-RECT|. Até aí nada, porque se entende qualquer dos dois jeitos, dos dois lados do Atlântico. A expressão significa "correio direto", isto é, uma modalidade de correspondência enviada massivamente. Em português, provavelmente por semelhança fonética, por eufonia ou por simples inadvertência, a gente passou para "mala direta", sendo a forma portuguesa muito mais freqüente que a original inglesa. A expressão designa aquela papelama que o senhor recebe pelo correio com propaganda, em geral inútil e imediatamente posta no lixo (reciclável, que nós somos gente civilizada). Em inglês *mail* também quer dizer "mala", no mundo da correspondência; em português, também já se usava "mala" para o correio (trata-se de um caso banal de metonímia, em que o continente, a mala, passou a designar o conteúdo, a correspondência). Mas o notável é que a expressão "mala direta" não designa qualquer outro correio, tendo ficado restrita aos tais folhetos.

Discman – Nome do aparelho de tocar disco (compacto, CD, quero dizer) que um indivíduo sozinho carrega no bolso ou pendurado no calção de correr, conectado ao cérebro pela via de uns fiozinhos terminados em alto-falantes que são pontas anatômicas que se penduram nas orelhas. Daí a palavra, que se diz |DIÇC-men|, mais ou menos: *man* de "homem", *disc* de "disco", e estamos aí – em tradução literal daria "homem-disco". Ver *walkman*. Eu sei, não precisava dizer tudo isso, todo mundo sabe, mas vai que o leitor esteja aí em 2133, quando não se usa mais nenhum aparelho para ouvir música, bastando apertar o lóbulo esquerdo até sintonizar na canção desejada? *Discman* e *walkman* são marcas registradas. Trata-se de palavras inventadas pelos marqueteiros, que põem os nomes ingleses nas bugigangas, muitas vezes fora dos padrões de formação de palavras da língua de Shakespeare.

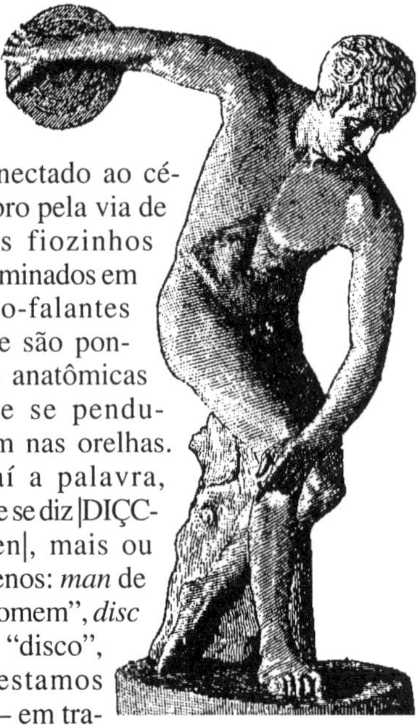

Disco – Sim, parece português mesmo, "disco", que a gente diz |DJIS-cu|. Mas aqui ela está porque é uso do inglês norte-americano, em que se diz |DIÇ-côu|, com "d" de dado, e tem a ver com a moda da *discothèque* (v.), dos anos 1970, e designa todo um estilo, de música e de vestimenta, exemplarmente retratados no filme *Saturday Night Fever*, que no Brasil levou o segundo título de "Embalos de sábado à noite". Sim, aquela coisa ABBA, fundamentalmente dançante, derivada de *jazz* e de *rock*, que empolgou os subúrbios de John Travolta e as boates do Ocidente e quiçá do Oriente também, em certo momento, e no Brasil ganhou telenovela ótima, com o sugestivo nome de *Dancing days*, de Gilberto Braga. Meia de Lurex, algum *glitter*, cabelão, homem de peito nu, essas coisas, incluindo todos os sexos (abrangia o lado *macho man*, uma das expressões do movimento *gay*, por exemplo).

Discothèque – Fenômeno nascido nos anos de 1960, a partir da Europa: assim se chamava o lugar de encontro para dança, com a particularidade hoje óbvia de ser um lugar público, isto é, com entrada não condicionada ao pertencimento do sujeito a uma agremiação, igreja, escola etc. O nome ficou assim mesmo, em francês, e mesmo por aqui se dizia |djis-cô-TÉ-qui|, mais que discoteca, que quer dizer a mesma coisa. Com o tempo, apenas o termo inglês *disco* restou, de tudo isso, se bem que ainda haja gente que refira boate, *night-club*, bar dançante ou festa de dançar como *discothèque*, em francês pronunciado |diç-cô-TÉC|.

Disk – Em inglês, é sinônimo de "disco", e pode ser escrito *disc*, sem problema, ele atende igual. Agora, o verbo *to disk*, como sinônimo para o português "discar", é inglês de araque, é *embromation* (v.). Quando eles querem dizer o que a gente diria "discar", dizem *to dial*, isso mesmo (ver "dial"). Só que aqui no Brasil, por obra talvez da nossa proverbial macaquice ou, em versão elegante, de nossa antropofagia cultural, apareceu um gaiato para escrever aquele "k" cheirando a inglês, em vez de "disque", e pronto, agradou a freguesia, chamou a atenção e ficou assim. Assim e ganhando prestígio cada vez mais: tem *disk-pizza* (que se diz |DJIS-qui PI-tça| ou mesmo |DJIS-qui PI-tchi-ça|, na vida real), *disk*-violência, *disk*-salgadinho etc. Tem até *disk-boy*, que tem a ver com o antigo *office boy* (ver *boy*), que no Brasil dos anos 70 e 80 passou a *boy*, só que agora chamado pelo telefone. Sabe-se lá onde é que vai parar essa onda.

Display – Nome bacana para "mostrador", desses que ficam em cima de balcão, por exemplo, cheios de badulaques chamativos. Pode também se dizer "vitrina" (francês *vitrine*), mostruário, como pode ser o próprio balcão. Formalmente, se diz |diç-PLÊI|, com "d" de dado, em inglês, e na vida real, |djis-PLÊI|.

Divertissement – Termo francês equivalente ao nosso "divertimento", igualzinho, e também "distração", só que dando uns ares mais elegantes, mais distintos. Se diz |di-verr-tiç-MÃ|, mais ou menos, com "d" e "t" como em "data" e o "r" na garganta, como convém no francês da França (em outras paragens, na Argélia, por exemplo, o francês é bem diferente, claro).

Dixit – É raro, mas ainda aparece esse latinzinho amigo quando o sujeito quer usar a expressão consagrada *Magister dixit* (dito |ma-GIS-ter DIC-çit|), isto é, "O mestre falou", mas não quer usar o *magister*. Quer dizer, por exemplo ironicamente, "Fernando Henrique *dixit*", como quem dissesse "Fernando Henrique falou, e quem somos nós pra contestar?", ou algo pelo estilo. Em todo o caso, a expressão completa ou só o verbo cabem em contextos assim, em que se quer referir a qualidade definitiva da intervenção de alguém, do tal *magister*.

DIY – Ver *Do it yourself*.

DJ – Sigla muito usada hoje em dia, a partir da popularização da música eletrônica para dançar, o que criou uma situação inédita: até os caras que botam discos e fazem efeitos nos aparelhos são chamados de músicos. Mas bem, deixa pra lá. O certo é que *DJ* nasceu, em inglês norte-americano, para designar o *disc jockey*, isto é, o metafórico cavaleiro dos discos. Em português corrente se diz |dji-DJÊI|, mas em inglês a pronúncia seria |DI-djêi|, com o primeiro "d" como em "dado".

Gilbert Shelton

DNA – Veja o amigo leitor que *DNA* é sigla inglesa para o inglês *deoxyribonucleic acid*, que em português dá "ácido desoxirribonucleico", sigla ADN. Em todo o caso, nossa língua preferiu manter *DNA*, como no caso de *AIDS* (v.) e ao contrário de ONG, "organização não-governamental", que preferimos a *NGO*, *non-governmental organization*, e OVNI, "objeto voador não-identificado", que preferimos a *UFO*, *unidentified flying object*. Essas coisas. O Aurélio e o Houaiss dão óvni, assim, com acento.

Do-in – Embora a origem da técnica seja chinesa, a palavra *do-in* é japonesa e significa, juro, "o caminho de casa". *Do* é "caminho", "método" (judô: caminho ou método da suavidade; "aikidô" (Aurélio e Houaiss: "aiquidô"): harmonia+energia+caminho; e por aí vai). *Do-in* é uma técnica milenar de tratamento dos mesmos pontos abordados na acupuntura, que são pressionados com a polpa dos dedos (geralmente o polegar). Em tese, isso reequilibra a energia vital e melhora tudo, da saúde dos intestinos à limpeza mental. É uma técnica de automassagem, enquanto o *shiatsu* (v.) é a massagem no outro, mais completa por incluir pressões sobre os canais de energia do corpo (os chamados meridianos). Ao que saiba, se diz |dô-IN| mesmo.

Do-it-yourself – Já apareceu essa frase em campanha de venda de produtos no Brasil. Como diz o inglês, a idéia é "faça você mesmo" (pronúncia |DU-it iôr-ÇÉLF|), portanto, se trata de produtos que a gente compra para com eles fazer coisas, o que envolve ferramentas de jardinagem, elementos com que consertar o sofá, material para fazer as prateleiras, por exemplo, tudo para evitar contratar "o homem", sabe como é? Em inglês daquele país sem nome, se usa até a abreviatura *DIY*, com as iniciais, para o caso: "*She was busy with some DIY for building a radio over the weekend*", "Ela estava ocupada com um *DIY* para montar um rádio no fim de semana".

Dolby system – "Dolby" é uma marca registrada de aparelhos amplificadores que reduzem o ruído de uma transmissão sonora. O inventor foi um Ray Dolby, na Inglaterra, mas ele nasceu na América, em 1933. Fala-se em *Dolby sound system*, "sistema de som Dolby".

Dolce far niente – Uma das expressões mais populares do italiano, encontrável em outras culturas, que significa, literalmente, o "doce/agradável fazer nada", aquele estado de não fazer coisa nenhuma e aproveitar justamente isso, nada, estar fazendo nada. Terá algo a ver com a índole italiana, pra ter entrado na circulação do mundo ocidental precisamente em italiano? Se diz |DOL-tche far-NIEN-te|.

Dolce vita – É nome de filme de Federico Fellini (*La dolce vita*, 1960), mas a expressão nasceu antes: quer dizer "doce vida", agradável vida, e por isso mesmo é que entrou no título do filme. Se diz |DOL-tche VI-ta|. Mais uma vez se associa à língua italiana e portanto, à cultura italiana, a um estado de curtição, de *carpe diem* (v.).

Don Juan – Nome de personagem lendário a quem se atribuem qualidades excepcionais de sedutor, de conquistador. Dizer que um homem é um *don Juan* (na pronúncia espanhola, |DÔN (RR)UAN|, com o "r" apenas aspirado, o "a" bem aberto, sem nasalização, e os "n's" ditos como se viessem vogais depois) equivale a dizer isso, ainda quando o sujeito seja apenas galinha – ele será visto como um galinha cheio de estilo, pelo menos. O personagem tem história legendária, nascida sabe-se lá quando, mas é certo que em certo momento entrou no mundo artístico: Tirso de Molina, dramaturgo espanhol, o colocou em cena na peça

El burlador de Sevilla (1630), e depois ninguém menos que Wolfgang Amadeus Mozart compôs a ópera *Don Giovanni* (1787), focalizando a figura. Mas não foi só: Molière, Mérimée, Dumas pai, Byron, Bernard Shaw e Zorrilla, entre outros bem menos votados e apreciados (até Hollywood, mais de uma vez), também freqüentaram a história do bacana, famoso por sua vitalidade, sua coragem arrogante e meio suicida, seu senso de humor. Consta que nas mais antigas versões da lenda, Don Juan seduziu uma moça nobre e matou o pai dela, quando este tentava vingar a moçoila; mais adiante ele ficou mais manso, contentando-se com a mera sedução.

Doping – Palavra muito utilizada no mundo do português brasileiro contemporâneo, no universo dos esportes, em referência ao uso de drogas proibidas por algum atleta. Talvez a mais famosa presença esteja vinculada à expressão "exame anti-*doping*", exame a que são submetidos atletas para verificação da presença de droga ilícita no organismo. Em inglês, o verbo *to dope* quer dizer o mesmo que o nosso adaptado "dopar": dar ou tomar droga para melhorar o desempenho em algum mister, especialmente físico. Entre nós, *doping* se pronuncia |DÓ-pin|, mas em inglês se diz |DÔU-pin|.

Dossier – Palavra francesa já devidamente abrasileirada para a forma "dossiê" (e assim dicionarizada), que reproduz a pronúncia na língua de Racine. Quer dizer, nos dois casos, a mesma coisa: um conjunto de dados, informações, documentos, sobre algum tema ou alguma pessoa. Feito aqueles que o ACM vive dizendo que tem, mas na hora nem mostra.

Doublé – Palavrinha cheia de manha no âmbito da língua portuguesa. No começo é termo francês, dito |du-BLÊ|, com o sentido de coisa "dobrada", feita ou tornada dupla, por exemplo, geminada (casas geminadas) ou acontecida duas vezes; mas em francês também tem *doublé de*, no mesmo sentido de "duplo", mas com sutileza de uso: "Fulano de Tal é escritor, *doublé de* professor". Daí veio o uso atual no português, em que se fazem frases como essa última (mas escritas noutra ordem: "Fulano de Tal é *doublé* de escritor e professor"), grafando assim mesmo ou na forma aportuguesada "dublê", já dicionarizada. Em francês, o termo também quer dizer "dublado", em referência aos filmes que recebem outras vozes, em língua local. Outra dimensão ainda: no português, nós chamamos dublê – naturalmente por influência do francês – o sujeito que faz a cena em lugar do artista mais famoso, ou mais caro, ou mais talentoso (ou tudo isso junto). Em inglês, essa função é desempenhada pelos *stuntmen*. Se bem que mesmo no mundo da língua inglesa também se use o termo, mas na forma *double*, para cenas específicas, tipo para as pernas de uma atriz que precisa parecer mais do que é, na hora da cena.

Down – No inglês, a palavra tem variado uso, sempre com o conteúdo de "para baixo", desde o literal ("em direção ao chão"). Em português, a palavra entrou em circulação recentemente, em torno do sentido figurado de "estar para baixo", isto é, estar num estado de espírito depressivo, que virou "estar *down*", dito |DÁUN|. Ouve-se a toda hora "Tô meio *down*", por exemplo.

Download – O verbo, em inglês, é recente, como a ação que ele descreve: junta à palavra *down*, acima referida, e o verbo *to load* (dito |LÔUD|), que significa "carregar", e daí resulta o novo uso, do mundo internético: *download* quer dizer "carregar para baixo", ou mais claramente, "descer" do espaço etéreo (onde os arquivos estão) para os computadores pessoais de quem maneja a coisa. Também se diz, por isso mesmo, em português brasileiro, "baixar" um arquivo, mas dá para ouvir por aí um abrasileiramento como "daunloudear". É o contrário de *upload*, que por incrível que pareça também existe e faz sentido: é o verbo que designa o envio "para cima", para o *up* mencionado – o espaço genérico da rede mundial, que pode ser Cachoeirinha ou Dallas ou Bangladesh –, de um arquivo qualquer.

Downsize – Verbo moderníssimo, do tempo da Qualidade Total, que quer dizer "diminuir o tamanho", literalmente, mas significa despedir gente, em poucas palavras. Quando se ouve "A empresa vai fazer um *downsize*" ou "*downsizing*", pode-se antecipar que muita gente vai dançar. A pronúncia aproximada é |DÁUN-çáiz|. Não é o oposto de *upgrade* (v.), como poderia parecer.

Doxa – "Opinião", em grego. Quer dizer: quando se menciona o termo (acho que só no mundo universitário), quer-se referir o caráter relativamente arbitrário da afirmação, que se baseia em percepção pessoal, não em argumentos racionais ou em constatações de tipo científico. Raras vezes aparece assim, em solo, sendo mais comum como elemento de composição, feito "ortodoxo", literalmente "opinião reta", isto é, aquilo que está bem de acordo com certa crença, certa *doxa* (diga |DOC-ça|).

Drag queen – Um dos usos da palavra *drag*, em inglês, diz respeito ao uso de roupas do sexo oposto, especialmente homem usando roupa de mulher. Daí a expressão *drag queen*, dita |DRÉG CÚIN|, "a rainha do *drag*", a rainha do travestismo. Na vida real brasileira – real? –, as *drag queens*, familiarmente, as *drags*, isto é, as dréguis, são aquelas figuras montadas escandalosamente sobre corpo de homens, com muita maquiagem, muito brilho, sapatos com plataformas enormes e tal. O termo parece ter vindo mesmo do mundo do *show business*, ao qual pertence até hoje. Nos dicionários de inglês que consultei, o termo não tem registro específico, de forma que, vai ver, ele é usado mais entre nós do que entre eles, como *outdoor* (v.)

Dramatis personae – Volta e meia o senhor encontra esse termo na abertura de livros, pois não? Pega lá uma peça do Shakespeare, digamos: está lá um repertório dos personagens da peça – justamente as *dramatis personae* (diga |dra-MA-tis per-ÇÔ-ne|), latim para "pessoas do drama", isto é, os personagens envolvidos naquela peça. Pode chamar-se assim a lista dos personagens de um poema narrativo e mesmo de um romance, mas tipicamente se aplica ao texto dramático. É erudito e se usa assim mesmo em outras línguas, inglês, por exemplo.

Dreadlocks – O nome em inglês das trancinhas dos rastafáris, parece que sempre no plural – as trancinhas, quero dizer. A pronúncia é |DRÉD-lócs|. De onde veio, eu gostaria de saber. *To dread*, o verbo, é "temer fortemente", mas também significa "terror", pavor; *lock* pode ser "mecha de cabelo", mas também "fechadura", fecho. Terá algo a ver com certa percepção "fecha-medo" ou algo assim, no sentido fetichista/religioso de evitar o mal, feito nas religiões afro-brasileiras? Eu adoraria que sim, porque originalmente o uso dos *dreadlocks* era uma das três atitudes básicas dos rastafáris quanto ao comportamento (as outras: atitude pacifista e o uso da ganja, isto é, da maconha), correspondendo, lá na religião deles, a uma filosofia que endeusava o imperador etíope Hailê Selassiê I, que antes da coroação era conhecido como Ras (isto é, "príncipe") Tafari (seu nome). Mas talvez o sentido seja muito mais singelo: *dreadlock* quer dizer mesmo é cabelo horroroso, por ser muito comprido e não cuidado, segundo os preceitos burgueses. Ver *reggae*.

Dream team – Quem viveu, viu: para a Olimpíada da Espanha, ocorrida em 1992, em Barcelona, pela primeira vez foi possível montar equipes com atletas despudoradamente profissionais – até então vigorava um regra que só permitia a presença de amadores, o que era uma hipocrisia enorme –, muito em particular os megatletas do basquete norte-americano, aqueles monstros da *NBA*, *National Basketball Association,* a liga número um do grande país sem nome. E por uma dessas tremendas coincidências, estavam no auge as carreiras de alguns dos mais notáveis jogadores de todos os tempos, entre os quais o inacreditável Michael Jordan, dono de uma habilidade sem igual naquele esporte e detentor de recordes mundiais de pontuação. Mas tinha também mais gente boa, como o imenso gênio Earvin "*Magic*" Johnson, que naquela altura já estava com o vírus da *AIDS* (v.), mas jogou, e bem, e o não menos genial Larry Bird, provavelmente o melhor jogador de basquete não-negro dos últimos tempos. Tinha ainda: Charles Barkley, Chris Mullin, Chistian Laettner, Clyde Drexler, David Robinson, John Stockton, Karl Malone, Patrick Ewing e Scottie Pippen, o fiel escudeiro de Jordan na seleção e em seu time na época, o Chicago Bulls. Por reunir o que de melhor se podia imaginar para a situação, a seleção norte-americana foi batizada como *dream team* (dito |DRIM TIM|, com "r" caipira, o "t" de "tampa" e os "m's" pronunciados como se viessem vogais depois), isto é, "time dos sonhos". Daí por diante, a expressão inglesa é usada para qualquer outra seleção que represente o melhor possível nas condições. Fala-se em *dream team* de ministros, de comentaristas, de professores, enfim, qualquer coisa.

Dress – Hoje em dia se vê o termo por aí, à toa, para designar o que designa em inglês "traje" (como substantivo) ou "vestir", arranjar, adornar (como verbo). Se diz assim mesmo, |DRÉÇ|.

Drink – Dá pra ver escrita assim, nos bares e restaurantes, a palavra que já foi dicionarizada como "drinque", significando "bebida", que é o que quer dizer em inglês. Entre nós significa especificamente aquela bebida que se toma como aperitivo, ou como elemento de excitação (para dançar, digamos), fora das refeições, particularmente bebida destilada. Ver *Cuba libre*, *Cocktail*, *Hi-Fi*, *Bloody Mary* e *Dry martini*.

Drive-in – Expressão dicionarizada, em inglês e em português (nesse caso, na forma inglesa mesmo, sem adaptação), que designa – com aquela brevidade que a língua de George Bush permite – os estabelecimentos que fazem atendimento ao cliente sem que ele saia do carro. Pode ser o cinema ao ar livre, que no Brasil parece que sempre se chamou *drive-in* (dito |DRÁIV-in|, ou dito mais brasileiramente como drai-VINH), ou outro comércio qualquer. Se bem que hoje em dia há o *drive-thru* (v.).

Drive-thru – Ao contrário do *drive-in* (v.), que traz em si o elemento *in*, que é o mesmo que a nossa preposição "em", e portanto indica um movimento até o lado de dentro (do pátio, do estacionamento, algo assim), o atualíssimo *drive-thru* (este *thru* é forma simplificada de *through*, que significa "através") dos McDonald's da vida implica a idéia de entrar, passar por dentro – através – e sair. É o sisteminha que o senhor conhece, a criançada toda quer, entra no caminhozinho, chega a moça, a gente saúda com a educação que nos foi legada, encomenda uma daquelas coisas que eles sabem fazer como ninguém, paga, recebe e vai embora, ou nem vai, fica por ali mesmo, no pátio deles, sempre dentro do ícone de nossa era, o automóvel. A pronúncia ortodoxa requer que a gente diga aquele fonema inglês que é representado pelas letras "th", juntas: como se fosse um "t" dito com a ponta da língua entre os dentes. Daí que fica mais ou menos |DRÁIV-t(s)ru|, ou no mundo real |drái-vi-TRU|.

Drops – É o nome de uma bala (de açúcar), aliás de um conjunto delas. A palavra *drop* é inglesa e significa, para começo de conversa, "gota", a menor quantidade de líquido com volume suficiente para cair em forma esférica (a gota é esférica, o senhor sabia, pois não?), mas também essa bala de açúcar. Parece que era marca de uma bala, aqui no Brasil, de maneira que entre nós a palavra virou sinônimo de "bala" e é usada freqüentemente como invariável quanto ao número, sempre no plural, ainda que a gente esteja referindo apenas uma unidade ("Me dá um *drops*"). Tem um significado no mundo do surfe: dropar uma onda é descê-la verticalmente – tem uma metáfora aí, que tem a ver com aquela gota original. *To drop*, o verbo, quer dizer "deixar cair".

Drop out – É uma expressão da língua inglesa, formada pelo verbo *to drop*, que significa, entre outra coisas, "cair", e a preposição *out*, que significa, entre outras coisas, "fora". De forma que o conjunto significa "cair fora", exatamente como a gíria brasileira: "desistir". Se diz |dróp-ÁUT|, mais ou menos.

Drum and bass – Essas palavras significam, literalmente, "percussão e baixo", tambor e baixo. Mas juntas designam um estilo de – vá lá – música, música pra dançar, parente do estilo *jungle* (literalmente, "selva"), que por sua vez deriva do estilo *house* (literalmente, "casa"). Isso segundo eu leio em textos recentes, porque ouvindo parece tudo a mesma coisa: o velho baticum, o velho bate-estaca, tum-tch-tum-tch-tum-tch-tum, infinitamente batendo, em ritmo acelerado. Pouca ou nenhuma letra a cantar e muita levada (sem suingue, falando nisso). Se diz |DRÂ-mên BÊIÇ| e muitas vezes aparece escrito como *drum & bass*, com o "&" comercial.

Dry cleaning – Sistema de lavagem a seco (daí o *dry*, neste contexto). *To clean* quer dizer limpar. Pronúncia: |DRÁI CLI-nin|. Mais ou menos, como sempre.

Dry martini – Dizem os entendidos que dizer *dry martini* é redundante, porque o coquetel chamado martini já é seco (*dry*, em inglês, quer dizer "seco", no contexto significando bebida "não-doce"): se prepara com *gin* ou vodca e vermute seco, eventualmente com uma – pra quê, meu Deus? – azeitona dentro. Se diz |DRÁI mar-TI-ni|.

Dummy – Palavra inglesa, dita |DÂ-mi|, significa tanto "boneco" (como o do ventríloquo, ou um manequim) quanto, por derivação, um sujeito estúpido, digamos, um sujeito burro como um boneco.

Dumping – Coisa de que o Brasil (ou qualquer outro país de economia intermediária, isto é, país semiperiférico) é freqüentemente acusado: em linguagem do mundo econômico, o *dumping* (dito |DÂM-pin|) é a exportação por preço muito baixo, mais baixo do que o custo ou mais baixo do que o preço praticado no mercado, com vistas a derrotar concorrente ou a ganhar mercado ou às duas coisas ao mesmo tempo. Sempre que acontece *dumping* provavelmente acontece subsídio, formal ou informal, ao produto. Originalmente, *to dump* é "jogar fora em grande quantidade", despejar, como a gente faz com lixo. Ouve-se acusação de *dumping*, regularmente, à China, à Coréia, a outros países asiáticos. Mas ao Brasil também: recentemente o Canadá disse, na Organização Mundial do Comércio, que os aviões da Embraer só tinham aquele preço porque eram subsidiados absurdamente. E são? Sei lá. Nessas altas alturas eu não me meto, e parece que nunca há muita transparência mesmo.

Dura lex – Latim, significando "lei dura", se bem que em português a gente parece ter preferido manter a ordem "dura lei". A expressão ficou famosa por causa da frase "*Dura lex, sed lex*" ("A lei é dura, mas é lei" – ou seja, a lei é dura, mas precisa ser cumprida). Nos anos de 1940 e 1950, popularizou-se uma marca de produto para aplastar cabelo masculino, Gumex, por causa de um anúncio que dizia "*Dura lex, sed lex*, no cabelo só Gumex". Dava rima, e deve ter rendido um belo troco para os fazedores daquele gel fixador moderno para a época.

Duty-free – Inscrição que se lê em lojas de aeroporto internacional, que significa "livre de impostos", o que quer dizer que ali a gente compra o uísque amigo bem mais barato que no supermercado. Se pronuncia |DU-ti FRI|, com "t" de teto e o "r" caipira, mas abrasileirado fica |du-tchi-FRI|, se bem que o pessoal parece gostar de dizer |dâ-tchi-FRI|.

DVD – Sigla de *digital video disc*, isto é, "disco de vídeo digital" (se é pra dizer como os angloparlantes, a sigla fica |DI-VI-DI|, sem tônica discernível e com os "d" como em dado). Trocando em miúdos: é um disco, feito o cedê, com capacidade de guardar imagens, sons e arquivos, em geral muito superior ao *CD-ROM*.

E

E. g. – Sigla latina para a expressão *exempli gratia*, usada no mesmo lugar que “por exemplo”. Se diz |e-ZEM-pli GRA-tçia|. Parente de outra expressão latina que é *verbi gratia*, sigla *v. g.*, que significa a mesma coisa, mas se usa mais restritamente em contexto oral, quer dizer, quando se está falando e se quer referir algum exemplo, e portanto, em vez de dizer *exempli gratia*, se diria *verbi gratia*. Essa distinção é uma frescura, concordo, mas está aí.

E-business – Comércio eletrônico, em forma de palavra moderna. Por extenso seria *electronic business*. A pronúncia daria |I BIZ-nâç|.

E-commerce – Sigla moderna para “comércio eletrônico”, com aquele “*e*” aludindo ao mundo da eletrônica de computador, é claro, e portanto ao comércio que se faz por dentro dessas maravilhas, contando com os fios de telefone ou os do cabo ou mesmo apenas do ar (com a transmissão *wireless*, nesse caso). Se diz |I CÔ-mârç|.

E-gov – Na linha da modernidade de fazer tudo pela internet, apareceu até este suposto *e-gov*, sigla para *electronic government*, governo eletrônico, quer dizer, mediado pelo contato de computador. Seria o caso de certos serviços que o governo, qualquer um, torna disponível pela internet. Eta, nóis.

E-mail – Redução de *electronic mail*, isto é, “correio eletrônico”, carta ou mensagem que a gente manda e recebe pela internet – se o prezado leitor nesta altura do campeonato não entende isso, pode tratar de buscar urgentemente a informação, porque está mais por fora que aro de barril ou, como se dizia antigamente, lá no tempo da delicadeza e do começo do maiô de duas peças, mais por fora que umbigo de vedete. Os americanos pronunciam esse troço mais ou menos como |I-mêil|, com "l" de lata, e nós outros andamos nos vendo com o termo, para saber como fazer. Há quem diga |I-mêiu|, o que faz todo o sentido em inglês, mas há quem brinque chamando de "ismail", "email", sempre fazendo o hiato entre o "a" e o "i", ou ainda "emílio". Na França, em meados de 2003, foi proibido o uso, em documentos oficiais (que é até onde uma lei assim pode pegar), da expressão inglesa, impondo-se, alternativamente, a forma *courriel*, contração de duas palavras, *courrier*, "correio", e *électronique*, "eletrônico". Ver "mala direta".

E-shopping – Redução de *electronic shopping*, "compra eletrônica", isto é, aquela que se faz através do computador, correndo os riscos que a gente sabe que existem. Mas é bacana, uma das grandes e positivas novidades dos últimos anos, por exemplo, para quem quer comprar livros de outros países e não tem paciência para esperar aquele semestre inteiro. Se diz, para falar como os ingleses, |I CHÓ-pin|.

Early adopters – Termo inglês (dito |ÂR-li â-DÓP-târs|), eventualmente empregado na imprensa nacional, usado para os consumidores que aderem rapidamente às novidades tecnológicas, os usuários pioneiros. Seus antípodas são os *late adopters* (diga |LÊIT â-DÓP-târs|), usuários tardios, retardatários. No mercado de computadores e acessórios, faz-se essa distinção com certa precisão, e ela acaba sendo útil para aferir a velocidade com que certa novidade é absorvida pelo público.

Ecco – Volta e meia aparece um italiano, legítimo ou fajuto, dizendo *Ecco* como quem diz "É isso aí", em versão para o português brasileiro corrente. E faz sentido: originalmente, *ecco* quer dizer "eis", "aí está", na língua de Dante. Na pronúncia canônica, o sujeito tem de demorar um pouquinho na pronúncia dos dois "c's": |ÉC-cô|.

Écharpe – O Aurélio já incorporou sem aquele acento estranho para nós, e a gente diz quase como os franceses, |ê-CHAR-pi|, só que eles param no "p" mesmo [ê-CHARRP], com o "r" na garganta. É uma faixa de tecido usada em torno do pescoço, para adorno ou proteção contra o frio.

Écran – Termo francês que ainda aparece, como referência erudita, quando se trata de comentários em torno do cinema, da arte cinematográfica. Um dos sentidos da palavra francesa, justamente o que vem ao caso aqui, é o de tela branca, onde se projetam as imagens do filme. Em Portugal, qualquer tela (de televisão, de computador) é referida assim, "ecrã".

Ecstasy – Nome de droga química moderna, usada em ambientes de diversão. A palavra é inglesa e significa exatamente o mesmo que "êxtase". Se diz |ÉCÇ-ta-çi|.

Ego – Termo latino, popularizado pelas teorias de Sigmund Freud (diga |FRÓID|), médico e cientista judeu alemão (1856-1939), fundador da psicanálise. O *ego* – em latim, "eu" – é a parte da psiquê humana que representa a mediação entre o indivíduo e a experiência, o contato do indivíduo com o mundo externo, a interação entre eles. Atua como instância mediadora entre o que Freud chamou de *id*, as demandas primitivas que todos temos, e o *superego*, representação das demandas do ambiente social. Na popularização, naturalmente muito da precisão do conceito freudiano se perdeu, e *ego* passou a significar simplesmente eu, eu próprio, meu orgulho pessoal, por aí. A gente usa dizer que certa coisa "faz bem pro *ego*", ou "massageia o *ego*", por exemplo, receber um elogio. Para ser preciso: esses termos latinos (*id*, *ego*, *superego*) são da tradução das teorias de Freud para o inglês, por sinal supervisionadas por ele.

Egotrip – Palavra de nosso tempo, a cara do nosso estilo de vida, que mistura, na palavra, duas outras, *ego*, de inspiração psicanalítica barateada, e *trip*, "viagem" – quer dizer, duas coisas caríssimas à nossa civilização individualista. O termo é dicionarizado em inglês como gíria para "ato, experiência ou comportamento que gratifica o *ego*"; eventualmente pode significar um comportamento egoísta. Não é raro ouvir, no Brasil, dizer que "faz" ou "está numa *egotrip*" um sujeito que fica só falando de si mesmo ou de coisas apenas de seu interesse, sem levar em conta os interesses ou desejos dos companheiros ou dos circunstantes. Em nossa terra se diz |é-go-TRI-pi|, e em inglês pode ser I-gou-trip|.

Eject – Verbinho inglês que entrou na circulação brasileira desde os aparelhos de reproduzir fitas cassete (v.), que já apresentavam – alguns, os mais avançados – um botãozinho com essa palavra escrita. Significa, como todos sabemos, "ejetar", e aliás vêm ambas as formas do mesmo latim. Em inglês, a pronúncia é |i-DJÉCT|.

El diablo sabe más por viejo que por diablo – Provérbio tradicional, significando, literalmente, "O diabo sabe mais por (ser) velho do que por (ser) diabo", querendo dizer que os velhos é que têm sabedoria. Aplica-se a casos em que se trata de elogiar alguém justamente por sua experiência no tema ou na questão em causa. Um dos lugares famosos em que está citada a frase popular é o *Martín Fierro*, de José Hernández (Argentina, 1834-1886). Assim está na estrofe 757, segunda parte, intitulada *La vuelta de Martín Fierro* (publicada em 1879, tendo a primeira parte sido publicada em 1872), pela boca do sábio Vizcacha: "*El primer cuidado del hombre / es defender el pellejo; / llevàte de mi consejo, / fijàte bien lo que hablo: / el diablo sabe por diablo / pero más sabe por viejo*". (Tradução de J. O. Nogueira

Leiria: "Em defender o pelego / todo homem corre parelho; / atenta no meu conselho, / do que digo toma cabo: / o diabo sabe por diabo, / porém mais sabe por velho".)

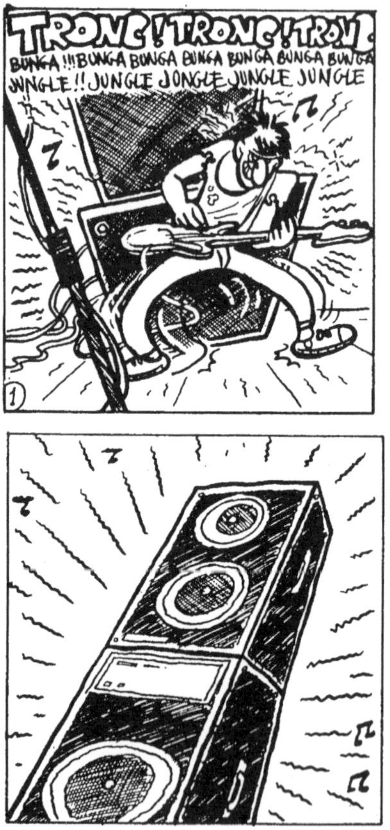

Pons

Electro – Tipo de música, ritmo musical, dessas de feição bate-estaca, aquele tum-tum infinito que definitivamente não me agrada. É palavra inglesa, aliás, um pedaço da palavra, *electronic*. Se algum conhecedor mais ortodoxo da coisa me disser que é diferente do estilo *techno*, eu não saberia dizer nada.

Embromation – Palavra que naturalmente foi inventada à moda brasileira. Trata-se do conhecido verbo português "embromar", enrolar, protelar uma decisão, com aspecto de substantivo inglês, para designar uma atitude embromadora ao falar inglês: *embromation* – dito com certa solenidade |imbrô-MÊI-chân| – quer dizer alguma coisa que pareça ser inglês. Em país colonizado, hoje em dia grandemente subordinado aos interesses do império norte-americano, e ainda por cima num país de gente safa, nada mais natural que surgissem frases como *"Let's encarate"*, isto é, "Vamos encarar", significando "Vamos encarar a bronca que vem pela frente". Ou então uma graciosa frase como "Fica *fly, don't scabelai*" (com o *fly* dito |FLÁI|, naturalmente), significando "Não esquenta a cabeça, não te escabela". Uma que o Vítor Ramil musicou, depois de tê-la conhecido parece que da boca do Leo "Papa da Língua" Henkin, e parece que com criação da impagável Ilana Kaplan, é "*There's a cisk in my eye, tire it*, por favor", significando "Tem um cisco no meu olho, tira ele, por favor". Magnífico. *Embromation* é o que o brasileiro simples, como o senhor e eu, em viagem ao exterior, pratica quando tenta falar com estrangeiro.

Emoticon – Manja aquelas figurinhas que aparecem nas mensagens de internet, feitas com sinais disponíveis no teclado, mas colocadas em novo contexto e parceria, de maneira a representar umas carinhas, sorridentes ou tristes ou não sei o quê? Tipo :-) ou :(ou ;-(etcétera. Sabe? É *emoticon*, palavra inventada que aglutinou *emotion* mais *icon*, que dizer, "ícone de emoção" – e eu não sei como é que os angloparlantes dizem, mas deve ser algo como |i-môu-ti-CÔN|.

En masse – Francês para "em massa", igualzinho ao português, mas mais chique, quer dizer, mais aristocrático, ainda mais nesse tema, o das massas de gentes. Já vi escrito para descrever uma quantidade enorme e disforme de gente, algo como "A presença *en masse* de gente na praia", sugerindo, nas entrelinhas, que o bom era ter pouca gente. Se diz |ÃN MAÇ|.

En passant – Expressão francesa que entrou na circulação de todo o Ocidente. Se diz |ÃN pa-ÇÃN|, com os "n" pronunciados poucamente. Quer dizer "de passagem", incidentalmente, e se usa no mundo da retórica para introduzir uma referência menor, não pertencente ao núcleo central do argumento em causa. Feito assim: "Diga-se a propósito do crime, *en passant*, que o ser humano sempre demonstrou tendências ao canibalismo".

Enfant gaté – Do francês, literalmente, "criança mimada", no mesmo sentido em que a gente fala, no português, que determinada criança foi "estragada" pelo excessivo mimo ou proteção ou cobertura para suas pequenas (ou grandes) maldades. Se diz |ãn-FÂN ga-TÊ|. Eventualmente se usa para designar gente do mundo das estrelas de cinema, do *show business* (v.), gente com aquele temperamento que hoje em dia, dada a total dominância norte-americana no cenário mental do país, a gente chama *bad boy* (v.): aquele sujeito ou aquela sujeita que quebra o quarto do hotel porque ficou nervoso/a etc.

Gilbert Shelton

Enfant terrible – Do mesmo francês, significa "criança terrível", no mesmo sentido de *enfant gaté*. *Terrible* (se diz assim mesmo, só que sem pronunciar o "e", o "r" rascando na garganta) é mais comum de encontrar, no Brasil, do que *gaté*. Note-se que o termo não se refere apenas a crianças, bem entendido: é marmanjo deitado. Feito Madonna, Charlie García, essa gente aprontona.

Enfin – Quer dizer o nosso singelíssimo "enfim", só que dito à francesa, |ãn-FÃ|, o que dá um ar de grande coisa. Se usa dizer para marcar o início de uma conclusão, de uma mudança de assunto, de um comentário geral.

Engagé – Do francês, quer dizer "engajado", no sentido político da coisa. Se diz, ou se dizia, que determinado escritor – digamos Jean-Paul Sartre, era um escritor *engagé*. Se diz |ãn-ga-GÊ|. Quando o caso do sujeito é engajamento radical, se lê que o sujeito vira *enragé* (v.).

Enjambement – Palavra francesa, pronunciada |ãn-jamb-MÃ| e significando "cavalgamento", é usada no contexto da poesia para designar o encadeamento da leitura de dois versos. Explicando melhor: em tese, na tradição clássica da poesia, cada verso (cada linha) do poema tem uma relativa autonomia, de tal maneira que a leitura é feita verso a verso, cada um deles mais ou menos isoladamente. Mas há casos em que o poeta deliberadamente como que obriga o leitor a encadear a leitura de dois versos, e essa indução adquire um significado. Vai um grande exemplo do poeta Cruz e Sousa (1861-98), uma estrofe do poema "Violões que choram":

Harmonias que pungem, que laceram,
Dedos nervosos e ágeis que percorrem
Cordas e um mundo de dolências geram,
Gemidos, prantos, que no espaço morrem...

Enragé – O verbo *enrager*, do francês, quer dizer "enraivecer", encolerizar. Daí o sentido figurado que se emprega(va?) ao designar determinado militante, naturalmente de partido de esquerda, como *enragé*, enraivecido. Se diz |ãn-rra-GÊ|.

Ensemble – Palavrinha bonita, dita toda pelo nariz – quer dizer, as vogais todas pelo nariz, mais ou menos |ãn-ÇÂMBL|, sem vogal no fim –, que significa, modestamente, "conjunto". Por isso é que se ouve que o concerto será dado pelo *ensemble* tal ou qual. Dá um ar de coisa mais fina, naturalmente.

Entente cordiale – A expressão é francesa e foi cunhada para designar um grande acordo entre a Inglaterra e a França, no contexto imediatamente anterior à Primeira Guerra Mundial, quando as duas potências negociaram a posse do Egito e do Marrocos. Se diz |ãn-TÃNT corr-di-AL|. A primeira das duas palavras é usada largamente como termo diplomático para acordo entre países.

Entertainer – Palavra do inglês, dita mais ou menos |ên-târ-TÊI-nâr|, que significa, literalmente, "aquele que entretém" (em língua de gente mais simples se diria aquele que "enterte"), que diverte os outros. Na prática, significa pessoa que se dedica profissionalmente ao *showbusiness*, como apresentador, como ator disponível para dizer esquetes em convenções, essas coisas, feito, digamos, Jô Soares.

Entourage – Palavra francesa masculina, mas no Brasil usada muitas vezes como feminina, que significa "círculo (de pessoas)", grupo de gente próxima a determinada outra, gente que apóia esta outra. Por exemplo, se lê que ACM chegou cercado por seu *entourage*, dito |ân-tu-RRAJ|, com "r" na garganta, como sempre na língua de Montaigne, que por sinal falava latim em casa. A passagem de masculino para feminino, do francês ao português, é compreensível neste caso: no francês e no espanhol, as palavras terminadas em *-age* são masculinas, ao passo que, em português, as equivalentes em "-agem" em português são femininas.

Environment – Palavra inglesa para "ambiente", tanto o meio natural quanto qualquer outro. Por exemplo: as circunstâncias que rodeiam certo político, que pode estar sendo fritado e, portanto, com poucas amizades, dívida de campanha e a mulher querendo o divórcio com pensão polpuda, isso é o *environment* dele – naturalmente, a palavra aparece assim em inglês, na imprensa brasileira, para acentuar certo chiquê, ou para ironizar. Se diz, mais ou menos, |ên-VAI-rân-ment|, com o "r" enrolado.

Épater le bourgeois – Frase do francês, conhecida desde o século 19, significando, em português corrente, "chocar a burguesia", literalmente, o burguês. Se diz |ê-pa-TÊ l'burr-ju-Á|. Designa certa atitude artística de vanguarda, supostamente concebida para chocar os espíritos mais pacíficos ou conservadores (o "burguês" da expressão). Ainda hoje se encontra associada a contextos assim, artísticos de vanguarda, mas quase sempre em pauta irônica – também, quem é que se choca com o que quer que seja, hoje em dia?

E pur si muove – Frase atribuída a Galileu Galilei (1564-1642), físico que trabalhou na Universidade de Pádua, sujeito de boa posição social – era protegido do grão-duque da Toscana, herdeiro de uma das famílias católicas mais influentes de seu tempo na Itália. Galileu era partidário das teses heliocêntricas de Copérnico (polonês, 1473-1543) e desenvolveu algumas observações importantes sobre o céu disponível em seu tempo, inovando o repertório do mundo conhecido – percebeu as fases de Vênus, os satélites de Júpiter e os de Saturno. Foram essas as constatações que balançaram definitivamente a verdade assegurada pela Igreja Católica (e pelos calvinistas também, falando nisso), de que a Terra era o centro do universo, "verdade" baseada em leitura linear da Bíblia. Ora, se havia satélites em volta de certos planetas, era certo que havia outros centros, que não eram nem a Terra nem o Sol. Os heliocentristas argumentavam, sabe-se lá com que paciência, que a Bíblia tinha sido escrita para o povo,

e portanto usava linguagem simbólica; diz-se até que eles fizeram uma frase meio trocadilhesca: "A intenção do Espírito Santo é ensinar-nos como se vai para o céu, e não como vai o céu". A Inquisição foi pra cima de nosso Galileu, primeiro em 1616; advertiu-o para parar com aquela bobagem de inventar moda, ao dizer que o Sol é que estava no centro, imóvel, e que a Terra girava em torno dele – inclusive de dia, imagina! Ele deu a entender que ia sossegar o pito. Mas nada disso: continuou estudando e publicou novo livro em 1632. Aí a Igreja não perdoou: chamou o já velho estudioso e mandou desdizer tudo. Aos setenta anos,

Galileu passou pelo ridículo de precisar negar em público tudo aquilo em que acreditava, tudo que havia visto com seus instrumentos e que havia medido com sua matemática: ele foi obrigado a abjurar "a falsa opinião que o Sol é o centro do mundo e que não se move, e que a Terra não é o centro do mundo e se move". Jurou essa retratação, livrou sua cara e foi tratar da vida, numa espécie de exílio branco. Aí é que entra a frase. Dizem que ele, insubmisso – vamos imaginar Galileu saindo da presença dos tremendos inquisidores, uns caretas irremediáveis, que no entanto tinham poder de vida e morte –, teria dito – vamos imaginar que entre dentes, só para si mesmo – "*E pur si muove*", isto é, "No entanto, se move", isso dito em relação à Terra, que sim se move, em rotação e translação, como sabemos. Daí por diante, a frase – talvez inventada, mas não importa, porque é reveladora do espírito crítico – tem sido retomada quando se trata de aludir à necessidade de resistir à truculência anticientífica ou anticrítica. Se diz |e-PUR si mu-Ó-ve|, mais ou menos.

Ergo – Nexo da língua latina, que significa "portanto", encontrada classicamente na frase "*Cogito ergo sum*" (v.). Se lê, em textos sofisticados do português de nossos tempos, para significar justamente o "portanto", sem variação de significado literal, mas com um charme especial. Muitas vezes, aparece apenas a palavra, sem a conclusão que se esperaria e que é omitida justamente por estar clara para o leitor descolado.

Errare humanum est – Frase latina, significando "Errar é humano", isto é, errar é da natureza humana, proferida com ar de sabedoria para desculpar aquela bobagem feita por gente que nós achamos perdoável. Em certa época, apareceu um belo *grafitti* (v.), "Herrar é umano". A frase latina é atribuída a Sêneca, a Cícero e até a São Jerônimo, padroeiro dos tradutores, por sinal. Havia complementos: "*Errare humanum est, perseverare autem diabolicum*" (Errar é humano, mas perseverar no erro é diabólico) e "*Errare humanum est, sed in errore perseverare dementis*" (Errar é próprio do homem, mas perseverar no erro é próprio dos loucos).

Errata – A palavra entrou na circulação do português assim mesmo, e é totalmente latina, significando conjunto de erros. Aliás, é isso que ela quer dizer mesmo, por exemplo quando se usa para designar aquela listinha de modificações que o gentil leitor deve fazer na edição do livro que está lendo.

Ersatz – Do alemão, em que se pronuncia |er-ZATÇ|, significando "substituição", compensação, ou substituto, reserva, sucedâneo. Utiliza-se a palavra em textos elegantes, com ares intelectuais, para designar isso mesmo, com acento no caráter de secundariedade: fala-se em cultura do *ersatz*, cultura das coisas secundárias, não verdadeiras, não legítimas. É um dos termos do alemão que ganhou certa universalidade, sendo citado em várias línguas contemporâneas. (Se é pra seguir a coisa à risca, deve-se grafar sempre com maiúscula o substantivo *Ersatz*.)

Escargot – Eca. É aquele bicho que se arrasta pelo chão, conhecido como caracol, isto é, a lesma com casinha, e que alguns dizem que é uma beleza de comer como entrada em ceias refinadas. Se pronuncia |eç-carr-GÔ|. Não precisa me convidar se for esse o prato. Curiosidade: segundo o Houaiss, a palavra francesa *escargot* tem parentesco com uma forma provençal *escaragol*, que exibe uma clara face de relação com o nosso caracol. Não é?

Escrete – Ver *scratch*.

Espresso – Palavra italiana, por sinal irmã da nossa "expresso", ambas naturalmente da mesma origem latina, o verbo *premere*, "apertar", "premer", que denomina aquele café forte, algo cremoso, que nos cafés é feito em máquinas e em casa (na casa de quem tem) sai daquelas chaleiras especiais, que fervem a água que, na forma de vapor, passa pelo pó de café e finalmente se liquidifica. Nem vamos dizer como se pronuncia, certo? Ver *express*.

Esprit de corps – Expressão francesa de circulação internacional, significa, literalmente, "espírito de corpo" em referência a um grupo de gente que partilhe uma ética comum, ou no mínimo uma tarefa comum. Fala-se do *esprit de corps* num exército, ou entre os médicos, ou em relação aos donos de cartório – sim, o senhor já sacou que hoje em dia a expressão, no Brasil, se traduz mais bem em "corporativismo", palavra por sinal que traz em seu intestino a mesma raiz da palavra "corpo". Só que, não se engane, há também um sentido altamente positivo no tal *esprit* – pronuncie |es-PRRI dâ CÓRR|, com os "r" na garganta –, a saber, o espírito de união, a alegria de compartilhar uma mesma compreensão das coisas, a felicidade da parceria, enfim.

Establishment – Num sentido trivial, significa um "estabelecimento", um negócio qualquer. Mas não é o que o termo significa a sério, quando usado na língua portuguesa escrita de nosso tempo: aqui, *establishment* – dito |iç-TÉ-blich-mânt| – designa o *status*, a situação atual de alguma região ou circunstância, o modo de ser de certa instituição num dado momento. Se usa dizer, por exemplo, que uma candidatura de esquerda pode não ser aceita pelo *establishment*, significando com essa palavra tudo o que em geral fica subentendido quando se trata de poder – as elites, a imprensa, os poderes ocultos mas reais de um dado lugar etc.

Et alii – Este é outro latinório elegante, usadíssimo no mundo acadêmico, quando se trata de referir, por exemplo, um trabalho cuja autoria foi compartilhada por vários pesquisadores. Nesse caso, se usa citar o nome do principal pesquisador (ou do primeiro, caso não haja um chefe) e depois botar a expressão *et alii*, dita |et A-li-i|, que significa apenas "e outros". Bacana, conciso, definitivo.

Et caterva – Literalmente, "e o bando". Provém do latim também, e é usado com aspecto pejorativo: "Quem fez isso só pode ter sido Fulano *et caterva*", digamos. Diz-se |êt ca-TÉR-va|. É usado nesse sentido, alternando, portanto, com *et alii* e mesmo com *etc.* (v.).

Et pour cause – Expressão francesa, ligeiramente irônica, ainda hoje usada em conversas letradas ou meramente elegantes, que significa literalmente "e por causa", "e porque", mas se traduz mais simplesmente por "pudera" (e se diz |ê purr CÔZ|, mais ou menos). Por exemplo: de um sujeito grosseiro só se pode esperar que cometa grosserias, está claro; mas sempre que ele as comete pode alguém comentar o comportamento do cara dizendo *et pour cause*, como quem diz "queria o que dessa besta?".

Etc. – Abreviatura da expressão latina *et cetera*, dita |êt ÇÉ-te-ra|, que significa "e as demais coisas". Ver *et alii*. Detalhe: o ponto final faz parte da abreviatura, devendo, portanto, ser grafado em toda parte, mesmo antes de outros sinais de pontuação. (Mas claro que, se esse ponto final coincidir com o ponto final de uma frase, por elegância se grafa apenas um.)

Eureka – Palavrinha que todo mundo pronuncia quando se dá conta de algo, ou descobre a solução de um problema difícil, exatamente como, segundo a lenda, aconteceu com Arquimedes (287? – 212 a. C., matemático e cientista grego), quando ele descobriu o princípio segundo o qual todo corpo que submerge em um líquido sofre um empuxo de baixo para cima igual ao peso do volume do líquido deslocado, se não me falha a memória (eu sei isso de cor de tanto ouvir uma piada referente ao caso, contada pelo impagável conjunto argentino Les Luthiers, mas isso é outra questão.) Dizem que, quando Arquimedes sacou esta, saiu correndo nu pelas ruas de Siracusa gritando "*Eureka*! *Eureka*!", o que traduzido daria mais ou menos "Achei! Achei!", isto é, "Achei a solução do enigma". No Aurélio, lemos que eureca é uma interjeição que se escreve "heureca", particípio passado do verbo *heurískein*, "descobrir", e tem a ver com a heurística – eu sei, por essa você não esperava, barato leitor. Heurística significa conjunto de regras ou métodos que conduzem à descoberta e à formulação de problemas.

Ex cathedra – Latim, literalmente significando "da cadeira", no sentido de "a partir da cadeira". Alude ao fato de determinada autoridade derivar da cadeira, isto é, do posto ocupado. Geralmente se atribui a origem da expressão ao papa católico, que, conforme dogma de fé definido no Concílio Vaticano I, nos fins do século 19, sempre que fala *ex cathedra* é infalível. Diz-se |ecs CA-te-dra|. Eventualmente, é utilizado com ironia contra alguém que acha que está dizendo grande coisa. Machado de Assis tem um conto magnífico com esse título (está no livro *Histórias sem data*), em que um velho amalucado resolve explicar filosoficamente o sentido da vida e do cosmos a um casal de enamorados, ela, sua afilhada, ele, seu sobrinho, os dois orçando pelos quinze anos, estourando de vida e sem a menor paciência para a falação *ex cathedra* do velho Fulgêncio. Essas incongruências, que Machado soube tão bem explorar.

Ex-líbris – Assim em português culto, com hífen e acento, é o nome da vinheta, da pequena ilustração que os felizes proprietários de livros fazem constar nos que lhes pertencem, como marca de propriedade mesmo. A coisa total consta, regra geral, de ilustração alusiva (um sujeito lendo, um par de óculos, uma estante de livros, uma pena, essas coisas associadas a ler e escrever), mais a própria expressão "ex-líbris", e ainda o nome do proprietário. Vem do latim, em que *ex libris*, sem hífen ou acento, significa "Dos livros de" (alguém), expressão que se escrevia nos livros, no tempo do latim, para dizer brevemente o que por extenso daria "Este livro pertence ao conjunto *dos livros de* Fulano de Tal".

Ex machina – Ver *Deus ex machina*.

Ex nihilo – Latim, significando "a partir de coisa nenhuma", a partir de nada. Se pronuncia |ecs NI-rri-lo|, com o "r" pronunciado à brasileira, claro.

Excusez du peu – Exclamação irônica do francês, usada para sublinhar uma admiração pelas altas pretensões apresentadas pelo interlocutor. É uma fórmula irônica para declarar modéstia, já que literalmente significa "Desculpe o pouco (que apresento)". A pronúncia é uma daquelas que põem o sotaque à prova: mais ou menos |êcç-cu-ZÊ du PÊ|, só que com o "u" dito como se fosse dizer "i" e este último "e" tônico dito com boca de dizer "o", que dá aquele bico do francês.

Excusez-moi – Fórmula francesa de cortesia, literalmente, "Desculpe-me", usada a sério para pedir desculpa ou retoricamente para iniciar a apresentação de divergência. A pronúncia é mais ou menos |êcç-cu-ZÊ mo-Á|, com aquele "u" dito com boca de quem estava para dizer "i", sabe como é.

Exempli gratia – Ver *E. g.*

Expert – Em português está dicionarizada pelo Aurélio a forma "experto", significando o que a gente costuma nomear com o termo inglês *expert* (dito |ÉCÇ-pârt|), a saber, aquele que tem conhecimento, experiência, perícia em determinado mister. "Fale com nossos *experts*, eles vão indicar a melhor aplicação", coisas assim. Ver *connaisseur*.

Expertise – Não é o feminino de *expert*, como já li em alguma parte. Trata-se de termo francês, já dicionarizado em português com a mesmíssima grafia (e pronúncia bem semelhante, |écç-pér-TIZ|, em francês, com "t" de "tato"), com o significado de "perícia", avaliação técnica feita por um experto.

Export – Na onda de subserviência ao mercado norte-americano, ou pior ainda, à lógica norte-americana, mais precisamente estadunidense, os publicitários usam muito chamar *export* aquilo que em português é "exportação". Tudo bem, não dá nada. Se diz |ecç-PORT| para o verbo, e |ECÇ-port| para o substantivo.

Express – Tão familiar está a palavra aos nossos ouvidos e olhos que parece dispor de ótima aclimatação, mesmo na forma original inglesa, sem mudança. O que tem de gráfica, restaurante, *boy* (v.) e outras manhas com serviço dito *express* é uma grandeza. O termo inglês traz a raiz latina *premere*, "apertar", premer, que vai à palavra "prensa" ou à palavra "expressão", que é prima-irmã da tal *express*, que significa, sendo verbo, "expressar", e como adjetivo significa "rápido", expedito, sentido esse que afinal vem ao nosso caso. Se diz |êcç-PRÉÇ|. Nota medonha: em Buenos Aires se chama *secuestro exprées* o que nós chamamos "seqüestro relâmpago".

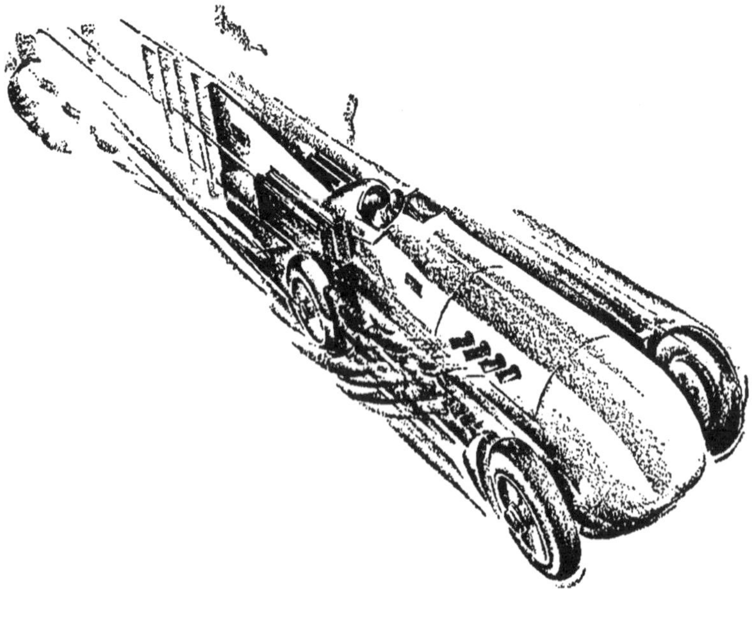

F

Factoring – Procedimento mercantil que consiste em um comerciante repassar os cheques que recebeu de clientes a uma instituição financeira; ele tem a vantagem de ganhar na hora um pagamento que poderia atrasar ou vir apenas no futuro remoto (um pré-datado amigo, por exemplo), mas ela ganha porque não paga todo o valor do cheque, que é descontado; em compensação, ela assume o risco de não receber o crédito. A tradução ao pé da letra seria "fatoração", e o sentido é esse mesmo, fazer alguma coisa (nesse exemplo, o cheque) entrar como fator de uma operação maior. Se diz |FÉC-to-rin|. Hoje em dia, cá entre nós, é nome de fachada para agiotagem.

Fair play – O Aurélio registra com hífen, *fair-play*, e os dicionários em inglês nem isso, preferindo apenas as duas palavras justapostas, um substantivo, *play*, "jogo", e um adjetivo, *fair*, "justo", correto, o que, somado, dá "jogo justo", jogo jogado segundo as regras, honradamente. Parece ter uso pelo menos em larga parte do finado século 20, para designar algo por aí mesmo (dê uma olhada em *savoir faire*, que tem algo a ver). Nos tempos bem recentes, a expressão ganhou novo sentido, com a campanha da FIFA, a organização mundial do futebol, que instituiu um troféu (ou algo pelo estilo) chamado justamente *Fairplay*, escrito junto, cujo significado contextual é jogo não-violento, jogo cavalheiro – o que retoma, naturalmente, o sentido primeiro. Se diz |fér PLÊI|, mais ou menos.

Fait accompli – Ainda se lê por aí esta bela expressão francesa, que significa "fato consumado", fato sem reversão possível. No mundo administrativo e político, se usa dizer que determinada pessoa age pela lógica do *fait accompli* (dito |FÉ(t) a-com-PLI| ou |fé-ta-com-PLI|, com a primeira sílaba como subtônica), isto é, ela age de forma a deixar pouca margem de manobra para qualquer reversão.

Faits divers – Expressão que era muito usada no mundo brasileiro, no tempo da presença forte do francês na escola e na cultura daqui Agora é mais rara, naturalmente, mas ainda se ouve, no sentido de variedades: aquelas notícias variadas, sem conexão entre si, que são apresentadas na tevê, no rádio ou na imprensa dita escrita. Se diz mais ou menos |FÉ di-VÉRR| ou mesmo |fé-di-VÉRR|, com a primeira de subtônica, o "d" de dado e o "r" final na garganta. Eu já ouvi gente culta, mais velha e mais sábia reclamar, por exemplo, que a política está sendo tratada como *faits divers*, como coisa frívola e sem conseqüência, quando é decisiva.

Famiglia – Pura e simplesmente "família", em italiano, com praticamente a mesma pronúncia do português. Só que tem um significado matizado, a palavra italiana: refere-se à noção de família segundo a máfia (ver *mafioso*), real ou figurada, instituição que protege os seus contra os males do mundo, sejam eles os que forem, incluindo a polícia, na versão pura do sul da Itália. Quando se usa o termo entre nós (raro caso), faz-se referência a esse aspecto de proteção dos membros da família, real ou não, o que acaba insinuando que entre todos os descendentes de italianos no Brasil ocorre essa prática.

Fashion – "Moda", em inglês. Isto é, um modo de vestir, calçar, pensar, se comportar, que é dominante em determinado momento e/ou circunstância. Na raiz, tem a ver com *factum*, do latim, "fato", "dado", determinada coisa, assim como tem a ver com *faction*, inglês para "facção" – aliás, em português arcaico, *façon* é "maneira" (falando nisso, em francês de até hoje também existe a palavra, exatamente assim escrita e com esse significado). "Feição" é outra palavra da mesma raiz; *fashion* entra em inglês por via do francês, provavelmente na invasão normanda, não pela erudita via direta do latim. Se diz |FÉ-chon|. Hoje em dia, no mundo globalizado a favor do Império norte-americano, a palavra entrou de vez no vocabulário da gurizada, à toa, "Que roupa *fashion* a tua!!!!!!!!", e por aí vamos.

Fast-forward – Nome daquela função com que nos acostumamos já há tempos, desde que os gravadores portáteis entraram em cena, anos 70 do século passado. Quer dizer "para a frente rapidamente", no sentido literal, e por sinal é isso mesmo: aperta-se o comando para passar a fita (de som e/ou de imagem) ou o disco (idem) rapidamente para um ponto qualquer na frente. Se diz |FÉÇT FÓR-uârd|, com "r" caipira.

Fast-food – No Aurélio, com hífen, assimilada assim na marra, e nos dicionários em inglês igualmente com hífen quando se trata de adjetivo (tipo "um restaurante de *fast-food*"). (É praxe em inglês a locução nominal ser grafada por simples justaposição, e quando está em função de adjetivo ser mediada com hífen.) Quer dizer, como todos nós sabemos, "comida rápida", literalmente, e se diz mais ou menos |FÉÇT FUD|, duas tônicas, como convém. Refere-se àquela comida em que os americanos do norte nos adestraram, sanduíche quente de toda forma, mormente, hoje em dia, aquela coisa nojenta que são os sanduíches da cadeia McDonald's. Pfiu. Para registro: vem de surgir uma tendência de *gourmets* (v.) que preferem assinalar as virtudes de comer devagar, apreciando tudo. Esse povo está chamando sua tendência, simbolicamente, de *slow-food* (v.), literalmente "comida lenta" (diga |ÇLÔU-FUD|). Pode crer, tem a minha solidariedade.

Fast track – Expressão inglesa que significa, literalmente, "caminho rápido", via expressa. Tem aparecido em negociações de comércio internacional como sinônimo de comércio desburocratizado, mais ou menos. Se diz |FÉÇT TRÉC|. No comércio internacional ligado aos EUA, a expressão ganha uma conotação mais específica, de "preferencial", isto é, um tratamento que diminui a burocracia.

Fatwa – Palavra árabe que significa "decreto", pena definida contra alguém, condenação, algo assim. Foi o que fez o falecido aiatolá Komeini contra o escritor Salman Rushdie por causa dos tais *Versículos satânicos*, que pareceram ao religioso uma ofensa contra a crença muçulmana. Se diz |FÁtua|, pelo que entendi.

Faute de mieux – Literalmente, "(na) falta de melhor", dito |FÔT dâ mi-Ê| (com esse "e" final dito com boca de "o") ou |fô-dâ-MIÊ|, se for pronunciado mais rápido. Se usa a expressão para registrar que a opção tomada o foi por falta de possibilidade melhor, mais atraente, mais promissora. Mais ou menos como no vulgar brasileiro "Não tem tu, vai tu mesmo".

Fax – O nome daquele aparelho que é um exemplo impressionante da obsolescência das novidades tecnológicas: aquele que transmite imagens digitalizadas pelo sinal do telefone, pela linha do telefone. Nosso uso, em português, vem do uso inglês, que resultou numa abreviação, com leve alteração, da expressão *fac simile*, por sinal latina até os ossos, que significa "cópia exata". (No latim, *fac simile* significa "Faze igual", ou seja, é um comando, convenientemente expresso no imperativo. Se aportuguesou, antes do aparelho de *fax* existir, como "fac-símile", com hífen e acento.) Se diz, em português, |FACS|, mas se quiser imitar sotaque caipira norte-americano, pode dizer |FÉCÇ|. Tanto em inglês quanto em português a palavra designa tanto o aparelho que faz a transmissão quanto a folha resultante dela.

FBI – Sigla do *Federal Bureau of Investigation*, o que em língua de dia de semana fica "Escritório Central de Investigação". Ocupa-se de, como o nome insinua, investigar crimes ou agressões contra a legislação federal (raramente também estadual ou municipal), feito tráfico de droga, espionagem e tal. Foi neste item que ganhou fama e aparece até hoje nos filmes que tanto nós vemos. Equivale à nossa Polícia Federal, como deu pra ver. Foi instaurado em 1908 e ganhou notoriedade nos anos 20 e 30, em combates às infrações contra a notória Lei Seca, por exemplo – Al Capone, aquela coisa toda –, e depois, no âmbito da Guerra Fria, contra os comunistas que seriam, teoricamente, pró-soviéticos sempre, e, portanto, inimigos da pátria americana. Falando nisso: a Lei Seca é chamada, lá pelos inventores dela, genericamente, de *Prohibition*, e vigorou entre 1920 e 1933, tendo implicado aquela montanha de horrores, que o cinema nos conta.

Fecho *éclair* – Já dicionarizado na forma aportuguesada "ecler", é o nome do fecho aquele, exatamente o que você e eu estamos pensando agora, mais conhecido como zíper (v.). *Éclair*, dito |ê-CLÉRR|, é francês para "raio", relâmpago, ou figuradamente para "clarão". Agora veja você: a invenção do zíper é norte-americana, ao que se saiba (veja lá no verbete), mas o termo que ganhou voz no Brasil, pelo menos até os anos 60, foi esse, afrancesado.

Feedback – Sem hífen, tudo junto. Palavra inglesa, amplamente conhecida no Brasil de nosso tempo, aqui pronunciada |fi-dji-BÉ-qui|, e em inglês |FID-béc|. Traduzida ao pé da letra, dá "retroalimentação", "alimentação para trás", retorno. Trata-se de termo descritivo para a situação em que um sistema ou processo é realimentado por elemento saído dele mesmo, sistema ou processo. Mais frouxamente, significa retorno de informação: o professor faz uma prova de conhecimento e tem um *feedback* da situação de aprendizado dos alunos.

Feeling – Apesar de se ouvir por aí que determinada pessoa teve "Um *feeling* de sentimento", a palavra inglesa já por si significaria "sentimento", precisamente, sem necessidade dessa redundância. Interessante é ter permanecido em português brasileiro justamente no sentido inglês, âmbito em que a palavra significa tanto o sentimento desenvolvido por algo ou alguém quanto uma intuição, uma reação mais ou menos instintiva sobre algo. Se diz |FI-lin|, com o primeiro "i" mais comprido, durando mais que o segundo.

Fellow traveller – Expressão inglesa que traduz o russo *poputchik*, palavra que designava os intelectuais e os escritores, nos começos da vida da União Soviética, os quais tinham simpatia pelos bolcheviques, mas não eram militantes, nem filiados ao partido. A expressão parece que foi divulgada por León Trostky em seu livro *Literatura e revolução* e tinha certa dose de ironia complacente – afinal, os *fellow travellers* (em norte-americano, com um "l" só) eram confiáveis apenas até certo ponto. (No Brasil se usava, durante a Guerra Fria, mais a forma francesa equivalente, *compagnon de route*, no mesmo sentido: companheiro de viagem, de rota.) A forma inglesa se diz mais ou menos |FÉ-lôu TRÉ-vâ-lâr|; a forma francesa, |côm-pã-NHÔN dâ RRUT|, com o "r" na garganta.

Femme fatale – "Mulher fatal", em francês, que é uma língua adequada para falar em fêmeas e em mulheres fatais. Se diz |FAM fa-TAL|, com o "m" pronunciado como se viesse uma vogal depois, e o "l" bem líquido. Refere-

Alex Varenne

se às mulheres que derrubam o sujeito, sem remissão, que derrubam qualquer um que se aproxime. Veja-se que o adjetivo *fatale*, o nosso "fatal", traz no ventre a raiz latina *fatum*, que se traduz por "destino", "fado". Que sabemos nós de tudo que o destino traz em seu ventre, quando a mulher entra em cena? Nem nós, nem o sábio tedesco Sigmund Freud.

Ferryboat – Termo inglês, significa "barco de carga", "de frete", ou melhor, "de frete de carga". Transporte de qualquer coisa: gente, veículos, mercadorias quaisquer. Costuma ser empregado em travessias marítimas ou fluviais em que haja fluxo constante desses elementos, como entre o Rio de Janeiro e Niterói, entre Montevidéu e Buenos Aires. Se diz |FÉ-ri bôut|, com "r" caipira.

Fetishwear – Palavra circunstancialmente vista na imprensa pátria, com o sentido imediato de "roupa erótica", excitante no sentido sexual, com componentes de fetiche. Quer dizer: roupa, especialmente para vestir mulher, com traços relativos aos mais ou menos óbvios fetiches masculinos – salto altíssimo, tecidos diáfanos, eventualmente alguma máscara, essas coisas. *Fetish* equivale ao português "fetiche", que é uma forma parece que vinda do francês e que acabou substituindo a já existente "feitiço", palavras ambas que pela raiz dizem a mesma coisa: fetiche é um objeto inanimado ao qual se atribuem poderes. Aquilo que os leitores profissionais de Freud explicam muito mais precisamente. A pronúncia em inglês pode ser |FÉ-tich UÉR|. A propósito, mas sem relação filológica com o caso: há em português um termo de raro uso, "amavio" (que aparece eventualmente no plural, "amavios"), que significa "feitiço", entre outras coisas. É uma pala-

Guido Crepax

vra linda, vamos convir, e de origem controvertida, mas certamente com ligações com o verbo "amar" – desde o século 14 aparece o termo como designativo de uns filtros ou umas misturas de bebida que se supõe ter poder encantatório, poder de sedução. E eu só conheço a palavra por causa de um poema dos mais singelos e mais lindos da língua portuguesa, que transcrevo aqui:

Ah, quanta vez, na hora suave
Em que me esqueço,
Vejo passar um vôo de ave
E me entristeço!
Por que é ligeiro, leve, certo
No ar de amavio?
Por que vai sob o céu aberto
Sem um desvio?
Por que ter asas simboliza
A liberdade
Que a vida nega e a alma precisa?
Sei que me invade
Um horror de me ter que cobre
Como uma cheia
Meu coração, e entorna sobre
Minh'alma alheia
Um desejo, não de ser ave,
Mas de poder
Ter não sei quê do vôo suave
Dentro em meu ser.

É uma maravilha total, apenas mais uma das tantas do Fernando Pessoa, como deve ter soado no seu ouvido, prezado leitor. (Viu o amavio?)

Fettuccine – Massa feita de fios finos e chatos, tiras, ou fitas. É palavra italiana, diminutivo de *fettuccia*, "fita" (como a fita de botar no cabelo), que vem do latim *fetta*, matriz também da nossa já mencionada "fita". *Fettucine* daria mais ou menos "fitinhas", em língua pátria. É também conhecida como *tagliatelle* e *taglierine*, este sendo a origem do nosso talharim. Se diz |fe-tu-TCHI-ne|.

Fiberglass – Caso misterioso, existente em inglês (os súditos da rainha escrevem *fibreglass*, os assustados norte-americanos *fiberglass*), com o mesmíssimo sentido nosso: é o nome daquele material, em formato laminado, que se usa em telhados e coisas assemelhadas (para não falar em carrocerias de automóvel, como alguma vez já se viu por aqui). No Brasil, a gente diz, em português, que aquilo ali é "fibra de vidro", e não "vidro de fibra", mas o prezado leitor, olhando bem, vai ver que se trataria mais desta tradução do que daquela. Se diz |FÁI-bâr-gléç|.

Fifty-fifty – Eventualmente usada aqui, a expressão inglesa existe em inglês mesmo, e designa o mesmo que nós queremos significar aqui: a divisão pela metade, "cinqüenta-cinqüenta", literalmente. Se diz |FIF-ti FIF-ti| e muitas vezes se faz acompanhar a expressão com um gesto, o dorso de uma das mãos atravessando, para cima e para baixo, o leito improvisado no centro da outra, ali bem em cima das linhas aquelas que as ciganas lêem.

Fin de siècle – Se diz |FÂN dâ si-ÉCL|, mais ou menos, bem mais ou menos. Expressão francesa, já se vê, criada aparentemente no fim do século 19 para referir não apenas o dado óbvio, o fim de um século, mas um determinado espírito, de linha derrotista, decadente, desesperançada, que na literatura deu o Simbolismo e na pintura, o Impressionismo, falando em termos bastante genéricos. Ainda hoje se usa a expressão neste específico sentido: um personagem ou uma perspectiva *fin de siècle* é um personagem ou uma perspectiva decadente, pessimista etc.

Finesse – Outro francês bacana, usado largamente em português de nossos tempos – a palavra, não a coisa, que é rara. Quer dizer "fineza" de trato, elegância, coisas associadas à expressão "fino" e assemelhados (excluindo o cigarro, que numa época era assim chamado), inclusive "gente fina" em sentido de "gente sofisticada". Mas também significa, embora pouco no nosso caso, a percepção aguda, o pensamento arguto, essas coisas do espírito, não do comportamento. O Aurélio silencia a respeito dela, mas o novo Houaiss registra, como francesismo, naturalmente, e refere a origem remota: que no século 14 francês *finesse* (diga |fi-NÉÇ|) significava "o que é difícil de compreender ou de manejar" e "o que chega ao fim e está completo".

Fitness – Para falar toda a verdade, eu não sei bem o que esta palavra designa em português, ou como ela é usada; não sei se diz "Vamos fazer um *fitness*", ou "O teu *fitness* tá bacana", ou se nada disso. (É brincadeira, eu sei que não é assim que se usa.) Se refere ao mundo da preparação física – como de resto a palavra de fato opera em inglês, língua na qual ela significa o estado ou a condição de estar preparado fisicamente, ou seja, a aptidão física. Se diz |FIT-nâç|, lá como aqui. Ver *body building*.

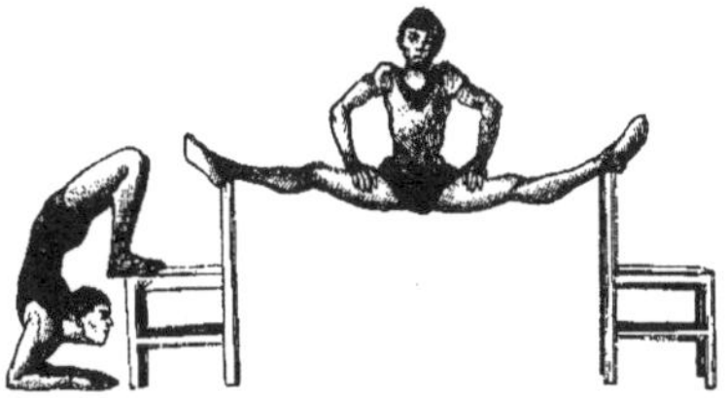

Flash – Em português brasileiro, antes de ser nome de programa de colunismo social na televisão, era apenas o nome daquela lâmpada que ilumina subitamente um ambiente, para melhor poder a câmara fotográfica operar. Esse sentido veio direto do inglês, em que a palavra significa primariamente "brilho", "relâmpago", "reflexo momentâneo", "clarão". Daí, por derivação, a idéia de *flash* como flagrante, eventualmente dito no plural (inglês), *flashes*, por exemplo, numa frase como "E agora ao vivo um *flash* do jogo" ou "*Flashes* do campeonato você vê agora", frases com que locutores anunciam, na televisão, a reprodução de imagens, de cenas curtas, do tal jogo, do tal campeonato. Se diz, em inglês norte-americano, |FLÉCH| mesmo. Observe-se, lateralmente, que é tal a força da presença de palavras inglesas com "*sh*" nessa posição, com som de "x" ou de "ch", que mesmo na escrita do português brasileiro já se usa, informalmente, o "*sh*" com esse valor.

Flashback – Técnica narrativa, utilizada em literatura, em teatro e em cinema, que consiste em introduzir cena do passado no fluxo do presente da narração. O termo, composto de duas palavras – *flash*, "clarão", instantâneo, e *back*, "atrás", "para trás" – é inglês mesmo, língua que tem uma enorme aptidão para a expressão sintética de realidades mesmo complexas, e ficou no português e em várias outras línguas do mundo de hoje. Se diz mais ou menos |FLÉCH-béc|. Tem também o *flash-forward* (esse com hífen, ao contrário do outro, que não tem), o oposto: a introdução de cena do futuro no presente de uma narração (dito mais ou menos |FLÉCH-fór-uârd|, com o "r" caipira).

Flasher – Esse é nome de personagem meio mitológico: sabe aquele de desenho, de cartum, que anda com um capotão e o abre justamente na frente de uma moça, para mostrar sua genitália? Pois ele é o *flasher*, dito |FLÉ-châr|, de *flash*, "clarão", relâmpago.

Flash-mob – Expressão encolhida de *flash mobilization*, "mobilização instantânea de gentes", para um fim qualquer. (*Mob*, além disso, também é "multidão barulhenta".) Em agosto de 2003, essa prática chegou ao Brasil, como registraram os jornais: um bando de gente, que não se conhecia ao vivo e foi toda convocada pela internet, cruzou na mesma hora (previamente marcada) a avenida Paulista, perto do MASP, e de repente parou no meio, tirou um dos sapatos e bateu com o salto no chão. Só isso, nada mais. Serve para protestar ou para melhorar o humor das tristes e solitárias criaturas, não? Eu acho beleza total.

Flat – Na língua dos surfistas, chamase assim ao mar liso, chato, monótono. Mas também assim se diz apartamento, esse que a gente habita provisoriamente, por temporada, ou numa viagem, alternativamente ao quarto de hotel. No Brasil de hoje, anúncios charmosos de revistas e jornais apontam para *flats* à venda, como apartamentos modernos, descolados, sem divisórias internas. Os dois sentidos existem em inglês, e a palavra se pronuncia |FLÉT|. *Flat* é basicamente "plano", "horizontal", "chato", "reto", e daí trocentas outras coisas.

Flip top – Designação para aquelas carteiras de cigarro feitas com cartão duro, muito mais resistente que as de papel puro e simples (não sei se ainda se usa chamar assim, mas se usou), por causa da tampa, que se move a um leve piparote, mantendo-se presa por um dos lados. *Flip*, em inglês, é isso mesmo, um pequeno golpe (de mão), uma sacudidela, uma batidinha; e *top* é a parte de cima. Como se vê, mais um caso em que a língua inglesa exercita sua alta capacidade de síntese. Se diz |FLIP TÓP|, assim mesmo.

Flirt – O Aurélio dá "flerte", sinônimo de namorisco ou namoro mesmo, mas de vez em quando, por charme ou ênfase, aparece escrito *flirt*, verbo e substantivo inglês de que veio a palavra "flerte". Essa é uma tentativa de adaptação da pronúncia inglesa, que no entanto estaria mais para |FLÂRT|, se é que nós estamos nos entendendo. (Parecido com a palavra "breque", que veio de *break*, do inglês, palavra que se pronuncia mais como |BRÊIC| do que como |BRÉC|.)

Flit – O verbo inglês quer dizer "mover de um lado para outro rápida e vivamente", ou um movimento de flutuação. Mas em português, que eu saiba, permanece como nome familiar de mata-inseto, mesmo nos tubos de hoje em dia. E isso porque antigamente havia uma bomba, manual mesmo, com a qual a gente espargia no ar um veneno contra os bichos. Se diz |FLI-tchi|, com aquela vogal brasileira no final.

Flou – Palavra francesa que significa "algo que se vê sem nitidez", algo cujos contornos não são claros para quem está olhando. Usa-se a palavra no mundo das artes plásticas, da fotografia, do cinema. Se diz |FLU|.

Flower power – Se o amigo leitor não viveu os anos 60, deve ter pelo menos ouvido falar nos *hippies*, pois não? É que a expressão *flower power*, literalmente traduzido por "o poder da flor", ou "a força da flor", nasceu naquele contexto: o povo bacana e pacifista que inventou o hippismo (ver *hippie*) acreditava num mundo melhor, sem guerras, sem sacanagem, mais puro, mais natureba, essas manhas todas que até agora todo mundo acha legais mas, enfim, ainda não rolou, talvez na próxima geração, coisa e tal. Esse povo também se chamava, nos *States*, de *flower children*, a gurizada da flor, as pessoas bacanas que têm ou tinham na flor um símbolo. Coisa dos anos 60, quando o pessoal acreditava que era necessário parar a guerra do Vietnam (guerra-símbolo do período que aqui no Ocidente a gente batizou de Guerra Fria, mas que lá no Oriente foi quente pacas; a guerra durou de 1964 a 1975, e os guerrilheiros comunistas do norte derrotaram os Estados Unidos, a um custo medonho para todas as partes). Ah, sim: se chama *flower power* porque o pessoal era mesmo chegado numa flor, para pôr no cabelo, para cheirar, para nada, só por bonito. Assim mesmo, ingenuamente, como o leitor percebeu. Se quiser, tem trilha sonora para acompanhar: "*If you come to San Francisco, be sure to wear some flowers in your head*" ("Se você vier a San Francisco, ponha flores na cabeça"). Lembrou? Veja o filme *Hair*, musical *rock* de 1967, cante *Let the sunshine in* ou *The age of Aquarius* – "*When the moon is in the seventh house and Jupiter aligns with Mars*" ("Quando a lua estiver na sétima casa e Júpiter estiver alinhado com Marte"). Na versão mais radical, veja *Easy rider* – no Brasil, *Sem destino* –, filme de 1969, com Peter Fonda, Dennis Hopper e Jack Nicholson, e cante *Born to be wild*, que começa com aquela acelerada da Harley Davidson da rapaziada.

Flûte – É "flauta", em francês, mas se usa, no Brasil (e lá também, no país do Zidane), como designação do copo de beber *champagne*, aquele alongado,

como ... uma flauta. (Eles lá chamam outras coisas de *flûte*, como a *baguette*, as pernas finas, qualquer coisa assemelhada.) Se diz |FLUT|, com o "u" de biquinho francês.

Flyer* ou *flier – Nos últimos tempos, vi que se chama assim o panfletinho que outrora se chamava "mosquitinho" (nos anos 70 eu garanto que se chamava assim, no movimento estudantil, pelo menos). O sentido é o mesmo: *flier*, em inglês, é o bicho que voa, mas também o panfleto para distribuição massiva. Se diz |FLÁI-âr|.

Fog – O nosso conhecidíssimo "nevoeiro", com seu nome inglês, que é mais chique. É clássica a menção ao *fog* londrino (que, dizem, era causado pela fumaça do carvão queimado para esquentar as casas, tanto que agora, que não se usa mais o tal carvão, não tem mais *fog*), e vai ver é por isso que de vez em quando um jornalista se bota a chamar de *fog* (com "o" aberto, como deve) a nossa cerração.

Foie gras – Se diz |fu-Á GRRA|, com o "r" na garganta, e é um patê feito do fígado de ganso ou pato, especialmente engordado para fazer o fino alimento. Literalmente, *foie gras* é "fígado gordo", graxento. Argh.

Fôlder – O novo Houaiss já abrasileirou, botando o acento conveniente, mas o Aurélio mantém como anglicismo. Veio do inglês, derivado do verbo *to fold*, "dobrar", e por isso mesmo tem a ver com papel dobrado, impresso e distribuído publicamente.

Folk – A palavra aparece associada com certo tipo de música, especificamente a música caipira norte-americana, ou próxima disso, a música rural tradicional, "de raiz", repassada no presente, por exemplo, a música dessa matriz, mas concebida com certa inflexão de esquerda, feito as da Joan Baez, as primeiras do Bob Dylan, as do Woody Guthrie e de seu filho Arlo (o senhor já viu o filme *Esta terra é minha terra*, com o David Carradine no papel principal?). A palavra em si quer dizer "povo", gente comum – lembra daquela despedida de desenho animado que dizia "*That's all, folks*"? Pois queria dizer mais ou menos "Era isso, pessoal". Aliás, no alemão também tem, *Volk*, mesmo sentido (e dito do mesmo jeito |FOLC|), por exemplo, no nome daquela marca de carro, Volkswagen, que quer dizer "carro do povo", literalmente. *Folk*, dito com "o" fechado em inglês, participou da formação de palavra famosa, *folklore*, o nosso "folclore", com *lore*, que em inglês quer dizer "tradição", acúmulo de fatos, conhecimento sobre determinado assunto. Logo... (Tem diferença entre *folk* e *country* (v.), que é o nome do que nós chamaríamos, mais especificamente, de música caipira, lá o Willie Nelson, aqui uma daquelas duplas das antigas, feito Tião Carreiro e Pardinho, não as breganejas, que nem precisamos citar. Se bem que, se sabe, esses limites todos são muito fluidos: de repente, um daqui grava com um de lá, *folk* com *country*, Inezita Barroso com o violeiro Paulo Freire...)

Follow-up – Em inglês, quer dizer algo como "acompanhamento posterior", por exemplo, o serviço de continuar atendendo um cliente ou prosseguir fazendo exames num paciente, ou num jornal uma matéria que prossiga investigando um tema já abordado antes. Se diz |FÓ-lôu âp|.

Fondue – Nós todos sabemos o que significa essa palavra francesa, pois não? Aquela comida de inverno, nascida na Suíça, feita com queijo derretido, algum vinho, e tudo comido com pão que se espeta e mergulha no queijo. Tem variações inúmeras, como sabemos, até chegar ao *fondue* de chocolate, suprema delícia dos *aficionados*. Se diz |fon-DI|, com esse "i" dito com boca de dizer "u". Naturalmente, como o leitor já sacou, tem origem no verbo francês *fondre*, "fundir". Os puristas gostariam que se mantivesse no Brasil o feminino do francês, mas parece que a palavra ficou assimilada como masculina.

Footing – Uns cinqüenta anos atrás se usava chamar assim o passeio, a caminhada pela praça da cidade, pra ver a banda passar. É inglês, significa isso mesmo, "caminhada", e se pronuncia |FU-tin|, com "t" de tábua. A palavra e a prática perderam um pouco de vigência, dada a pressa da vida e a violência da praça. Hoje, em lugar do *footing* tem o *jogging* (v.).

For export – Por pura macaqueação, ou talvez por um singelo motivo de usar logo a língua de quem manda no mundo, já que se trata de exportar, se usa dizer mesmo *for export* em vez de dizer "para exportação". A expressão, impressa em certos produtos, indica que o produto é melhor do que aquele seu similar que se destina à jaguarada local, a nós outros – por quanto tempo isso aconteceu com o café brasileiro, cuja melhor parte a gente só conhecia quando ia ao exterior? Se diz |FÓR ecç-PÓRT|.

For man – Quer dizer "para homem", se diz |FÓR MÉN| e aparece em produtos como roupas e tal, que se destinam, bidu, aos homens, mas com o chiquê de dizer isso em inglês.

Forfait – Este é um termo francês que se manteve até agora sem abrasileiramento na forma. Em francês antigo, provindo do latim com passagem pelo inglês, a palavra queria dizer "crime", o cometimento de um crime, mas transitou para um sentido apenas aparentado: diz-se, no mundo do turfe, que um cavalo que não compareceu à carreira para a qual estava inscrito "fez *forfait*", dito |fôr-FÉ| ou |fór-FÉ|. (*Forfait* também é o valor pago pelo proprietário do cavalo que fez *forfait*.) Daí passou a um uso mais genérico, em que a palavra francesa designa qualquer ausência a compromisso.

Fotochart – Por algum mistério, a palavra não tem registro nem no Aurélio, nem no novíssimo Houaiss, nem no velho Laudelino Freire – mas sim no singelo Michaelis: está lá, dado como palavra do inglês, a designar o que nós sabemos, aquela máquina fotográfica que fica na linha de chegada dos cavalinhos, para tirar dúvidas se por acaso mais de um competidor parecer ter ganho. A palavra aparece assim, com inicial "f", mas se forma de *photo*, que como em português (só que a gente escreve com "f") tem a ver com luz e com fotografia (é também a palavra informal para fotografia), e de *chart*, que é "carta" ou folha em que se imprimem coisas, inclusive imagens (como os mapas). Em português, na vida real, se diz |fó-to-CHAR|, enquanto em inglês deverá ficar mais ou menos |FÔU-tôu TCHART|, grafada *photochart*. Parece que os ingleses preferem chamar esse mecanismo de *electric eye*, "olho elétrico", e não de *photochart*, e menos ainda *fotochart*, que é palavra com forma híbrida entre português e inglês.

Foulard – Palavra francesa que designa um lenço de enfeite para o pescoço ou para a cabeça, aquele masculino e esta feminina, regra geral. Costuma ser de seda e com alguma estampa. Se diz |fu-LARR|, com o "r" na garganta.

Foyer – Na vida de hoje em dia, chama-se assim aquele salão em que se espera pelo começo da apresentação, nos teatros. Origem: desde o século 12, a palavra é usada no francês, significando "lareira", o lugar onde se faz o fogo, que servia também para as pessoas se aquecerem, socializarem, como diz o outro. A origem é latina: deve ter havido uma palavra *focarium*, lugar do *focus*, o "fogo". Se pronuncia |fuá-IÊ|.

Frame – Se encontra no português escrito como designação de "moldura", aquela que fica em volta de um quadro. Se diz |FRÊIM|, com "m" dito como se viesse uma vogal depois.

Franchising – Tem essa e tem *franchise*, ambas do mundo recente das franquias, as licenças para uso de marca, e é isso mesmo. *Franchise* (dito em português solto |frãn-CHÁIZ| e em inglês |frén-TCHÁIZ|) é a franquia, e *franchising*, a ação de franquear, de dar a licença (dito |frãn-CHÁI-zin| entre nós e |frén-TCHÁI-zin| na língua central do Império de nosso tempo). Na origem, está a palavra francesa *franc*, que queria dizer "franco", isento, livre.

Freak – Em inglês a palavra significava "coisa irregular", que sai do habitual, feito um crescimento irregular de uma parte de determinado organismo, e assim eram referidas as atrações aberrantes de circos antigos – a Mulher Barbada, o Cavalo com Duas Cabeças, o Homem-Macaco com Pêlos em Todo o Corpo. Também serve para eventos, episódios fora do esperado. Daí transitou para designar pessoa de comportamento fora de esquadro, como um contestador ou um usuário de droga. Era usada, originalmente, contra os que apresentavam tal comportamento, com ar de reprovação; daí, como ocorre em muitos casos, os assim chamados assumiram positivamente o nome com que eram criticados. Se diz |FRIC|, mas com o "i" mais espichado que o normal.

Free – Palavra inglesa de largo curso no português de nosso tempo. Significa "livre", não-escravo, independente, mas também "grátis", sem custo. Dessa interessante aproximação de significados – interessante para o mundo regulado pela lógica das trocas comerciais, em que tudo vira mercadoria –, sai parte do uso do termo entre nós. Aparece *call free* para "ligue grátis", *toll free*, "sem custo" ou "sem taxa" (*toll* significa "taxa", "pedágio"). Apareceu um cigarro *Free*, com propagandas sugestivas que insinuavam uma ligação íntima "ser *free*" e "fumar *Free*". Uma antiga canção *pop* falava, a linhas tantas, a frase "Eu sou *free* demais", sugerindo certa proximidade fonética entre a frase, lida com a palavra inglesa pronunciada |FRI|, simplesmente (em inglês é assim também, mas com o "r" caipira e com o "i" durando um pouco mais), e outra frase, esta brasileira, "Eu sofri demais". Essas coisas.

Free jazz – Ver *jazz*.

Free shop – Loja que não cobra o valor dos impostos aos clientes, pela boa razão de que não os paga ao fisco. O termo é uma redução, internacionalmente aceita (basta ver os *free shops* pelos aeroportos do planeta), de *duty-free shop*, "loja livre de impostos". Se diz |FRI CHÓP|, e em português ganha um "i" final, para fazer sílaba mais palatável. Ver *duty-free*.

Freelance – Dito |FRI-lénç|, e há tempos aportuguesado para "frila" – pelo menos desde os últimos anos 60 –, dicionarizado assim mesmo, o termo designa o profissional, especialmente o jornalista (mas também o escritor, em sentido amplo), que trabalha sem contrato fixo com o veículo que lhe encomenda o serviço. Em português, "frila" é o jornalista, mas também o serviço: "Vou fazer um frila". O uso da palavra, em inglês, é velho, vigente desde séculos atrás, para designar o guerreiro avulso, o popular mercenário, que na origem é aquele que trabalha por "mercê", salário, em uma das acepções da palavra. O fazedor de frila, em inglês, é um *freelancer*.

Freeway – Em inglês, a palavra significa, primeiro, uma estrada sem intersecções, de trânsito livre, e, segundo, rodovia isenta de pedágio – tudo depende de como se interpreta *free* (v.), que pode ser "livre" ou "grátis", sendo *way* o mesmo que "caminho". Se diz, aqui, |fri-UÊI|, quase como lá, |FRI-uêi|, só que lá eles rosnam um pouco no "r".

Freezer – Nenhum dicionarista ousou ainda registrar a forma "frízer", que daria bem, na minha irrelevante opinião. Vem do inglês e significa, singelamente, "congelador", lugar em que se congelam coisas. Nome adequado ao objeto, não há dúvida. Se diz |FRI-zâr|, em inglês, quase como em português |FRI-zer|.

Frila – Ver *Freelance*.

Frisson – Palavra francesa, dita |fri-ÇON| em francês como em português, que significa "arrepio", literalmente, e "comoção", figuradamente. Usa-se muito em português, por exemplo para referir o sucesso de determinada atividade artística – diz-se que certa apresentação de balê causou *frisson*. Registrada nos dicionários assim mesmo, sem aportuguesamento na forma.

Frivolité – Francês, de novo, para ficar mais chique a designação daquilo que em português pode ser chamado de "frivolidade", futilidade, leviandade, inutilidade, banalidade, característica do que não passa de bagatela. Encontra-se usado quase sempre como censura, como reprovação, mas pode simplesmente designar coisas banais feito enfeites, jóias de camelô etc. Houaiss registra que determinada renda manual se chama assim. Se diz em francês, quase da mesma forma que em português, |fri-vo-li-TÊ|, só que na língua de Montaigne sempre fazendo o "r" gutural, na garganta.

Front – Inglês, provindo do velho francês, por sua vez originado do latim, significa várias coisas, todas elas relacionadas com a idéia de estar na frente, ou defronte, ou diante, ou acima, por aí, incluindo a idéia de fronteira entre coisas, de terreno a país. (No latim, *frons*, *frontis* quer dizer "cara", a lata do sujeito – daí "fronte", do português.) Especificamente, usa-se em português em referência ao universo da guerra, em que *front* significa a frente das batalhas, o local em que estão se – ora veja – defrontando os exércitos, com pessoas e/ou máquinas. Até um belo romance foi escrito tendo no título e na alma a palavra, *Nada de novo no* front (original *Im Western nicht neues*), de Erich Maria Remarque (1898-1970), nascido alemão e naturalizado norte-americano, relato sobre os horrores da chamada "guerra de trincheiras", acontecida na Primeira Guerra Mundial (1914-1918). Outra referência, agora brasileira: Caetano Veloso compôs um frevo chamado "A filha da Chiquita Bacana" (no disco *Muitos carnavais*, de 1977), óbvia referência à "Chiquita Bacana", marchinha de Braguinha e Alberto Ribeiro, de 1949. Nesta, se falava numa personagem que era "Existencialista com toda a razão / só faz o que manda o seu coração", numa síntese improvável mas interessantíssima da filosofia sartreana; naquela, Caetano inventou o que seria uma filha dessa peça rara, moça atualizada, que transava todas "sem perder o tom" e entrou "pro *Women's Liberation Front*", quer dizer, a Frente (ou Fronte?) de Liberação das Mulheres.

Frontlight – Designação moderna de certo tipo de *outdoor* (v.), que tem iluminação na frente, realçando o que está impresso no cartaz. Obviamente, é diferente de *backlight*, que tem iluminação por trás. É uso eminentemente brasileiro.

Frost-free – Moderníssima designação do mundo das geladeiras. Chama-se assim o *freezer* que não produz gelo, e que portanto não requer aquele antigo serviço de degelar e só então limpar o congelador. A expressão é inglesa e quer dizer "livre de gelo" ou "livre de geada", literalmente. Se pronuncia |FRÓST fri| em inglês.

Full-time – Expressão do inglês muitíssimo usada entre nós hoje em dia. É adjetivo para especificar um "tempo cheio" – essa a tradução literal das palavras do inglês – para descrever que, digamos, um trabalhador trabalha o tempo todo, o período integral, justamente o período *standard* – no caso corrente no Brasil seriam os dois turnos diários, ou as 44 horas semanais. Se usa dizer que um trabalho que exigirá dedicação em turno integral é um trabalho *full-time*. A expressão é inglesa e se pronuncia |FUL TÁIM|.

Funk – Nome de estilo musical, de origem na cultura dita afro-americana. Seria uma evolução do *rhythm'n'blues* e do *soul*, com a diferença ficando por conta de que o *funk* é centrado no pulso do contrabaixo. Pense em James Brown, em certo Tim Maia. A origem do termo é que é. Dá para fazer um paralelo entre o Brasil e os EUA, no particular: não sei se o senhor sabia, mas "cabrocha", uma designação antiga (e muito usada) para as mulatas do samba carioca, deriva de "cabra", o animal, assim como "bodum", sinônimo de mau cheiro atribuído preconceituosamente aos negros, vem de "bode". Pois é: *funk*, dito |FÂNC| lá como cá, tem origem tão degradada quanto, do ângulo branco: diz que em New Orleans (Nova Orleães), no início do século 20, *funk* era o nome usado popularmente para os gases oriundos do resultado da digestão, isto é, peido. Depois desse momento, mas ainda antes de ser nome de ritmo musical, era um termo com que americanos brancos se referiam ao odor dos negros – igualzinho a bodum. Seria como chamar o nosso samba de bodum, digamos. Ainda hoje, em inglês, *funky* também significa cheiro ruim, de corpo mal ou não lavado, de forma que chamar de *funk* àquele tipo de música implica adicionar um conteúdo *down-to-earth*, ou *earthy*, como diz sinteticamente um dicionário norte-americano, isto é, um conteúdo, digamos, terra-a-terra, um conteúdo inegavelmente corpóreo. A origem remota do termo tem a ver com o latim *fumigare*, "fumaçar".

Fusion – Uma das palavras do mundo musical de nossos dias, especialmente, ao que parece, do planeta *jazz*. É inglesa e significa "fusão", mistura, e tem sido empregada também no mundo moderníssimo da cozinha que embaralha pratos e temperos de variada origem, a *cuisine de fusion*. Se diz |FIÚ-jân|.

Futebol – Sim, eu sei que ninguém tem dúvidas sobre o significado ou a origem da palavra – vem de *football*, inglês, nome daquele jogo de bola que nos deu cinco campeonatos mundiais. A curiosidade é que, no começo do século 20, quando o esporte começou a ganhar força no Brasil, houve quem tentasse repudiar o abrasileiramento da palavra. Um gramático tradicionalista, Castro Lopes, propôs chamar o jogo de "balípodo", que combinava dois termos gregos, *ballo*, "lançar", e *podos*, "pé". E houve também a tentativa "ludopédio", agora combinando o latim *ludu*, "jogo", com o mesmo grego *podos*, "pé". É no que dá ficar enfrentando o imperialismo e a dependência cultural nas palavras – dá em nada.

G

Gadget – Dita pelos estaduninenses como |GUÉ-djet|, parece ter vindo do francês – é o que diz Sérgio Correa da Costa, ao atribuir o nascimento do termo (dado como de origem desconhecida nos dicionários comuns do inglês) ao sobrenome Gaget, francês, um dos sócios da empresa que construiu a Estátua da Liberdade (Gaget, Gauthier & Cie.), segundo desenho do escultor Frederic Auguste Bartoldie. O nome oficial da estátua é *Statue of Liberty Enlightening the World* (Estátua da Liberdade Iluminando o Mundo) e foi doada pela França aos Estados Unidos em 1884. Consta que o próprio Gaget (que se pronuncia, em francês, |ga-GÊ|) aproveitou para fazer umas miniaturas da estátua, para vender na inauguração, e daí teria aparecido o termo, com leitura inglesa, mudando a tônica e tudo o mais, como sinônimo de suvenir, de engenhoca, de objeto peculiar.

Gag – Palavra inglesa usada no mundo do rádio e da televisão para designar uma piada, um dito espirituoso, um trocadilho ou ainda um "caco", uma intervenção oral não prevista no texto original, de que resulta situação cômica. Se diz |GUÉG|, como no inglês, ou mais comumente |GUÉ-gui|, mas também |GA-gui|. Origem: no inglês antigo, o verbo *to gaggen* significava "sufocar (-se)", "perder o ar". Daí os sentidos contemporâneos de *gag* em inglês – tanto designa um instrumento que fecha a boca de alguém ou impede a fala (como um esparadrapo colado) quanto uma piada, no sentido acima exposto; na condição de verbo, significa "tapar a boca" (literalmente ou figuradamente, como no caso de censura) ou, veja só, fazer uma *gag*, uma piada.

Game – Inglês para "jogo", divertimento, partida. A palavra tem ganhado muita circulação nos últimos anos por causa dos computadores: neste admirável mundo novo eletrônico e internético, qualquer joguinho, do mais chinfrim caça-minas ao mais delirante combate intergalático, se chama *game*. A pronúncia é |GUÊIM|.

Gang – Palavra do inglês já abrasileirada para "gangue", no mesmo sentido: bando de malfeitores ou, mais genericamente, bando de gente. Tem a ver com *gangster* (v.).

Gangster – Já incorporada ao português, com acento: "gângster". É o participante da *gang*, ou da "gangue". O mais famoso dos gângsteres talvez seja, entre nós (quero dizer, "nós" que vivemos aqui dentro do Império Norte-Americano), Al Capone (1898-1947), poderoso chefe do crime organizado em Chicago durante a Lei Seca. (O "Al" vem de "Alphonse", e não de "Albert", como o senhor estava pensando.)

Garage – Literalmente, significa o que o senhor já manjou, "garagem", mas é nome de um estilo de *rock'n'roll*, tipo adolescente e tosco. Ver *grunge*.

Garçon – Palavra importada em outra geração, como "futebol" e "abajur"; veio do francês, na forma com "n" final, abrasileirada para "garçom", "m" final. A fonte é mesmo o francês antigo, *garçun*, "rapaz". Trata-se de uma das palavras francesas que ganhou mundo, sempre para designar o serviçal, o atendente, o cara que atende o nosso pedido em bares e restaurantes, o que os de língua hispânica chamam, traduzindo em vernáculo, de *mozo*, e os angloparlantes nomeiam *waiter*. Em Portugal, existe o termo "garção" para rapaz, da mesma origem. E usam "moço" para "garçom".

Garçonnière – Apartamento em que antigamente (antigamente?) os casados transavam com as moças de aluguel ou de ocasião. Na intimidade, também era chamado de matadouro, por analogia. A palavra é francesa e significa "lugar das moças", mais ou menos (lugar das *garçonnes*). Se diz |garrço-NIÉRR|.

Garden-party – Inglês, literalmente, "festa no jardim". (*Party*, na língua de Paul Auster, significa "festa", "partido" e "parte" – no caso de "parte interessada", por exemplo –, entre outras coisas. Vá alguém entender isso.) Se usava chamar assim a festa de verão, eventualmente à beira da piscina, em clubes sociais ou em casas particulares. Se diz |GAR-den PAR-di|, mais ou menos.

Gardez – Rapaz, eu não encontrei em nenhum dicionário, nem de português nem de outras línguas, a palavra *gardez* no sentido em que aprendi a usar. A seco, *gardez* é o imperativo presente (a língua francesa tem uma imensa precisão nos tempos verbais) do verbo *garder*, que quer dizer, entre outras coisas, "guardar", ou melhor, "pôr-se em guarda". Eu a aprendi e a usava francamente no jogo de xadrez, que faz anos que não jogo, quando se tratava de anunciar o ataque à rainha (quando é ao rei, se diz o conhecido "xeque"). A gente dizia assim mesmo, |gar-DÊ|, como se dissesse *Gardez la reine*, "Proteja a rainha". Havia uma variação que era *en garde*, dito |ÃN GARRD|, significando "ponha-se em guarda", "alerta", que se usa no mundo da esgrima. Será um uso muito privado?

Gate – Muito antes do William Gates esse da Microsoft (parece que ele é William Gates II...), esse que a gente aprendeu a chamar de Bill, esse nascido em 1955 e rico como não pode mais ser, apareceu um uso interessante para o termo *gate*, literalmente, "portão", "porta", "entrada". O caso foi o seguinte: até a altura de 1972, *Watergate* era o inocente nome de um edifício em Washington, a capital dos Estados Unidos. Entre outras várias coisas, abrigava a sede nacional do Partido Democrata. Foi então que a história bateu à porta: o jornal *The Washington Post* publicou nota dando conta de que gente de Richard Nixon, o presidente desde 1969, tinha tentado roubar alguma informação justamente do edifício *Watergate*, a sede dos inimigos políticos. Nixon negou o quanto pôde, mas a reportagem foi implacável (virou filme de sucesso, *Todos os homens do presidente*, com Dustin Hoffman e Robert Redford, de 1976). Havia uma fonte interna, cujo apelido até hoje é usado como sinônimo de fonte anônima e quente de informações: *Deep Throat*, "Garganta Profunda". Tanto ocorreu que em 1974, depois de um exaustivo processo, Nixon renunciou – é o único até o momento da longa história republicana daquele país. A partir do escândalo de Watergate, virou mania botar o termo -*gate* (dito |GUÊIT| em inglês, |GUÊI-tchi| entre nós) como sufixo de outra palavra, tanto em inglês quanto em português brasileiro, para descrever escândalo: deu Collor*gate*, por exemplo, quando o nosso presidente de triste memória foi processado, tendo também ele renunciado. Revista recente (*Época*, 25 de junho de 2001) estampou manchete assim: O TOALHA*GATE* DE FOX. O figurão em causa era o presidente do México Vicente Fox: "Depois do estardalhaço provocado pela revelação de seu romance com a assessora Martha Sahagún, o presidente do México, Vicente Fox, está envolvido em novo escândalo, o toalha*gate*. Na quarta-feira, a imprensa denunciou a compra de artigos superfaturados para o Palácio Los Pinos, residência oficial do presidente. Cada lençol custou ao governo US$ 1.060. As toalhas saíram a US$ 443 a unidade. Além disso, o telefone e o endereço do fornecedor, que teria recebido US$ 430 mil, são falsos".

Gauche – Do francês, significando "esquerdo", mas também "desajeitado", "torto", e se diz |GÔCH|. Na cultura de língua portuguesa brasileira, há um caso clássico: o primeiro poema do primeiro livro (editado em 1930) do maior poeta pátrio, Carlos Drummond de Andrade (1902-1987), traz a palavra, numa utilização perfeita e definitiva do termo. Trata-se do "Poema de sete faces", que na primeira estrofe diz:

Quando nasci, um anjo torto
desses que vivem na sombra
disse: Vai, Carlos! ser gauche *na vida.*

É o mesmo poema que, na penúltima estrofe (das sete), diz, em passagem que também ficou clássica:

Mundo mundo vasto mundo,
se eu me chamasse Raimundo
seria uma rima, não seria uma solução.
Mundo mundo vasto mundo,
mais vasto é meu coração.

Gay – O Aurélio abrasileirou para "guei", mas o Houaiss não, e ambos registram a forma inglesa *gay*, dita |GUÊI|, que originalmente significava apenas "alegre", excitado, brilhoso (não "brilhante"). Os dicionários dão como provinda do francês antigo (ou do provençal) *gai*, "alegre". Naturalmente, nada disso hoje em dia está em causa, muito menos no uso brasileiro da palavra, que designa o homossexual ou a cultura presumidamente típica dos homossexuais, especificamente os masculinos, mais claramente ainda os espalhafatosos. Em inglês, chamar um indivíduo de *gay* pode ser ofensivo, mas se for referência a um conjunto de pessoas ou à cultura (muitas vezes espalhafatosa) do grupo, não. Parece que em português brasileiro dizer *gay* é mais ou menos ok, polido, e certamente expressa muito menos preconceito do que "veado", ou os antigos "fresco", "marica" etc.

Gay lib – Expressão inglesa, forma encurtada de *Gay Liberation Movement*, isto é, "Movimento de Libertação *Gay*". Parece que a expressão ganhou mundo nos anos 70, como designação genérica para o movimento pelo reconhecimentos dos direitos dos homossexuais.

Gentleman – "Cavalheiro", em inglês (faz plural em *gentlemen*), pronunciado |GEN-t(â)l-men|. Quando a gente usa o termo, no meio da fala brasileira, é para acentuar a qualidade ultra-educada do sujeito, uma educação que na nossa fantasia pertence ao mundo britânico, não necessariamente ao mundo da aristocracia britânica. Nélson Rodrigues dizia que o verdadeiro *gentleman* inglês, em todo o mundo, era um só: o escritor Antônio Callado, que por sinal viveu lá, no Reino Unido, por uns anos, trabalhando na BBC. A palavra tem origem latina, *gens*, que vem do grego, mas nem importa tanto saber isso, e sim que da mesma matriz vieram vários termos que estão por todo o mundo: gente, gentileza, indígena, gênio, gênero, esses termos que designam as pessoas em geral e, em particular, as pessoas cuja origem é conhecida – e, no caso do inglês, é nobre ou elevada socialmente.

Gestalt – Em alemão, significa "figura" ou "forma", com um traço adicional: é figura ou forma que resulta de haverem sido ajuntados os pedaços componentes. A palavra, porém, talvez tenha entrado na vida do português contemporâneo associada a uma específica forma de terapia psicológica, criada por Fritz Perls, segundo a qual os sonhos são mensagens que o indivíduo manda para si mesmo. A partir de tal concepção, a terapia consiste em procurar compreender as partes dos sonhos entendidas como elementos da personalidade do sonhador, de forma a integrá-las na *Gestalt*, na figura geral. A terapia tem algo de teatral, porque pede que o sonhador, para compreender as coisas e (re)fazer a *Gestalt*, encene passagens, para bem equacionar e resolver os problemas apontados no sonho. Essa terapia, por sua vez, se baseia numa teoria da percepção humana, que tem por questão o estudo de como o cérebro humano compõe imagens totais a partir de pedaços, fragmentos, partes de um dado conjunto, teoria desenvolvida por vários estudiosos a partir do trabalho de Max Wertheimer (há um trabalho seu publicado em 1912 tido como marco inicial da teoria), Wolfgang Köhler e Kurt Koffka. Em alemão se pronuncia mais ou menos |guêch-TALT|, com "l" líquido; no brasileiro nosso de cada dia, se diz |gues-TÁU-tchi|.

Gestapo – Palavra que era uma sigla que evoca aquela medonheira que foi o regime nazista, na Alemanha. *Gestapo* vem de *Ge(heime) Sta(ats) po(lizei)*, literalmente, "Polícia Secreta do Estado", enfim, o serviço secreto daquela terrível experiência histórica. Usava de métodos trogloditas, ou melhor, nazistas de atuação – tortura, morte, canalhices em geral. Daí que por vezes se use a palavra *Gestapo*, não mais literal mas alusivamente, a qualquer polícia e/ou método de investigação e/ou repressão que se pareça àquela coisa. Em alemão, a pronúncia da sigla seria |guêch-TA-po|. Entre nós, parece que a pronúncia se manteve, |guês-TA-pu|, e não |gês-TA-pu|. Detalhes, detalhes.

Ghostwriter – Literalmente, a partir das duas palavras que compõem o conjunto, "escritor fantasma", com pronúncia aproximada de |GÔUÇT RÁI-târ|, com o "r" caipira. Escritor fantasma é aquele que escreve o texto, mas cuja assinatura não aparece, e pelo contrário, o texto será tomado como sendo de autoria do sujeito que contratou o fantasma. Aparentemente, o termo só começa a ser usado no final do século 19, mas a prática é certamente mais antiga, muito particularmente no mundo da política. Um caso que ficou notório, no Brasil, foi o redator de certos discursos do ex-presidente Fernando Collor, de má memória para nós, que se serviu da pena de um grande (e politicamente conservador) escritor (que nesse caso serviu como fantasma), José Guilherme Merquior.

Gilette – O nome daquela lâmina de barbear, que mesmo já tendo desaparecido parece permanecer como designação genérica – e a gente escreve "gilete", devidamente dicionarizada. Deve-se a King Camp Gilette (1855-1932), norte-americano que inventou aquela lâmina na altura de 1895.

Gin – Bebida alcoólica fermentada, feita com cereais como cevada, trigo e aveia, também conhecida como "genebra". Aliás, a forma está dicionarizada em português como "gim". A palavra inglesa *gin* vem da redução de *Geneva*, que eles pronunciam mais ou menos |dji-NI-va|.

Glamour – Segure-se na cadeira: os dicionários derivam *glamour* (ou *glamor*, na escrita norte-americana) de *grammar*, inglês para "gramática" – o senhor sabe como são próximos o "r" e o "l", não é mesmo? No século 18, os escoceses adotaram a palavra, mas grafando como *glamer*; ou por ser a gramática uma ciência erudita e misteriosa para o povo, ou por haver uma associação entre aprendizado em geral e o aprendizado da feitiçaria, acabou que a palavra *glamer* passou a significar "feitiçaria", coisa de iniciados. Daí teria vindo o sentido do *glamour* como... feitiçaria, só que agora ligada ao apelo sexual. Ou um pouco menos: *glamour* significa "encanto", magnetismo pessoal, charme, sensualidade, ou charme sensual. Isso significa que o termo veio do mundo anglo-parlante, só que para nós, cá embaixo, houve uma escala na França, onde a palavra tem vigência, mas se diz |gla-MURR|, com "r" na garganta, ao passo que em inglês se diz mais ou menos |GLÉ-mâr|. Aqui no Brasil a gente reproduz a fala francesa nesse particular. Nenhum dicionarista brasileiro abrasileirou a palavra. Ainda.

Glasnost – Palavra russa tornada popular no Ocidente pelo ex-presidente Mikhail Gorbatchov, o líder que abriu o debate e fechou a (falecida) União das Repúblicas Socialistas Soviéticas, a URSS de tanta fama no século passado, uma impressionante construção que envolvia países (fundamentalmente os eslavos, Rússia à frente, mais aqueles que hoje ficaram famosos e terminam o nome em "-stão", ali entre o Oriente Médio e a Índia). O caso é que a palavra, junto com outra (ver *perestroika*), invadiu o mundo ocidental quando aquele líder resolveu debater às claras as coisas que rolavam naquela parte do planeta. *Glasnost* é russo e significa "tornado público", a partir da palavra *glas*, que significa "voz", e portanto tem a ver com a idéia de transparência, no sentido em que essa palavra vem sendo usada no mundo político, para designar a atitude de oferecer ao público as informações dos bastidores do poder. Daí em diante se popularizou, como sinônimo de ação política em favor da transparência ou como a própria transparência. É de ver se vai permanecer o uso, porque o que deu origem à divulgação da palavra foi um movimento muito forte, estrondoso, bastante recente – o mandato do Gorbatchov como secretário geral do Partido Comunista (cargo mais importante de todos, naquele tempo e lugar) foi entre 1985 e 1991, presidente da URSS em 1989 (o ano em que o Muro de

Berlim caiu) e Prêmio Nobel da Paz em 1990, prêmio este conferido a ele justamente em função de sua atuação a favor do fim daquele esquema que já era uma fraude política havia muito tempo –, mas já esquecido, ao que parece.

Glitter – Palavra inglesa que significa "brilho", cintilação. Nos anos 70, falava-se em *glitter rock* como um *rock* puxando para o *gay* (tinha até um sujeito chamado Gary Glitter); hoje em dia, tudo que é reboco feminino (batom, sombra, sei lá mais o quê) faz brilhar, tem um *glitter*. A pronúncia é exatamente a que o senhor imaginou: |GLI-ter|.

Global player – Literalmente, significa "jogador global", em inglês (se diz |GLÔU-bal PLÊI-âr|). Termo usado hoje em dia, na era da mundialização dos mercados, como designação dos atores principais do imenso cassino eletrônico em que o mundo se transformou. Conforme o contexto, tanto pode referir-se a um indivíduo (digamos o megainvestidor George Soros), quanto a uma corporação (a IBM, a Ford, sei lá), quanto ainda a um país ou um bloco de países. Aqui na terra volta e meia algum liberal irritado reclama que o Brasil não fez tal ou qual reforma e por isso ainda não é um *global player*.

Globetrotter – Palavra inglesa que designa o que em português desusado se chamaria "trotamundos", o sujeito que anda pelo mundo todo. Se pronuncia |GLÔUB TRÓ-târ|. Particularmente, é o nome de uma equipe norte-americana de basquete-*show*, *The Harlem Globetrotters*, equipe que começou a funcionar em 1926, com o nome de "*Saperstein's New York Globetrotters*" (era o sobrenome do empresário), mudado no ano seguinte, numa longa excursão pelo país todo (e jogos dia sim, dia não), para "*Harlem New York Globetrotters*", denominação ideológica, para assinalar que os jogadores eram todos negros, naquela altura. Daí por diante, a equipe participou de campeonatos formais (a partir de 1940), sempre ganhando. Em exibições, vencia por escores inacreditáveis, tipo 152 a 2, e esse era o motivo para os caras começarem a fazer micagens, jogadas circenses e tal, que foram sendo incentivadas pelo empresário – desde que a vantagem fosse segura, para não perder. A platéia vinha abaixo, então e agora, com o puro talento dos jogadores, que depois da Segunda Guerra começaram a excursionar pelo mundo.

Gnocchi – Nome já abrasileirado para "nhoque", mas que de vez em quando ainda vem escrito na forma italiana original, designa aquela massa de batata e farinha de trigo, servida com molho de tomate. Em italiano é assim, com o "*gn*" inicial, que dá no nosso "nh". Parece que vem remotamente de *nocchi*, o nó da madeira. Mais uma:

essa mania de dizer que comer nhoque no dia 29 de cada mês, coisa e tal, é de fato uma invenção recente: foi um publicitário argentino, Julio Ricco, que inventou a pataquada, a pedido de um cliente de sua agência (chamada Ricardo de Luca). O cliente naturalmente fabricava nhoque.

Gói – Forma aportuguesada do iídiche *goy*, que entre os judeus designa o não-judeu. Em iídiche, faz plural em *goym*.

Gol – Sim, a palavra há horas que já está abrasileirada. Vem do inglês *goal*, dito mais ou menos |GÔUL|, que significa "objetivo", no sentido de alvo, isto é, lugar real ou imaginário para onde miramos certos esforços; o mesmo que propósito, dentro dumas. Deu pra entender, apesar dos duplos-sentidos, não? O bacana é que a palavra em português faz plural raro, talvez único para as palavras terminadas em "l": "um gol, dois gols" (que a gente diz |GÔUS|). Não adianta algum purista querer fazer analogia com, por exemplo, "sol" ("sóis"), nem forçar a barra, como algum tempo atrás tentaram, de fazer "gol" virar "golo", donde o plural seria "golos". Não deu, e ficamos por isso mesmo. Caso típico do lado tolerante da língua brasileira.

Gospel – Em português contemporâneo do Brasil, trata-se de um gênero musical, dito (em imitação da pronúncia inglesa) |GÓÇ-pél|, que é música de feição relativamente simples, com raiz folclórica, misturada com tinturas de *jazz* e cultura negra norte-americana em geral, feita e cantada em ambiente religioso cristão, com aqueles magníficos coros de várias vozes e um solista enlouquecido. Na origem, é tradução inglesa antiga para o termo grego *evangelion*, que quer dizer "boa nova", boa notícia, com o detalhe de que aí dentro da palavra está embutida outra, nossa conhecida, *angelon*, que veio a dar no nosso "anjo", sinônimo grego de "mensageiro". Assim, *gospel*, que alguns grafam *Gospel*, com maiúscula, não é *God*, "Deus", mais *spell*, neste contexto "palavra", e sim *god*, a forma antiga de *good*, "bom", mais o mesmo *spell*. Mas, vai ver, uma e outra palavra mantêm relação íntima, que nossa pobre filologia nem alcança.

Gourmand – Ver *gourmet*.

Gourmet – Palavra muito comum na imprensa nacional, ao lado de sua parente menos famosa, *gourmand*. A primeira, dita |gurr-MÊ| e sem abrasileiramento na forma, designa o sujeito que aprecia a boa mesa e entende do riscado, manja de vinhos e comidas e tal. Já o outro, dito |gurr-MÃ| (e também sem forma brasileira), é o "glutão", o boa-boca, o garfo. A segunda faz feminino em *gourmande*, com pronúncia quase igual à forma masculina, ao passo que a primeira palavra é masculina, sem forma feminina. (E eu pergunto: e como chamaremos a uma mulher que entenda de vinhos? Diremos que ela é um indivíduo *gourmet*? Atenção, feministas, eis aqui um campo de batalha.) *Gourmet* veio de *grommes*, "criado" – o senhor vai lembrar de grumete, aprendiz de marinheiro, certo? Tudo a ver –, que por sua vez tem origem em *grom*, "rapaz", no inglês antigo.

GPS – Sigla de *global positioning system*, isto é, "sistema de posicionamento global", designação de uma tecnologia sofisticada que vem num aparelhinho que o cidadão pode carregar consigo, como se fosse um rádio de ouvir o futebol de tão leve, acioná-lo em qualquer parte do planeta e saber quais as coordenadas de seu lugar, com exatidão total, mediante referência de satélite. E pensar que antigamente o sujeito tinha que ler estrelas.

Graffiti – Palavra italiana, como estamos vendo na cara dela. É plural de *graffito*, mas quem é que vai lembrar disso? Tanto perdemos essa noção que hoje *graffiti* é usada como singular mesmo, e estamos conversados. Há duas formas brasileiras na mesma região vocabular: "grafite", num certo sentido (o outro é o nome de uma pedra, parente de carvão e, de longe, de diamante), e "grafito", esta sendo a forma mais erudita de chamar os rabiscos, os *graffiti*. A origem remota do termo, tanto no italiano como no português, é do latim, oriundo do grego, tudo significando "grafar", escrever, ou rabiscar. Então é isso, claro.

Gran finale – Do italiano, significando "grande final". Se diz como se fosse português puro |GRÃN fi-NA-le|. Uso original: no mundo da música de concerto, da música para orquestra tradicional, o autor e/ou o maestro requerem um *gran finale* para o desfecho grandioso da composição. Daí derivou para qualquer outra situação cujo desfecho seja grandioso, magnífico, coroado de êxito – desde uma obra artística até, digamos, uma conquista amorosa.

Grand monde – Francês, significando "grande mundo", no sentido literal. Se diz mais ou menos |GRÃ MÕND|, com muita nasalização, conforme convém. Se usa para designar o grupo de cima, o "andar de cima" segundo hoje em dia tem dito o Elio Gaspari, as elites. É uma expressão de sentido relativo ao tema em questão: pode-se falar no *grand monde* da moda, no dos esportes, no das finanças. Naturalmente, há o grupo que estará por cima em qualquer circunstância – o verdadeiro *grand monde*, o absoluto. A expressão era muito usada no colunismo social.

Greatest hits – *To hit* é daqueles maravilhosos verbos do inglês que significam uma pá de coisas, por exemplo, "bater", "colidir", "acertar o alvo", "golpear", "apertar" (um botão), e ainda "alcançar" e mais uma pá de coisas. O substantivo *hit* também significa várias coisas, mas uma em particular: aquilo que alcançou sucesso popular, filme, peça, canção. Daí o sentido da expressão, que a gente lê num monte de discos, velhos e novos: *greatest hits* significa "os maiores sucessos". A pronúncia fica mais ou menos |GRÊI-teçt RRITÇ|.

Grid – Nas corridas de carros, fala-se no "*grid* de largada", que é uma forma metafórica de falar do desenho formado pela disposição dos carros quando parados ali, à espera de sair correndo descabelados em busca da vitória. A palavra é inglesa e significa, literalmente, "grade", e é por isso mesmo que os portugas chamam aquilo de "grelha" de largada.

Griffe – Aportuguesado para "grife", com só um "f", como convém, a palavra vem do francês, em que significa, veja só, a "garra", a unha das aves de rapina. Secundariamente, significa tirania, por metáfora derivada do significado anterior. "Nas garras da lei", em francês, se diz "*sous la griffe de la loi*". O que o senhor e eu podemos cogitar é o seguinte: vestir uma roupa de grife, como se diz em nosso pobre mundo brasileiro, significará estar nas garras daquela roupa, ou nas garras da lógica terrível que manda todo mundo ser igual?

Grill – Vem do inglês, para onde foi desde o francês antigo *greille*, que veio a dar no português "grelha", exatamente essa que o senhor está desenhando mentalmente: uma grade de barras paralelas, usada para pôr sobre o fogo e sob aquela carne amiga, por exemplo. Parecido com *grid* (v.), que em brasileirês tem outro uso.

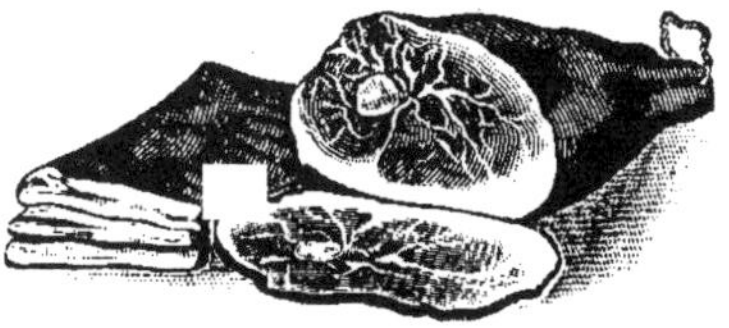

Groove – Palavra inglesa muito encontrada hoje em dia no mundo da música *pop*. Tem até banda com a palavra em seu nome próprio. Significava apenas uma ranhura, um canal estreito e comprido, que serve para encaixe de alguma peça, ou o próprio encaixe. O sulco dos discos de vinil junta as duas coisas: é uma ranhura em que se encaixa(va) a agulha. Se diz |GRUV|, com "r" caipira. No universo *pop*, a palavra significa uma coisa, uma experiência, um evento agradável, aprazível, adequado ao caso, com bom astral, legal, ou então, como se diz em brasileirês contemporâneo, *cool*.

Grosso modo – Latim, de largo uso, de muitas vezes equivocado uso. A expressão, na sua forma escrita assim mesmo, como todo mundo já viu, já significa "de modo grosseiro", ou seja, "aproximadamente". Por isso, não cabe escrever, em português, coisas como "A *grosso modo* eu acho isso", porque aquele "a", preposição, já está previsto na forma escrita da expressão – se o senhor não tinha notícia, cabe referir: o latim é uma língua com declinações, isto é, uma língua que incorpora à terminação das palavras certas terminações que indicam já a função sintática que ocupam na frase. De forma que o jeito latino correto é escrever e dizer "*Grosso modo* eu acho isso", e nada mais.

Groupie – Nome moderno para a velha e conhecida "fã". A palavra traz em si sua origem: vem de *group*, que quer dizer "grupo", em inglês, em referência aos grupos musicais, particularmente, às chamadas bandas. Daí que *groupie*, dita |GRU-pi|, mais ou menos, significa a pessoa que acompanha o grupo. Refere-se, está claro, a moças, mais que nada.

Alfredo Pons

Grunge – *Grunge*, que os americanos dizem mais ou menos |GRÂNDJ|, parece que nasceu como uma forma de escrever certa pronúncia desleixada da palavra *garage*, que canonicamente daria mais ou menos |ga-RAJ|, palavra que nasceu francesa mas provém de matriz anglo-saxã – em francês tem *gare*, que se usava em português também, para designar a estação de trem ou metrô. É gíria norte-americana para roupa suja, largadona, ordinária, maltrapilha, ou já estilizada e vendida nas lojas de *griffe*, calça largona e camisa xadrez. Outra hipótese para a origem da palavra, a meu juízo menos plausível: ela seria uma mistura de *grubby* ("sujo", "encardido") mais *dingy* ("descolorido", sujo mais uma vez). Daí foi um passo para designar um estilo musical, aquele *rock* sujo, tipo o Nirvana, nascido no final dos 80. A pronúncia é aquela ali de cima, mas há quem diga |GRUN-gi|, aqui no Brasil.

Guard-rail – Aquela proteção de metal colocada ao lado das estradas, especialmente nas curvas perigosas, que deve impedir que o carro saia da pista, caia na pirambeira, machuque alguém. É palavra inglesa, como se vê, e se diz, lá na língua da rainha, |GARD rêil|, e não |GUARD|. *Rail* é uma barra de metal, e *guard* é o mesmo que parece em português mesmo, "guarda", proteção; a soma dá "proteção de metal".

Gulag – A palavra tem um sentido literal e outro alusivo. O primeiro é o de sistema de campos de prisioneiros, de campos de concentração, nascido e ativo na falecida União Soviética, para onde eram mandados os criminosos ditos comuns e os políticos – estes, como se sabe, sacrificados barbaramente e aos magotes sob Joseph Stalin, secretário-geral do Partido Comunista Soviético e manda-chuva total do pedaço entre 1922 e 1953, quando morreu. Alusivamente usa-se o termo para referir prisões, reais ou metafóricas, promovidas ou comandadas pela esquerda radical (como assim, "radical"? Eu também não sei definir, barato leitor – e vamos lembrar que o grande Bertolt Brecht dizia que radical mesmo era o capitalismo –; melhor seria falar em esquerda estalinista) contra seus inimigos, de esquerda ou de direita. A palavra vem de uma sigla, para a expressão *Glávnoe Upravlénie (ispravitel'no-trudovýkh) Lageréi*, ou seja, "Direção Geral dos Campos" (de trabalhos correcionais). Pronuncia-se, em português corrente, como oxítona |gu-LAG|, segundo o Houaiss, mas como paroxítona |GU-lag|, em inglês. O Houaiss ainda registra que o plural, em russo, fica *gulagui*.

H

Habeas corpus – Expressão das mais comuns em nosso mundo, totalmente latina, significando "Que tenhas o teu corpo", isto é, "Que você tenha possibilidade de dispor de seu corpo da maneira que lhe aprouver". Segundo os manuais de latim, a expressão completa é "*habeas corpus ad subjiciendum*", "que tenhas o teu corpo para submetê-lo" (à justiça). A expressão, que na vida real brasileira foi reduzida para *habeas* – dito |A-be-as (CÓR-pus)| e, segundo o Aurélio, escrita em português brasileiro apenas como "hábeas" mesmo, mas com acento –, refere um direito constitucional, o de o acusado poder dispor de certa liberdade de movimento, direito que é reconhecido publicamente quando o acusado está na iminência de sofrer algum cerceamento ou mesmo alguma violência.

Habeas data – Latim também, significando "que tenhas (acesso a) os teus dados", aos dados relativos à tua pessoa. Também é do mundo do direito e designa o direito de o cidadão poder saber os dados que sobre ele são guardados nos órgãos públicos. Se diz |A-be-as DA-ta|. (O Houaiss registra, para esse termo, o aportuguesamento "hábeas-data", mas não para o anterior, que permanece em sua forma latina.)

Habemus – Quando apareceu o Ronaldinho, aquele carioca, certa revista semanal estampou, a páginas tantas: "*Habemus* camisa 9". O jornalista estava brincando com uma famosa frase latina, de uso raro e preciso, "*Habemus Pontificem*" (diga |a-BE-mus pon-TI-fi-çem|) ou, mais comum, "*Habemus Papam*" (|PA-pam|), que significa "Temos Pontífice" ou "Papa". É a frase com que o cardeal mais velho do consistório (=reunião de cardeais) anuncia às gentes o fim das enormes batalhas de bastidor que levam à escolha de um novo Papa católico. Como é latim, veja o prezado leitor que a palavra que vem logo depois do verbo *habemus* termina por um "m" meio estranho; pois é justamente uma característica do latim, a declinação da palavra conforme sua posição na frase. De forma que pode crer.

Habillée – Palavra francesa, feminina (a forma masculina perde o último "e"), relativa ao mundo da moda e da etiqueta. Significa desde singelamente "coberta de vestimentas", isto é, "não nua", até vestida de modo adequado a uma ocasião elegante. Se diz mais ou menos |a-bi-IÊ|, com um suspiro de "j" antes do "e". Pode parecer que a palavra tem a ver com "hábito", aquele que, segundo a lenda, não faz o monge; mas não, porque esta vem de *habitus*, sinônimo de "maneira de ser", ao passo que aquela vem remotamente do latim *habilis*, hábil, adequado.

Habitat – Outro latim totalmente integrado ao nosso português, é uma das formas flexionadas do verbo *habitare*, que quer dizer exatamente o que o senhor está pensando, na terceira pessoa do singular, presente do indicativo: *habitat* quer dizer "(ele) habita". O termo entrou em circulação parece que no final do século 19, para designar a área mas também as condições ecológicas em que vive alguém (ou algum grupo de indivíduos, ou uma espécie etc.). Se diz |A-bi-tat|, como proparoxítona. O Aurélio também dá "hábitat".

Habitué – Palavra francesa, com feminino em *habituée*, abrasileirável para "habituê" (que é como se diz a palavra), como se vê escrito aqui e ali, que designa o sujeito habituado a alguma coisa, por exemplo aquele que tem o costume – o hábito, veja só – de ir ao teatro, ou ao cinema, ou ao jogo. Se bem que *habitué* mesmo, assim em francês, deve sê-lo de algum mister charmoso, afrancesado, elegante, aprazível.

Hacker – Uma praga moderna, esta peça: o carinha – eu já o desenho como um guri cheio de espinhas, calça folgada, camiseta com alguma estampa fantasmal, talvez com uma lata de refrigerante numa mão e o dedo no nariz, caçando meleca – que invade os computadores alheios para sacanear, para quebrar códigos, para furar bloqueios, para aborrecer. Com o detalhe de que esse praga não quer ganhar grana! Pelo menos é o que se vê por aí, ai de nós. Bom, mas o certo é que o rapaz manja mesmo do riscado, sabe fazer com o computador o que o senhor e eu nunca saberíamos fazer, mesmo que estudássemos uns cento e vinte anos. A palavra é usada no mundo da computação ou por analogia com *hacker* no sentido de jogador amador meio inábil mas obstinado, ou então, mais provável, vem de *hack* no sentido de pequeno golpe para iludir alguém, um esquema usado para sacanear um pateta qualquer, golpe este talvez oriundo do sentido principal do verbo *to hack*, que é "cortar", atorar, com sucessivos golpes. Se diz |RRÉ-quâr|.

Haicai – Essa é a forma dicionarizada no Brasil para aquela forma poética japonesa, velha de uns quinhentos anos, que tem a marca de ser breve, concisa e profunda. São três versos, com 5, 7 e 5 sílabas, nessa ordem, e flagram um aspecto da vida, um episódio, um evento. A palavra se compõe de duas metades, *hai* ("brincadeira") e *kai* ("harmonia"). Uma variação desse nome é *haiku*, sendo esse *ku* o mesmo que "sentença", "frase". No Brasil de nossos tempos, tem muita gente que cultiva esse estilo, todos tendo como referência-sênior a Paulo Leminski (1944-1989).

Hair stylist – Nome cheio de nove-horas para designar o nosso velho conhecido, o barbeiro, ou, se quiser na forma mais recente, o cabeleireiro. Mas é claro que o *stylist*, significando "estilista", como dá para imaginar, é mais que aquele sujeito que apenas corta os cabelos da gente. Se diz mais ou menos |RRÉR ÇTAI-liçt|.

Hall – Aquele vestíbulo ou salinha que a gente atravessa ao entrar num edifício de certo porte, e que nos grandes prédios (feito hotéis cinco estrelas) são imensos salões, de pé direito altíssimo, e que a gente pronuncia |RRÓL|, com "l" líquido e, claro, o "r" aspirado. A palavra é anglo-saxã, como dá a pinta: breve e irredutível. Ver *lobby* e *foyer*.

Halloween – Festa que acabamos de importar, da mesma matriz de onde nos veio uma figura tão exótica como a do Papai Noel, os Estados Unidos da América. É uma festa que evoca remotamente a cultura pré-cristã, celebrada a 31 de outubro, fim do verão no hemisfério norte, data que era a véspera de ano-novo nos tempos celtas e anglo-saxões das ilhas inglesas e irlandesas, e data quando se erguiam fogos imensos para espantar espíritos malignos, e os espíritos dos mortos voltavam para visitar seus antigos lares, o que dava à festa um aspecto meio fantasmagórico – daí as bruxas, os fantasmas e essa turma toda, toc, toc, toc, pé-de-pato, mangalô treis veiz. Parece que veio para a América a prática dessa festa com os imigrantes irlandeses; no começo chegava a ser violenta, mas hoje em dia a história se resume a abóboras sem miolo e uma vela dentro, e crianças fantasiadas repetindo a frase-trocadilho "*Trick or treat*", "Truque ou presente", mais ou menos, para as pessoas nas casas; essas em geral preferem dar o presente. (A partir de 1965, informa a polida enciclopédia *Britannica*, o UNICEF associou a essa festa uma atividade de recolher grana para o *United Nations Children's Fund*.) Sim, é tudo isso, mas faltou dizer que a palavra vem de *All Hallows' Eve* (ou *Even*, ou *Evening*), ou seja, a "Noite de Todos os Santos", prática cristã que, por assim dizer, tomou a base pagã para fazer a sua festa.

Hamburger – Aportuguesado para "hambúrguer", com aquele acento bacana ali. Há quem diga que nasceu na Alemanha, na cidade de Hamburgo, grande cidade portuária, e daí migrou para os Estados Unidos na cabeça e no estômago dos imigrantes alemães; mas há quem defenda que, para ter-se

tornado tão arraigadamente a cara do modo de ser da comida estadunidense, deve mesmo ter nascido no território dos EUA, por exemplo, na localidade de Hamburg, Nova York – vá alguém saber. O certo é que se trata de um bife de carne moída que, por lei (lá na terra do Tio Sam), deve ter no máximo 30% de gordura (o ideal é 15%). A expressão *Hamburger steak* talvez tenha aparecido num menu pela primeira vez em 1836, mas é certo que em 1884 ela foi impressa num jornal norte-americano.

Handicap – Em português parece haver alguma confusão no uso do termo – mas isso se explica, porque há dois sentidos para o termo, opostos e complementares: tanto significa a *vantagem* que se dá a algum competidor para que suas possibilidades sejam iguais às dos demais, quanto a *desvantagem* representada por algum defeito ou limitação, num indivíduo (a surdez é um *handicap*, por exemplo). Origem: *hand in cap*, "mão no chapéu", literalmente, um antigo jogo (ou antiga forma de aposta, pelo menos), em que a grana (das apostas ou das multas) era colocada num chapéu mesmo. Se diz mais ou menos |RRÉN-di-quép|, com o "r" aspirado, mas em português a gente diz |(rr)ãn-dji-CÁ-pi|.

Happening – Palavra que no português do Brasil ficou assim mesmo, com essa cara total de inglesa (é substantivo, mas na forma do gerúndio do verbo *to happen*, "acontecer"), a partir do uso consagrado pelas vanguardas artísticas do começo do século 20 e daí por diante: *happening*, dito |RRÉ-pâ-nin|, com "r" aspirado, quer dizer "acontecimento", coisa que acontece, que sucede, mais especificamente um evento de artes que acontece unicamente naquele momento em que acontece, o que confere ao caso um aspecto de unicidade – se quiser aprofundar, há aí uma certa quantidade daquilo que Walter Benjamin chamava de "aura", aquela característica da arte que no século 20 estava prestes a perder-se na noite dos tempos, dada a reprodutibilidade técnica da obra de arte. Daí que o *happening* tenha esse aspecto de atribuir certa aura de singularidade ao evento artístico, seja ele dramático ou plástico, ou literário ou sei lá o que mais. Ouve-se dizer, de modo mais frouxo, por exemplo, que certo lançamento de livro foi um verdadeiro *happening*, em função de ter proporcionado uma certa experiência estética singular aos participantes, e a ninguém mais, irrepetivelmente. Se é que estamos nos entendendo.

Happy end – O final feliz (tradução literal de *happy end*, dito em inglês |RRÉ-pi ÊND|) das narrativas, em cinema ou literatura. Aqueles finais pelos quais as namoradas tanto anseiam, você entende.

Happy few – Literalmente, significa "os poucos felizes". Veja bem, meu caro leitor: não "os pouco felizes", mas "os poucos felizes". O pequeno, o seleto grupo dos felizes, dos afortunados – se diz, na língua de Bob Dylan, |RRÉ-pi FÍU|. Usa-se muitas vezes em tom ligeiro, brandamente irônico, para referir um grupo qualquer que tenha ou disponha de privilégios em dada situação – os convidados para um camarote especial no Sambódromo, por exem-

plo, podem ser chamados assim. Há uma famosa frase no drama *Henrique V*, de Shakespeare (1564-1616), de celebração pela amizade e de exortação à luta até à vitória, com que o rei anima seus parceiros com a perspectiva de que todos entrarão para a história e serão para sempre lembrados pela coragem e bravura: "*We few, we happy few, we band of brothers*" ("Nós os poucos, nós os felizes poucos, nós o bando de irmãos"). Está no ato IV, cena III.

Happy hour – Expressão da língua inglesa que entrou a pleno na circulação da língua brasileira, sempre com o significado original de "hora feliz", que é o que quer dizer mesmo (e se pronuncia |RRÉ-pi ÁU-âr|, mais ou menos). Trata-se daquele período de fim de tarde em que os amigos, saídos do serviço, se encontram para beber, para comer uma coisinha – não confundir com jantar –, para programar o que fazer na noite profunda e radical.

Haraquiri – Segundo meus quase nulos conhecimentos de japonês, o ritual que a gente ficou conhecendo como haraquiri (essa a forma aportuguesada do termo japonês, que se escreve de maneira que desconheço total e absolutamente) também se chama *seppuku*. O que significará tal misteriosa palavra? É japonês, *s(y)et-puku*, vindo do chinês *qie*, "cortar", e *fu*, "ventre" – isso aproximadamente, claro. Em compensação, uma rápida consulta a dicionários de outras línguas indica que em francês e em inglês se escreve como palavra composta, *hara-kiri*, se pronuncia como oxítona, tal como em português, e tem como significado literal "cortar" (*kiri*) "tripas" (*hara* ou *hari*). É o nome do suicídio ritual que o samurai (o guerreiro, mas a palavra designa "aquele que serve" (ao Imperador), isto é, o servo (do Imperador) pratica, no momento extremo de sua vida, para cumprir uma das regras de ouro de sua ética: morrer dignamente, encarando de frente o horror. O sujeito que vai praticar o haraquiri se põe de joelhos, senta sobre os calcanhares e mete no abdômen um pu-

Kosure Okami

nhal, desenhando um "L" ou um "X" imaginário ao levar junto aquelas coisas que carregamos dentro da pança. Sinceramente.

Hard news – Palavra do mundo da imprensa, do jornalismo, que designa as notícias (*news*, que significa também "novas", da mesma forma que em português a gente pergunta "Quais são as novas?" querendo saber as notícias) que lidam com os assuntos mais sérios – política, economia, negócios – em oposição às notícias que lidam com variedades, com cultura, com frescuras em geral. Elas são *hard* porque, como nas palavras seguintes, tratam das coisas "duras", em certo sentido.

Hard rock – Uma das várias subdivisões do *rock'n'roll* (v.), desta vez com um aspecto claramente mais agressivo (daí o *hard*, que significa "duro", forte; dito |RRARD|), com muita aspereza no som, muita distorção, aquela barulheira que é preciso ter menos de 25 anos para agüentar.

Hardcore – Estilo musical pesado, *rock* raivoso, daqueles que só podem dar dor de cabeça, na minha irrelevante opinião. A palavra combina *hard*,

"duro" ou "inflexível", com *core*, "núcleo" ou "parte central", e era usada há mais tempo para designar qualquer coisa, evento, comportamento que mantenha um núcleo duro, uma parte intransigentemente resistente contra uma atitude mais *soft*, que é o contrário de *hard*. Pode-se usar a palavra para falar de qualquer sujeito que seja filiado ou fiel a uma idéia ou a uma posição política até a morte, sem negociação: um *hardcore* separatista, por exemplo. Se diz |RRARD CÓR|.

Hardware – Frase moderna para designar a diferença entre *hardware* e *software*: *hardware* a gente chuta, enquanto *software* a gente xinga. Perfeito. Porque *hardware* (se diz |RRARD-uér|) designa a parte física do computador – aquela caixa de metal ou plástico chamada gabinete, que abriga a *CPU* (v.), mais as engenhocas físicas que vão dentro. Antes da era dos computadores, a palavra designava qualquer coisa de metal, qualquer utensílio feito uma fechadura, uma ferradura, um martelo, uma pá, essas coisas (a nossa "ferragem" é *hardware store*); depois, essas coisas de computador que, no desespero, a gente tem vontade de chutar. A palavra se compõe de duas outras que a gente enxerga a toda hora no inglês: *ware* quer dizer "mercadoria", coisa feita em série, e *hard* quer dizer "duro", consistente. Já o *software*... dá uma espiada no verbete.

Hasta la vista – "Até a vista", em espanhol (dito |AÇ-ta la BIÇ-ta|), isso mesmo que nós sabemos, uma saudação de despedida. Todo mundo sabe, porque é bem parecido com o português, mas parece ter ganho certa popularidade porque em certo filme o ator Arnold Schwarzenneger dava adeus a seus inimigos (que ele matava ou quase isso) dizendo, nesta mistura de espanhol e inglês mesmo, "*Hasta la vista, baby*". O senhor lembra do filme? Me diga lá como era o nome, então.

Haute couture – Francês, que é a língua certa para o assunto: a expressão significa, literalmente, "alta costura", isto é, costura elegante, para gente fina, feita com esmero, em peças únicas (se opõe às linhas industriais, ao *prêt-à-porter* (v.)). Se diz, mais ou menos, |ÔT cu-TURR|, com o "u" dito com boca de dizer "i" e o "r" na garganta. Trata-se de uma das expressões francesas que ganharam o mundo todo, naturalmente porque designa uma atividade em que os franceses se notabilizaram e são os melhores mesmo.

Hay que endurecer, pero sin perder la ternura jamás – Frase atribuída a ninguém menos que Ernesto "Che" Guevara, argentino da cidade de Rosário (daí o apelido "Che", forma de saudação corrente em sua terra natal e em toda a região platina, incluindo o Rio Grande do Sul), nascido em 1928 e matado em 1967, na Bolívia, onde estava para espalhar as idéias e práticas socialistas que ele havia colaborado decisivamente para implantar em Cuba,

a partir da derrubada da ditadura Batista, em 1959. A frase, estampada em camisetas (as famosas *t-shirts* (v.)), está por aí, sugerindo o aspecto de revolucionário romântico que o Che parece encarnar, de vez em quando com uma forma ligeiramente diversa, *endurecerse* em lugar de *endurecer*. Você sabe: a tradução literal é "É preciso endurecer, mas sem perder a ternura jamais", frase que alguns cretinos insinuam conter alusão ao órgão sexual masculino – do que essa gente é capaz, francamente.

HD – Tem pelo menos dois sentidos a sigla: uma é para *hard disk*, o hoje popular disco rígido dos computadores, também conhecido como *winchester* (v.). Gente enturmada com o assunto pergunta, por exemplo, "De quanto é o teu agá-dê?", querendo saber a capacidade dele. Em inglês falado, não se usa designar com essa sigla o *hard disk*. O outro sentido para a sigla é *high definition*, termo usado para o mundo contemporâneo das imagens digitais – mas *HD* é uma imagem mais perfeita que a meramente digital. Já li a sigla *HDTV*, isto é, *High definition television*, "televisão de alta definição". Dizem que é o próximo passo na divulgação da tecnologia de ponta. Se diz, em inglês, |RRAI de-fi-NI-chân|, com o "r" aspirado.

Headbanger – Nome que se dá, em inglês, ao sujeito que pratica, no palco ou na platéia, o *heavy-metal*, aquele estilo agressivo e radical de *rock*. *Bang* quer dizer uma série de coisas, entre as quais um barulho explosivo (como nós herdamos, na designação "bangue-bangue" para o gênero *western*, caracterizado por tiros e tiros, *bangs*), mas também uma excitação; *head* é cabeça. Dá pra fazer uma síntese? Acrescente a imagem do cara: ele balançando a cabeça, com longos cabelos, para cima e para baixo, ao ritmo da música. (Alguém que não gosta do estilo fez a piada de que eles fazem assim para o cérebro pegar no tranco, como um carro enguiçado antigo.) Se diz |réd-BÉN-guer|, com o primeiro "r" dito apenas aspirado na garganta.

Headhunter – Literalmente, do inglês, "caçador" (*hunter*) "de cabeças" (*head*). Primeiramente, designava o cara que caçava literalmente outro, e cortava a cabeça do inimigo para preservá-la como troféu. Lembrou aqueles índios que faziam escalpo? Mais ou menos isso, mas com a cabeça toda. (Escalpo era só a pele da tampa da cabeça.) Depois, passou a designar o sujeito especialista em descobrir, figuradamente, "caçar", grandes cabeças, cabeças de gente importante, como executivos e tal. (Tem um terceiro sentido: o processo de *headhunting* é aquele em que se procura tirar de alguma cabeça a influência, especialmente a política, que tenha sido incutida ali. Seria o processo inverso ao de lavagem cerebral, por sinal em inglês dito assim mesmo, *brainwashing*.) Se diz, mais ou menos, |RRED-RRAN-târ|, com os dois "r" iniciais de sílaba ditos aspiradamente.

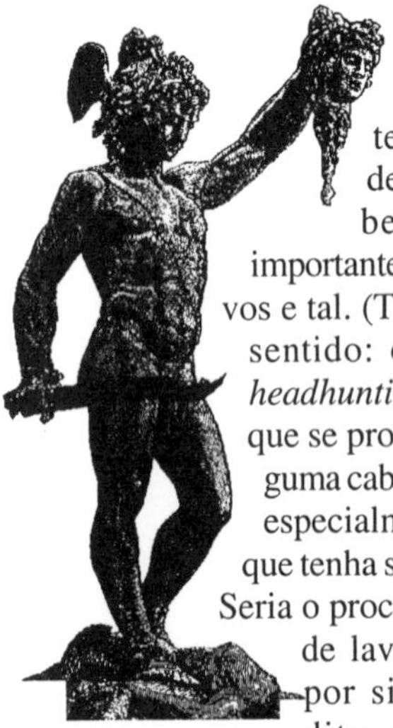

Headphone – O popular "fone de ouvido", em português comum. Se diz |RRED-fôun| em inglês; |rré-dji-FÔ-ni| em português do Brasil.

Heavy-metal – Outra das modalidades de *rock'n'roll* (v.), desta vez mais barulhenta ainda do que outras, com acidez no estômago e dor de cabeça. Ok, eu admito que não me agrada nada o estilo. Mas até que tem coisa boa, pode crer. A expressão originalmente designava, como em português, certos metais pesados como chumbo e mercúrio – o "peso" tem a ver com grau de gravidade específica e com capacidade de envenenar as gentes. Daí derivou para designar o *rock* medonho esse, com muita barulheira, atitudes agressivas, no limite do *punk* (v.) e letras igualmente truculentas. Tem variações, mas é por aí. Se diz, em inglês, |RRÉ-vi MÉ-dal|, com o "r" aspirado e "l" final de "lata".

Hecha la ley, hecha la trampa – Frase da língua espanhola que é bastante citada no Brasil, para comentar uma nova falcatrua, bolada para uma nova lei. Literalmente: "Feita a lei, feita a burla". Se diz |Ê-tcha la LÊI, Ê-tcha la TRÁM-pa|.

Hedge – Em inglês, *hedge* é "cerca", "limite". Mas a palavra tem sido usada, no mundo da grana, como designação de uma operação financeira que visa a proteger, como uma barreira, contra um risco que esteja se desenhando no horizonte. Por exemplo: precaver-se dos riscos do mercado de ações através da compra de moeda forte, o dólar, especialmente. Se diz |RREDJ|.

Hélas – Interjeição do francês que era bastante usada em retórica educada. Significa "Ai", "Ai de mim", "Pobre de mim", por aí, e se diz |ê-LAÇ|.

Hermanos – "Irmãos", na língua dos *hermanos* argentinos e uruguaios. Por que nos referimos assim a eles? Vai ver porque eles são mesmo irmãos, pelo menos de infortúnio, cá nesta parte do planeta.

Hi-fi – Maneira informal de referir uma conquista tecnológica importante, a chamada *high fidelity*, em português, "alta-fidelidade", que é uma maneira de reproduzir sons gravados com, desculpe a redundância, grande fidelidade ao som original. Se diz |RRÁI FÁI|, com o "r" aspirado, é claro (e a forma inteira se diz |RRÁI fi-DÉ-li-ti|). Gente que tinha vida noturna no fim dos anos 50, começo dos 60, tomava um *drink* que se chamava *hi-fi*, mistura de vodca com suco de laranja (ou Fanta, pelos céus!).

High life – Se diz "o" *high life*, dito |RRÁI LÁIF|, com "r" aspirado. Designa o estilo de vida de *playboy*, de gente de grana ou que faz de conta que tem grana, estilo extravagante, de gastação e dissipação – tudo aquilo que nós, de classe média, não temos, de certa forma gostaríamos de ter e nunca teremos.

High society – Em português brasileiro parece que se diz mais do que em inglês – na língua de Mark Twain se usa dizer, mais singelamente, *society*, para designar a "alta sociedade", tradução literal para *high society* (dito |RRÁI ço-ÇAI-(â)ti|, com "r" aspirado). Também é masculino, "o" *high society*, a gente bem, de grana, de posição. Rita Lee fez uma música engraçada sobre o tema, "Alô, alô marciano" – ainda dá pra ouvir a gravação da Elis Regina, vibrando de ironia ao dizer "Tá cada vez mais *down* no *high society*".

High tech – Inicialmente parece ter sido apenas abreviatura para *high technology*, "alta tecnologia", com o mesmo sentido que há em português. Mas depois passou a designar, alusivamente, um estilo: diz-se que é *high tech* – diga |RRÁI TÉC| – o estilo de ser, de decorar a casa, de atuar, supondo a utilização de coisas de fato tecnológicas, com incorporação de tecnologia sofisticada.

Moebius

Highlight – Palavrinha de boa expressividade, significa originalmente a área iluminada com ênfase, numa pintura ou fotografia ou na vida real – por exemplo, aquele cone de luz que se instaura embaixo de um poste no meio da compacta escuridão. Depois passou a designar detalhes ou aspectos particularmente importantes de uma dada situação: podem ser as manchetes de um noticioso, os convidados mais notáveis de uma festa, as idéias mais interessantes de uma conversa, por aí. Em inglês tem o verbo feito com a mesma forma escrita, que designa genericamente o enfatizar algo, mas também, especificamente, o ato de "iluminar" um trecho de um livro com aquelas canetinhas que dão uma luz fosforescente ao riscado, se é que o senhor me entende. Se diz |RRÁI-láit| em inglês.

Hip-hop – Palavra em alta, na cultura jovem, negra e/ou suburbana brasileira. Designa todo um conjunto de coisas; fale com um carinha da área, ele vai dizer que *hip-hop* é uma cultura que se compõe de três coisas – a música chamada *rap* (incluindo a onda do MC), a dança chamada *break* e a prática do *graffiti*. Tudo importado direto da matriz norte-americana, naturalmente (veja os verbetes referentes a *rap*, *break*, *graffiti* e MC). A combinação *hip-hop* é que é: o *American Heritage* diz que o *hip* da equação significa a pessoa que está atenta às novidades, que tem a sabedoria e a sede do conhecimento; *hop* tem trezentos significados, entre eles o de "pular", mover-se rapidamente, pular num pé só, fazer uma viagem rápida etc. Naturalmente a junção das duas palavras, com essa repetição de sons, deve soar como coisa expressiva em si mesma. Se diz |RRIP-rrop|, com os "r" aspirados, é claro, e pipocando os "p". No Brasil, se diz |rri-pi-RRÓ-pi|.

Hippie – Sujeito anticonvencional, contestador, de comportamento ousado segundo os padrões mais tradicionais. Sujeito aberto ao novo, disposto para as experiências mais desvairadas, com clara inclinação liberal em costumes e ideologia. Sim, o senhor já percebeu: aqueles cabeludos que aparecem nos filmes dos anos 60, especialmente nos EUA. Mas não só: foi toda uma onda que tomou conta do Ocidente e ajudou a enfrentar a caretice, a turrice, a chatice das convenções burguesas. Enfim, uma moda bacaníssima, na minha opinião. A origem: assim como na expressão *hip-hop*, aqui também o *hip* de base significa "estar atento às novidades", disposto a acompanhar as modas, com predisposição para a experiência e para o novo. Se diz |RRI-pi|, também no Brasil, aspirando o "h" inicial.

Hit – Quem vive neste nosso mundo, ocupado pelas formas massivas de informação e distração como o rádio, sabe o sentido da expressão *hit parade*, que em português se diz assim mesmo ou na tradução "parada de sucessos", no sentido de "desfile de músicas preferidas". *To hit*, verbo, significa uma pá de coisas, todas mais ou menos relacionadas com "bater", derrubar etc.; como nome (substantivo ou adjetivo), significa um tiro ou um golpe bem dado, uma iniciativa bem-sucedida – daí uma canção de sucesso. Se diz |RRIT pa-RÊID|. Por causa dessa expressão, a palavra *hit*, sozinha, em português brasileiro, significa (como em inglês) a canção bem-sucedida, aquela que foi para as paradas. Ver *Cover*, para exemplo de frase.

HIV – A sigla que identifica o vírus que causa a *AIDS* (v.). São as iniciais de *human immunodeficiency virus*, "vírus da imunodeficiência humana". Talvez por causa do "h", a gente pronuncia |a-GÁ-í-VÊ|, enquanto *AIDS* a gente lê |AIDS| mesmo (ou |ÁI-djis|).

Hobby – Palavra inglesa que designa, lá como cá, a atividade a que as pessoas se dedicam em paralelo à sua atividade principal, com finalidades explicitamente de prazer. Parece provir de um sentido antigo, *hobby* sendo o modo de designar um pequeno cavalo de passeio (quem sabe a palavra seja um diminutivo, um apelido para Robert, conforme especula o *American Heritage Dictionary*).

Hoi polloi – Ainda esses tempos dei de cara com a expressão, que é grega, num romance de nossos dias. Naturalmente era meio erudito. De todo modo, a expressão significa, singelamente, "o povo", as massas, as gentes em geral. Consta que, na língua inglesa, foi o romancista James Fenimore Cooper (o autor de *O último dos moicanos*) quem reabilitou a expressão, trazendo-a para o cenário de uma cultura não-grega. Se diz |RRÓI po-LÓI|.

Holding – Originalmente, falava-se em *holding company*, isto é, a companhia que controla outras, mediante a propriedade das ações das tais outras, uma espécie de empresa-mãe, ou chefe, ou pai – o senhor escolha o que melhor lhe aprouver. Daí evoluímos, simplificando, para *holding*, designando a mesma coisa. Vem do inglês, em que o verbo *to hold* quer dizer, entre outras coisas, isso mesmo, "ter na mão", controlar. Se diz, lá como cá, |RRÔUL-din|, com "r" aspirado e "d" de "dado".

Hollerith – Não é o meu caso, mas tem um monte de gente que usa chamar o contracheque, aquele papel em que vem escrito quanto recebemos de salário, com esse nome, que se diz |ô-le-RI-tchi| (nunca ouvi alguém pronunciar à inglesa, algo como |RRÓ-lâ-rith|). O termo vem do um sujeito que tinha tal sobrenome, o senhor Herman Hollerith (1860-1929), inventor de um cartão que, por perfuração, permite registrar e, por isso mesmo, pesquisar dados. Não por acaso, foi um dos fundadores da companhia que se transformou na poderosa IBM.

Home office – Expressão moderníssima do inglês, que designa, ao pé da letra, o "escritório" (*office*, dito |Ó-fiç|) "em casa" (*home*, dito |RRÔUM|). Quer dizer o escritório mesmo, que a gente pode ter em casa em certas condições (essa onda de nossos tempos, de a gente trabalhar com o computador, não precisar ir a um prédio onde antigamente ficava a sede da firma), mas metaforicamente designa apenas o computador, que substitui todo um escritório, em alguns casos.

Home theatre – Isso é nome de propaganda para os aparelhos de televisão que têm tela imensamente grande (e com acessórios como caixas de som cheias de novidade, que são espalhadas na volta do sujeito), tão grandes que parecem (na opinião dos fabricantes e vendedores) aquelas antigas telas de cinema. Então tá. Se diz, mais ou menos, |RRÔUM THI-â-târ|, com o "r" aspirado e o "th" com aquele som característico, inexistente em português, parecido com o som de quem dissesse, com força e duração, a letra "t" mas com a língua entre os dentes. (Em inglês norte-americano se prefere escrever *theater*, mas tudo certo com a outra forma.)

Homebanking – Coisa moderna também, que significa ir ao banco e fazer o que se precisa nele (pagar contas, ver saldos, chorar as pitangas), mas estando em casa. (Pensando bem, chorar as pitangas é uma coisa que não adianta fazer estando em casa: ninguém vai nos ouvir.) É atividade do mundo internético, como todos sabemos. Se diz, mais ou menos, |RRÔUM BÉN-quin|, com o "r" aspirado.

Home-care – Expressão inglesa que tem sido veiculada atualmente como propaganda de planos privados de saúde, que prometem o tal *home-care*, quer dizer, "cuidados" (*to care* é "tomar conta", "cuidar") "em casa" (*home*). Se diz |RRÔUM QUÉR|.

Home page – O Houaiss registra assim, duas palavras separadas, mas eu tenho a impressão de que a coisa merecia um hífen (a regra de uso do hífen em português é um dos mistérios mais persistentes da língua). De todo modo, a gente sabe o que significa: literalmente, é a "página-casa", a página (da internet) que inaugura o *site* (v.), a página que abre, que dá entrada para as informações todas contidas ali, naquele lugar. O mesmo Houaiss chama a atenção para o fato de que se tem usado *home page* (dito |RRÔUM pêidj| em inglês) como sinônimo de *site* – mas a rigor este é mais abrangente que aquela. Se é que nos entendemos.

Homevideo – Em inglês, daria uma pronúncia mais ou menos como |RRÔUM VÍ-dê-ôu|, e o senhor já entendeu que se trata de "vídeo de casa", o que é mais propriamente, em português de uso, um "vídeo caseiro": um *videotape*, uma fita de vídeo com gravações feitas em casa mesmo, sem maior produção. Em resumo: aquelas fitas em que aparece a vó, o bolo de aniversário, em que a câmera foca o vazio muitas vezes, aquela coisa toda.

Homo erectus – Latim conhecidíssimo, designa a espécie humana, o homem, especificamente em um de seus estágios evolutivos, o de homem ereto – sem ir muito longe, quer dizer o homem que resolveu ficar nas duas patas de trás, e daí por diante a dor nas costas, mas em compensação a capacidade de enxergar mais longe. Conhecemos outras variações, outros estágios, e eu não saberia dar a ordem certa: *homo habilis* (diga |Á-bi-lis|), que quer dizer "hábil" mesmo; o *homo faber*, "o que faz", até mesmo o *homo ludens*, "o homem que joga", que tem no *ludus* – "jogo", em latim – a característica de sua vida. Essa última hipótese foi aventada, de modo metafórico, por um genial ensaísta, Johan Huizinga (parece que se diz, respeitando o holandês que lhe dá origem, mais ou menos como |RRÓI-tzin-ga|), em obra deste mesmo nome, *Homo ludens*.

Homo sapiens – Deixemos aqui, separado, esse termo, que designa a nossa situação atual: "o homem que sabe", essa a designação de nossa situação atual, no quadro geral da evolução. Isso se o senhor concorda, é claro. E nós podemos duvidar fortemente. Mais propriamente, a nossa situação hoje se chama *Homo sapiens sapiens*, assim mesmo, repetido, o que significaria "o homem que sabe que sabe". Eu não botaria a minha mão no fogo, em termos amplos. Mas levo fé na perfectibilidade do ser humano.

Rotundo

Honni soit qui mal y pense – Frasezinha que se encontra em textos brasileiros antigos, quer dizer, do século 19 e do começo do 20, que era mencionada para afirmar, de modo indireto, que o que se dizia ali, naquele texto, era verdade sem segundas intenções. Literalmente, quer dizer "Maldito seja quem pense mal disto" ou, na forma mais elegante de Raimundo Magalhães Júnior, "Envergonhe-se quem disto pensar mal". A frase é a divisa da *Most Noble Order of the Garter*, mais conhecida no mundo latino (França e Brasil, por exemplo) como "Ordem da Jarreteira", ordem de cavaleiros instituída pelo rei Eduardo III em 1348 e considerada a mais alta distinção que alguém pode obter no mundo inglês, seja civil ou militar. Já que estamos no tema, não custa dizer que *garter* quer dizer "liga", aquela mesmo que o senhor está pensando, a liga que segura a meia, de homens antigos e mulheres de várias épocas. A idéia de chamar assim a tal Ordem parece ter a ver com isto mesmo: uma homenagem que os cavaleiros prestavam às damas. Bom, mas o que importa é que a tal frase teria sido pronunciada, segundo a *Britannica*, numa circunstância cortesã: estaria o rei Eduardo dançando com Joana de Kent, condessa de Salisbury e mais tarde esposa do Príncipe Negro, um dos fundadores da Ordem, quando uma das ligas dela caiu no chão; daí, os circunstantes soltaram aquelas risadinhas de quem quer sacanear alguém que cometeu uma gafe, e nosso herói Eduardo, elegantemente como convém a um rei, toma a liga e a coloca em sua própria perna, sem perder a oportunidade para dizer, em francês mesmo, a frase aí de cima. (Disse em francês porque era a língua de sua família, originada em Godofredo, conde de Anjou. A Inglaterra viveu uns quatro séculos sob dominação normanda, como se sabe, e nesse período a corte tinha que saber francês, a língua chique.) Para quem gosta do assunto: a ordem ainda existe, tem membros ilustres (a *Britannica* informa que Churchill foi um dos mais notáveis dos últimos tempos), e as insígnias são uma liga azul, igual àquela que a Joana perdeu, mais a frase, uma estrela sobre a cruz de São Jorge, o santo da Ordem, mais uma representação do próprio São Jorge matando o dragão que lhe deu fama. Ah, sim: a pronúncia da frase é, mais ou menos, |o-NI ço-Á qui MÁ-li PÂNÇ|.

Honoris causa – A toda hora a gente ouve esse latinório, referente a um título conferido a alguém: o doutor *honoris causa* (se diz |o-NÓ-ris CÁU-za|). Universidades conferem o título a alguém que, sem ter carreira acadêmica ali naquela universidade, ou mesmos sem ter sequer formação acadêmica mínima, tenha desempenhado sua tarefa de modo excelente, e por isso mereça homenagem. Tá certo, tem universidade que dá o título só para puxar o saco, como costuma acontecer com chefes de governo ou de Estado. Também se diz, mais raramente, que alguém exercendo um cargo sem remuneração o está fazendo *honoris causa*, isto é, por causa da honra que isso significa. A expressão quer dizer "por causa da honra", "para a honra".

Irving Norvik

Hooligan – Palavra inglesa que designa aqueles torcedores baderneiros, verdadeiros bandidos nos estádios, alguns chegando ao assassinato. A origem é controvertida, para quase todos os dicionaristas; Houaiss menciona um certo irlandês Patrick Hooligan, que azucrinou na Londres de fins do século 19, quando aparece o primeiro registro policial da palavra. (Mas há registros de que poderia ser uma referência a um Hooley e sua gangue, o que daria *Hooley gang*. Lhe parece?) Um dicionário (o ótimo *Word and phrase origins*) diz que não há mais dúvidas: que um etimologista chamado Eric Partridge matou a charada, documentando a coisa com um livro de 1899 chamado *Hooligan nights*, de Clarence Rook, que contém descrições da vida daquele mencionado Patrick Hooligan (que alguma vez teria sido Houlihan), realmente um sujeito brigão, criador de caso – um *pitboy* (v.) de nossos tristes dias.

Hors-concours – Francês bem freqüente em português e em tudo que é língua integrada ao mundo moderno, de pronúncia meio difícil para quem não tem intimidade com a língua de Voltaire (eu sugeriria a pronúncia |ÓRR cõn-CURR|, pronunciando os dois "r" como se fosse um carioca radical). Significa, literalmente, "fora de concurso", e por isso mesmo designa a obra ou o indivíduo que não está concorrendo por ser notoriamente superior aos demais. É o caso de um pintor convidado a expor num certame competitivo: ele não entra na conta. Daí a expressão se amplia para alcançar tudo o que é mais sofisticado que os seus pares, os seus parecidos.

Hors-d'oeuvre – Expressão do mundo da culinária, também francês, como se pode ver na hora, e de pronúncia mais difícil ainda que o anterior. Seria mais ou menos |ÓRR DÉVRR|, se é que o senhor consegue imaginar – e os dois "r" na garganta, e o "e" da segunda palavra dito com os lábios mais arredondados do que o habitual para a pronúncia do "e", como se fosse dizer "u". (E se quiser botar um pedaço de vogal, um brevíssimo "ã", depois da segunda palavra, pode e fica bem.) Mas vamos ao que interessa, o significado: literalmente, quer dizer "fora da obra", sendo a tal "obra" a comida que o sujeito vai enfrentar. O senhor já viu que francês leva a sério o negócio de comer, que não é como eu e o senhor, que o que mais queremos é ver um prato bem cheio diante dos olhos. Francês chama de "obra" porque é um negócio cheio de detalhe, de frescura mesmo. Daí que o *hors-d'oeuvre* venha a ser o nosso prosaico tira-gosto, os canapés, aqueles salgadinhos (conservas, coisas assim) que se oferecem ao sujeito que está aquecendo os motores para encarar, diria um francês, a "obra", os pratos de verdade.

Host – Inglês de recente uso entre nós, que quer dizer a mesmíssima coisa que a velha e boa palavra "anfitrião", por sinal palavra bacana. Se diz |RRÔUÇT| mesmo, com este "r" aspirado, e designa em inglês tanto uma cidade que funciona como sede de certo evento, quanto um indivíduo que promove a recepção de pessoas, ou em sua casa ou profissionalmente. Este último sentido é que parece ser o caso do uso contemporâneo no Brasil: parece que assim a imprensa tem designado a figura que gerencia um restaurante, que fica encarregada de fazer as honras da casa. Faz feminino na forma *hostess*, dito |RRÔUÇ-tâç|, se é que me faço entender.

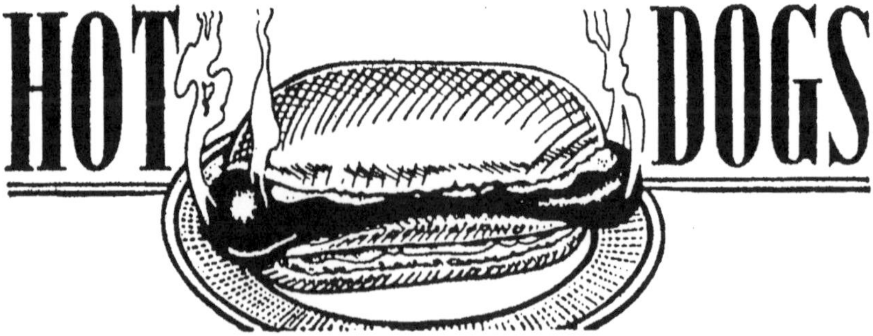

Hot dog – Ninguém ignora o significado disso no Brasil: é aquele sanduíche que tem um pão comprido, uma salsicha e, dependendo do gosto e da loucura, uma pá de coisas, temperos, variações. Os Estados Unidos são a pátria dessa comida, o *hot dog* (dito em inglês |RRÓT DÓG|, com o "r" aspirado, e o "t" e o "g" ditos como se viesse uma vogal depois). Querendo, o senhor pode recuar na história até a Babilônia, uns 1.500 anos antes de Cristo, onde e quando já há registro de carne temperada colocada em tripa de animal. Tripa limpa, naturalmente. Bom, mas em Frankfurt, Alemanha, na altura de 1852, a corporação dos açougueiros inventou uma salsicha (vinda para nós do italiano *salsiccia*, com origem latina, e em inglês dita *sausage*, pronúncia mais ou menos |ÇÓ-çâdj|, também de origem latina: *salsicia* vem de *salsus*, que quer dizer "salgado") temperada e defumada, empacotada numa tripa fina, quase transparente: era a salsicha *frankfurter* – em alemão, a salsicha pura e simples é *Wurst* (dito |VURST|). A história passa aos Estados Unidos, com imigrantes oriundos daquela cidade alemã (sobrenomes Feuchtwanger e Feltman) que vendem *sausages*, quer dizer, salsichas, dentro de pães, no começo do século 20. O sanduíche resultante da combinação salsicha mais pão mais temperos (mostarda em particular, manha que também é alemã de origem) começa a dar certo e a encantar todo mundo. A denominação *hot dog* nasceu em 1906, em função da grande popularidade do sanduíche, que era vendido largamente, até em estádios esportivos como o Polo Grounds, sede dos *Giants* de Nova York. Um cartunista que se assinava TAD, chamado por extenso Thomas Aloysius Dorgan, fez uma ilustração para o sanduíche usando a figura de um cachorro, que no Brasil nós chamamos justamente "salsicha" (em alemão e noutras línguas usa-se a palavra germânica *dachshund*, que significa, literalmente, "caçador de texugos" – e eu deixo claro que não sei exatamente que bicho é um texugo, que não existe por aqui...). Aqueles vendedores ambulantes gritavam as virtudes de seu produto, do pãozinho-com-salsicha, gritando algo como "*Get your red-hot dachshund sausages*", o que em português daria, redundantemente, "Compre sua salsicha quente e vermelha em forma de cachorro-salsicha"; e o TAD desenhou um cachorro-salsicha – não disse ainda, mas o senhor entendeu que ele fez uma comparação óbvia entre a salsicha e o cachorro *dachshund*, que nós chamamos cachorro-!-salsicha, justamente –, com uma lista de mostarda no lombo e dentro de um pão, e fez a frase mais sintética, mais adequada para gritar no meio da multidão: "*Get your hot dogs*". Minha fonte, o legal *Panati's extraordinary origins of everyday things*, diz que o TAD não sabia pronunciar "*dachshund*", e daí resolveu simplificar a coisa. Mal sabia a revolução que estava iniciando ali. Enfim, tudo isso e nós, cá na pátria amada salve, salve, simplesmente traduzimos para cachorro-quente, com hífen, sim, senhor.

House – Estilo de música eletrônica, uma variação do bate-estaca. Fala-se também em *acid house*. *House* quer dizer "casa", singelamente, e se pronuncia |RRÁUZ|.

House organ – Expressão do mundo jornalístico que designa um jornal interno a uma firma, a uma corporação. Literalmente, significa "órgão (de informação) da casa" e se pronuncia |RRÁUZ ÓR-gân|.

Huis clos – A expressão francesa *à huis clos* (dita |a u-I CLÔ|, mais ou menos) significa "a portas fechadas". Entrou em circulação em língua portuguesa no Brasil por causa de um texto de Jean-Paul Sartre chamado, justamente, *Huis-clos*, de 1944.

Hybris – Os dicionários em língua inglesa escrevem *hubris*, mas o Aurélio vai de "y" mesmo – parece que a pronúncia deveria ser mais ou menos como o "u" do francês, aquele "i" pronunciado com boca de dizer "u". Mas o que importa: *hybris*, que vem do grego e significa "excesso", descomedimento, nomeia o sentimento do herói da tragédia que, por assim dizer, vira o fio, que passa da medida, que faz aquilo que na visão cristã viraria, mal comparando, um pecado mortal. Só que é mortal para o herói grego, feito Édipo, que quando matou seu pai, ainda que sem sabê-lo, cometeu a *hybris*. E depois ainda transou com a mãe, quer dizer, o horror total, como sabemos (e segundo Freud sabemos todos por experiência própria, falando nisso).

Hype – Luis Fernando Verissimo esses tempos escreveu como "raipe", para designar, como em inglês mesmo, a "súbita notoriedade" (de alguém), mas também a excessiva propaganda de alguém ou de alguma coisa, aquela sensação que dá de que a coisa escapou do bom senso (por isso se usa para designar alguém que está drogado, porque está viajando, fora do esperável) e virou, como dizemos correntemente em português contemporâneo, puro *marketing* (v.), essa marca de nosso tempo. Em inglês, se diz |RRÁIP|.

I

Ice cream – Aquela comida, ou sobremesa, gelada, de que os estadunidenses tanto gostam. Literalmente, quer dizer "creme gelado", mas fica mais razoável chamar de sorvete, por sinal uma palavra nascida – sim, senhor – turca, algo como *xorbet*, e depois francesa e daí para todo o mundo. Na verdade há diferenças: esse *xorbet* ou *sherbet* é feito só com frutas, ao passo que o *ice-cream* leva leite. Consumo norte-americano: quinze *quarts* per capita/ano (cada *quart* quer dizer, em língua de todo mundo, quase um litro, mais precisamente 0,946 litro). E note bem, caro leitor: esses quase quinze litros por cabeça a cada ano nos EUA são só o sorvete ortodoxo; se somarmos variedades assemelhadas (picolé, iogurte congelado), a coisa sobe a mais ou menos 23 *quarts* por cabeça/ano. É mole? É, sim, mole e gelado, como sabemos. Nasceu na China, dizem que dois milênios antes de Cristo, e foi ao mundo. A forma inglesa se pronuncia |ÁIÇ crim|, com o "m" dito como se viesse uma vogal depois; ocorre em português brasileiro por frescura, e se quiser imitar a pronúncia caipira texana tem que rosnar no "r".

Iceberg – Palavra do inglês, originalmente do dinamarquês, com circulação franca em português (e noutras línguas também). Ela designa, como todos sabemos, aquelas montanha de gelo, de que apenas 10% (outros dizem que até 30%) aparecem à tona – daí a origem de uma frase de efeito, uma imagem que virou clichê: quando se quer insinuar que há muito mais coisas do que aquilo que aparece, diz-se que o que está visível "é apenas a ponta do *iceberg*". Em inglês se diz |ÁIÇ-bârg|, e a gente aqui costuma dizer |ái-çi-BÉR-gui|.

Id – Do latim, "isso", isso mesmo. É o nome que Freud (estamos falando de Sigmund Freud, que se lê |FRÓID|, como o senhor sabe, que viveu entre 1856 e 1939) atribuiu a uma parte do inconsciente, aquela espécie de porão – que me desculpem os técnicos da matéria –

em que se depositam as obscuridades que regem nossa vida. O tal *id* é o núcleo de tudo isso, trazendo em si os impulsos mais primitivos, pelos instintos de busca do prazer (e da morte também, segundo o mesmo Freud), aqueles impulsos que serão modulados pelo *ego* (v.) e pelo *superego* (v.).

Idem – Palavra perfeitamente integrada ao português, sendo latina na origem – significando "o mesmo". Por isso é que se usa *idem* para referir, num trabalho escrito, por exemplo, o mesmo autor já citado, ou a fonte de informação que já foi usada antes. Tem também o *ibidem* (é paroxítona, se diz |i-BI-dem|), que quer dizer coisa parecida: significa "no mesmo lugar". Por isso é que de vez em quando, em citações bibliográficas, se usa um aparente acavalamento – "*idem, ibidem*". Mas não é ruim não: quer dizer "na mesma obra, no mesmo lugar", sendo lugar o capítulo, a página, a seção.

I. e. – Em língua portuguesa assim como noutras línguas civilizadas, essa abreviatura quer dizer "isto é", a partir do latim *id est*. Sim, estamos falando de expressão usada para retificar ou especificar uma passagem, uma expressão, uma afirmativa. Em outras línguas, também existe a expressão, que naturalmente assume outras caras: *that is* (inglês), *c'est à dire* (francês) etc.

Imbroglio – A palavra já está dicionarizada há tempos, com acento ("imbróglio"). É italiana de origem, e por isso se pronuncia |im-BRÓ-lho|, sem dizer aquele "g". Quer dizer o que sugere: trapalhada, confusão, mixórdia, embrulhação. Em italiano, quer dizer, em primeiro lugar, "embrulho", pacote, e daí deve ter vindo, por metáfora, o sentido que se dá ao termo noutras partes, em várias línguas modernas (inglês, por exemplo).

Impeachment – Essa nós, brasileiros, acabamos conhecendo de perto, porque conosco aconteceu de verdade, quando despachamos aquele medonho Fernando Collor para a cucuia (sim, eu me lembro, o processo não chegou bem até o final do ritual completo porque a bisca renunciou antes, na undécima hora). O termo é inglês, com matriz latina e passagem pelo francês; *to impeach* quer dizer "acusar", no sentido de argüir a validade ou a credibilidade de algum figurão, especificamente do mundo público. Daí o |im-PITCH-mént|, a acusação (e não o "impedimento", como se traduziu apressadamente, por semelhança fonológica entre as duas palavras e proximidade semântica com o efeito causado pela ação de, como escreveu Luis Fernando Verissimo, "impixar"). A instituição legal do *impeachment* vem desde o século 14, na França, e aparece nas principais constituições modernas. Mas nós é que usamos.

Magnus

Imprimatur – Lê-se em livros do mundo religioso católico a palavra, que se diz |im-pri-MA-tur|, que significa "imprima-se", como quem diz "tem a permissão de ser impresso este material", e em seguida vem a assinatura do grandão que liberou o lance. Coisa de censura, claro. Daí se usa de vez em quando, alusivamente: pode-se dizer que um texto recebeu o imprimátur (já em português, portanto, com acento) do chefe, querendo dizer que ele foi liberado para divulgação. Há uma expressão conexa, *nihil obstat*, dita |NI-il OBS-tat|, que significa "nada obsta (a que seja publicado o livro)". Essa expressão também aparece nos livros liberados para publicação.

Impromptu – Em português e em todas as línguas que têm relação com o mundo musical ocidental, essa palavra de origem latina designa a composição musical com aspecto de improvisada, não planejada totalmente. Não chega a ser o improviso em si, aquele de estilo jazzístico. Parece que em inglês a palavra entrou em circulação mais franca, passando a nomear outras improvisações, como por exemplo um discurso feito na hora. Se diz |im-PROMP-tu|. (No latim, a palavra era uma expressão, *in promptu*, significando "à mão"; mas o prezado leitor enxergou em *promptu* algo parecido com o português "pronto", não? Pois enxergou bem.) Franz Schubert, compositor romântico austríaco (1797-1828), é craque na matéria.

In – Preposição do inglês, equivalente à nossa "em", por sinal nascida do latim *in*, justamente. O caso é que a forma inglesa entrou para o vocabulário do português em função adjetiva, que tem já na língua inglesa, como sinônimo de "adequado", bacana, bom, de acordo, bem apanhado. Dizer que uma roupa é ou está *in* significa dizer que ela está dentro (daí o sentido) das expectativas, dentro do horizonte da moda ou da conveniência do momento. Há outro uso da mesma palavra, mais direto: quando se faz citação bibliográfica e se escreve *In* e depois vem o nome do livro, do artigo, do texto enfim de onde saiu aquela informação ou de onde se extraiu a frase. (Há um uso mais específico: quando se está citando um autor a partir de um texto seu que se encontra em livro organizado por outro sujeito; daí se anota *In* Fulano de Tal (org.), *Título do livro*.)

In absentia – Latinório elegante, que significa "na ausência". Vi empregado para dizer que, estando ausente o fulano, mesmo assim seu caso foi apreciado, justamente *in absentia*. Sobre a pronúncia, há quem defenda |IN ab-ZÊN-tzia|, com o "t" interpretado assim, e quem diga que tem som de "t" mesmo. Quem sou eu para discutir.

In dubio pro reo – Outro latinório, bem conhecido, um aforismo jurídico muito citado, que significa "na dúvida, (decida-se) a favor do réu". Quer dizer que, na falta de provas conclusivas, deve-se supor que o réu é inocente – até prova em contrário, aquela coisa toda que nunca funciona bem se o sujeito é po-

bre, ou preto, ou as duas coisas. Se diz |in DU-bio pró RÉU|.

In extremis – Latim também, significando "no (momento) extremo", "no último momento", isto é, na hora em que não tem mais volta, especificamente na hora da morte, mas não só nela. Havia outra expressão da mesma família, que se encontra na literatura de vez em quando, *In articulo mortis* (dito |IN ar-TI-cu-lo MÓR-tis|, literalmente "no artigo da morte", tomada a palavra "artigo" em sentido raro, igual a "momento", conjuntura. As duas se usavam, no mundo católico, para aqueles casos em que o fiel confessava algo na hora em que estava por partir desta para a chamada melhor (e por que é melhor?), e daí se insinuava que estava finalmente dizendo a verdade transcendente, aquela que havia guardado por anos – feito novela mexicana, "Fulana, preciso te dizer que Beltrana... que Beltrana... nunca foi nossa filha". Música bombástica e entrada dos comerciais, suspense e tal.

Gustave Doré

In folio – O Houaiss já dá como "infólio", o que quer dizer que já está abrasileirada a expressão. Trata-se de um tamanho de impressão de livros: o *in folio* (se diz |in-FÓ-lio|) é a edição feita com a folha apropriada para impressão dobrada ao meio, de que resulta um volume de 22 por 32 centímetros. Os tamanhos menores são o in-quarto, o in-oitavo (em latim, *in-octavo*), o in-doze (e o maior é in-plano).

In illo tempore – Mais latim, desusado mas encontrável em texto escrito. Quer dizer "naquele tempo" e se diz |i-NI-lo TEM-po-re|.

In limine – Latim que não acaba mais. Aqui, a expressão se diz |IN LI-mi-ne| e quer dizer "no limiar", no princípio, na entrada da conversa, "desde logo", de saída, liminarmente.

In loco – Mais um latim bacana e bem usado, significando "no local". Se usa, por exemplo, quando uma autoridade vai verificar *in loco* (dito com o "o" aberto, |IN LÓ-co|) os estragos feitos por um temporal e coisas assim.

In medias res – Latim de novo, com o significado literal de "no meio das coisas", quer dizer, "no meio dos acontecimentos". Trata-se de parte de um comentário de Horácio (poeta romano, que viveu entre 65 e 8 a. C), que em seu estudo chamado *Arte poética* comenta favoravelmente o estilo narrativo de Homero (o sujeito que se presume ter sido o autor da *Ilíada* e da *Odisséia*, lá no século 9 a. C.), dizendo que, em vez de ficar fazendo firulas e falando de acontecimentos remotos, ele entra *in medias res*, começa falando já do assunto, significando que ele começa a narrar com a história já começada, supondo coisas anteriores (que eventualmente retomará). Daí usar-se a expressão em outros contextos, análogos, dizendo, por exemplo, que determinado sujeito entrou *in medias res*, entrou logo falando do que vinha ao caso, sem preâmbulos. Diz-se |IN MÉ-dias RÉS|.

In medio virtus – Meu pai vivia dizendo isso, como incentivo ao bom senso (incentivo inútil quando se é adolescente, mas enfim). Significa "A virtude está no meio", e não nos extremos – sendo que a frase latina total é *In medio stat virtus*, mas o verbo *stat* é suprimível. Expressão correspondente: *aurea mediocritas*, quer dizer, "mediocriade dourada", mas mediocridade entendida não como coisa negativa – pelo menos na intenção do primeiro formulador da frase, o poeta latino Horácio (65-8 a. C.), que queria falar da virtude da moderação, do meio-termo glorioso. Se diz |in MÉ-dio STAT VIR-tus|.

In memoriam – Latim de novo, com o sentido de "em memória", em lembrança. Usa-se muito por ocasião de enterros, ou em menção a mortos, cuja memória se pretende homenagear. Se diz |in me-MÓ-riam|.

In natura – Essa aparece a toda hora, não? Ainda mais hoje em dia, com essa onda natureba, de incentivo ao consumo de produtos sem muito processamento, ecologia, esse lance todo. *In natura* se diz |IN na-TU-ra| e significa "em estado natural", do jeito que está, tal qual, por aí.

In petto – Expressão italiana que substitui a latina equivalente *in pectore* e significa, literalmente, "dentro do peito", ou melhor, "no peito", isto é, "em segredo". Usou-se originalmente para designar o modo como o papa decide quem serão os cardeais, sem designá-los publicamente. Daí derivou para qualquer situação em que alguém sabe algo, mas guarda segredo, guarda *in petto*, dito como se fosse em português.

In vino veritas – Latim bastante conhecido, é usado em ambientes cultos para lembrar que o sujeito aquele ali que está bebendo além da conta vai começar logo, logo, a contar verdades antes escondidas. Literalmente, significa "No vinho, a verdade", como quem diz "Aquele que bebe vinho está destrancando o armário em que esconde suas coisas". É sabedoria antiga. Se diz |in VI-no VÉ-ri-tas|. No magnífico romance *A consciência de Zeno*, de Ítalo Svevo, o patético protagonista, lá pelo meio de uma de suas enredadas mentiras, em um de seus delírios de auto-engano, faz a seguinte reflexão sobre o fato de estar embriagado de vinho: "O vinho é um grande perigo, principalmente porque não traz a verdade à tona, mas o contrário da verdade: revela especialmente nossa história passada e esquecida, e não nossa vontade atual; atira caprichosamente à luz as ínfimas idéias com que, em época mais ou menos recente, nos entretivemos e das quais já não lembramos; não faz caso daquilo que esquecemos e lê tudo quanto ainda restou perceptível em nosso coração".

Incipit – Latim, verbo *incipere* flexionado na terceira pessoa do singular do presente do indicativo, traduzível por "começa". É um termo que designa o grupo inicial de palavras de um texto, trecho que dá a identidade do conjunto. Usava-se na Idade Média, mas permanece com algum sentido, por exemplo nos índices de poemas: quando o poeta não deu título a uma composição sua, no índice aparece o primeiro verso, que é o *incipit* do poema em questão. Assim também nas partituras. Alguns preferem pronunciar |in-QUI-pit|, mas parece que é totalmente razoável dizer |in-ÇI-pit|.

Index – Assim sozinha, é uma palavra latina que veio a dar na nossa "índice". Mas se usa alusivamente: houve, durante a vigência da Inquisição – aquele movimento católico romano de reação ao avanço da Reforma Protestante e de censura a qualquer heterodoxia cristã assim como a qualquer coisa que não fosse católica romana, incluindo de judeus a astrólogos e as chamadas heresias em geral –, uma coisa chamada *Index Librorum Prohibitorum* (diga |IN-decç li-BRÓ-rum pro-i-bi-TÓ-rum|), o catálogo, a listagem dos livros que a Igreja Católica Romana proibiu de circular e de ler, literalmente, o "índice dos livros proibidos". (A Inquisição começou ainda no século 13; em 1542, o papa Paulo III instaurou um Tribunal da Inquisição, dando cara de legalidade à atividade. Pode parecer absurdo, mas o Tribunal do Santo Ofício – nome pelo qual ele ficou conhecido – só foi extinto mesmo em 1821.) O tal *Index* foi instituído em função do Concílio de Trento (1545-63), em 1559. A idéia era advertir os católicos sobre o perigo de ler certas coisas, aquelas que poderiam pôr em

perigo a sua fé – isso teoricamente, porque, vai ver, a lista acabava censurando qualquer coisa, não só as hereges. A última das listas publicadas, o senhor imagina quando foi? Em 1948. Sim, senhor, anteontem. O *Index* foi definitivamente suprimido apenas em 1966, já depois do Concílio Vaticano II, que liberalizou muito a Igreja. Muita gente hoje tida como decente passou pelo aperto de ser considerada nefasta, e por isso teve sua obra incluída no *Index*; Montesquieu, por exemplo, com *O espírito das leis*. Assim também alguns místicos, como a irmã Maria de Jesus, também chamada Maria de Agreda, que teve seu *A mística cidade de Deus* incluída na lista, em 1670. Bem, mas o uso alusivo: quando se quer dizer que certo livro ou mesmo certa pessoa entrou – outra expressão idiomática – na "lista negra" de alguém, pode-se dizer, alternativamente, que entrou no "índex" desse alguém.

Indoor – Hoje em dia, palavra usadíssima no Brasil para qualificar algo que acontece em local coberto e/ou fechado, por exemplo, esporte dentro de um ginásio – antigamente era só isso, "dentro do ginásio", agora ficou mais chique dizer que é *indoor*. A expressão é da língua inglesa, e a gente aqui diz |in-DÓR|. Veio de uma composição, como se pode ver: a preposição *in*, semelhante à nossa "em", mais *door*, que é "porta" (em certas posições na frase, em inglês, se usaria *indoors*). Pratica-se hoje tênis *indoor*, e assim também futebol e outras coisas. Ver *outdoor*.

Infobusiness – Palavra moderníssima, e por isso mesmo de origem norte-americana, que se criou da combinação entre *information*, "informação", e *business*, "negócio". Resultou isso aí, dito |IN-fôu-BIZ-nâç|, o "negócio da informação", quer dizer, aquele que tem a ver com jornal, televisão, internet, essas ondas todas. A analogia mais justa é com palavras feito *agribusiness* (v.).

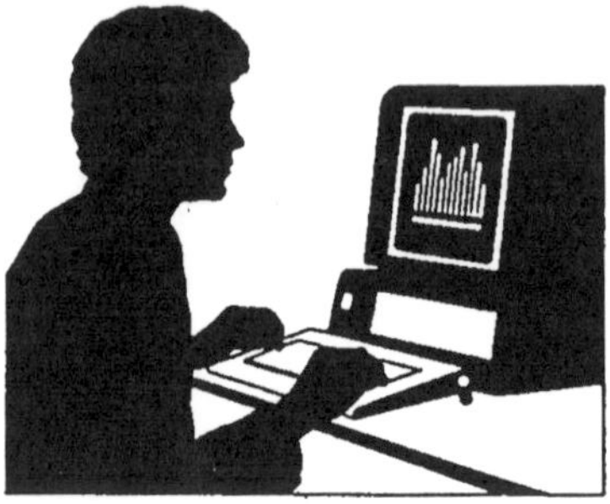

Inn – Um dos nomes possíveis para casas que servem comida e acolhem viajantes, instituição mais conhecida como "hotel". De vez em quando se vê no Brasil alguém tascando lá algo como "Copacabana Inn", "Pantanal Inn", por aí. Sim, senhor, na raiz a palavra tem tudo a ver com a preposição inglesa *in*, equivalente à nossa "em". Parece que *inn* usou-se, no começo, para designar instituições em que viviam e aprendiam estudantes universitários de Direito, no mundo inglês – isso na Idade Média. Até hoje, no centro velho de Londres (quer dizer, na, como eles chamam, *City of London*), tem lá os *Inns of Court*, quatro instituições daquele tempo. Se diz |IN|, com o "n" dito como se viesse uma vogal depois.

Inner circle – Expressão da língua inglesa, usada raramente no português e só em circunstâncias específicas, diria mesmo só em *inner circles* – se não fosse uma definição circular. Expliquemos: quer dizer "círculo interno", literalmente, querendo dizer "círculo íntimo", e se usa em inglês (e também entre nós) para designar o "grupo mais próximo do poder", qualquer poder; aquele grupo que influencia, que tem mumunhas, que ganha convite, essas coisas. Se diz |I-nâr ÇÂRCL|, mais ou menos.

Input – Palavrinha que, pelo menos aqui no Brasil, aparece em dois âmbitos aparentados. O primeiro, mais antigo e mais genérico, significa "algo que entra", ou a condição de certa coisa na hora em que entra. Entra onde? – o senhor vai perguntar. Bem. Entra num sistema qualquer, de sistema de abastecimento de energia ao sistema intelectual de um indivíduo, no tempo anterior a essa atual (e terrível) moda pedagógica do pós-moderno, pós-estruturalismo ou como se chame, quando outra moda (e igualmente desagradável) pedagógica falava no ensino em linguagem técnica, ou melhor, tecnicista, e portanto falava-se de *input* e de *output*, "condições de entrada" e "de saída", respectivamente. Hoje em dia parece que a palavra é mais usada no mundo da tecnologia de computador, como nome que designa os dados que entram num programa ou numa operação. O Aurélio dá como sinônimo estrito de "insumo" e, no mundo computadorístico, de "entrada". Se diz |IN-put| – se quiser caprichar na pronúncia, cuidado em dizer "n" antes do "p", o que entre nós não é nada fácil (porque em português tendemos naturalmente a dizer "m" antes de "p" e de "b") e cuidado também em dizer |put|, não |pât|, que não é o caso.

Inside information – "Informação privilegiada", é o que significa. Literalmente, seria "informação de dentro", quer dizer, aquela que vem das entranhas da fonte de onde se quer saber coisas. Muitas vezes se diz *insider information*, quer dizer, "informação de quem está por dentro". Em bom português, "informação de cocheira" – aquela que os apostadores de cavalinhos sabiam (ou diziam saber) por informações dos bastidores, que no caso do turfe são justamente as cocheiras. Se diz mais ou menos |IN-çáid in-for-MÊI-chân|. Por sinal, em inglês também se diz *from the horse's mouth*, quer dizer, "da boca do cavalo", que nas cocheiras era uma boa testemunha para as supostas combinações e tramas.

Insiders – De vez em quando aparece o termo, em revistas chiques, para designar os amigos do rei, por assim dizer, aqueles que têm os privilégios que os outros gostariam de desfrutar. Literalmente, quer dizer "os de dentro", "os que têm intimidade". Diz-se |in-ÇÁI-dârs|.

Insight – Palavra inglesa de grande presença no português contemporâneo, constante até dos dicionários, na categoria de estrangeirismo, significa "percepção", discernimento, compreensão súbita de algum coisa, ou, em língua mais frouxa, aquilo que se chama "sacação" ou "sacada" (mas esta não no sentido arquitetônico, o senhor percebe). *Insight* é aquela compreensão rápida e independente do velho método de tentativa-e-erro: é uma compreensão fulminante e absoluta, pelo menos na hora. Se diz |IN-çáit| em inglês, mas muitas vezes entre nós se diz |in-ÇÁI-tchi|.

Intelligentsia – A gente olha para a palavra e logo vê que ela é prima-irmã da nossa "inteligência", provindo do mesmíssimo latim *intelligentia*. Ocorre que a forma *intelligentsia*, que o Aurélio nota que também pode ser grafada *intelligentzia*, tem uso específico no mundo de nossos dias, em todas as línguas ocidentais, a partir da língua russa – sim, senhor. Segundo o mesmo Aurélio, na língua de Dostoiévski se grafa *intelligentsiya*, e assim se denominava – sentido que permanece aqui nas terras de Machado de Assis (sim, o senhor não quer que eu cite outro autor agora, né? Não na frente do Dostoiévski) – a intelectualidade considerada em grupo, como uma coisa só. Daí se dizer, muitas vezes ironicamente, coisas como "A *intelligentsia* petista resolveu lançar o manifesto". Creio que foi no antigo *Pasquim* que alguém (não lembro quem) usava, de sacanagem, chamar de "burritsia" o mesmo grupo, quando sua ação merecia a pecha. E, convenhamos, dá um bom trocadilho. Se diz |in-te-li-GUÊN-tzia|, imitando a pronúncia original, mas há quem diga |in-te-li-JÊN-tçia| mesmo. Historicamente, a palavra entrou em circulação no mundo russo na segunda metade do século 19 – não tem nada a ver diretamente com o período soviético-comunista, como se acredita habitualmente –, quando menos de 0,1% da população russa estava na universidade (sendo, destes, 73% filhos de nobres e oficiais do exército), menos de 1% freqüentava o ensino secundário (40% daquela mesma e privilegiada origem social). Não sou eu que estou dizendo, é a sempre delicada e correta *Encyclopaedia Britannica*. Daí que a palavra *intelligentsia* designasse, nesse contexto, simplesmente aqueles que tinham estudo, de médicos a advogados e professores, gente que, precisamente por ter instrução, tinha preferência por posições progressistas em política, e portanto tendia a apoiar a esquerda.

Inter alia – Latim elegante para dizer "entre outras coisas". Se diz |IN-ter A-lia|.

Intermezzo – Italiano, oriundo obviamente do latim, traduzível ao português como "intermédio", mas usado na língua de Dante mesmo, em toda parte, no mesmo sentido: como o intervalo entre dois atos de uma peça de teatro ou de uma representação qualquer (musical, operística etc.), ou como uma atividade breve que ocorre nesse mesmo intervalo, como um entreato. Derivadamente, se usa a palavra para qualquer evento localizado entre dois outros. Se diz |in-ter-MÉ-tzo|.

Internet – O senhor precisa que eu diga, mesmo? Já não cansou de saber? *Net*, em inglês, quer dizer "rede", desde a do pescador até a de computadores. *Inter*, como em português, quer dizer "entre" (o latim originário é o mesmo). Daí que a junção das duas coisas, resultando em *internet* – em português pronunciada como oxítona, |in-ter-NET| ou, mais ainda, |in-ter-NÉ-tchi|, e em inglês dita |IN-târ-net| –, signifique a "rede de computadores", qualquer rede, em princípio, mas precisamente a rede mundial essa de que nos temos servido tanto e com tanto proveito. O Houaiss diz que vem de redução da palavra *internetwork*, que ele traduz como "ligação entre redes". O senhor considere a hipótese.

Intifada – Palavra incorporada recentemente ao repertório internacional, a partir do árabe, em que significa "levante", sublevação. Seu uso se refere à insubmissão do povo palestino contra a ocupação de parte de seu território pelo estado de Israel, na Faixa de Gaza e na Cisjordânia. Não tenho a menor notícia sobre a língua árabe, mas os dicionários dão assim mesmo a palavra, com essa forma, sem referir pronúncia diversa da que um falante do português intui: |in-ti-FA-da|.

Gustave Doré

Intra muros – Literalmente, significa "dentro dos muros", aludindo aos muros das antigas cidades, que eram muradas mesmo; figuradamente, significa "dentro dos limites adequados", ou para manter o sigilo, ou para manter a privacidade (do poder): diz-se que determinada decisão aconteceu *intra muros* quando ela se passou entre poucas pessoas, com poucas testemunhas, com pouca possibilidade de intervenção por parte das pessoas comuns. É latim, mas diz-se como se fosse português, |IN-tra MU-ros|. O Aurélio diz que em português se escreve junto, "intramuros".

Intróito – Palavra aportuguesada a partir do latim *introitus*, significando "começo", princípio. Na antiga missa católica, rezada em latim, a oração inicial assim se chamava.

Ioruba – Forma que alterna livremente com "iorubá", ambas designando um povo e uma cultura, nascidas e desenvolvidas na altura da Nigéria, no continente africano. Também a língua e os indivíduos dessa origem são chamados assim. Os que vieram para o Brasil vieram a chamar-se nagôs. É palavra da língua ioruba, assimilada assim mesmo em português.

Ipsis literis – Latim, "com as mesmas letras". Se diz |IP-çis LI-te-ris|, e também se escreve *litteris*. A expressão é usada para assegurar que as palavras que estão sendo ditas ou escritas reproduzem com total fidelidade as palavras usadas originalmente por outra pessoa e/ou noutro contexto. (Nesse uso há sinônimos vários: *ad litteram*, *litteratim*, *verbatim* e mesmo *ipsis verbis* (v.)).

Ipsis verbis – Latim, o mesmo que *ipsis literis* (v.), mas parece que usado mais quando se trata de palavra falada ("Estou reproduzindo *ipsis verbis* o que ele disse"). Diga |IP-çis VÉR-bis|.

Ipso facto – Latim muito usado em contexto argumentativo formal, significando "pelo mesmo fato", pela mesma razão, por isso mesmo. Diz-se |IP-ço FAC-to|.

ISO – Sigla de uma *International Organization for Standardization*, em inglês, e *Organisation Internacionale de Normalisation*, em francês. Nenhuma das duas dá propriamente a sigla ISO, correto? A primeira daria IOS e a segunda OIN. E se fosse em português daria "Organização Internacional de Normalização", mais uma vez OIN, e não resolveríamos a parada (além de dar a impressão de que se trata do barulho de um porco – o que é mesmo que um porco faz em seus barulhos? Quando afunda o nariz na lama se diz, metaforicamente, que ele refocila, mas e seu grunhido, como se chama? Vou ao Aurélio e vejo que é, precisamente, "grunhido"). De todo modo, voltemos ao ISO. Trata-se de uma organização internacional, como os nomes insinuam, sediada na Suíça, que se encarrega de normalizar – daria para dizer normatizar – coisas, de padrão de comida a padrão de construção, como se sabe hoje em dia. Para nomear a organização, aproveitaram as iniciais e lembraram do termo grego *iso*, que quer dizer "o mesmo", "igual" – daí o gancho para a idéia de padronização.

It – O senhor sabe, trata-se de um pronome pessoal do inglês, de terceira pessoa do singular, de gênero neutro (nem masculino, nem feminino), usado para coisas inanimadas, fenômenos da natureza (feito "chove", que para eles vira "*it rains*"). Só que em português, décadas atrás, a palavra entrou em circulação por outro caminho, já existente em inglês mesmo, por exemplo na frase *He thinks he's it*, traduzível por "Ele acha que é o máximo", ou "Ele se acha o máximo" ou mais modernamente "Ele se acha". Entre nós se usava como sinônimo de charme inconfundível, qualidade excepcional: "Ela tem um *it*", se dizia, naturalmente, pronunciando |I-tchi|. Hoje, ainda se usará?

J

Jacuzzi – Nome genérico de "banheira de hidromassagem". É um dos epônimos famosos, quer dizer, nomes genéricos derivados de nomes de gente. A história da banheira não é tão charmosa quanto poderia parecer. Origem: um certo Candido Jacuzzi, italiano nascido em 1903 que emigrou com a família para os Estados Unidos, indo cair em Berkeley, Califórnia. O mais jovem de sete irmãos, todos com habilidades mecânicas, Candido nunca completou os estudos básicos, trabalhando numa pequena empresa familiar que lá pelas tantas já fazia motores para avião. Depois inventaram bombas submersas,

que exportaram para meio mundo. Em 43, o filho pequeno de Candido, com quinze meses de idade, contrai artrite reumatóide. O pai não agüenta ver o sofrimento do filho. E pensa que poderia adaptar o uso das bombas que a indústria fabricava para uso em tratamento de fisioterapia. Em 55, ele projeta uma bomba portátil para banheiras, mas sempre pensando em uso terapêutico. Nessa altura, um programa de tevê chamado "*Queen for a day*" distribuiu algumas dessas bombas como brinde para donas de casa, que poderiam usar a invenção para aliviar a barra do trabalho cotidiano – e um povo hollywoodiano achou que podia usar para se divertir (consta que Randolph Scott e Jayne Mansfield é que começaram a onda). Finalmente, em 1968, a fábrica dos irmãos Jacuzzi produziu uma banheira de hidromassagem tal como a conhecemos, integrando a banheira com a bomba, ganhando fama mundial e virando nome genérico para aquela maravilhosa invenção.

Jam session – O sentido é o de "sessão de jazz", em que músicos se botam a tocar livremente, improvisando. Um

Ilustrações de José Antonio Muños *in* "Billie Holiday"

bom exemplo do uso brasileiro está no verbete *cover* (v.). *Jam*, no mundo musical, quer dizer "improvisação", a partir de alguns sentidos de *jam*, dito |DJÉM|, que significa "aperto", "confusão", mas também "engarrafamento de trânsito" e "geléia", veja só. Origem: é abreviatura para *jazz after midgnight*, quer dizer, "jazz depois da meia-noite". Era o horário em que os realmente cobrões, depois de muito trabalho, se reuniam para tocar por prazer mesmo, improvisando, e se divertiam pacas. No total, a pronúncia é |DJÉM ÇÉ-chân|.

Jazz – O que é o senhor sabe, pois não? *Jazz*, dito em geral |DJÉZ| mas também com o "a" no seu lugar, dito "a" mesmo, é um gênero de música imensamente rico e variado que muitos julgam indefinível, porque depende diretamente do encontro de músicos altamente técnicos e sensíveis que tocam juntos, fazem solos e improvisam bastante – tanto assim que não faltou quem dissesse que o sujeito mais importante para a vida do *jazz*, dada a perecibilidade, a brevidade das perfórmances, foi Thomas Edison, porque foi ele o inventor do fonógrafo, o avô do toca-discos. Há quem defina o estilo do *jazz* de modo mais particular: é aquela música executada por vários instrumentistas, na qual todos tomam decisões a todo momento – frase que acentua seu aspecto colaborativo, compartilhado e ao mesmo tempo profundamente virtuosístico. *Free jazz* é uma expressão talvez mais enigmática ainda, porque significa "*jazz* livre" – e algum gaiato perguntará se há outro tipo de *jazz*... Nos anos de 1940, aparece outra vertente, chamada *cool jazz*, que traduzido daria toscamente "*jazz* frio", por ser um estilo mais cerebral, mais contido. A origem histórica é norte-americana, protagonizada pelos negros, na virada do século 19 para o 20, com grande divulgação a partir da Primeira Guerra. A origem da palavra é amplamente controversa, sem que se tenha chegado a caminhos comprovados adequadamente. Uns desistem e dizem que a origem é desconhecida, ao passo que outros recorrem ao verbo francês *jaser*, "tagarelar", divertir (a colonização do estado de New Orleans, sul dos Estados Unidos, foi francesa mesmo), e que daí teria vindo a designação do estilo musical, por ser ele efusivo, extrovertido, alegremente contagiante, pelo menos em uma de suas versões, aquela que faz um uso extremado da síncope, do requebro musical, misturando coisas de outros estilos musicais anteriores como o *ragtime* (v.) e o *blues* (v.). Há pelo menos outras três teorias. Uma diz que havia, na altura de 1825, um dançarino escravo chamado Jasper (dito |DGÉÇpâr|), que era incitado a dançar aos gritos de *Come on, Jazz*, algo como "Vamos lá, *Jazz*". É boa a teoria? A segunda: um certo senhor Razz, chefe de uma banda que tocava o *jazz*. (Esta é a pior de todas, na minha opinião.) Terceira:

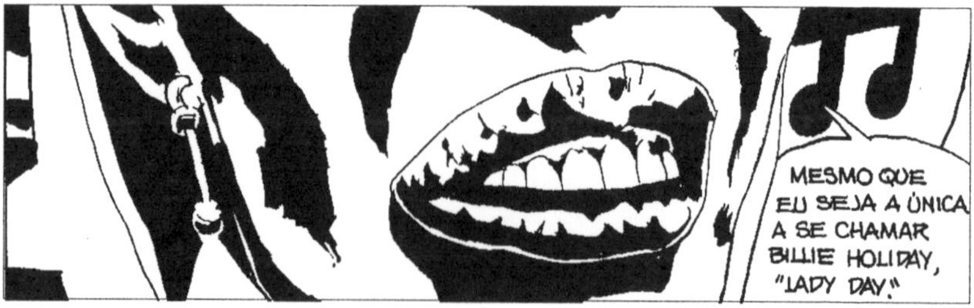

um certo Charles Alexander Washington, um percussionista do Mississippi, na volta de 1910, que tocava o estilo conhecido como *ragtime* (v.). O nome pelo qual ele seria conhecido era *Chas*, abreviação de *Charles*. E aí teria vindo *Come on, Chas*. (Mais ou menos.) Isso sem falar de outras hipóteses: que seria a redução de *jessamine*, uma das formas de escrever *jasmine*, o "jasmim", a flor e o perfume dela, porque as mulheres que acompanhavam os primeiros executantes, prostitutas em grande proporção, usariam tal perfume (e de fato, em fotos antigas, aparece alguma vez o nome *jazz* escrito *jass*, com dois "s"); que haveria raiz no árabe *jazib*, significando "aquele que atrai", que seduz; de uma língua africana na forma *jaiza*, significando "o som de tambores distantes" (poético, poético); do hindu *jazba*, "desejo ardente". Esses três últimos fazem sentido, porque em gíria ordinária *jazz* já significou, no sul dos EUA, o intercurso sexual – e não esqueçamos que esses nomes nascidos no seio da cultura afro-americana têm muitas vezes relação com o vocabulário e/ou com as práticas sexuais e vivências corporais (ver *funk*). Ah, sim: e não falta um maluco para defender a idéia destemperada de que a palavra é uma forma disfarçada da composição "*j*" mais *ass*, sendo *ass* o que, em português de dia de semana, se pode chamar de "rabo", o senhor me desculpe a franqueza. Delirante, mas dentro da regra do jogo de inventar uma história para tão importante palavra. Pesquisas documentais citadas por Michael Quinion encontraram o começo da história conhecida da palavra: em março de 1913, aparece um artigo no *San Francisco Bulletin* – artigo sobre *baseball*... Haveria uma ponte entre esse mundo esportivo e o musical por intermédio de um músico desempregado que freqüentava treinos e jogos. (História confusa, mas bastante documentada.) Em New Orleans a palavra só aparece em 1917, e no ano seguinte já é usada com certa regularidade em seu sentido musical. Quinion ensaia uma explicação filológica dentro do campo semântico sexual: uma palavra do inglês norte-americano, impressa desde 1842, *jism*, mas também *jasm*, significa "energia", força, virilidade, e antes disso "sêmen"; seria verossímil que *jasm* tenha perdi-

do o "m" final, passando a *jass* e daí a *jazz*. Sim? De todo modo, são sempre boas histórias.

Jeans – Virou sinônimo de calça feita com aquele brim que alguma vez foi apenas azul e desbotava, popularizado por certas marcas como Lee e Levi's (se pronuncia |LI-váiz| em inglês, mas |LÉ-vis| no Brasil.). Depois tudo ficou possível – o brim já vem desbotado, é de qualquer cor, essas ondas da moda. A origem é a seguinte: um certo tecido, chamado fustão, era feito desde o século 16 na cidade italiana de Gênova, que em inglês se diz *Genoa*. Na língua de Mike Tyson, ficava *genoan fustian*, depois *gene* ou *jene*, a daí caiu em *jean*, mesma pronúncia (|DGIN|, e depois com mais um "s" no fim, porque se trata de um par de calças). Era um tecido forte, usável para coisas que precisassem essa característica. Na altura de 1850, um imigrante bávaro chamado Levi Strauss produziu e vendeu para mineiros do oeste dos Estados Unidos umas roupas fortíssimas, com o tal tecido – era aquilo que eles chamam de Corrida do Ouro, e parece que o forte tecido era usado para cobrir os vagões de trem e nas barracas, e apareceu um esperto que achou que aquele era o pano ideal para as roupas de entrar nas minas (cuidado, "minas" de ouro mesmo). A popularidade veio com o tempo, particularmente depois da Segunda Guerra e mais ainda nos anos 60, quando os jovens de lá, por espírito de certa contestação comportamental, começaram a usar no cotidiano a roupa de trabalho de peões de fazenda e operários (uma das primeiras marcas brasileiras de roupas assim se chamava, veja só, *Far-West* – sim, eu disse *no Brasil*); o cinema botou James Dean e Marlon Brando com a roupa e foi aquela onda toda, que ainda não terminou. Mais tarde passou-se a usar outro tecido, uma sarja que vinha da cidade de Nîmes (sul da França), em francês, a *serge de Nîmes*. Para os ouvidos norte-americanos, "*de Nimes*" soava "de Nim", e aí *denim*, o nome do tecido.

Je ne sais quoi – Frase francesa que significa "Eu não sei o que" e se diz, mais ou menos, |jâ nâ sé CUÁ|. Nos dicionários aparece assim ou hifenizado, *je-ne-sais-quoi*, porque ele ocorre substantivado: "Ela tem um *je-ne-sais-quoi* encantador", por exemplo. Tem em português a expressão equivalente, clássica em nossa língua desde Camões, pelo menos – um soneto seu termina com essas duas maravilhosas linhas: "Um não sei que que nasce não sei onde, / vem não sei como, e dói não sei por quê". Sim, é do amor que ele está falando. Vários outros poetas freqüentaram a expressão, por exemplo, o brasileiro Gregório de Matos, que abre um soneto dizendo: "Aquele não sei que que, Inês, te assiste". O grande crítico gaúcho Augusto Meyer tem todo um ensaio sobre o tema, chamado "Não sei que", em que cita vários autores, em várias línguas, todas contendo alguma expressão equivalente.

Jet lag – Aquele mal-estar, aquela sensação de cansaço sem razão que acomete pessoas que viajam por muito tempo, especialmente de avião, naqueles deslocamentos que envolvem mudança de fuso horário e tal. O verbo *to* *lag* significa, entre outras coisas, "diminuir a marcha", ficar para trás, e *jet* se refere ao "avião a jato" mesmo. O Aurélio dá como designação de "confusão mental derivada da viagem de longa duração", dessas que envolve mudança de fuso horário e tal. Se diz |DJÉT lég|.

Jet set – *Set*, palavra das mais polivalentes da língua de Bernard Shaw, quer dizer "conjunto"; e *jet* quer dizer "jato", nesse caso o avião a jato; daí que a junção das duas palavras signifique, originalmente, um grupo de gente bem, com grana e capacidade de desfrutar das coisas boas da vida, grupo que se reúne em qualquer parte porque pode ir de avião a jato, quer dizer, grupo que se caracteriza pelo hábito de encontrar-se "a jato", por assim dizer. Daí o colunismo social ter derivado o sentido de gente com grana, os ricos e chiques e famosos etc. e tal. Quer dizer: aquele grupo de que eu e o senhor não fazemos parte, aquele que aparece nas revistas e coisa e tal (nesse sentido, é o mesmo que *beautiful people* – (v.)). Em inglês se diz |DJÉT ÇÉT|, entre nós |JÉ-tchi ÇÉ-tchi|, e se encontra também na forma hifenizada.

Jet ski – "Esqui a jato", literalmente, designando, primeiramente, uma marca daquelas máquinas em que um ou dois sentam (ou um fica em pé) e que desliza sobre as águas, fazendo uma zoeira notável e muitas vezes enchendo o saco de banhistas pacíficos, como é o meu caso. Em inglês, se diria |DJÉT ÇQUI|.

Jeton – Palavra francesa que designa a ficha de jogo, na língua de Montaigne. Deriva daí o sentido corrente em nosso mundo brasileiro (e noutras partes também): em certos círculos (reuniões de corporações, de conselhos), era dada uma ficha como marca do reconhecimento da presença do sujeito naquela sessão; daqui a idéia de *jeton* (forma dicionarizada já em "jetom") como pagamento por sessão a que comparece o membro de um conselho, incluindo o parlamento brasileiro. Em francês se diria |JTÕ|, e nós dizemos |jê-TÕ|.

Jeunesse dorée – Diz-se, ou dizia-se, quando o francês ainda circulava por aqui, de "grupos jovens ricos" ou adesistas ao modo rico de ser e viver. Nas colunas sociais, quando se tratava de referir um grupo de gente bacana, bem vestida, bem alimentada e rica, ou parecida com isso (eu digo isso porque, sabe como é, muitas vezes os que imitam os ricos o fazem com tal perfeição que eles parecem mais do que os próprios). Literalmente, significa "juventude dourada". A pronúncia requer alguma intimidade com a boca de falar francês: é mais ou menos |je-NÉÇ dô-RRÊ|, com o "r" na garganta e aquele primeiro "e" dito com a boca de pronunciar "u", se é que o senhor me entende. Parece que a expressão nasceu, historicamente, logo depois da Revolução Francesa, quando filhos da alta burguesia, apavorada com o caminho autoritário das coisas, entraram na luta contra o Terror, o governo do Terror. Quem diria.

Jihad – Palavra árabe que significa "guerra santa", ou, permitida a comparação historicamente esdrúxula, uma "cruzada", uma guerra contra aqueles que são considerados infiéis. Se diz |ji-RRAD|, com o "r" soprado na garganta. O berço da expressão é muçulmano, mas a palavra tem sido usada mais genericamente, em toda parte.

Jingle – O verbo *to jingle* parece ter nascido como imitação do som de um sininho, do tilintar de metais soando agradavelmente; daí que signifique "retinir", soar bem, até mesmo rimar. O substantivo se refere a isso, ao barulho de bom som, ao poeminha simplinho bem rimado. No Brasil, ficamos com um dos sentidos derivados desse universo, que também existe em inglês, aquele que designa uma peça musical publicitária, não necessariamente com letra. Se diz, em inglês, |DJIN-gâl|, mais ou menos, feito a musiquinha de Natal aquela, que a gente apatifou com letra paródica que rima em "papel", que diz *Jingle bells, jingle bells*, "Sinos soantes, sinos soantes". Parece que *jingle* aí faz parte da locução nominal *jingle bells*, "sinos (ou guizos) de trenó"; daí *Jingle bells, jingle bells jingle all the way*: "guizos de trenó, guizos de trenó tilintam por todo o caminho, a toda força".

Jiu-jítsu – Palavra dicionarizada em português assim mesmo, com hífen e acento, a partir de forma japonesa, encontrável em dicionários de língua inglesa também como *jujitsu*. O Aurélio diz que *jujitsu*, em japonês, significa "dez astúcias", o que soa apropriadamente oriental, alusivo e conciso, bem

como nós imaginamos que sejam as palavras daqueles povos; já o *American Heritage*, que descreve a luta como aquela estratégia de autodefesa que, sem armas e mediante golpes e meneios de corpo, procura transformar a força do oponente em força de ataque contra ele, diz que a palavra se formou de *ju*, que significaria "leve", e *jitsu*, "artes". E agora?

Jogging – Palavra que entrou na nossa intimidade com a moda da saúde, de comer direitinho e gastar dinheiro em academias em que se faz força e se sua como se se estivesse trabalhando a sério, pesado, com força física. Nada contra, naturalmente, mas que é estranho é, nem queira me convencer que não. Enfim: a palavra entrou em circulação por designar um jeito, um ritmo de andar, ou melhor, correr, a meio-trote, meio pulado e bem ritmado, com ritmo relativamente manso. Aquilo ali, aquele passo é que é o tal *jogging* original – dito |DJÓ-guin|. Depois vieram as derivações, feito moda *jogging*, essas ondas.

Joie de vivre – Francês, para variar um pouco, significando "alegria de viver", numa expressão que se pronuncia, mais ou menos, |jo-Á dâ VI-vrr|, se é que o senhor imagina como é que se forma uma sílaba sem vogal como essa última. A expressão circula em todo o mundo civilizado, assim mesmo na forma original, naturalmente por causa da imagem que os franceses espalharam de si mesmos, como gente que sabe curtir as coisas boas da vida, beber um vinho decente, amar como se deve, ir ao cinema, ler um bom livro. (Pensando bem, não é que eles têm mesmo razão?)

Joint venture – Definição mais ou menos neutra: "associação de empresas com alguma finalidade específica", supondo compartilhamento de riscos e de vantagens, com as associadas mantendo suas estrutura anteriores e personalidade anteriores à associação. Na prática, a associação se faz entre uma empresa de país mais forte, com mais capital e mais tecnologia, com outra de país menor ou periférico, que recebe os aportes dessas duas coisas (e seu país vai passar o resto da vida pagando juros por isso...). A expressão se forma de *joint* (dito |DJÓINT|), que, como verbo, significa "ajuntar", "articular", e no caso, como adjetivo, "em conjunto", e *venture* (dito |VÊN-tchâr|), "aventura", risco.

Joystick – De primeiro, era aquele "comando manual" das aeronaves (falando nisso, por que raios é que as gentes que trabalham com avião não chamam avião de "avião", mas de "aeronave"?), aquele – como diremos? – bagulho, aquela espécie de bastão que permite manejar certos movimentos do avião. Daí passou, por analogia óbvia, a designar o mesmo instrumento, mas não mais nos aviões, e sim nos joguinhos de computador, com botões e tal, em que ficam os sujeitos dando imaginários tiros na tela, aquela coisa agressiva. A palavra significaria, literalmente, "bastão" ou "porrete" ou algo assim (*stick*) "da alegria" (*joy*), coisa que já daria o que falar, permitiria associações outras, tudo da família erótica. Se diz, em inglês, |DJÓI-çtic|.

Judô – Palavra e coisa devidamente abrasileiradas, esporte em que temos umas medalhazinhas bacanas. Dizem os dicionários que se trata de luta inspirada no antigo "jiu-jítsu" (v.) e que vem do japonês, como mistura de duas matrizes, algo como *ju* ("delicadeza", gentileza) e *do* ("caminho"). Viu?

Jukebox – Aquele toca-discos operado mediante moedas, com música em geral de sucesso, que aparecia em filmes americanos e a gente aqui ficava achando o máximo. Os norte-americanos dizem mais ou menos |DJÚC BÓCÇ|. Parece que a palavra veio de um sentido regional de *juke*: no sul dos Estados Unidos, na Geórgia e na Carolina do Sul, a partir de uma matriz de língua africana, a palavra designava um desses bares ou restaurantes de beira de estrada, com comida barata e bebida idem e farta, em que se podia dançar, ao som de vitrolas – *to juke* era mesmo "dançar", e aquela matriz africana seria sinônimo (algo como *dzug*, diz o *American Heritage*) de coisa desordenada, má, ou um advérbio como "desordenadamente", por aí. Daí que a *jukebox* tenha sido nomeada assim: a "caixa (*box*, literalmente) musical", o toca-discos daquele boteco em que dava pra beber, dançar e ficar numa boa.

Jungle – A palavra assim sozinha quer dizer "selva", em inglês (provindo de língua da Índia e já abrasileirado para "jângal", imitando a pronúncia inglesa, |DJÂN-gâl|); mas no contexto de nossos dias, o termo designa um estilo de música eletrônica que deve ter sugerido aos ouvidos dos criadores um aspecto de selva – sabemos nós da idéia que esse povo faz de selva, de floresta? Mistura *hip-hop*, *reggae* e sabe-se lá o que mais.

Junkie – Termo inglês para designar o "sujeito que é adicto de uma droga", um "dependente". A palavra traz dentro de si *junk*, que significa "lixo", material que vai para o lixo por não interessar mais – e por associação dá para imaginar a cara do sujeito drogado, atirado, com cara de lixo. Se diz |DJÂN-qui|.

Jus sperneandi – Expressão piadística do mundo jurídico. Porque tem coisas como o *jus murmurandi*, que significa o "direito de murmurar", assim como tem o *jus sanguinis*, o "direito de sangue", isso sem falar no *jus prima noctis*, que a gente ouve de vez em quando em filme sobre a Idade Média, significando o "direito da primeira noite", aquele suposto direito que o suserano teria sobre a mulher de qualquer vassalo seu – direito cujo usufruto dá origem a enredos de tensão, com o truculento do senhor feudal roubando a esposa do pobre camponês, para traçá-la, justamente na noite de núpcias. Bom, mas o caso é que o tal *jus sperneandi* seria o "direito de espernear", o sagrado direito de reclamar. A expressão não designa um direito configurado assim, com essas palavras, em qualquer código, mas certamente refere um direito sagrado de qualquer um de nós. Se diz assim mesmo como o amigo imaginou, mais ou menos como se escreve; pode dizer o *jus* como |i-US|, que fica chique, mas não é obrigatório.

Just-in-time – Conceito de nosso tempo, de nosso apressado tempo. Tratase de concepção sobre a precisão com que um produto deve ser produzido e/ou entregue ao consumidor, para venda ou uso imediato, sem manutenção de (grandes) estoques, cortando custos de armazenagem. A lógica da produção de sanduíches feito o McDonald's, por exemplo, é *just-in-time*, que traduzida ao pé da letra dá mais ou menos "justo no tempo", "perfeitamente no tempo", "bem na hora (certa)", e se pronuncia |DJÂÇT-in-TÁIM|. Ver *on demand*.

K

K7 – Não existe isso, assim, desse jeito, a não ser como uma forma de *embromation* (v.). (Se existisse, a pronúncia em inglês seria mais ou menos |QUÊI ÇÉ-vân|.) Isso não impede que de vez em quando apareça numa caixinha de fita de gravação essa estranha expressão K7. O que existe é a palavra *cassette*, francesa de origem, em português "cassete". Significado: "pequena caixa", caixinha (*casse*, na língua de Montaigne, quer dizer "caixa").

Kabuki – O *American Heritage* diz que a palavra japonesa se compõe de *kabu*, "cantar e dançar", mais *ki*, "artista". O resultado designa "um tipo de teatro nô", de larga tradição, em que homens (e só homens, não me pergunte por quê) se caracterizam com pesada maquiagem para representar em cena temas que podem ser mais para o drama ou mais para a comédia. Se diz |ca-BU-qui|. Existe a forma "cabúqui" em português.

Kaddish – Oração que é recitada nas sinagogas em pranto pela morte de parente querido. O termo é de origem aramaica (significando "sagrado"), e no Ocidente laico foi ressuscitado por um longo e lindo poema de Allen Ginsberg, chamado exatamente assim, *Kaddish* (editado em 1961). Se diz |CÁ-dich|.

Kaiser – A origem desta palavra alemã é a latina César, quer dizer, *Caesar*, quer dizer, "imperador". Por isso. Eram assim chamado os imperadores do Sacro Império Romano (entre 962 e 1806), da Áustria (1806-1918) e da Alemanha (1871-1918). Se pronuncia como o nome da marca de cerveja.

Kamikaze – Dicionarizada em português como "camicase", a palavra é de origem japonesa e significa "vento di-

vino" (eu não entendo quase nada da língua do glorioso povo japa, mas dá para ler que a matriz *kami* tem a ver com "deus", ao passo que a forma *kaze* tem a ver com "vento"). No sentido atual, designa um sujeito de comportamento suicida, e esse sentido vem do uso que se popularizou no Japão no fim da Segunda Guerra (1939-45), quando aquele país passou a treinar pilotos para fazer ataques suicidas, jogando seu avião explosivo contra alvos, especialmente navios – esses pilotos é que eram os camicases. (Esses tempos circulou uma daquelas piadas estranhas, que nos dão ganas de rir mais por não entender do que por outro motivo, que argüia o seguinte: se os pilotos camicases iam morrer mesmo, por que usavam capacete? A resposta é trivial: porque eles precisavam proteger-se até chegar lá.) Mas há uma origem mais remota: um vento chamado assim, *kamikaze*, salvou os japoneses de um ataque medonho da frota mongol, no distante ano de 1281. Ficou conhecido como vento divino, pelos japas, porque os mongóis iam detonar a vida deles, mas foram impedidos pelo vento, que afundou os navios. Detalhe: os mongóis eram comandados pelo magnífico Kublai Kan. Uma fonte (o dicionário enciclopédico *Merriam-Webster*) diz que os ataques camicases teriam afundado mais ou menos quarenta navios, mas mil e duzentos aviões teriam sido destruídos.

Karma – Eu não garanto nada, mas os dicionários afirmam que a palavra, no sânscrito, que é seu *habitat* natural, significa "ação". Em todo o caso, dá para dizer com segurança que ela já está abrasileirada, na forma "carma". Informalmente, a palavra parece significar, entre nós, uma espécie de pena que o sujeito tem que pagar por uma suposta condenação, eventualmente considerada como oriunda de outra vida. Eu não me meto nesses temas, mas é por aí: "Esse emprego é um carma meu". Nas religiões da Índia – eu disse "nas"? estarei sugerindo que em todos os milhares de religiões e sub-religiões daquela terra misteriosa a coisa é igual? Por Tutatis! –, parece que o significado é mais específico: carma seria o efeito total das ações e da conduta de uma pessoa ao longo das sucessivas fases de sua existência, efeito que é considerado como determinante do destino dessa mesma pessoa. Mas, como eu disse, não garanto nada.

Karaoke – Palavra japonesa, já dicionarizada como "caraoquê", que designa ao mesmo tempo um aparelho e o que ele promove – o canto de um leigo em acompanhamento a uma gravação que vai rolando, quase sempre tendo o requinte de a letra da canção aparecer numa tela, para o cantor não esquecer. De minha parte, é um aborrecimento, mas há quem adore. A palavra se compõe de *kara*, "vazio", e *oke*, redução de *okesutoa*, "orquestra" – e o senhor naturalmente percebeu que essa palavra japonesa é claramente a forma deles de pronunciar a palavra ocidental correspondente, não?

Kasbah – O Aurélio e o Houaiss dão "casbá", de origem árabe e variante de alcáçova" (será?), como sinônimo de "castelo" ou "palácio fortificado", nas antigas cidades árabes, mas também, por extensão, como designação das "partes antigas" dessas cidades. O *American Heritage* diz a mesma coisa, acrescentando que isso é verdade tanto para o norte da África quando no Oriente Médio.

Ketchup – Vamos começar definindo as posições claramente: eu sou daquela metade da humanidade que acha o *ketchup* totalmente dispensável, quando não francamente nefasto. Chego mesmo a recusar um McDonald's quando ele tem essa porcaria. Mas em respeito ao senhor, que vai ver é um adepto do tempero, vamos contar aqui sua longa história. Trata-se de um molho de tomate e outras coisas, com sabor adocidado. O Aurélio deixou assim mesmo a forma escrita. A origem remota parece ser romana, na altura de 300 antes de Cristo, a coisa já tinha essa consistência de purê (que para mim deveria se escrever "pirê", mas isso é outro assunto), se chamava *liquamen* (tônica na segunda sílaba) e era feita de vinagre, óleo, pimenta e uma pasta de anchovas secas, usada para realçar o gosto de peixes e aves. Na altura de 1690 (me informa o impagável *Panati's Extraordinary Origins of Everyday Things*), os chineses desenvolveram um outro molho, que foi – esse sim – a origem da palavra em causa. Era um molho picante, para peixes e aves, feito com peixe em picles mais temperos, e se chamava algo como *ke-tsiap*, e foi divulgado ali naquela redondeza, mares e ilhas, e daí os marinheiros levaram adiante, e daí algum inglês aprendeu e espalhou. Curiosidade: originalmente, como se vê, o tal molho não tinha nada a ver com tomates, que só entraram na cena aí por 1790, nos Estados Unidos. A palavra designava todo e qualquer molho com vinagre e outras mumunhas. Só que aqui no Ocidente as coisas se misturaram, e acabou naquela coisa de mau gosto que o senhor come, me desculpe a franqueza. Em inglês, eles dizem |QUÉTCH-âp|, e aqui se diz de todo jeito, até |qué-tchi-CHU-pi|.

Keyboard – "Teclado", em inglês, com pronúncia |QUI-bórd|, mais ou menos. No do computador, aparecem palavras e abreviaturas, sempre em inglês, que já são familiares ao olho, mas cujo sentido talvez escape: *alt* (para *to alternate*, "alternar"); *alt gr* (o mesmo *alt* anterior mais *gr* de *group*, "grupo", no conjunto significando "alternar grupo", porque a tecla aciona outras letras ou símbolos para além das duas); *caps lock* (para *capitals lock*, "tranca das maiúsculas"); *ctrl* (para *control*, "controle"); *delete* (*to delete* é "apagar"); *end* ("fim"); *enter* (*to enter* é algo como "dar entrada", fazer entrar, "entrar"); *esc* (para *to escape*, "escapar"); *home* ("lar", que é o começo da linha); *insert* (*to insert* significa "inserir"); *num lock* (para *numerals lock*, "tranca para os números"); *page down* e *page up* ("página abaixo" e "página acima"); *pause break* ("quebra na pausa"); *print* ("imprimir"); *shift* ("alterar").

Kibutz – Palavra hebraica para designar "comunidade", geralmente agrícola, de propriedade coletiva, muito particularmente a fazenda implantada no Estado de Israel como forma de colonizar a terra segundo preceitos mais ou menos socialistas – não esqueçamos que, independentemente de qualquer destino futuro, parte considerável da fé que fez Israel existir era de origem socialista. A palavra faz plural em *kibutzim* e vem de uma raiz hebraica que significa "união", reunião, agrupamento. Diz-se como se fosse português, |qui-BUTS|.

Kid – Até hoje se usa chamar alguém que é bom em algum mister de *kid*, dito |quí-dji| nesse mister. Certo? Certo. De onde terá vindo o uso? A origem óbvia é a palavra norte-americana *kid*, que significa informalmente "criança", mas também "cabrito", o bicho; como verbo, *to kid* quer dizer "zombar". Ocorre – aqui vai a minha modesta teoria – que alguns dos heróis (ou dos bandidos, que nisso havia pouca diferença entre as duas categorias) dos filmes de bangue-bangue (os faroestes, ou *westerns*, literalmente os "ocidentais", o senhor já tinha pensado nisso?) tinham apelidos com *kid*, como o famosíssimo *Billy the Kid*, "Billy o Garoto".

Então eu acho que foi assim: *Billy the Kid* era como dizer "Fulano o *Kid*", isto é, Fulano o Durão, Fulano o Bamba. O senhor vai lembrar que um dos parceiros do imortal Noel Rosa se chamava Kid Pepe, certo? Ele se chamava, de berço, José Gelsomino, era italiano, nasceu em 1908 e veio ao Rio em 1914, onde fez de tudo um pouco até chegar a ser boxeador, donde o apelido. Morreu em 1961, não sem antes compor, com Noel, o sensacional samba *O orvalho vem caindo*. (Bobagem suplementar: *Billy* é apelido para *William*, que em português deu "Guilherme"; de forma que *Billy* seria mais propriamente "Gui", talvez "Guigui".) Um dos bons filmes que comentam o mundo heróico do caubóis, mas já em declínio, se chama justamente *Kid Blue*, em português "Kid Blue *não nasceu para a forca*", protagonizado pelo grande Dennis Hopper, um dos meus atores prediletos. Então é isso. E é mais, claro: hoje em dia tá cheio de loja de produtos para crianças chamada *kid* qualquer coisa. Em inglês, é monossílabo: |QUID|.

Kidult – Palavra inglesa composta da junção de *kid*, "criança", e *adult*, "adulto". O que dá, na soma? Pois é, dá o recentíssimo fenômeno diagnosticado por psicanalistas, antropólogos, sociólogos e, naturalmente, publicitários que já estão dando suas cavadas na área: um comportamento que parece tender a aumentar com as novidades da vida de nossos dias, em que os filhos demoram mais para sair da casa dos pais, demoram mais para terminar de estudar (os da classe média para cima, naturalmente), para casar e, resumindo, para entrar na vida adulta propriamente. Aliás, é mais que a mera continuidade da adolescência, ou é diferente: é a prática do prolongamento de certos aspectos típicos da infância, como a prática de jogos e brinquedos (bonecas, *videogames* etc.), para muito além da adolescência. Há modelos: Xuxa e Michael Jackson, por exemplo. Ela, por exemplo, batizando a filha com a mesma levada "x" infantil, e ele vivendo num sítio chamado *Neverland*, a terra do nunca do Peter Pan, um protótipo do *kidult*. A pronúncia é |KI-dâlt|.

King-size – Literalmente, a expressão inglesa significa "tamanho de rei", sugerindo que a coisa qualificada com tal adjetivo (em geral cama ou colchão é que se chama assim, no mundo da língua inglesa ou portuguesa) é maior que o comum. Mas maior a ponto de servir para o rei em pessoa, digamos. Se pronuncia |QUIN-çáiz|.

Kit – Palavra inglesa, que se pronuncia com o "t" mudo, "t" mesmo, "t" como em "tesão", sem palatalização (quero dizer, sem o som de "tch"), e significa "conjunto de instrumentos", de bagulhos, mas também a coisa que envolve tudo isso, um saco, uma sacola, essas coisas. Sim, eu sei que em português da vida real a gente diz aquele "t" como "tch", a gente diz |QUI-tchi|, e aí confunde com a palavra *kitsch*, olha ali.

Kitchenette – Literalmente, "cozinha pequena", misturando a palavra inglesa *kitchen*, "cozinha", com a terminação francesa *ette*. Chama-se assim o apartamento de quarto-e-sala, ou menos que isso ainda, justamente por causa da cozinha pequena. O Houaiss dá "quitinete". Possível origem da designação JK para aqueles apartamentos pequeníssimos: seria uma sigla de "Janela e Kitchenette", quer dizer, era só o que tinha mesmo no apezinho.

Kitsch – O significado o senhor sabe: a gente chama de *kitsch* o que é (ou nos parece ser) de mau gosto, ou desproporcionado, ou fora de moda, ou desgracioso, ou de má qualidade, ou feito de maus materiais, ou feito para efeitos menores, "vulgar", ou tudo isso ao mesmo tempo. A palavra é alemã, na origem, e por isso se pronuncia |QUITCH| – na língua de Goethe, aquele *sch* depois e/ou antes de vogal dá som de "x" em "xarope". Para um português, a gente poderia escrever "quites" que ele leria o mesmo que um alemão lê na palavra em questão. No Brasil, também se diz |QUI-tchi|. Há quem diga que a palavra, no alemão, apareceu na altura de 1860: *kitschen*, verbo, significa "fazer o novo com o velho"; *verkitschen* é "vender de segunda mão", mas também quer dizer "entregar algo em lugar do que fora pedido".

Knock-down – Ver *K. O.*

Knock-out – Ver *K. O.*

Know-how – O que aparece essa palavra entre nós não é mole. O senhor sabe, ela é inglesa e se traduz literalmente por "saber como". Em sentido amplo, designa os conhecimentos, a cultura, o conhecimento abstrato, intelectual, em oposição a coisas concretas. Por exemplo: numa máquina, temos a parte física (hoje em dia chamável genericamente de *hardware*) e a parte mental, a concepção e os conhecimentos que deram origem a ela. Por causa da pronúncia inglesa, o antigo e saudoso *Pasquim* grafava "norrau", aproximando de |NÔU RRÁU|.

K. O. – Abreviatura de *knock-out*, já aportuguesada como "nocaute", que se traduziria ao pé da letra como "derrubada" ou, mais claramente, "golpe decisivo", mas isso dito com aquela apreciável característica sintética do inglês, porque *to knock* é "bater" e *out* é "fora", de maneira que a composição precisaria, em português, de uma tradução mais longa, tipo "soco tão potente que chega a tirar o antagonista do cenário definitivamente". Já o *knock-down* é aquele golpe que balança o cara, faz cair no chão o oponente, mas ele retorna ao combate. Esse se diz |NÓC-dáun|, e o outro se diz, em inglês, |NÓC-áut|, e nós reposicionamos a tônica no fim, como o senhor sabe.

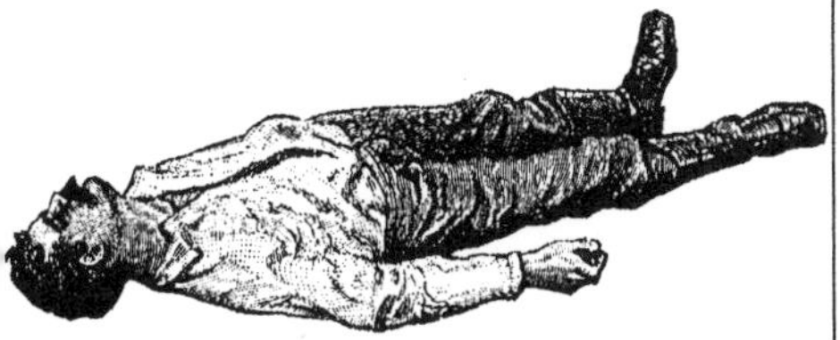

Komintern – Palavra russa, que os dicionários brasileiros não dão, e o *American Heritage* grafa *comintern* e aparece na imprensa nacional culta com "k". É abreviação da expressão *Kommunisticheskii Internatsional*, a "organização internacional dos partidos comunistas", patrocinada pela União Soviética. Era o órgão que definia o que os PCs deviam fazer a cada conjuntura, coisa que no Brasil e noutras partes resultou em desastres impressionantes. Se diz, tanto quanto eu saiba, |cô-min-TÉRN|.

Kosher – Palavra do mundo hebraico, em forma iídiche, de matriz na língua hebraica, é um adjetivo para "alimento preparado de acordo com os preceitos da religião". Que leis? Começa que só alguns animais podem ser considerados *kosher*: aqueles ruminantes que têm o casco fendido, algumas aves mas nunca as de rapina, peixe se tiver barbatanas e escamas. Os animais devem ser perfeitos, caso contrário são considerados *terefá.* Animais e aves devem ser abatidos por um método específico, espécie de degola executada rapidamente, e deve-se usar sal para remover o sangue. E por aí vai. A pronúncia é |CÔ-cher|, mas se ouve regularmente, no Brasil, a pronúncia |CA-cher| – aliás, o Houaiss dá a forma "kacher" como alternativa.

Kraft – É nome de um papel, aquele feito de polpa da madeira, sem maior refino, de cor amarronzada, que a gente usa (usava?) para embrulhar coisas e sempre via nos sacos de supermercado – agora, no Brasil, é puro plástico, ao passo que na Europa ainda há muito saco de papel. A palavra é de origem sueca, e assim como em alemão significa "força", resistência.

L

La crème de la crème – Ver *Crème de la crème.*

La donna é mobile – Frase de abertura de conhecida canção da ópera *Rigoletto*, de Giuseppe Verdi (1813-1901). A estrofe inicial diz:

La donna é mobile
Qual piuma al viento
Muto d'accento – e di pensiero
Sempre un'amabile
Leggiadro viso
In pianto o in riso – menzongnero

Em tradução rápida, fica assim:

A mulher é volúvel
Qual pluma ao vento
Muda ao falar e ao pensar
Sempre um amável
Gracioso rosto
Chorando ou sorrindo – mentiroso

Lab – Hoje em dia tem aparecido uma que outra abreviatura trazendo essas três letrinhas aí para referir sucintamente um "laboratório", em inglês *laboratory*. O senhor, se tem mais de trinta e poucos, vai lembrar de uma estação espacial (ou que nome tenha) que caiu na Terra em lugar incerto e quase não sabido (lá para as bandas da Austrália, de fato), alcançando fama justamente por isso: era o *Skylab*, forma reduzida para "laboratório do céu". Então é isso. *Lab*, em pronúncia norte-americana comum, fica mais ou menos |LÉB|.

Label – Inglês, significando "rótulo" e pronunciado |LÊI-bâl|. Aparece de vez em quando para isso mesmo, só que dito na língua dominante, e às vezes com uma nuança de significado, indicando a etiqueta de certo produto, o nome da fábrica do produto.

Ladies first – Todo mundo já ouviu a frase, dita |LÊI-diz FÂRÇT|, ou |FÂÇT|, para ser mais britânico, ou, na tradução literal, "as damas primeiro". "Questã de educaçã", como diria o trocadilhista. Pelo menos "educaçã" no sentido anterior ao feminismo furioso (atenção, o adjetivo tem função restritiva, se é que nos entendemos – eu não acho que todo o feminismo é furioso).

Lady – Quer dizer "dama", senhora, como todo mundo sabe. Mas numa época era também nome de gente, de mulher, mais especificamente. Há um uso no Brasil que parece típico: dizer de uma mulher que "é uma *lady*" (pronunciando |LÊI-dji|, à brasileira, e quase nunca à inglesa |LÊI-di|) equivale a dizer que é fina, bem educada, de bom trato, elegante, discreta e tudo o mais que nós costumamos atribuir às damas da aristocracia inglesa (vai ver, elas nem eram para tanto, mas a fama ficou). No Brasil dos anos 50, muitas mulheres receberam como prenome esse termo: era o tempo de vizinhas a que a gente se referia como "a Dona Lady", dizendo |la-DJI|. Recentemente, o termo voltou a ter força pela infeliz Lady Di, Diana Spencer.

Laisser-faire – Expressão francesa, como dá pra perceber, que junta dois verbos usuais, "deixar" e "fazer", nessa ordem. Assim ajuntados, eles ganham um significado mais preciso: *Laisser-faire* – atenção para o hífen – é o apelido da doutrina do livre-mercado, em alusão direta à noção de não-intervenção do Estado nos negócios, quer dizer, à noção de que cada um deve poder fazer o que quiser. Não vamos discutir aqui isso em profundidade, mas gostaria de deixar minha sincera e profunda desconfiança na justiça cósmica dessa tese, a de que se deve deixar qualquer um fazer o que quiser, que tudo resulta bom. Resulta ruim, como sabemos. Mas voltando ao ponto: a pronúncia é, mais ou menos, |lê-ÇÊ FÉRR|, com o "r" na garganta. Há quem diga, como uma espécie de complemento da expressão, como uma espécie de sobrenome dela, *laisser passer*, que quer dizer "deixar passar". Sei lá se há algo atrás dessa aparição súbita de complementação.

Lan house – Loja que oferece vários computadores, conectados em rede, para permitir jogos em grupo ou simples viagens pela internet. A palavra *lan* é uma sigla para *local area network*, quer dizer, "rede local de computadores". Em português, a pronúncia é assim como o senhor está pensando mesmo; em inglês, se diz |LÉN|, com o "n" dito como se viesse uma vogal depois.

Laptop – Ver *Desktop*.

Lasciate ogne speranza, voi ch'entrate – Italiano erudito, encontrável às vezes em textos mais refinados, que significa "Abandonai toda esperança, (ó) vós que entrais". Em português de dia de semana quer dizer "Pode tirar o cavalinho da chuva", ou então, em vulgar, "Vem merda por aí". (A pronúncia é mais ou menos |la-chi-A-te Ô-nhi spe-RAN-tza, voi qu'en-TRA-te |.) Está no Canto III de "O inferno", da *Divina comédia*, de Dante Alighieri. Toda a abertura do canto III é aterrorizante: trata-se das palavras inscritas na entrada do inferno, onde o próprio Dante, acompanhando o poeta latino Virgílio, está entrando. A inscrição toda diz: "*Per me si va ne la città dolente, / Per me si va ne l'etterno dolore, / Per me si va tra la perduta gente. // Giustizia mosse il mio fattore; / Fecemi la divina podestate, / La somma sapienza e'l primo amore. //*

Gustave Doré

Dinanzi a me non fuor cose create / Se non etterne, e io etterna duro. / Lasciate ogne speranza, voi ch'entrate". Na tradução de Ítalo Eugênio Mauro: "Vai-se por mim à cidade dolente, / Vai-se por mim à sempiterna dor, / Vai-se por mim entre a perdida gente. / / Moveu justiça o meu alto feitor, / Fez-me a divina Potestate, mais / O supremo Saber e o primo Amor. // Antes de mim não foi criado mais / Nada senão eterno, e eterna eu duro. / Deixai toda esperança, ó vós que entrais".

Laser – Sigla de *light amplification by stimulated emission of radiation* ("amplificação da luz por emissão estimulada de radiação"). O *laser*, que a gente diz quase como dizem os angloparlantes |LÊI-zâr|, é uma luz, apenas isso, só que altamente concentrada e com um único comprimento de onda. Por isso é capaz de, por assim dizer, rodar imensas distâncias sempre em linha reta, e também por isso serve para cortar praticamente qualquer coisa com altíssima precisão. Não confundir com a palavra "lazer", que tem raízes latinas profundas e quer dizer "ócio", "descanso" e coisas assemelhadas – se bem que hoje em dia quer também dizer ficar agitado num *shopping center*, gastando dinheiro e perdendo a paciência.

Last but not least – Expressão da língua inglesa, muito usada por aí, que significa "último, mas não irrelevante", ou melhor, "o último, mas não o menos importante" (pronúncia aproximada: |LÉÇT bât nót LÍÇT|). Usa-se em enumerações de itens, quando se deixa para o fim da fila um elemento que, como a expressão afirma, não está ali, no fim, por ser irrelevante, ou menos importante que os citados antes.

Late adopters – Literalmente quer dizer "adotadores tardios", em referência aos caras que, como eu mesmo, não sentem o apelo da novidade, não saem por aí comprando as novas tecnologias. Se fosse para dar um exemplo célebre e heterodoxo, eu lembraria um personagem de ninguém menos que *Os lusíadas*, de Luís Vaz de Camões. (Por essa o senhor não esperava, fala a verdade.) É o Velho do Restelo, aquele boi-corneta que fica na beira da praia falando mal dos portugas seus patrícios que estão saindo, sob o comando de Vasco da Gama, para conquistar o mundo. E o Velho fica ali corneteando, insinuando que tem coisa melhor pra fazer do que ir andar tanto tempo à toa, em busca de coisa que nem se sabe se existe mesmo. Sim, eu sei, o Velho não estava repudiando a tecnologia, que é o âmbito da

expressão *late adopter*, mas estava tentando neutralizar, talvez, o fascínio da novidade, a sedução do novo, que inunda corações humanos há tempos, pela via de dizer que o mundo não precisa de novidade. Enfim, é por aí. Ou tudo isso é só pra eu me justificar e dizer que tenho clara preferência por tecnologias já testadas? Ver *Early adopters*. A pronúncia é mais ou menos |LÊIT â-DÓP-târz|.

Lato – Latim puro-sangue, mas dicionarizado no Aurélio assim mesmo, para uso em expressões como "sentido *lato*", significando "sentido amplo". Ver *Lato sensu*.

Lato sensu – Latim, de uso bastante freqüente, com o significado de "em sentido amplo" ou mesmo "em sentido *lato*" (atenção para a preposição "em", que faz parte da forma latina pela via da declinação da palavra). Usa-se também a expressão correlata e oposta *stricto sensu* (v.), significando "em sentido estrito", "em sentido limitado". (Pela presença necessária da preposição "em" na tradução para o português, não tem muito cabimento dizer, em nossa língua, uma frase como "Eu gostaria de dizer, em *stricto sensu*", porque haverá redundância.) Se diz |LA-to ÇÊN-çu| e |ÇTRIC-to CÊN-çu|.

Lavabo – Hoje em dia, a palavra designa o pequeno banheiro para visitas (que só tem pia e, na maioria das vezes, também o vaso sanitário), mas a palavra é latina, equivalente à forma verbal "lavarei". A origem é litúrgica, no catolicismo: com essa palavra começa uma oração que acompanha a lavagem das mãos do oficiante, na hora da consagração. Já o sujeito que vai praticar a ótima ação de comer nem precisa tanto, mas não custa lavar as mãos ali, no lavabo.

Layout – Assim junto e com essa grafia é inglês, substantivo que se traduz por disposição dos elementos em determinado plano, como se distribuem textos e ilustrações no esboço de uma página de um livro, por exemplo. (O verbo *to lay*, dito |LÊI|, significa, entre outra coisas, "dispor", apresentar, arranjar coisas.) A pronúncia em português dá mais ou menos "leiaute", que é como o Aurélio e o Houaiss dicionarizam a palavra. Assim, a palavra entre nós ganhou o sentido de "esboço", de "projeto", e, mais genericamente ainda, de "aspecto geral" de determinada coisa.

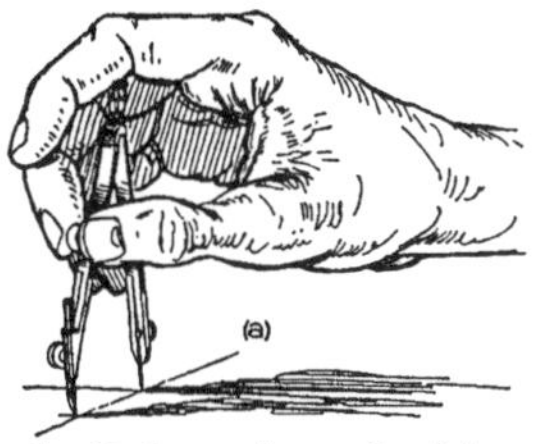

Lead – Palavra introduzida no mundo do jornalismo na altura dos anos 40, fim da Segunda Guerra Mundial, a partir dos Estados Unidos, quando se pretendeu dar à notícia de jornal uma estrutura tendencialmente mais objetiva, mais científica; nesse contexto se começou a falar do *lead*, que em tradução literal do inglês significa "guia", ponto de referência (da mesma matriz vem a palavra inglesa *leader*, que nós traduzimos e usamos a toda hora na forma "líder"). No âmbito do jornalismo brasileiro, a entrada em cena do *lead*, ou do "lide", que é a forma dicionarizada pelo Aurélio e pelo Houaiss, representou um confronto com a tradição dos textos retóricos, rebarbativos, com aquilo que se chamava de "nariz-de-cera", uma introdução longa e em geral de pouco teor informativo – "pouco" na opinião dos

modernizantes, que queriam o lide. (Nélson Rodrigues, em várias de suas crônicas, reclama asperamente contra a chegada da objetividade no jornal. Usava mesmo uma imagem para marcar sua diferença: dizia ele que nos tempos modernos era capaz de uma bomba cair no colo do jornalista, e este fazer uma manchete singela, meramente informativa, "Morri" – sem sequer um ponto de exclamação.) Nas escolas de jornalismo se aprende que o lide deve dar conta de uma série de pequenas mas decisivas informações, já no início da matéria: o que, quem, quando, como, onde e por quê. (Isso, claro, não é tão rigoroso assim, nunca.)

Leasing – Palavra inglesa que circula livremente pelo mundo, com o significado de arrendamento de um bem feito entre empresas (e entre empresas e pessoas) – uma empresa, por exemplo, arrenda (mais ou menos o mesmo que alugar) um veículo de outra empresa, paga prestações e usufrui do bem, tendo, ao fim do contrato, a opção de compra daquele bem. Se diz |LI-zin|, com o primeiro "i" mais comprido que o segundo.

Legging – O senhor já viu a palavra por aí? A tal *legging*, dito |LÉ-guin|, é uma calça de malha para mulher, daquelas que se ajustam ao contorno da perna. Bom, *leg* é "perna" mesmo, em inglês. Difere da calça *fuseau* (do francês, dita |fu-ZÔ|, com o "u" dito com boca de dizer "i"), porque esta tem uma alça que passa por baixo do pé da madama.

Leisure – Palavra que aparece entre nós só por frescura, porque ela já tem cidadania brasileira na forma conhecidíssima de "lazer". Sim, exatamente, o tempo livre, aquele em que nós não temos obrigação (mas estamos sendo constantemente solicitados a virar consumidores). Em inglês se diz |LI-jâr| ou então |LE-jâr|.

Leitmotiv – Uma rara palavra em alemão de uso entre nós, e de franca circulação em todo o mundo civilizado. Na língua de Goethe significa "motivo condutor", mas "motivo" no sentido de tema, de assunto, de questão que lidera uma narração, seja em literatura ou em cinema ou mesmo em música de concerto. Pode-se dizer, por exemplo, que na literatura maior de Machado de Assis há um *leitmotiv* recorrente que é o tema de ter ou não ter filhos. Em alemão a pronúncia é mais ou menos |LÁIT-mô-tif|, com os "t's" como em "tudo". (Para ser exato, em alemão a palavra, sendo um substantivo, deve ser grafada com inicial maiúscula. E deve fazer plural na forma *leitmotive*, ortodoxamente.)

Lettering – *Letter*, em inglês, é "letra", a coisa, ou "letrar", "fazer letra", o verbo, de forma que *lettering* é o "processo ou resultado de fazer letras". Mas também pode ser traduzido como "letreiro", legenda, inscrição. No Brasil, tem aparecido nesse último sentido (nas publicidades de tevê, aquela frase que se sobrepõe à imagem) e no sentido de "forma das letras" – por exemplo, "Vamos mudar o *lettering* da nossa marca", significando "Vamos mudar a fonte, o tamanho, o desenho das letras da nossa marca". Se diz |LÉ-te-rin|, mais ou menos.

Lied – Outro alemão, também internacional e presente entre nós em seu sentido específico, pronunciado |LID|. A palavra designa um poema, de tema sentimental, lírico, ou uma canção composta sobre ele. Mozart compôs vários *Lieder* (plural e grafia canônicos do alemão, dito |LI-der|), e depois dele Schubert, Beethoven, Schumann e outros.

Lifestyle – Inglês cheio de bossa, significando "estilo de vida". Aparece com essa cara em revistas de moda e de comportamento, mas apenas para gente de grana, é claro, que pode ostentar um *lifestyle*, e não um mero estilo de vida. Se diz, mais ou menos, |LÁIF-stáil|.

Lifting – É o nome daquela operação plástica que estica a pele do rosto de uns e outros – daqueles que se submetem a ela, naturalmente. *To lift*, do inglês, quer dizer "levantar", erguer; daí vem o sentido da palavra ao designar a operação, porque se trata de levantar pálpebras caídas e pelancas várias. Diz-se |LIF-tin|, com "t" de tato.

Light – Palavra do inglês, que significa (além de "luz", que é o que o senhor pensou logo) "leve", e que aqui entrou na vida diária da língua a partir do uso no mundo dos produtos alimentícios: diz-se que é *light* (dito |LÁIT| em inglês, e |LÁI-tchi| entre nós) a comida industrializada que contém baixos teores de açúcar e de gorduras, quer dizer, baixas calorias. Daí em diante, o adjetivo entrou para a rotina do português em outros campos, como o da política, especialmente a respeito da esquerda (se fala em esquerda *light* em oposição aos xiitas, os radicais), e como também outros campos – fala-se em "versão *light*" a propósito de qualquer coisa que seja uma versão abrandada, minorada, atenuada de outra maior, mais completa, mais dura. No mundo da comida, é diferente de *diet* (dito entre nós |DÁI-tchi|, e em inglês seria mais ou menos | DÁI-ât |): *diet* é aquele rango de que foi retirado totalmente um elemento, por exemplo o açúcar, que é substituído por adoçante nos refrigerantes que os gordinhos tomam, ou mais genericamente o rango usado em algum regime dietético.

Lingerie – Palavra francesa há muito incorporada ao português (e a outras várias línguas ocidentais) como sinônimo de "roupa feminina íntima", ou "de baixo", se bem que hoje em dia usada até sozinha, sem nada mais, em cima da carne (não da carne seca, se é que o senhor me entende). O começo de tudo parece ser a palavra "linho", em francês *lin*, inglês *linen*; depois, vem o francês *linge*, lido |LÃNJ|, o mesmo que pano ou mesmo roupa, quer dizer, aquela roupa que antigamente se chamava de "roupa branca" e hoje pode ser chamada "roupa íntima". Ortodoxamente, *lingerie*, dito |lãnj-RRI|, com o "r" no gogó, quer dizer "rouparia", "conjunto de roupas", ou então "comércio de roupa branca", quer dizer, íntima.

Lingo – Palavra que se usa no mundo de língua inglesa para designar uma "linguagem incompreensível", por exemplo, quando alguém na tua frente usa o jargão especializado de uma área de conhecimento. Eles pronunciam |LIN-gôu|, e a palavra deve ter-se originado, adivinha..., no latim *lingua*.

Link – Palavra do inglês que entrou recentemente na corrente sangüínea do português brasileiro, significa "elo", e o verbo *to link*, portanto, significa "ligar". Parece ter vindo ao mundo de nossos dias pelo caminho da internet, em que é imprescindível estabelecer ligações, que a gente diz *links*, sem nenhuma mediação. Usa-se também em situações outras, quaisquer, em que a idéia de conectar(-se) esteja em causa.

Living – Um tempo atrás se usava a expressão *living room* (dita |LI-vin RUUM|, com o "r" rosnado), tradução ao português "sala de estar" (literal e estritamente seria "sala de viver"), mas parece que hoje só se usa o primeiro termo, justamente o adjetivo – aliás, permanecer o adjetivo é meio comum nessas apropriações, como hoje em dia se vê no caso de *personal trainer*, que restou *personal*. O verbo *to live*, na língua de Oscar Wilde, significa "viver" ou "morar".

Lobby – Palavra inglesa que significa "vestíbulo", local de entrada em um prédio, uma casa (também se pode chamar com palavras não-portuguesas nossas conhecidas, como *hall* e *foyer*). Em se tratando de prédios públicos, o *lobby* é a "sala comum", de acesso franco, não restrito aos funcionários. Parece que vem do latim medieval *lobia*, "claustro de mosteiro". Mas o que importa é que, a partir da idéia do *lobby* como local de entrada do edifício público – imagine logo uma sala na Assembléia Legislativa, no Parlamento –, criou-se a idéia contida no verbo inglês *to lobby*, "fazer *lobby*", que significa "fazer pressão", fazer política, exercitar a conversa ao pé do ouvido do parlamentar, justamente a partir do tal *lobby* no sentido do local. O primeiro *lobby* assim chamado era o da Casa dos Comuns britânica, desde o começo do século 17. Há registro do verbo, em inglês norte-americano, desde o começo do século 19. Ver *foyer* e *hall*.

Locaute – Forma aportuguesada (mas não adotada nem pelo Aurélio, nem pelo Houaiss) da palavra inglesa *lockout*, dita mais ou menos |LÓC-áut|. Significa, em palavras breves, as "ações de impedimento ao trabalho feitas pelos donos", não pelos empregados (esses fazem greve). O verbo *to lock out* significa "fechar a porta" a alguém, daí o sentido de, por exemplo, fechar uma fábrica, impedindo os trabalhadores de lá entrarem.

Loft – Palavra inglesa, que significa "sótão" ou algo parecido com ele, mas usada hoje em dia, não apenas no Brasil, como designação de uma moradia ampla e sem divisões, como se fosse um galpão, só que devidamente enobrecido pelo novo conceito. Se diz como o senhor já pensou, com "o" aberto.

Login – Palavra do inglês, criada pela aglutinação de *log*e *in*: o verbo *to log* quer dizer "registrar", e a preposição *in* é igual à nossa "em". No mundo dos computadores, a palavra *login* (dita |lo-GUIN|) designa a identificação do usuário, que lhe permitirá operar o sistema, o programa. Para simplificar, pode-se compreender *login* como "identificação" – mas é de ver que não é o mesmo que senha, porque há casos em que o programa que a gente quer usar pede o nosso *login* e depois pede a senha. Correlatamente, há a palavra de significado oposto *logout* (às vezes escrita como uma expressão, *log out*, tanto quanto existe a forma *log in*). Ver *Blog*.

Long neck – Literalmente, significa "pescoço longo", comprido, e se refere a garrafas de cerveja, como todos nós sabemos. É denominação recente, contemporânea à entrada em circulação em massa das latas de cerveja – daí que inventaram de chamar de *long neck* as garrafas de vidro. Se diz como o senhor diz mesmo, |LÔN-gui NÉ-qui|, mesmo que em inglês se diga |LÔNG NÉC|. Em inglês, há o registro de *longneck*, tudo junto, nesse sentido.

Longboard – Literalmente, "prancha comprida", naturalmente em referência ao mundo do *surf*. Se diz |LONG bórd|, mais ou menos. Parece que assim grandes eram as primeiras pranchas de *surf*, que depois passaram a ser desenhadas com maior hidrodinâmica.

Long-play – Era o nome daqueles "discos grandões, que giravam a 33,33 rotações por minuto", contendo dois lados, cada qual com várias canções. Literalmente, a expressão fala de "tocar" (*to play*) "por muito tempo" (um dos sentidos de *long*), isso em contraste, imagino eu, com os discos anteriores, que demoravam muito menos tempo, contendo apenas uma canção de três minutos de cada lado. Já vi usada a expressão (que se diz |LÔN PLÊI|, o "g" é mudo), talvez de brincadeira, certamente alusivamente, como sinônimo de longo prazo.

Long shot – *Shot*, a palavra sozinha, quer dizer "tiro", mas também "visada", no sentido cinematográfico ou televisivo – daí um dos sentidos da expressão: "uma foto (ou uma visada) feita bem de longe". Mas tem outros sentidos: numa corrida (de cavalo, por exemplo) se diz que é *long shot* a "corrida de um cavalo com pouca chance de vitória" – teria nascido a expressão por analogia com um literal tiro longo, um tiro dado bem de longe, daqueles que é muito difícil de acertar. Por isso mesmo, se paga prêmio grande aos *long shots*. Se diz |LONG CHÓT|.

Look – O verbo inglês *to look* quer dizer "olhar"; o substantivo *look* significa "o olhar" e, como sabemos, também "a aparência da coisa olhada". Daí a gente dizer que determinada pessoa está com um *look* bacana, no sentido de que está bem arrumada, ou está com bom aspecto, por aí. Nasceu o uso no mundo da moda. Se diz |LUC|.

Looping – Tenho a impressão de que a palavra, inglesa na origem, entrou no português pelo caminho da aviação, para designar aquelas "voltas que os aviões dão", nos treinamentos – aquilo ali se chama de *looping* (em inglês pronunciado |LU-pin|), "volta", "laço", em inglês. Parece que em informatiquês moderníssimo também se fala, mas parece que é mais *loop*, mesma coisa, "volta", para designar o retorno repetido de uma tarefa, o circuito sem saída.

Looser – Em inglês, significa "perdedor" (e se diz |LU-zâr|, mais ou menos), e a palavra se emprega, a meu juízo com larga dose de preconceito social ou de demasiada fé nas virtudes da competição como estilo de vida, para designar pessoas que, nos termos da competição, "não deram certo", não são "vitoriosas", essas ondas.

Lounge – Palavra do inglês que entrou com tudo no português moderno, designando um estilo musical que, resumidamente, envolve canções ou músicas mais ou menos mansas, lentas, descansantes. Adivinha por quê: porque *lounge*, dito mais ou menos |LÁUNDJ|, significa tanto "relaxar-se", "sentar-se confortavelmente" quanto o sofá ou o espaço em que a gente pode ficar relax. Vai daí, algumas casas noturnas começaram a oferecer aos freqüentadores um "espaço, uma sala fora do agito principal", longe da pista de dança, local aparelhado com sofás e com música mansa, para ficar por ali, bebendo, conversando com a namorada, essas coisas. Daí que vem o uso.

Low profile – Em espanhol, como o senhor sabe, os caras têm a manha altamente interessante de traduzir as expressões em inglês – eles, ao contrário de nós brasileiros, parecem ter menos complexo de inferioridade em relação às antigas e novas metrópoles. Isso há muito tempo. Vai daí, eles usam chamar de *bajo perfil* aquilo que nós ainda chamamos como no original inglês, *low profile*, dito mais ou menos |LÔU prôu-FÁIL|, literalmente, "perfil baixo", perfil não ostensivo, ou então "discrição", comportamento deliberadamente discreto, para não chamar a atenção. Diz-se que tem o sujeito assim, quieto, na dele, que prefere mover-se discretamente, sem espalhafato.

Luau – É palavra havaiana, designando uma festa tradicional. Hoje ganhou mundo, servindo como nome de festa à beira-mar em geral, com música e alguma bebida.

Luthier – Palavra francesa (pronúncia original |lu-ti-Ê|) que designa o sujeito que constrói instrumentos musicais, especialmente os de corda com caixa de ressonância (pianos fora, portanto). A palavra vem de *luth*, francês para "alaúde".

Lycra – É marca registrada de certo tecido com propriedades elásticas, usado em roupas esportivas e outras. Daí virou nome genérico do tal tecido. Invenção norte-americana do começo dos anos 60. Se diz |LÁI-cra|.

M

M. A. – Abreviatura que se usa em inglês, dita |ÊM-ÊI| para *Master of Arts*, dito |MÉÇ-târ âv ARTÇ|, do latim *Magister Artium*, isto é, "Mestre em Artes". Se refere a um título de mestrado em geral na área das Humanidades. Ver *M. Sc*.

Ma non troppo – Expressão italiana que significa "mas não muito", dito como se lê mesmo, |ma nôn TRÔ-po|. Vem do mundo da música erudita, em que o vocabulário é largamente italianizado (por motivos óbvios: foi na Itália que se desenvolveu, mais e melhor, a ciência da música, em certo momento). Usa-se, originalmente, para especificar um andamento: pode-se ter um movimento (uma parte da música) em *allegro*, "andamento rápido", e um *allegro ma non troppo*, "um pouco mais lento". Daí derivou o uso que se encontra de vez em quando, no mesmo sentido mas aplicado a outras áreas: pode-se dizer de um político que é democrata *ma non troppo*, com uma pitada de ironia.

Macarrão – Palavra aportuguesada para a conhecida massa italiana, originalmente *maccherone*, utilizada pelo menos desde o século 14. Há várias hipóteses para a origem: uma dá o grego *makaría*, uma mistura de aveia; outra fala no latim *macco*, "papa", mingau, palavra que permaneceu no italiano; outra ainda, mais próxima, localiza no verbo italiano, que significa "triturar", esmagar, amassar até fazer *pasta* (v.).

Macho man – Por causa de uma canção do conjunto Village People, chamada justamente assim (e pronunciada respeitando o espanhol e o inglês, o que resulta em |MA-tcho MÉN|), ficou famosa a expressão, que é mais antiga, porém. Eram os anos 70 e o tema *gay* ainda não tinha a popularidade e o curso relativamente mais livre que tem hoje. A expressão ficou no vocabulário ocidental todo (dá uma olhada no *Google* pra ver...), muitas vezes como alusiva a *gays*.

Made in – Inglês manjadíssimo em toda parte, porque vem escrito no fundo ou no verso dos produtos importados. Se diz |MÊID in| e quer dizer "feito em", seguido do nome do país. Hoje em dia aparece, às vezes, o *made in* e o *assembled in*, que significa "ajuntado em", que é coisa mais moderna, indústria global, que manda fazer num canto e ajunta noutro. Um tempo atrás se dizia que meninas eram batizadas com o nome Madein (pronúncia brasileira de |ma-dê-IN|), por causa da inscrição que vinha nas bonecas importadas – e os mais ingênuos imaginavam que era o nome da boneca.

Madonna – Antes de ser o nome da famosa cantora e criadora de caso (chamada mesmo Madonna Louise Ciccone, nascida em 1958 nos EUA), é palavra de uso católico para a Virgem Maria. A palavra em si é italiana, de matriz latina, que junta o pronome possessivo *mea*, "minha", e *donna*, "senhora" (vem de *domina*, "senhora", em latim). Em português há "madona", igual sentido e origem.

Máfia – Palavra italiana que ganhou o mundo e virou sinônimo de agrupamento, legal ou ilegal, feito à luz do dia ou na moita, reunido segundo uma forte solidariedade interna, muitas vezes corporativa, e, em certos casos, desempenhando uma franca agressividade contra gente de fora. Fala-se, por exemplo, em "máfia de branco", em referência a médicos, que seriam então mafiosos, nesse sentido. A Máfia é ou foi uma sociedade secreta de criminosos organizados, com origem na Sicília, no século 13, e hoje em dia opera internacionalmente, especialmente nos EUA, onde se desenvolveu entre os imigrantes italianos sob o nome *Cosa nostra* ("Coisa nossa", em tradução literal). Famílias mafiosas são conhecidas por lutarem unidas internamente e vingarem

furiosamente erros cometidos contra qualquer membro da *famiglia* (v.). *Mafie*, plural de *mafia* em italiano, eram os exércitos particulares dos senhores da terra, utilizados contra inimigos da hora – invasores, por exemplo os que dominavam a Sicília no fim da Idade Média, ou mais amplamente o estado italiano mesmo. Parece que em algum dialeto do italiano a palavra significa "bravata", ousadia. No contexto: *omertà* (v.), o voto de silêncio que impera entre os membros da *Cosa nostra*, em sinal de subordinação e solidariedade; e há os *pentiti*, os mafiosos arrependidos, que se entregam à polícia e à justiça estatal. Em italiano é *maffia* e se diz como nós sabemos.

Magister inter pares – Um latinzinho, para variar. É uma expressão de elogio, significando "mestre entre (seus) pares", isto é, um sujeito que se destaca entre os colegas. Se diz |ma-GIS-ter INter PA-res|. Parecidamente se usa a expressão *primus inter pares*, "o primeiro entre os pares".

Mahatma – Palavra de origem sânscrita, composta de *maha*, "grande", e

atma, “alma”. É um título que se confere a pessoas de elevada espiritualidade, grande compaixão e alto conhecimento, como foi o caso do mais famoso, no Ocidente, o Gandhi, por extenso, Mohandas Karamchand Gandhi (1869-1948), líder que se consagrou pela prática da não-violência e pelo grande papel que teve na independência da Índia. Se diz |ma-RRAT-ma|, com o “r” aspirado.

Mailing list – Expressão moderna, do tempo do computador conectado em rede, que designa uma listagem de endereços (literalmente significa isso mesmo, “lista de endereços de correio”). Se diz |MÊI-lin LIÇT|. Ver “Mala direta”.

Mainstream – Inglês, significando “corrente principal”, seja de pensamento, de atividade, de influência. Fala-se muito em *mainstream* em campos artísticos – por exemplo, pode-se mencionar o *mainstream* na música *pop*, em referência ao modo (ou à moda) que domina um certo tempo. Se diz mais ou menos |MÊIN-çtrim|, com o “r” rosnado e o “m” final dito assim mesmo, como se viesse uma vogal depois. Sozinha, a palavra *stream* quer dizer “córrego”, uma corrente de água, dentro de um rio, digamos.

Maison – Palavra francesa que significa “casa”, singelamente. Ou complexamente: porque dizer “casa” pode significar dizer “linhagem” ou, no caso dos vinhos, a “fábrica do vinho”, ou, mais ainda, o “ateliê de roupas” pertencente a um determinado costureiro. Se diz |mé-ZON|.

Maître – Francês de largo uso, com o significado singular de “mestre”, o mesmo que em português, por sinal ambos vindo do mesmo latim *magister* (com sílaba tônica na penúltima sílaba, |ma-GIS-ter|). No mundo de língua francesa, se chama assim o professor, mas no mundo ocidental em geral, incluindo o Brasil, se chama de *maître* (dito, mais ou menos, |MÉTRR|, quase sem nenhum som depois do “r”) o chefe dos garçons (*garçon* (v.) também é francês, por sinal), o supervisor deles.

Maître-à-penser – Assim se refere o “mestre-de-pensamento”, o sujeito que dá a luz para outros, isto é, o “guru”. É também francês, como se vê, e se pronuncia mais ou menos |MÉ-trra pân-ÇÊ|. De vez em quando a palavra tem uso meio irônico: por exemplo, quando um jornalista político quer insinuar que certo grupo costuma levar a sério demais a opinião de certo pensador, ou de certo sujeito (em sentido amplo, quem sabe nem mesmo um pensador), vai e chama o tal de *maître-à-penser*.

Major – No mundo das empresas, fala-se da *major* para designar "a maior de todas", em determinado conjunto de um mesmo empresário. O uso aqui, portanto, é no sentido original latino (*majore*), só que por via da língua inglesa, em que se pronuncia |MÊI-djâr|. Nada a ver com o major do exército, aquele posto que fica entre capitão e tenente-coronel, se não me engano.

Make-up – O verbo inglês *to make* tem uns cinco mil significados, todos em torno à idéia de "fazer", "construir", "ajeitar". *To make up* especificamente quer dizer "construir", perfazer, mas também quer dizer o que em português se chama de "maquiar", que vem de *maquiller*, francês. Daí que o termo *make-up*, dito mais ou menos |MÊI-câp|, signifique tanto o modo de composição de alguma coisa quanto a maquiagem feita em alguém, ou mesmo as coisas com que se maquia (um ator, por exemplo).

Making of – Expressão do inglês, das mais correntes hoje em dia. Usada como substantivo, designa o "processo de elaboração" de alguma coisa. Por exemplo, em português brasileiro atual, eu posso perfeitamente perguntar como foi o *making of* do filme, do videoclipe, da telenovela, e meu interlocutor entenderá que eu estou querendo saber como foi a feitura do filme, como rolou a coisa no bastidor, como foram as entranhas da produção – naturalmente, como o leitor terá visto, trata-se do conhecidíssimo verbo inglês *to make* ("fazer"), mais a preposição *of* ("de"), sem maiores mistérios. A não ser que o sujeito queira se complicar e, na correria (como já vi escrito por aí), escreva *making off*, com dois "f"; aí, a coisa encrespa, porque o significado dessa expressão é bem outro – significa a "partida rápida", a presta escapada de alguém, o cair fora tão ligeiro quanto seja possível. Se diz |MÊI-qui-nâv| a do *of*, e |MÊI-qui-nóf| a do *off*, mais ou menos.

Mala direta – Esta é daquelas que faz vibrar meu amigo cineasta Giba Assis Brasil – vibrar de certa raiva, é claro. Existe, em inglês, a expressão *direct mail* (dita |di-RECT MÊIL| ou|dái-RECT|), que traduzida no rigor significa "correio direto", designando as peças de propaganda que são enviadas diretamente ao endereço dos consumidores e pessoas em geral. Aí apareceu um bidu, quem sabe um publicitário, e resolveu que a expressão, em português, seria "mala direta", em vez de "correio direto". Tudo bem, "mala" também é usada em português como sinônimo de correio, como na expressão "mala postal", mas que podia ser melhor, certamente podia. O senhor não acha?

Malaise – Se diz mais ou menos |ma-LÉZ|, com o "z" bem pronunciado, e significa "doença", indisposição, mal-estar. Já vi escrito na imprensa nacional para designar aquele tédio, aquela sensação de pequeno enjôo com a vida (não o físico, mas o espiritual, e por isso mesmo expresso mais propriamente, na opinião de quem usa o termo, em francês, que é a língua da elegância).

Mal du siècle – Expressão francesa, conhecidíssima dos alunos de Ensino Médio e vestibulandos que estudam a literatura brasileira; significa, literalmente, "mal do século", e se pronuncia quase assim como se escreve, mas com os "l's" líquidos mesmo e o "u" como se fosse dizer "i" – |MAL du SIÉCL|, mais ou menos. Designa, primeiro na França, depois no Brasil e alhures, os poetas românticos, particularmente os poetas românticos dedicados ao tema da solidão, do sentimento de abandono, do ceticismo radical, do *ennui* (outro francês, significando mais ou menos "tédio", "nojo", aquele sentimento de sem-razão), justamente aqueles poetas que se atiraram na bebida e na boemia. Na França tem o Chateaubriand (1768-1848), na Inglaterra, o imenso poeta Lord George Byron (1788-1824), e no Brasil, pelo menos um poeta interessante, Álvares de Azevedo (1831-1852). Um verso de Byron dá a medida das coisas: *It is vain to struggle – let me perish young*, o que em português dá uma declaração tipo James Dean (aquele do *Live fast, die young*, isto é, "Viva rápido, morra jovem"): "É vão lutar – deixe-me morrer jovem". Ou, então, umas linhas do nosso Álvares, do poema "*Spleen*" *e charutos*, parte I, intitulada "Solidão":

Minh'alma tenebrosa se entristece,
É muda como sala mortuária...
Deito-me só e triste, sem ter fome
Vendo na mesa a ceia solitária.

Ó lua, ó lua bela dos amores,
Se tu és moça e tens um peito amigo,
Não me deixes assim dormir solteiro,
À meia-noite vem cear comigo.

Malgré tout – Expressão francesa que significa, literalmente, "malgrado tudo", isto é, "apesar de tudo", não obstante todas as coisas envolvidas. Usa-se de vez em quando, na imprensa meio chique ou metida a chique, em casos assim: "Fulano será nomeado para o cargo, *malgré tout*", isto é, mesmo com todas as coisas que foram apontadas contra a nomeação, ela vai acontecer. Se diz mais ou menos |mal-GRRÊ TU|, com o "r" na garganta.

Mall – Hoje em dia, em que a palavra *shopping*, sozinha, virou sinônimo de "centro comercial" em português brasileiro (sem a antiga parceria, *shopping center*), de vez em quando surge a palavra inglesa *mall*, como designação de um "corredor de um *shopping*", ou uma ala. Ocorre que *mall* (pronúncia norte-americana |MÓL|, mas pode dizer |MAL| que dá certo também) significa a mesma coisa que *shopping*, um centro comercial mesmo, com várias coisas como lojas, restaurantes e coisa e tal, mas com a diferença de conter, além dos comércios, corredores ao ar livre, passagens arborizadas, por aí.

Malzbier – Ver "Cerveja".

Mamma – Palavra de significado óbvio: é "mãe", mesmo, como se pode ver. Desse jeito, parece ser de origem italiana, mas circula em toda parte, talvez por causa da fama das mães italianas, tão ciosas de sua maternidade e da proteção que devem aos filhos. Há um tipo específico de mãe, mundialmente conhecido, que é uma espécie de radicalização da figura da mãe superprotetora:

a *idishmamma*, a mãe judia. Em português, a forma dicionarizada é "iídiche", e não *idish*, que é uma forma heterodoxa. A palavra "iídiche" ou "ídiche" é praticamente a transcrição da pronúncia da palavra alemã *jüdisch*, "judeu", que entrou na corrente sangüínea do mundo ocidental por causa de uma língua chamada *jüdisch-deutsch*, isto é, o "alemão-judeu".

Manager – Inglês, claro, adivinhou: palavra de uso moderno, vai ver por causa das reengenharias e qualidades totais, essas coisas bacanas do mundo contemporâneo. Em bom português, se diria "gerente", o sujeito encarregado, que toca o serviço, supervisiona e tal; o cara que faz *management*, "administração", gestão, gerência, supervisão. Mas em inglês fica mais adequado aos tempos. Se diz mais ou menos |MÉ-nâ-djâr|.

Manche – Palavra francesa, sem mediação e sem forma adaptada para o português, que se usa regularmente no mundo da aviação para designar a "alavanca de comando". Na língua de Sartre, que era também a de Santos-Dumont, por sinal, a palavra designa outras coisas, como a "manga" da camisa, o "cabo" de utensílios e outras manhas. Se diz |MANCH|, sem vogal no fim.

Mandarim – Palavra perfeitamente aclimatada no português de nossos e de outros tempos, como o leitor sabe. Designa o sujeito que está no mando, ou que está por cima, e o grupo de que faz parte, assim como o período em que ele manda, é o "mandarinato", palavra bonita, pode crer. O Aurélio diz que vem do sânscrito *mandri* e do malaio *mandari*, em ambos os casos significando "conselheiro de Estado", mas na China essa palavra recebeu influência do verbo "mandar", português de quatro costados, isso pela presença portuguesa naquela parte do planeta.

Larry Gonick

Mangia, che te fa bene – Frase manjadíssima, italiana e com toda a cara de italiana, pelo menos segundo um dos consistentes clichês disponíveis a respeito dos italianos – que aqui no Rio Grande do Sul a gente chama genericamente de "gringos", por sinal. O clichê é que os italianos comem bem, ou comem muito (e as mães italianas cozinham bem, segundo o mesmo clichê), e por isso a frase combina com a imagem: as palavras significam "Come, que te faz bem" (e se diz quase como se lê: |MAN-dja, que te FA BÉ-ne|). Rápida pesquisa aponta: nenhum *site* na Itália registra a frase, mas sim vários no Brasil, e nada no Dicionário Mauro. Quer dizer: deve ser frase brasileira mesmo, ou melhor, ítalo-brasileira.

Mano a mano – Expressão espanhola que significa, literalmente, "mão a mão", designando a posição homogênea, parelha, igual entre dois competidores. Usa-se muito, ao menos no Sul, em situações cotidianas de competição, no futebol, na política etc. Um tango famoso popularizou a expressão: se chama justamente *Mano a mano*, foi composto em 1918 por Carlos Gardel e José

Razzano (melodia) e Celedonio Flores (letra), tendo sido gravado por Gardel em 1923, em interpretação insuperável (mesmo com o esforço bacana de Caetano Veloso em CD recente). A letra é escrita em *lunfardo*, a gíria da malandragem portenha dos começos do século 20 – daí ter tanta palavra que a gente não alcança de imediato entender. Por curiosidade, vai a letra. (É uma letra de total descornamento, de um sujeito afundado na tristeza de haver sido abandonado pela mulher, que se ligou a sujeito de melhores condições, mas parece não estar muito bem com as coisas da vida nova – por isso, na opinião do triste homem, os dois estão *mano a mano*. No fim, o velho amador se oferece para, num futuro incerto, quando ela seja um móvel velho e desprezado, ficar a seu lado, como sempre esteve disposto a estar.)

Rechiflao en mi tristeza
hoy te evoco y veo que has sido
en mi pobre vida paria
sólo una buena mujer,
tu presencia de bacana
puso calor en mi nido
fuiste buena, consecuente
y yo sé que me has querido
como no quisiste a nadie,
como no podrás querer.
Se dio el juego del remanye

cuando vos, pobre percanta,
gambeteabas la pobreza
en la casa de pensión,
hoy sos toda una bacana,
la vida te ríe y canta,
los morlacos del otario
los tirás a la marchanta
como juega el gato maula
con el mísero ratón.
Hoy tenés el mate lleno
de infelices ilusiones,
te engrupieron los otarios,
las amigas, el gavión,
la milonga entre magnates
con sus locas tentaciones
donde triunfan y claudican
milongueras pretensiones,
se te ha entrado muy adentro,
en el pobre corazón.
Nada debo agradecerte,
mano a mano hemos quedado,
no me importa lo que has hecho,
lo que hacés, ni lo que harás,
los favores recibidos
creo habértelos pagado
y si alguna deuda chica
sin querer se me ha olvidado
en la cuenta del otario
que tenés se la cargás.
Mientras tanto que tus triunfos,
pobres triunfos pasajeros
sean una larga fila
de riquezas y placer,
que el bacán que te acamala
tenga pesos duraderos,
que te abrás en las paradas
con cafishios milongueros
y que digan los muchachos:
es una buena mujer.
Y mañana, cuando seas
descolado mueble viejo
y no tengas esperanzas
en el pobre corazón,
si precisás una ayuda,
si te hace falta un consejo,
acordate de este amigo

que ha de jugarse el pellejo
"pa" ayudarte en lo que pueda
cuando llegue la ocasión.

Mantra – Parece que significa, literalmente, "proteção da mente": *man* vem de *manas*, que é "mente", e *tra*, ou algo que o valha, é "proteção" – isso no sânscrito, aquela misteriosa língua que se escreve em caracteres bacanas e indecifráveis para mortais como eu. A palavra designa um canto que teria certo poder encantatório, para ajudar a mente a acalmar-se e encontrar seu foco. Por que "proteção"? Porque o canto ou a repetição de algum som ajuda a mente a se concentrar e a não ser levada por distrações e agitações; o mantra protege contra isso. Por associação, chama-se mantra uma canção meio repetitiva, com certo poder de encantar, ou, em uso pejorativo, uma conversa repetitiva, destinada a entorpecer o vivente.

Manu militari – Latinzinho, hoje meio esquecido, mas há pouco tempo muito citado: literalmente, significa "com mão militar", isto é, com a força militar. Usa-se em referência a, por exemplo, uma intervenção militar em conflito político – como foi o tristemente célebre golpe de 64 no Brasil. A pronúncia é |MA-nu mi-li-TA-ri|.

Mapa-múndi – A expressão já está dicionarizada assim, com hífen e acento. É expressão do latim medieval e significa o "mapa do mundo" – claro, isso naquela época em que dizer "mundo" significava dizer o planeta Terra, este nosso aqui.

Marchand – Palavra francesa que significa "comerciante", em sentido geral, mas que em português designa especificamente o sujeito que negocia quadros ou outros objetos de arte – não fica mal um francês nesse mundo chique, *n'est-ce pas*? Se diz |marr-CHÃ|, com o "r" na garganta, e faz feminino em *marchande*, que se pronuncia |marr-CHAND|.

Marketing – Palavra das mais freqüentes no Brasil de nossos tempos, entre as estrangeiras puras que por aqui passam. Essa tanto circula que já ganhou versões adaptadas, nenhumas delas vencedora no critério da escrita brasileira. Luis Fernando Verissimo, por exemplo, de vez em quando brinca de escrever "márquetchin", reproduzindo quase perfeitamente o som de nossa pronúncia da palavra. (Se não me engano, noutras vezes ele escreve sem acento, insinuando que ela seria uma oxítona, acento na última sílaba.) Deriva para coisas como *telemarketing*, que é nome moderno da operação de tentativa de vender coisas pelo telefone, com conversa mole e coisa e tal. Em inglês, como todos nós estamos cabeludos de saber, *market* é "mercado", e o verbo *to market* se traduziria, portanto, literalmente, por "mercadejar", mas mais restritamente como "vender". Daí que *marketing* signifique mais ou menos "venda", ou então, de modo mais amplo, o conjunto de ações e processos envolvidos na jogada de comprar e vender. A pronúncia brasileira, como já foi dito, é |MAR-quê-tchin|, e em inglês o "t" continua "t" mesmo, sem palatalização. Hoje em dia, no mundo mais ou menos cotidiano da língua, se usa a palavra em sentido derivado, o de "propaganda" – por exemplo, "Vou aproveitar pra fazer meu *marketing* hoje, que tá cheio de gente".

Marshmallow – Eu não tinha idéia, mas o Aurélio informa que tal é o nome inglês, de uma planta, que em português daria "malvavisco" ou "malva silvestre". É o nome de uma calda, meio gelatinosa, que se fazia originalmente com a tal planta, e hoje se faz com milho, clara de ovo, açúcar, gelatina e outras manhas. (*Marsh* é "pântano", brejo, em inglês; *mallow* é "malva".) A pronúncia em inglês é |MARCH-mé-lôu|, mais ou menos.

Massas – Ver *Pasta*.

Master class – Designação que se dá à aula especial dada por um grande especialista, em geral para poucos e ótimos estudantes, muito particularmente no mundo da música. Parece que a tendência é escrever tudo junto no mundo da língua portuguesa, mas separado no mundo da língua inglesa. Literalmente, é "aula de mestre" ou *aula magna*. Se diz |MÉÇ-târ CLÉÇ|.

Matinê – Palavra dicionarizada em português há tempos, com essa cara aí, mas vinda do francês, originalmente grafada *matinée* (pronunciada quase como em português mesmo, |ma-ti-NÊ|, com o "t" dito "t" mesmo). Refere-se a coisas feitas à tarde, embora na origem esteja a palavra *matin* (diga |ma-TÃ|), que quer dizer "manhã", claro. Opõe-se, aliás opunha-se (porque não se usa mais nem uma, nem outra) a *soirée*, dito |suá-RRÊ|, com o "r" raspando na garganta, que referia coisas (festas, peças de teatro, recitais) feitas à noite, a partir da palavra *soir*, que quer dizer... "tarde", isto é, nas horas depois do meio-dia, se bem que também signifique a "noite", mais propriamente a primeira parte da noite, antes das doze badaladas (como *evening* em inglês), que resultou no "serão", em português europeu.

Maudit – Francês, dito |mô-DI|, com o "d" meio palatalizado (quer dizer, meio como |dji|) significando aquilo mesmo que parece, "maldito" (faz feminino em *maudite*, com pronúncia |mô-DIT|). Nada de mais, a não ser que a palavra entrou na circulação do mundo das artes e da cultura em referência a poetas ou artistas em geral que têm comportamento agressivo, vanguardista, de gênio incompreendido, abandonado por Deus e pelos homens – como tudo que é candidato a artista sabe fazer, cá entre nós. É invenção do Romantismo; temos exemplos de poetas malditos nos franceses Charles Baudelaire (1821-1867, autor das famosíssimas *Flores do mal*) e Arthur Rimbaud (1854-1891, um maluco total, que aos catorze anos já era um gênio e que jogou tudo fora para ser comerciante de tudo, inclusive armas, nas áridas terras do norte da África). (Atenção: para a pronúncia do sobrenome do Arthur ficar chique diga |râm-BÔ|, como se fosse um Rambo com tônica no fim.) Versão brasileira: Álvares de Azevedo (1831-1852).

Baudelaire, auto-retrato

Mauvaise conscience – Todo um conceito se esconde detrás da expressão, que literalmente significa "má consciência", no sentido de consciência culposa: o conceito da culpa, tanto no plano das ações individuais quanto no das coisas coletivas, conceito que, portanto, penetra nos profundos mistérios da civilização judaico-cristã. Na imprensa culta brasileira, aparecem as duas versões: em francês e em português. A expressão se pronuncia, mais ou menos, |mó-VÉZ côn-CIÃNÇ|.

MB – Sigla de *megabyte* (ver *Byte*), isto é, a quantidade de 1.048.576 *bytes*, ou, arredondando, "um milhão de *bytes*". Eu sei lá quanto é que dá isso, mas é bastante – ou era, e já deixou de ser? Mega equivale a um milhão mesmo, em qualquer contexto em que apareça.

MBA – Sigla moderníssima, do tempo da globalização, que significa *Master in business administration* (diga |MÉÇ-târ in BIZ-nâç éd-mi-niç-TRÊI-chân|, mais ou menos). Parece que aqui seria um mestrado no sentido universitário, como é na Europa e nos EUA, mas não: é um curso, tipo curso de extensão, dirigido a quem quer aprender, ora, a administrar negócios. Os cursos MBA em geral não são reconhecidos como mestrados acadêmicos pelo Ministério da Educação brasileiro. Mas têm um charme grande em currículos de gente do mundo dos negócios.

Mea culpa – Latim, traduzido literalmente por "a culpa é minha", isso porque a língua de Cícero permite a brevidade e a elipse. Usa-se também como substantivo, "fazer um *mea-culpa*", quer dizer, "fazer uma confissão", ou pelo menos uma revisão das responsabilidades. Se não me esqueço, uma oração da missa católica, o *Confiteor* (pronuncia-se |côn-FI-te-or|), que significa "eu confesso", trazia em seu miolo uma passagem que dizia isso mesmo, "minha culpa, minha máxima culpa". Sim, o senhor tem razão, esse negócio de culpa é pesado, e era assim que era a vida dos católicos. Se diz |MÊA CUL-pa|, como o senhor já tinha deduzido.

Medley – Palavra inglesa que significa, no mundo da música, o mesmo que a mais famosa expressão francesa *potpourri* (v.). *Medley* também é o nome daquela "mistura de quatro estilos" que certa prova de natação promove, quando o sujeito vai de costas, volta de borboleta, vai de peito e retorna finalmente no nado livre, que uma época de chamava *crawl*. Se diz |MÉ-dlêi|, assim mesmo, e significa "mistura" – eu já falei isso?

Meeting – Termo que o prezado leitor só vai encontrar, no mundo brasileiro, em livro de história, porque não se usa mais. Era bem freqüente na imprensa da virada do século 19 para o 20, e até a década de 30, pouco mais ou menos, como designação para o que depois passou a se chamar de "comício", sim, senhor. *Meeting*, dito à inglesa, |MI-tin| (com o "t" dito como "t" mesmo, como em "tamanco"), era como se chamava o – aqui a razão, bidu – encontro de gentes na rua, para ouvir um político, um sindicalista, um exaltado qualquer. Segundo Houaiss, entrou no português na altura de 1873, ao passo que a palavra "comício", de origem latina, já tem vida na língua desde o século 17.

Megastore – Palavra de larga circulação em nossos tempos globais, essa aqui, que significa, inocentemente, "lojão", ou "lojona", para usar o feminino adequado. *Store* é um lugar em que mercadorias são vendidas, e *mega* é exatamente o que o senhor pensou, porque é latim velho de guerra – "mega-" é um prefixo que significa "aumento", uma magnificação da coisa que vem logo depois. Se diz, em português como na língua de Paul Simon, |mé-ga-ÇTÓR|, com a primeira sílaba sendo uma subtônica.

Melting pot – Conceito que vem de certo tempo. Literalmente, significa "pote de mistura", ou mais propriamente ainda "de fusão", isto é, um recipiente em que certos materiais derretem e se fundem. Por isso se traduz por "cadinho" – lembra das aulas de química do colégio? Tinha o almofariz, nome mais bacana do cadinho, e tubos de bécher e sei lá mais o quê. Mas voltando: a expressão *melting pot* tem um uso metafórico que é clássico – usa-se para descrever circunstâncias sociais e históricas em que raças diferentes se misturam. Falava-se do Brasil como um *melting pot*, um "cadinho de raças". Se diz |MÉL-tin PÓT|, com o "t" duro.

Memorabilia – Latim puro, mas palavra de trânsito rigorosamente internacional, que significa "coisa ou conjunto de coisas que evocam a memória", que suscitam a lembrança. Eu sinceramente sempre tive dúvidas sobre a pronúncia, que no entanto é |mê-mô-ra-BI-lia|, em latim. Em português bem que poderia ter um acento, que facilitaria a vida de todo mundo ("memorabília"), mas o caso é que a palavra está dicionarizada, tanto no Aurélio quanto no Houaiss, na forma latina pura mesmo. De forma que o senhor, se for usar, deveria apelar para o itálico, ou para as aspas, para marcar essa circunstância.

Ménage à trois – Expressão francesa bem conhecida, e usada em circunstâncias bem precisas: significa "encontro sexual a três", em referência ao famoso triângulo amoroso, nesse caso com os três presentes. Se diz mais ou menos |mê-NAJ a TRROÁ |, com o "r" na garganta. Sozinha, a palavra *ménage* significa a "casa", ou o casal, ou as coisas da casa, a "economia doméstica". (A palavra tem em suas veias profundas a palavra *maison*, "casa", que vem de um latim mais profundo ainda, *manere*, verbo que significa "morar".)

Meno male – Expressão italiana, que parece ser usada de vez em quando no Brasil, naturalmente em função da grande presença italiana entre nós. Significa, como dá pra perceber, "menos mal", usada no sentido de expressar resignação com uma situação meio ruim, mas que podia ser pior. É nome de uma peça de teatro de sucesso, escrita por Juca de Oliveira.

Mens sana in corpore sano – Latim mais que clássico, conhecido de todos. Significa "mente sã em corpo são", e é uma espécie de súmula para um programa de vida saudável. Leva a pensar que quem tem um tem o outro, tanto a mente quanto o corpo. A pronúncia é |MENS ÇA-na in CÓR-po-re ÇA-no|. Informa o precioso Paulo Rónai que a frase ganhou fama por causa de verso de Juvenal, poeta satírico latino que teria vivido entre o ano 60 e o ano 140 da era cristã (datas estimadas), constante de suas *Sátiras*: "*Orandum est ut sit mens sana in corpore sano*", o que dá, em língua de dia de semana, "Convém rezar para ter um espírito são num corpo são". Veja lá que faz alguma diferença, barato leitor.

Menu – O senhor nem imagina, garanto, a história dessa bela palavra, que veio do francês para nós (e para tudo quanto é língua pertencente ao âmbito da cultura ocidental, isto é, quase todo o planeta). Ela veio de *minutum*, palavra latina que se traduziria por "miúdo", quer dizer, coisa breve, rápida, curta, pequena, diminuta. Daí foi ao francês, *menut* e depois a *menu*, que os falantes da língua de Zidane dizem mais ou menos |mâ-NU|, só que o "u" dito com a boca de quem diz "i", se é que o senhor me entende. Havia a expressão, ainda no mesmo francês, *menu de repas*, mais ou menos "lista breve (de alimentos) de uma refeição" – sim, deu pra ver que *repas* é a mesma "repasto", ainda existente em português, mesmo que poucos usem. Daí é que vem o sentido de *menu* no português de nossos dias: "lista de coisas", especialmente de alimentos (mas também de atividades que um computador pode desempenhar). Em francês, eles preferem chamar *carte* ao que nós chamamos *menu*, ao passo que eles chamam *menu* o que nós chamamos "prato do dia", por exemplo.

Merchandising – Palavra que a gente já chama de "mercha", na intimidade. Sentido corrente: a propaganda feita de modo sutil, via exposição de produto num cenário de telenovela, por exemplo, e mais amplamente toda propaganda, de qualquer modo. É palavra inglesa na origem, e na terra de Marlboro (por sinal, na Inglaterra a *Marlboro* original se escreve *Marlborough*, se é que o senhor tem interesse no tema) se pronuncia mais ou menos |mârtchân-DÁI-zin|. Em sua alma, a palavra tem uma outra, *merchant*, que é "mercador", e por sinal bem parecida com a forma *marchand*, que o senhor pode consultar umas páginas antes.

Métier – Palavra francesa, conhecidíssima, pronunciada |mê-TIÊ| e significando "ocupação", profissão, tarefa. Diz-se, por exemplo, que determinado sujeito desempenha bem certa coisa porque ela faz parte do *métier*. A palavra vem do latim, lá atrás, *misterium*, essa por sua vez uma mudança de *ministerium*, palavra que veio ao português "ministério", que significa, entre outras coisas, *métier* mesmo, "ocupação", especialidade. Só que se usa a forma francesa por, sei lá, ser mais chique, mais elegante.

Metteur en scène – Expressão francesa que significa o mesmíssimo que "diretor", "encenador", em se tratando de teatro e de cinema. Traduzida literalmente, significa "aquele que mete em cena", calma, no sentido de que ele é o responsável por organizar as entradas em cena dos atores. Se diz mais ou menos |mé-TÉRR ân ÇÉN|.

Mezzanino – Palavra italiana, já aclimatada para "mezanino", que designa o andar de cima nos teatros e a "sobreloja" nas instalações comerciais. Aliás, não propriamente um andar de cima, mas um andar intermediário, um platô, entre o piso e o teto, em construções de pé direito alto, coisa que em português tem o belo nome de "jirau". A origem é a palavra italiana *mezzano*, "mediano".

Mezzo – Palavra italiana, de circulação internacional – onde se conhece alguma coisa da nomenclatura musical de concerto se conhece a palavra –, significando "meio", simplesmente. Daí "*mezzo soprano*", por exemplo. Hoje em dia se usa muito a palavra em cardápios de pizzarias, em que aparece aquela opção manjadíssima de pedir uma *pizza* com dois sabores, *mezzo* banana e *mezzo* coração de galinha – bom, estou dando um exemplo pavoroso, não é a minha preferência. Se diz |MÉ-tzo|.

Mídia – Essa entrou totalmente na circulação de nossa época, não? O caminho é assim: mídia<*media* (latim), que é plural de *medium* – leia-se aquele sinal como "vem de"; e tem as derivações, como "midiático" etc. O plural latino se manteve no inglês, de onde se espalhou no mundo ocidental, especialmente no plural mesmo. (Com a palavra *campus*, significando o espaço físico de uma universidade, ocorre também assim, em português mesmo: *campus* é singular, e o plural é *campi*. O mesmo, em inglês, com *data*, que os falantes da língua de Mark Twain dizem |DÊI-ta|, plural de *da-*

tum, que significa "dado", isto é, um elemento, uma coisa, uma informação.) A nossa palavra "mídia" veio da pronúncia inglesa de *media*, aquela que é plural de *medium*, sendo essa – vamos logo revelar – a palavra latina para o português "meio", uma referência aos "meios de comunicação de massa". Daí *the midium*, *the media* – e a nossa "mídia". (Em espanhol se diz *los medios*, com a mesma significação que a nossa "mídia".)

Mignon – O senhor conhece a palavra de onde: do filé ou, mais antigo, da mulher? Sim, numa época se usava dizer das "mulheres pequenas" (e doces, delicadas também) que elas eram de tipo *mignon*, que se diz |mi-NHON|, claro. (O feminino em língua francesa se faz em *mignonne*, mas deixa pra lá.) O adjetivo se traduz por "delicado", gracioso, mimoso. Por isso é que o tal filé aquele ganhou o direito de ser chamado assim.

Milieu – Francês, significando "meio", no sentido que a palavra tem, por exemplo, na expressão "meio ambiente", dito |mi-LIÊ|, com esse "e" dito como se fosse dizer "o". Se usa na imprensa e nos livros de nosso país, de vez em quando, para referir o meio social da criatura que esteja na berlinda – claro, mais ainda se estivermos falando do meio gente-fina, do *jet set* (v.), das criaturas que aparecem na coluna social. Mais remotamente, pode-se ouvir na utilização da palavra uma referência à consabida tese proposta por Hippolyte Taine, historiador e pensador francês (1828-1893) para quem as coisas da história, incluindo as artes, se explicavam pela consideração de três fatores: o meio, a raça e o momento. (Sim, o senhor pensou bem: nosso glorioso Euclides da Cunha (1866-1909), o autor de *Os sertões* (1902), baseou-se nessa concepção para dividir seu ensaio sobre a Guerra de Canudos em três grandes aspectos: a Terra, o Homem e a Luta, em eco perfeito para aquelas três categorias de Taine, a quem por sinal Euclides da Cunha cita explicitamente, na abertura, como ideal de historiador.) Em inglês, o uso da palavra *milieu* nesse sentido é importante; eles dizem |mi-LIÚ|.

Milk-shake – Expressão de língua inglesa, manjadíssima entre nós por designar um tipo de bebida – aquela que se faz com "leite" (o *milk*) "batido" (isso é o que significa o verbo *to shake*, precisamente "sacudir", como na antiga expressão, usada em tudo que era parte, *shake-hands*, que era o "aperto de mãos") e sorvete. Bota-se uma bola de sorvete, acho que quase sempre de chocolate, mais leite (alguns delirantes acrescentam açúcar, ainda), e mete uma pá de batedeira no copo. Sim, tinha aquelas máquinas norte-americanas, que faziam o maior sucesso aqui na periferia, em que o sorvete e o leite iam num copão alto de alumínio, que era levado até uma máquina misturadora. Se diz, na terra do Michael Jackson como aqui, |MILC CHÊIC|, com "l" mesmo, ou, mais ordinariamente, |MÍU-qui CHÊI-qui|.

Mise-en-plis – do francês, dito |mi-zam-PLI|, "enrolamento de cabelos", com os antigos *bobs* (por sinal *bob*...) ou "rolos de cabelo", coisa de anos 50. Literalmente, significa "fazeção de dobra".

Mulher que ia ao cabeleireiro para fazer rolo, isto é, botar rolo na cabeça de forma a dar volume no cabelo, dizia que ia "fazer um *mise-en-plis*", dito |mi-zam-PLI|. Esse *plis*, a palavra, vem da mesma origem latina, o verbo *plicare*, que sobrou no português de, por exemplo, saia "plissada", que era aquela saia das meninas de colégio, em geral azul-marinho e com aquelas dobras todas, que quando batia o vento se esgarçavam e faziam a delícia da gurizada.

Mise-en-scène – Do francês, dito |mi-zan-ÇÉN|, "encenação", a colocação de algo em cena. Ver *metteur en scène*.

Miss – Em inglês, "senhorita" (mais genericamente no sentido de uma forma de tratamento para mulheres solteiras; hoje em dia em inglês se usa bastante no lugar de *Miss* ou *Mrs.* o termo *Ms.*, sem discriminar o estado civil da mulher). Mas se usa no mundo brasileiro (e em toda parte, na realidade) *Miss* para referir a moça eleita em concurso de beleza. Verdade que algumas vezes já se tentou chamar concurso de beleza de outro modo, feito "Senhorita Novo Hamburgo", digamos, e não "*Miss* Novo Hamburgo", e hoje em dia parece tender a "Garota Novo Hamburgo". O certo é que ficou *miss* mesmo, escrito à inglesa mesmo, no mesmíssimo sentido (não custa lembrar que, originalmente, *miss* quer dizer "senhorita", isto é, moça celibatária). Parece que a primeira vez que escolheram *Miss America* foi em 1922, em Atlantic City, Nova Jérsei. Dos anos 50 em diante, o concurso passou a ser um dos *hits* (v.) da televisão. Ver *M. Mlle. Mme. / Mr. Ms. Mrs.*

Mix – Inglês, ainda não dicionarizado entre nós, com o preciso significado de "mistura", combinação – se usa dizer, por exemplo, um *mix* de produtos, ou um de canções, ou de estilos etc. A propósito, ver a sintomática frase que está no verbete *cover*. Se diz |MICS|, como o senhor já sabia.

Modem – Palavrinha que entrou em circulação recentemente, com a popularização da informática-ao-alcance-de-todos, com esses computadores que eu e o prezado leitor manejamos a toda hora, para designar o dispositivo de entrada e saída de dados transmitidos entre um computador e outro. A palavra se formou das letras iniciais de *modulator* e *demodulator*, que significam, respectivamente, "modulador" e "demodulador", em bom português. Tem gente que pronuncia à inglesa, |MÔU-dêm|, com o "m" dito como se viesse uma vogal depois, assim como tem gente que pronuncia à brasileira, |MÓ-dên|, como "jovem", "pólen" etc.

M. (Monsieur), Mme. (Madame), Mlle. (Mademoiselle) / Mr. (Mister) Mrs. (Mistress), Miss, Ms. – Primeiro é o francês, "Senhor", "Senhora" e "Senhorita", depois o inglês "Senhor", "Senhora", "Senhorita" e *Ms.*, invenção recente das feministas (mas já consolidada no uso em inglês) para tratamento a uma mulher, sem revelar se é casada ou solteira. No francês, *Monsieur* é claramente uma junção do pronome *mon*, "meu", e *sieur*, "senhor"; antigamente era forma de tratamento reservada aos nobres ou aos endinheirados, mas virou geral. Se diz, mais ou menos, |mâ-ÇIÊ| (aí está uma das palavras em que a pronúncia do francês exigiria uma transcrição fonética mais detalhada, coisa que está fora dos interesses deste pobre dicionário). Depois tem *Madame*; como *Monsieur*, também se compõe de duas partes, *ma*, "minha", e *dame*, "dama", senhora. Se diz |ma-DAM|, com o "m" dito como se viesse uma vogal depois, e se usa para senhoras casadas, diferentemente de *Mademoiselle*, feito de *ma*, "minha", e *demoiselle*, "senhorinha", "senhorita", usado para moças solteiras (dito |ma-dâ-muá-ZÉL|). No inglês, a forma *Mr.*, *Mister*, é usável para tratamento a qualquer homem; para as mulheres, a forma *Ms.* tem uso universal, podendo ser aplicada a jovens, senhoras, casadas, solteiras ou viúvas, se bem que antigamente se fazia a diferença entre *Miss* para mulheres sós ou não-casadas e *Mistress* (escrito assim, aliás nunca escrito de fato, mas pronunciado só pela abreviatura, *Mrs.*, por isso dito |MI-çâz|, mais ou menos), para as casadas. Ver *Miss*.

Modus faciendi – Ver *Modus operandi*.

Modus operandi – Latinzinho bastante popular, se bem que hoje menos que uns tempos atrás. Significa, literalmente, "modo de operação", quer dizer, sistema pelo qual ou com o qual ou dentro do qual alguém age. Fala-se do *modus operandi* de um ladrão, ou de um político, ou de um grupo profissional qualquer, assim como se fala do *modus operandi* de um indivíduo qualquer, que caracteristicamente age de um certo modo. A pronúncia é |MÓ-dus ô-pe-RÂN-di|, assim mesmo. Nos dicionários de expressões latinas que eu consultei, aparece mais uma forma similar, de mesmo sentido, que é *modus faciendi*.

Modus vivendi – Outro latim bem conhecido, significando "modo de viver", "modo de conviver", maneira de levar a vida. Usa-se também com aspecto substantivado, por exemplo, "Vamos ver se dá para encontrar um *modus vivendi* entre esses dois brigões". Se diz |MÓ-dus vi-VEN-di|.

Moletom – Do francês *molleton*, que significa "tecido de lã ou de algodão", desses molezinhos e com aspecto de quente (e são quentes mesmo, claro). Se pronuncia |mól-TÔN| na língua de Zidane, e |mô-lê-TÔN| nesta do Ronaldinho. A palavra traz dentro de si outra, *mollet*, dita |mó-LÉ|, que significa tanto a barriga da perna quanto o adjetivo "mole", ou suave. Tem a ver?

Mon Dieu! – Do francês, dito |MON DIÊ|, com o "e" dito como se fosse dizer "o", significa "Meu Deus!", a exclamação de espanto diante de algo que justifique invocar o testemunho ou o consolo de Deus, conforme o julgamento de quem profere. Só se usa hoje como chiquê, como maneirismo afrancesado, sendo de uso restrito.

Mondo cane – Italiano relativamente conhecido, significando literalmente "mundo cão", em referência à dureza da vida, àquilo que Charles Darwin chamou de *struggle for life*, a "luta pela sobrevivência". Teve filme com esse nome, nos anos 60. Será que veio daí a relativa popularidade da expressão? Diga como se fosse português mesmo.

Mood – Palavra inglesa usada no mundo da música, do *jazz* ao *pop*. Literalmente, *mood* (pronunciado |MUD|, com o "u" durando mais que o habitual) quer dizer "humor", mas também, ampliando o significado, "inclinação", disposição. No mundo da música, usa-se como sinônimo para o que hoje em dia se chama de "astral", um certo jeito de ser, um jeitão, o temperamento da música em questão, se é que eu me faço entender.

Mosh – Assim se designa aquela pequena demência (na minha opinião, é claro) que acomete certos freqüentadores de grandes *shows* de bandas, especialmente de *heavy metal* ou coisa pelo estilo, quando eles começam a se empurrar uns aos outros, com certos limites para a agressão, podendo tudo isso chegar a extremos, quando um sujeito se joga do palco sobre a multidão que fica ali, no *mosh*, sendo o salto também chamado de *mosh*. A origem da palavra é controversa; alguém sugeriu que seria acrônimo de *March of skin heads*, "marcha dos *skinheads*" (v.), coisa que só de pensar já dá arrepio no meu sentimento pacifista, mas parece que é apenas uma

Gallardo, Mediavilla & Murillo

forma imprecisa de pronunciar a palavra inglesa *mash*, que significa tanto aquela mistura pastosa de uma fruta esmagada (como a massa que prepara um purê de batatas) quanto, em gíria, o "flerte" ou o assédio sexual. Essa pronúncia errada teria nascido na boca da famosa (lá no seu circuito) Darryl Jennifer, da banda *Bad Brains* – que não se perca pelo nome, diria eu (*bad brains* significa, ao pé da letra, "cérebros ruins"). Se diz |MÓCH|.

Motoboy – Palavra inventada no Brasil, ainda não incorporada pelo Aurélio, que junta duas outras: *moto*, de "motocicleta", o veículo de duas rodas, e *boy*, da expressão (antiga) *office-boy* (v.), que, literalmente, significa "garoto do escritório", isto é, o rapaz que trabalhava de mandalete, de próprio, de entregador de correspondência, de pagador de contas etc. – dessa expressão sobrou o *boy* apenas, e daí ao *motoboy* foi um passo. Bela e operacional síntese do português brasileiro, não? Tem "motobói" no Houaiss.

Motor home – Expressão de língua inglesa, que nós apenas adotamos sem transformação, que designa um veículo movido a motor, como a expressão insinua, e que serve de *home*, isto é, de "lar", casa. Mais ou menos o que se chama, também, de *trailer*, em um sentido da palavra. *Motor home*, que em inglês se pronuncia mais ou menos |MÔU-tor HÔUM|, com "m" final dito como se viesse uma vogal depois, é aquela caminhonete que tem uma carroceria com um arremedo de casa, com umas camas, uma cozinha e coisa e tal.

Motu proprio – Latim bacana, que se pronuncia |MÓ-tu PRÓ-prio|, significando "pelo seu próprio movimento" ou, metaforicamente, "por vontade própria", por iniciativa própria. Aliás, tem outro latim bacana que é igual a esses últimos significados, que é *sponte sua*, e o senhor verá bem se enxergar ali, na palavra *sponte*, uma matriz da nossa "espontaneidade".

Mountain bike – Inglês, literalmente "bici de (para) montanha", quer dizer, por extenso, e estendendo a palavra *bike* (v.) para *bicycle*, "bicicleta para descer e mesmo para subir a montanha". É a denominação de um esporte, que se pratica desse estranho jeito. Se diz |MÁUN-tân BÁIC|.

Mouse – Inglês totalmente familiar aos ouvidos de nossos dias, em função de seu uso no mundo dos computadores. *Mouse*, em inglês dito |MÁUÇ|, e no Brasil dito |MÁU-zi|, traduzido literalmente por "camundongo" – atenção, não é propriamente rato, que é maior. Como se sabe, é o nome que ganhou aquele aparelho que a gente usa quando está diante do computador, aquele que a gente aconchega dentro da mão e em seu lombo (o lombo do aparelho, quero dizer), com os dedos indicador, médio e anelar (os populares fura-bolo, pai-de-todos e o seu-vizinho, respectivamente), ativa ou aciona uma quantidade imensa de dispositivos do dito computador. É clicar, uma ou duas vezes, e tudo ocorre, menos, é claro, quando está sujo o compartimento da bolinha que fica ali dentro – ou o senhor não sabia que ali tem uma bolinha, uma

prosaica bolinha? Sim, tem também uns ativados por *laser* e ondas de rádio, coisa naturalmente fora do meu atual alcance. Tem também a expressão *mouse pad*, que designa aquele descanso sobre o qual anda o *mouse*. *Pad* queria dizer apenas, inocentemente, um "enchimento", ou a "almofada" do carimbo. E daí passou para o uso atual. Os espanhóis, mais defensores de seu idioma do que nós, preferem chamar o *mouse* de *ratón*, ao passo que os portugueses ficam no "rato", mesmo. Mas nós...

Mozo – Espanhol dos mais conhecidos entre nós, brasileiros, parece que mais no Sul do que no restante do país, significa o que o nome está insinuando por sua parecença com o português "moço", isto é, homem jovem. O caso é que em Buenos Aires e em Montevidéu se chama assim o garçom, palavra que por sinal veio do francês *garçon* (v.), que significa, precisamente, "homem jovem". Resumindo, dá pra chamar o garçom, no bar, dizendo *mozo*, que por sinal se pronuncia "moço". Deu pra entender?

M. Sc. – Abreviatura que se usa em inglês, dita |ÊM-ÉÇ|, para *Master of Science*, dito |MÉÇ-târ âv ÇÁI-ân-çâz|, para o latim *Magister Scienciae*, isto é, "Mestre em Ciências". (Também há a abreviatura *M. S.*, no mesmo sentido.) Título que se dá a quem cumpre as tarefas de um curso de mestrado nas áreas científicas. Quando se trata de um mestrado na área de artes, se diz *M. A.* (v.), *Magister Artium*, "Mestre em Artes".

MTV – A sigla daquela estação de televisão muito popular entre os jovens e/ou os melômanos modernos, que significa *Music Television*, isto é, em língua de brasileiro, "Televisão da Música". A pronúncia no Brasil alterna entre a inglesa, |ÉM-TI-VI|, com o "t" dito como em "tudo", e a pronúncia brasileira, |Ê-mi tê VÊ|, ou um híbrido, de inglês de brasileiro |Ê-mi tchi VI|.

Mucho loco – Numa época se usava essa expressão, com aspecto de espanhola, que porém é gramaticalmente errada: o advérbio de intensidade, em espanhol, não é *mucho* (que é o advérbio de quantidade), mas *muy*. A confusão vem de que em português os dois advérbios têm uma forma só, ou melhor, são uma só palavra, e o nosso "muito" tem esses dois significados, tanto que a gente diz "muito louco" e "muitos loucos", o que em espanhol daria *muy loco* e *muchos locos*.

Galliano

Mullet – A palavra designa aquele corte de cabelo feíssimo, que foi moda nos anos 80, tendo protagonistas como a dupla Xitãozinho e Chororó, ou Chitãozinho e Xororó, sei lá. É aquele corte que deixa cabelos curtos na frente e longos atrás, acompanhando o pescoço e até abrindo-se em leque na altura dos ombros. Em inglês, a palavra designa originalmente o peixe que corresponde à nossa "tainha" – que tem duas nadadeiras nas costas, e talvez seja essa a origem da designação do corte de cabelo, por semelhança. Furungando na internet, encontrei uma discussão sobre a origem e o significado da palavra; ali se diz que há uma expressão de insulto, desde a metade do século 19, *mullet-head*, traduzível por "pessoa estúpida". Hipótese: que seja parecido com a nossa expressão "cabeça-de-bagre". Se diz |MÂ-lêt|.

Musak – Designação genérica atual para música ruim, música aborrecida, ou melhor, "música padronizada", que fica de fundo nos elevadores e restaurantes, por exemplo, e concebida para ser assim mesmo, para ficar ao fundo, sem chamar a atenção sobre si. A origem é uma certa *Musak Corporation*, empresa criada nos Estados Unidos em 1922 para produzir a tal musiquinha, o tal arremedo de música, para ser usado justamente em elevadores, para acalmar as pessoas – afinal, andar naquela geringonça era uma novidade assustadora. Falar nisso, é de lembrar que o imenso escritor Jorge Luis Borges, um refratário às novidades tecnológicas e a suas eventuais falhas, preferia ir de escada a subir de elevador. "Vamos pelas escadas, que já estão totalmente inventadas", dizia. Por ironia do destino, foi subindo apressado uma escada que ele bateu de cabeça na folha de uma janela e ficou mal, muito mal de saúde; em compensação, gênio que era, soube aproveitar a história em seu monumental conto "O sul", publicado em *Ficções* (1944). Em inglês, se diz |MIÚ-zéc|; no Brasil também se diz |mu-ZA-qui|.

Must – Inglês relativamente trivial, muito usado, porque se trata de um verbo modal, que traz a idéia de "dever", de obrigação, tipo *I must go*, que significa "Eu tenho que ir", ou como na velha canção do filme *Casablanca*, que começa chorando *You must remember* *this, a kiss is still a kiss*, isto é, "Você deve lembrar disso, um beijo ainda é um beijo". Mas o uso brasileiro que acontece tem a ver com um uso coloquial do inglês, por exemplo, *This book is a must*, aproximadamente "Esse livro é imprescindível (conhecer)". Daí que, em nossa língua, dizer que uma coisa é um *must* (dito |MÂÇT|) equivale a dizer que ela, a coisa, é legal, sensacional, importante ou mesmo única e imprescindível.

Mutatis mutandis – Latinzinho dos mais comuns, bacana, com ar de cautela, significa "mudando o que deve ser mudado", ou, literalmente, "mudado o que tem que ser mudado". Usa-se quando se quer fazer comparações, e se sabe que deve haver alguns ajustes na proporção ou nas afirmações que ali são feitas – daí dizer-se, por exemplo, "*Mutatis mutandis*, ver uma assembléia estudantil é o mesmo que assistir a uma luta de boxe". Diga |mu-TA-tis mu-TÂN-dis|.

Muy amigo – Expressão do espanhol popularizada por Jô Soares, vários anos atrás, quando o grande ator ti-

nha um personagem chamado Gardelón (alusão óbvia a Carlos Gardel, o imortal intérprete de tangos, nascido sabe-se lá se em Toulouse, na França, em 1890, ou em Tacuarembó, no Uruguai, três anos antes, e unanimemente falecido em desastre de avião, em Medellín, Colômbia, em 1935). Gardelón era sistematicamente sacaneado por um brasileiro, que lhe propunha uma atividade horrível, uma roubada geral, e o Gardelón, desconfiando da coisa, dizia, em tom de ironia e lamentação, quando se dava conta da bronca em que estava por se meter, *Muy amigo*, espichando o "u" e o "y", arremedando a pronúncia argentina.

N

Naïf/naïve – Do francês, dito quase como se escreve (o trema indica que o "i" é pronunciado destacadamente, não como semivogal), |na-IF| e |na-IV|, portanto, só com a diferença entre o traço surdo ou sonoro do par de consoantes "f" e "v". Literalmente, significa "ingênuo", crédulo, simplório, natural. No Brasil como em outras partes, o adjetivo (masculino *naïf*, feminino *naïve*) é usado para designar certo procedimento artístico, especialmente na pintura, de aspecto primitivo, prosaico, às vezes infantil, feito aquelas pinturas que retratam alguma cena sem perspectiva geométrica, ou que representa digamos a boca de um copo como um círculo, que é como se vê de cima, e não como uma elipse, que é como se vê de frente.

Napalm – Quem é do tempo da guerra do Vietnã (1954-1975) deve lembrar da palavra, assim como aqueles que viram o magnífico *Apocalypse now* (1979), filme de Francis Ford Coppola: é o nome de uma bomba incendiária que ajudou os americanos a destruir vidas em profusão, no distante país. (Depois perderam a guerra; pelo menos isso, pra nos consolar.) A palavra se compõe das primeiras letras de *naftenato*, um sal de ácido naftênico, e *palmitato*, duas coisas químicas que eu não me arrisco a explicar para o senhor, mas que juntas dão, como diz o Houaiss, um agente gelificante que entra na composição de bombas incendiárias.

Nascitur, non fit – Latim, que se poderia traduzir em vulgar para "Tem coisa que ou nasce assim, ou então não tem jeito, pode perder a esperança". Há uma frase latina parecida, que diz *Nascimur poetae, fimus oratores*, significando "Nascemos poetas, nos tornamos oradores", com o mesmo sentido, de que para ser poeta tem de ter o dom, de nascença, ao passo que se pode aprender a ser orador. Se diz |NA-çi-tur, non FIT|.

Natura non facit saltus – Aforismo latino, significando "A natureza não dá saltos", que o filósofo e matemático (Gottfried Wilhelm von) Leibniz (1646-1716) formulou, para dizer que no mundo não há descontinuidades, abismos entre uma coisa e outra. Se pronuncia |na-TU-ra non FA-çit ÇAL-tus|.

NB – Latim, abreviatura para a expressão *nota bene*, isto é, "observa bem". Usa-se para chamar a atenção do leitor sobre algum aspecto específico. Muitas vezes se usa ao fim dos textos, em notas posteriores, mas não só.

Nécessaire – Do francês, dito |nê-çê-CÉRR|, com o "r" na garganta, significando, literalmente, "necessário" ou "necessária". Mas já em francês tem o sentido de "frasqueira", valise, pequena bolsa em que se colocam coisas, veja só, necessárias a toda hora ou a desoras (por sinal, uma bela palavra do português: a expressão "a desoras" significa "em hora inesperada", fora de hora esperável). Daí que se chame *nécessaire* aquelas bolsinhas em que as mulheres botam coisas urgentíssimas e sempre indispensáveis como batom, pente ou escova, camisinha, pequena tesoura, espelhinho e tudo o mais, às vezes chegando a demasias. Faz o teste, pega a *nécessaire* da tua amiga mais à mão e confere o mundo que se encerra ali.

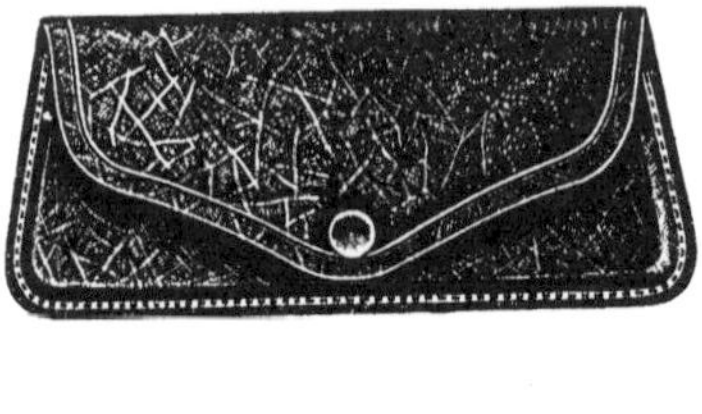

Homem também usa, não pensa que não. Os mais desatinados chegam a carregar aqueles trambolhos na cintura ou embaixo do braço, para levar sabe-se lá que grandes e indispensáveis papéis e outras coisas (tem homem que carrega palito ali, por exemplo, um mesmo e eterno palito, por não confiar em palito de restaurante). É palavra de larguíssimo uso e parece não ter encontrado nem termo português equivalente, nem grafia alternativa confiável.

Nec plus ultra – Expressão latina que se usa para dizer que alguma coisa ou uma pessoa é insuperável, naturalmente porque esse é o sentido literal das palavras – "Não mais além", e na ordem (pronuncia-se como se escreve, |NÉC PLUS UL-tra|). Pode-se dizer que fulano é o *nec plus ultra* em termos de gentileza, por exemplo, como quem dissesse "Não há alguém que vá mais além do que fulano em matéria de gentileza". Os dicionários referem uma contestada origem mitológica para a expressão: Hércules, o fortão, o que não rejeitava empreitada ruim, teria mandado inscrever essas palavras em duas colunas que ele próprio levantara para demarcar os confins do mundo – isso lá do ponto de vista dele e de sua época, claro. As colunas ficavam em Calpe, em Gibraltar, e em Ábita, em Ceuta. Eu vi que o senhor levantou os ombros, a dizer que não entendeu a geografia; tudo bem, eu explico: Gibraltar e Ceuta ficam uma de cada lado do estreito que separa o extremo sul da Europa, ali na Andaluzia espanhola e perto da Estremadura portuguesa, e o norte da África, Marrocos especificamente. Isso quer dizer que, vendo as coisas desde o ponto de vista grego, cujas terras ficam lá no (para nós) fundo do Mediterrâneo, aquele ponto era o fim do mundo, antes de chegar ao Atlântico. Voltando à vaca-fria da expressão: também se diz *Non plus ultra*, no mesmo sentido. Curiosidade: Carlos V, rei da Espanha no século 16, plena expansão de seu império, adotou para si o lema *Plus ultra*, "Mais além", para significar que os navios de sua frota tinham conquistado o mundo para mais além do que era conhecido.

Néglígé – Não sei se ainda se usa, mas é o nome daquela roupa íntima feminina feita de tecido delicado, uma seda ou algo pelo estilo, uma espécie de roupão, mas transparente, ou quase isso. A palavra é francesa, é o particípio do verbo *négliger*, que em português se traduz por "negligenciar", descuidar, pegar levíssimo, não prestar atenção. Sacou o nome da peça, então? O tal *néglígé* (dito |nê-gli-JÊ|) é uma roupa que casualmente está ali, caída sobre o corpo, insinuando uma coisa informal, um à-vontade total. Hum.

Néon – Nome francês do gás que em português se chama, ortodoxamente, "neônio" – é um daqueles gases nobres, da última coluna da tabela periódica, gás que acontece em proporção raríssima na atmosfera. E se usa para fazer aquele letreiro bacana. O nome veio do grego, em que uma forma parecida com *neon* significa "novo". Ah, sim: querendo escrever a palavra em francês, tem que usar aquele acento, que não tem a ver com a sílaba tônica – se diz, na língua de Montaigne, |nê-ÔN|.

Robert Crumb

Nerd – Gíria do inglês de nossos tempos, a designar um "sujeito estúpido", idiota, sem atrativo algum. Mas ao nome também se associa o significado de sujeito com algum dote científico, mas socialmente intratável, ou desajustado, ou "esquisito". Diz-se que é um *nerd* um daqueles adolescentes espinhentos que são capazes de ficar horas na frente do computador, mas são insociáveis, não têm namorada e cheiram mal. (Tá bem: o cara pode ter namorada e tomar banho regular, ok.) Parece que as traduções do inglês ao português passam *nerd* para CDF, que o senhor sabe o que é, não? Tape os ouvidos do menino ali que eu digo: é sigla de cu-de-ferro. O dicionário *American Heritage* dá a seguinte notícia da origem da palavra: um certo Theodor Seuss Geisel (que não se perca pelo nome, diria eu, com esse sobrenome de general brasileiro), que viveu entre 1904 e 1991, famoso autor de livros para crianças, publicou, em 1950, um livro chamado *If I ran the zoo*, onde aparece um tipo, um personagem que é referido como *nerd*, sendo ele um humanóide parecendo comicamente irritado. Diz também que a segunda aparição da palavra aconteceu na Escócia, num texto de 1957 que reportava gíria corrente; e ali se dava *nerd* (ou uma variante, *nurd*, de pronúncia quase igual, mais ou menos |NÂRD|, ou na versão brasileira |NÉR-dji|) como sinônimo de – olha lá o sabor de época – "quadrado", um sujeito desajustado, fora da moda etc.

Net – Essa é inescapável em nossos tempos, não? É *net* pra todo lado: a palavra entra na composição de várias designações referentes ao mundo das comunicações rápidas, instantâneas, sejam as da tevê a cabo, sejam as da rede mundial de computadores, a inter*net*. Significado original do termo: "rede", malha, e como verbo, arrá!, significa "tirar lucro líquido", limpo – alguma relação?. Se diz assim mesmo, |NÉT|, em inglês com o "t" mudo, em português palatalizado, isto é, |NÉ-tchi|.

Network – A forma *network* se traduzida ao pé da letra por "trabalho em rede", ou "entrelaçamento", sempre pronunciada |NÉT-uârc|. É assim pelo menos a partir da noção de rede de televisão, empresa de comunicação, "as *networks*, ABC, NBC, CBS".

New age – Designação de certa moda musical e comportamental nascida nos *States*, de forte característica espiritualizante, nascida nos anos de 1980, a que correspondia uma música feita para meditar, para relaxar e coisa e tal, com instrumentos como o piano, o violão, muito sintetizador e alguma coisa que hoje em dia se chama de "étnica", uns tambores estranhos, sempre em levadas lentas, sem passagens abruptas de altura na melodia. O conjunto Madredeus, português, excelente, é um bom exemplo. Literalmente se traduz por "nova era", nova idade, e se diz |N(I)U ÊIDJ |.

New Deal – É o nome do período que sucede, nos Estados Unidos, à tremenda crise de 1929: por vários anos, de 1930 em diante, vigorou um programa de governo para recuperar a economia (financiando como nunca a produção e a venda), com reformas sociais de proteção aos miseráveis (incluindo seguros de vários tipos – o tal do *Welfare state* (v.)), tudo protagonizado pelo presidente Franklin Delano Roosevelt (que viveu entre 1882 e 1945 e foi presidente depois de 1933 até sua morte – foi o único presidente a ser reeleito três vezes, em 1936, 40 e 44, vindo a morrer no exercício do poder). *Deal* é uma daquelas palavras inglesas que significam várias coisas, conforme o contexto, e nesse caso várias delas cabem: o verbo *to deal* quer di-

zer, por exemplo, "distribuir as cartas" para começar mais um jogo, mas também "distribuir" em sentido amplo, dando a cada um a parte que lhe cabe; significa também "administrar", além de querer dizer "lidar" com alguma coisa. Pela soma, dá pra ver que a palavra foi bem empregada. Como se poderia traduzir? Seria algo como uma palavra que misturasse "Novo jogo" com "Nova administração", talvez "Recomeço de jogo", ou, mais neutramente, "Novo pacto". Se diz |N(I)U DI-âl|, mas com "d" de dedo.

New journalism – Tendência do mundo do jornalismo, como o nome está insinuando (se pronuncia, mais ou menos, |N(I)U DJÂR-nâ-LI-zâm|), com o "m" final dito como se viesse uma vogal depois. Significou a introdução de aspectos subjetivos no mundo da reportagem, que naquele momento – anos 60, nos Estados Unidos – vivia no mito da objetividade total. Por isso mesmo, o *new journalism* usa técnicas da narrativa ficcional no texto jornalístico, tais como a descrição sugestiva, o depoimento em primeira pessoa, a construção de personagens a partir de pessoas reais, a dramatização de episódios de forma a fazê-los renderem mais na reportagem etc. Um dos mais famosos autores dessa tendência foi Norman Mailer, escritor norte-americano nascido em 1923.

New Look – Expressão inglesa, significando "visual novo", novo aspecto, em português atual "novo *look* (v.)". Consta que teria sido criada (ou popularizada) pelo estilista francês Christian Dior (1905-1957), em 1947, para demarcar os novos tempos, pós-guerra, mais alegres e coisa e tal, com roupas sem as velhas ombreiras, apertadas no quadril e com saias longas. Comentário cá

Pons

entre nós: que um francês tenha criado um termo assim, no mundo da moda que costuma ser capitaneado exatamente pelos franceses, é uma boa notícia sobre a super-presença norte-americana depois da Segunda Guerra, em que os EUA foram totalmente vencedores. Se diz |N(I)U LUC|.

Newsletter – Inglês, dito mais ou menos |N(I)UZ-lé-târ|, que traz dentro de si duas palavras conhecidas (*news*, "notícias", e *letter*, "carta"), significando um boletim impresso distribuído para um grupo específico de gente, como os clientes de determinada loja ou os funcionários de uma empresa (nesse caso, também se chama, hoje em dia, de *house organ*, "órgão da casa", literalmente).

Nice – Ver "Numa *nice*".

Nickname – Palavra inglesa que em nossos dias tem sido muito usada no mundo da internet, especialmente nos *chats* (v.). Ela significa mais ou menos o mesmo que "apelido", tipo chamar um maluco por computador de PC (de *personal computer*), um sujeito alto e magro de Mapa do Chile, um gordo de Rolha de Poço, ou uma Tatiana de Táti, um Rodrigo de Digo, essas coisas.

Também se encontra a forma reduzida *nick* para designar o *nickname* (em inglês se diz |NIC-nêim|).

Night – "Noite", em inglês. A palavra parece ter entrado no vocabulário adolescente e jovem de forma sólida, para além de uma mera moda. Se diz "Vou pra *night*", pronunciando |NÁI-tchi|, significando "Vou para as atividades noturnas", quer dizer, para a diversão, aquilo que muito antigamente se chamava de "esbórnia" e hoje em dia parece ser chamada de "balada". A pronúncia inglesa canônica é |NÁIT|.

Nihil obstat – Palavras latinas que apareciam, em livros e materiais impressos da Igreja Católica, como sinal de que aquilo que ali ia escrito tinha sido apreciado pela hierarquia, pelos censores, e tinha sido liberado. Literalmente, as palavras são uma frase, que significa "nada obsta", isto é, não se encontra nada na doutrina católica que possa obstar, impedir, a publicação disto aqui. Se pronuncia |NI-rril ÓBS-tat|. Expressão que muitas vezes vinha acompanhada de outra, *imprimatur* (v.), que significa "imprima-se".

Ninja – Parece que, em japonês, *nin* quer dizer "resistir", ter capacidade de agüentar o tirão, e *ja* significa "pessoa". Daí que a combinação resulta em durão, um cara que agüenta o tranco. A palavra, desde o século 14, designa o membro de uma classe de agentes mercenários japoneses, gente com capacidade de enfrentar qualquer parada, especialmente as tortas, como matar adversários e fazer sabotagens.

Nissei – Mais japonês: consta que *ni* significa "segundo" e *sei*, "geração". De maneira que a união das duas coisas resulta no sentido conhecido, "descendente de japonês nascido no exterior, mas de pais japoneses imigrados". Depois vem o *sansei* (v.) e, pela piada brasileira, o "não-sei". O imigrante japonês, em sentido amplo, se diz *issei*. A pronúncia é |ni-ÇÊI|.

No creo en brujas, pero que las hay, las hay – Dito espanhol que significa, como se vê, "Não creio em bruxas, mas que elas existem, existem". Tem o conteúdo sábio de, por cautela, afirmar a existência das bruxas mesmo sem acreditar nelas.

No pasarán – Frase da língua espanhola, em português "Não passarão", dita |NÔ pa-ça-RÁN|, com "a" sem nasalização e "n" final como se viesse uma vogal depois. Tem a virtude das frases breves e marcantes, nesse caso acrescida do mérito específico de haver sido pronunciada por quem estava do lado certo num contexto de conflito aberto, a Guerra Civil espanhola (1936-1939). É eventualmente mencionada, ainda hoje, como signo de resistência a uma invasão, a um despejo ou a qualquer tentativa de subjugação da rebeldia, sempre com conteúdo político de esquerda. A frase nasceu da boca de uma das grandes figuras do século 20, (Isidora) Dolores Ibárruri (Gómez)

(1895-1989), mais conhecida como *La Pasionaria*, figura lendária que militou na Resistência republicana durante a Guerra Civil espanhola. Dolores Ibárruri, filha de trabalhador, abandonou a escola para trabalhar como costureira e cozinheira. Quase sempre trajando preto, marca que a caracterizou internacionalmente, identificou-se com o comunismo em 1920 (usou o famoso pseudônimo desde 1918) e foi eleita para o parlamento republicano espanhol, acompanhando por dentro um belo momento do século 20, quando a Espanha, por via democrática, constituiu um governo civil, leigo, democrático, reformista. Mas a reação foi forte e vitoriosa: os conservadores, católicos e monarquistas retomaram o poder à força, após terem perdido as eleições de 36. Francisco Franco, modelo de ditador do mesmo século, comandou as ações até impor a todo o território sua torpe e atrasada ditadura, com apoio dos nazistas alemães (que bombardearam Guernica, pequena vila ao norte, num crime hediondo). De nada adiantou o esforço das Brigadas Internacionais, compostas de voluntários de toda parte do planeta, nem o sangue derramado pelos republicanos espanhóis, entre os quais o poeta e dramaturgo Federico García Lorca, assassinado logo no começo da guerra. A frase era proferida pela *Pasionaria* em seus tremendos discursos, nos quais defendia a resistência às tropas golpistas de Franco, sempre incentivando a população com exortações guerreiras, como "É melhor morrer de pé que viver de joelhos". Dolores viveu de 1939 até 1977 em Moscou, como o restante da direção do Partido Comunista Espanhol; voltou à Espanha então, falecendo logo após a queda do Muro de Berlim, a tempo de ver seu país redemocratizado (com seu Partido Comunista reposto na legalidade) e progressista economicamente. Falando nisso: Pablo Picasso, espanhol e de esquerda também, pintou o mural *Guernica* em 1937, por encomenda do governo republicano da Resistência, para a Feira Mundial de Paris, que ocorreria no mesmo ano. Conta-se que, na ocasião, um militar alemão, vendo o horror ali pintado – mulheres gritando, animais decompostos, um quadro de pavor total –, teria perguntado ao pintor, não sem um olhar de reprovação: "Foi o senhor que fez isso?". Picasso teria respondido, provavelmente com todo o gosto da vingança: "Não, foram os senhores".

Noblesse oblige – No francês, dito |nô-BLÉÇ o-BLIJ|, frase que quer dizer literalmente, "A nobreza obriga". É frase usada em francês, e aqui no Brasil, como noutros países, por empréstimo. Usa-se em situações em que alguém se vê obrigado a desempenhar certa atitude que não lhe agradaria de todo, mas que é necessária, ou para manter a fama, ou para corresponder à expectativa, ou para preservar certa polidez, por aí. Um canalha te dá a mão num jantar, por exemplo, e você, após breve vacilação, aceita o cumprimento. Um amigo testemunha a cena e reclama dessa conivência; você então comenta, com certa superioridade, "*Noblesse oblige*". Afinal, você não está ali para fazer papel de mal-educado. Em seu *Dicionário de curiosidades verbais*, Raymundo Magalhães Júnior dá a frase como sendo de autoria do Duque de Lévis, autor de um livro chamado *Maximes et réflexions* ("Máximas e reflexões"), de 1808, embora cite origem mais remota, no latino Boetius, que viveu no século 5 da era cristã. Daí teria vindo o sentido, segundo a frase inteira do latim, constante na obra *De consolatione philosophiae* (*Sobre a consolação da filosofia*): "*Si quid est in nobilitate bonun, id esse arbitror solum, ut imposita nobilibus necessitudo videatur, nec majorem virtutem degenerent*", que em vernáculo fica mais ou menos "Se há algo de bom na nobreza, a única justificativa para isso parece ser uma necessidade imposta aos nobres, que não a transformam em maior virtude", quer dizer, o ser nobre implica necessariamente certas características de bondade, que não chegam a ser virtudes por serem obrigatórias. Vamos convir que a fórmula francesa devia mesmo pegar, por sua economia notável e ligeiramente cínica.

Nobreak – Nome moderno de uma bateria que se encarrega de manter por um certo tempo a energia eventualmente cortada, quando falta luz. Expressão composta de duas palavras inglesas, *no*, que é a negação, e *break*, "quebra", interrupção. Se diz |NÔU BRÊIC|, mais ou menos.

Nocaute – Todo mundo sabe, porque a palavra já foi abrasileirada: significa a "derrubada" de alguém, a partir do significado do *box*, a luta, por sinal escrito "boxe", segundo o Aurélio. A forma original é *knock out*, que envolve o verbo *to knock*, que é "bater", tanto na porta quanto na cara do oponente. (Tem a fabulosa canção do Bob Dylan, *Knocking on heaven's door*, "Batendo na porta do céu".) Só está aqui, a palavra, para consignar que uma forma parecida, de uso parecido, não ganhou abrasileiramento: é *knock down*, dito |NÓC DÁUN|, que é a "derrubada", a "queda parcial", a queda de que o sujeito ainda se levanta, contrariamente ao *out*, que derruba para nunca mais.

Noir – Palavra francesa, significando genericamente "negro", preto, muito escuro, entrou para o vocabulário das artes por causa do cinema norte-americano. *Film noir*, se diz, misturando palavras de origem inglesa e francesa (se diz |NUÁRR|, mais ou menos). Trata-se de um subgênero do filme de suspense e/ou policial, com detetives durões e cínicos, baseado naturalmente em enredos típicos do romance também chamado, às vezes, de *noir*, feito os de James Cain, Raymond Chandler, Dashiell Hammett e outros. Floresceu nos anos 40, em cenários de ruas escuras e molhadas da chuva, perfídia criminal, anti-heróis, mulheres fatais, sedutoras e gélidas, mais os detetives cínicos já mencionados. Quer ver algum, procura *Laura* ou *Dupla indenização*, ambos de 1944, *Mildred Pierce*, de 45, ou *The big sleep*, de 46, baseado em livro de Chandler, ou *The postman always rings twice*, também chamado de "O destino bate à sua porta", de 46, baseado em romance homôni-

mo de James Cain, entre tantos outros. Nos Estados Unidos, o termo é pouco usado, ou melhor, é menos usado do que na Europa. Tanto que o belo *Oxford Guide to British and American Culture* nem registra a palavra, mencionando, porém, que o romance de que deriva esse tipo de filme se chama *hard-boiled fiction*, o que significa, literalmente, "ficção fortemente fervida" (a gente *hard-boil* um ovo, para ele ficar duro, por exemplo), ou seja, "ficção impiedosa", durona, ficção porrada, em jargão ordinário de nossos dias, isso porque os protagonistas, os detetives, eram assim durões, *hard-boiled*.

Nom de plume – Francês, literalmente "nome de pluma", isto é, nome de caneta, isto no tempo da pluma e da caneta. Figuradamente quer dizer o nome que o sujeito usa para escrever, seu "pseudônimo literário". Se diz mais ou menos como se escreve, |NOM dã PLUM|, com os "m's" finais ditos como se viessem vogais depois.

Nomenklatura – Caso bacana de uma palavra viajante. O começo filológico é a palavra latina *nomenclatura*, isto é, "lista de nomes"; daí foi incorporada pelo russo, com aquele "k" e um conteúdo mais novo – em vez de uma genérica lista de nomes, uma específica lista de nomes, daqueles poucos que, no regime soviético, ocupavam os melhores cargos na burocracia estatal. Daí se diz, mais geralmente, que é uma *nomenklatura*, dita assim mesmo, mas grafada com "k" para referir a origem russa da palavra, "um grupo de privilegiados" quaisquer, especialmente no serviço público.

Nonchalance – Palavra francesa de circulação internacional. Significa "displicência", negligência, desinteresse, em sentido amplo, mas em sentido específico significa isso, mas com certo charme. Se diz que alguém tem *nonchalance* (se diz |non-cha-LÃNÇ|, mais ou menos) ou é *nonchalant* (feminino *nonchalante*).

Non sequitur – Expressão latina que eu, como professor, acho muito útil, quando se trata de diagnosticar que o raciocínio de alguém está indo por caminhos não consistentes, com conclusões não apoiadas nas premissas, com derivações impróprias, com erros lógicos. Literalmente, quer dizer "não se segue", mas se usa dizendo, por exemplo, "Há um *non sequitur* na tua exposição", que é um uso frouxo mas pertinente. Se diz |NON ÇÉ-cúi-tur|.

Non-stop – Volta e meia aparece a expressão em inglês na propaganda brasileira, para referir, por exemplo, um "vôo sem paradas" entre uma origem e um certo destino: Rio-Miami, *non-stop*. Quer dizer a soma do que as duas palavras significam: "sem parar", sem parada. Se diz, mais ou menos, |NON-çtóp|.

Nonsense – Palavra inglesa, que depois migrou para o francês (na forma *nonsens*), significando, literalmente, "sem sentido", portanto, um disparate, uma bobagem, uma besteira. Em inglês se diz |NON-çênç|, e designa tanto essas besteiras quanto coisas sem importância – o famoso *Dictionary of the English*

Language, do dr. Samuel Johnson, publicado pela primeira vez em 1755, registra já a palavra com esse sentido, o qual vai derivar depois para chegar a significar as ousadias artísticas das vanguardas do começo do século 20.

Nota bene – Ver *NB*.

Notebook – O senhor terá pensado em um computador portátil, não é? Pois tem razão e não tem. Originalmente, *notebook* (dito |NÔUT-buc|) é o nome do "bloco de notas" (a palavra se compõe de *note*, "nota", e *book*, "livro"), o caderno de anotações. Daí é que se recolheu a palavra, para designar aquela maravilha tecnológica caríssima.

Nouveau riche – Expressão francesa que significa "novo rico", o que hoje em dia se prefere chamar, no Brasil, de "emergente". Era usada até os anos 60 ou mesmo 70, em francês mesmo, para designar os que subiam rapidamente na vida e não tinham tido tempo de aprender as maneiras, a hipocrisia, o refinamento, a polidez, as convenções correspondentes à nova posição social. Em várias fases da vida ocidental, ocorreram súbitas ascensões, como na época da Revolução Francesa, quando o termo começou a circular francamente, e no Brasil não foi diferente. O contraste mais notável se deu entre a classe proprietária de terras e escravos, que tinha dinheiro antigo, mas decaiu muitas vezes sem conseguir retornar, no final do século 19, sendo substituída no poder, em parte, por comerciantes vistos pela antiga elite como inescrupulosos e grosseiros. Engraçado é que os fazendeiros eram escravistas, mas esses comerciantes é que eram mal-educados. Essas coisas. Se diz |nu-VÔ RRICH|.

Nouveau roman – Outra expressão francesa, que designa um grupo de escritores que se apresentaram ao mundo querendo escrever o *nouveau roman*, quer dizer, o "novo romance". Eram contemporâneos da *nouvelle vague* (v.) cinematográfica, assim como do auge de Jean-Paul Sartre (1905-1980), o grande líder intelectual do tempo. Eram os finais dos anos 50, e eram nomes como Natalie Sarraute e Alain Robbe-Grillet. Tinham eles a pretensão de acabar com fundamentos do romance anteriormente praticado, como o narrador e o enredo; queriam uma espécie de objetividade, não como racionalização da vida, mas na forma de um abandono ao fluxo das associações. Se o senhor quer o meu palpite, que não foi pedido, eu diria que no Brasil o sujeito que pratica essas coisas em altíssimo nível é o romancista chamado Chico Buarque de Hollanda. Se diz |nu-VÔ rro-MÃ|.

Nouvelle vague – Expressão francesa, significando, literalmente, "nova onda", usada para designar um estilo cinematográfico criado na França, nos anos 1960, protagonizado por gente genial como Jean-Luc Godard (nascido em 1930) e François Truffaut (1932-1984) e dedicado a trabalhar mais no plano simbólico, alusivo, do que no plano tradicional da narrativa realista (aquela com começo, meio e fim, nessa ordem, feito o padrão hollywoodiano). Os temas também passaram do trivial das ações brutas, feito em *western*, para as ações sutis, de gente meio delirante, ou alucinada, ou em transe amoroso. Se diz |nu-VÉL VAG|.

NTSC – Sistema de radiodifusão televisiva em cores utilizado na América do Norte e no Japão. É uma sigla de *National television standards committee*, o que se traduz por "Comitê do padrão televisivo nacional". Difere do PAL-M (v.)

Nuggets – Voz moderna, aparecida no país há pouco tempo, oriunda do inglês, na era da comida em caixinha, já pronta para comer, bastando um microondas por perto: aparece na forma de *nuggets* de frango, que as crianças pedem e eu garanto que a senhora não consegue evitar, por mais que queira que elas comam abóbora e couve. A palavra já existia, sendo usada para "pedaços", "torrões", pequenos blocos de alguma coisa (de ouro, inclusive). Se diz mais ou menos |NÂ-guêts|.

Numa *nice* – John Godinho, em seu impagável livro *Once upon a time um inglês...*, menciona uma breve história da palavra inglesa *nice*, dita |NÁIÇ|. Ela provém do latim *nescius*, que veio ao português "néscio", sinônimo elegante de "estúpido", parvo. Do latim ela foi ao francês, *nisce*, significando isso mesmo, "idiota", simplório, e entrou no inglês como *nice*, significando "estúpido", bobo. "Na época de Chaucer – diz Godinho – já tinha outro significa-

ao ("lascivo", desregrado)". Vale lembrar que Chaucer é ninguém menos que Geoffrey Chaucer (diga |TCHÓ-çâr|), nascido talvez em 1340 e falecido em 1400, o maior poeta inglês medieval, um dos responsáveis pela existência culta da língua de Brad Pitt. Bem, mas é certo que do latim *nescius* ("tolo") ao inglês medieval *nice* ("devasso") muita coisa aconteceu, e nada parou; nos séculos seguintes a língua continuou viva, de forma que chegamos ao sentido atual: uma coisa *nice* é uma coisa "agradável", de bom tamanho para nossos desejos. Daí a expressão brasileira "Numa *nice*", dita, obviamente, "Numa |nái-çi|", que talvez tenha nascido em algum quadro humorístico (não recordo) e que resulta ser uma expressão de agrado, de conformidade satisfeita: "Tô numa *nice*", "Vou ficar numa *nice*", significa "Tô numa situação ótima", melhor impossível, se melhorar estraga, é a vida que pedi a Deus etc.

Nylon – Tem a forma "náilon", dicionarizada, mas persiste a forma inglesa original. Designa um tecido, de fibra artificial, de alta capacidade de resistência, elástica e indiferente às condições atmosféricas, porque não se decompõe. Foi sintetizada, a fibra, na altura de 1938, e logo ganhou o mundo, principalmente por ter substituído a seda na fabricação de meias femininas, em 1940. Durante muito tempo circulou uma especulação sobre a origem da palavra, e chegou a pintar uma história fantasista, de que ela seria um acrônimo (a juntação das primeiras letras de uma frase ou expressão) para a frase *Now you, lousy old Nips*, o que em português de dia de semana dá "Agora vocês, japas de merda". Era uma versão verossímil, porque o Japão era mesmo inimigo dos EUA durante a Segunda Guerra, e o *nylon* substituiu a seda que era produzida grandemente lá, no Japão mesmo. Outra história: que teria a ver com New York, a cidade, por causa da Feira Mundial lá ocorrida em 1939, quando o produto foi realmente exposto ao mundo pela primeira vez – daí o começo da palavra, *ny.* Mas parece que a palavra é meio aleatória, sem significado, tendo sido cunhada como marca pela empresa Du Pont Chemical Company com o sufixo *-on* à maneira de outras palavras do ramo, como *rayon*.

O

O tempora, o mores – Frase latina, com ar de reprovação ou lamentação (se pronuncia |Ó TÊM-po-ra, Ó MÓ-res|), que significa literalmente "Ó tempos, ó costumes", como quem diz "Mas que tempos são estes em que os costumes são estes?". A frase é do grande orador e esperto político Cícero, a propósito do famoso Catilina, contra ele, aliás: Catilina era um sujeito oportunista, de família patrícia, que enriqueceu e, na altura do ano 60 a. C. tentou chegar ao poder de vários modos, mas teve em Cícero (que viveu entre 106 e 43 a. C.) um opositor forte. Preterido, saiu a pregar um conversê revolucionário entre as gentes mais simples, como quem espalha gasolina para alguém acender o fósforo social. Deu-se mal, e Cícero capitalizou toda a simpatia para si, ficando conhecido como um apaziguador, um moderado, e contra o Catilina, que passou à história como um canalha. O grande Ivan Lessa fez (ou reproduziu) uma variação em forma de trocadilho piadístico, que fazia sentido no tempo em que ninguém se preocupava com o câncer que o cigarro causa: "O tempora, o Philip Morris". (Mas o "Morris" pronunciado à inglesa, mais ou menos como se pronuncia a palavra *mores*, com um "r" simples. Sacou?)

Off – Tem um que está ligado a desconto, e outro que está ligado a declarações. Naturalmente, os dois têm a mesma origem: a palavra inglesa *off*, que significa um milhão e meio de coisas – é daquelas que dá duas colunas inteiras nos dicionários bons. No Brasil, parece que os dois mencionados sentidos circulam claramente: algumas lojas escrevem *off* após um número, por exemplo "50% *off*", significando, para quem entender, que vai haver 50% de desconto. Então, o *off* quer dizer, na prática, "desconto", mas de fato ele tem aqui um de seus significados mais típicos, que tem a ver com "afastamento", diminuição, condição menor. O outro sentido, mais antigo e mais forte que o anterior, está na expressão também inglesa *off the records*, literalmente "ausente dos registros", isto é, sem registro, já simplificada e adaptada, entre nós, na expressão "falar em *off*", significando falar reservadamente, falar de tal maneira que o que se diz não deve ser publicado, ou então que o que se diz pode ser divulgado desde que não se diga a fonte que está dizendo aquilo ali. No cinema, a voz em *off* é aquela que narra algo que ilustra ou explica o que está passando na cena, mas não participa dela diretamente; é uma voz de narrador explicativo. Conferir também a expressão *making of.*

Office – Palavra inglesa que significa o mesmo que o nosso desprestigiado termo "escritório". Se diz |Ó-fiç| e vem, como está na cara, do latim *officium*, que é tanto o "escritório" (outra palavra de matriz latina, agora com aquela raiz que também está no verbo "escrever") quanto o "ofício" – veja só – que se exerce ali.

Office-boy – Em português, se usou chamar, à moda inglesa, de *office-boy*, o jovem que fazia o "mandalete", trabalhava levando recados, indo ao banco. Literalmente, significa "rapaz do escritório". Deve ser coisa dos anos 50, quando o americanismo começou a mandar em nós, porque antes se chamava essa função de "contínuo", estafeta, mandalete, auxiliar de escritório ou coisa parecida. De *office-boy*, dito em inglês |Ó-fiç BÓI |, e em português – atenção para a diferença – se dizia |Ó-fi-çi BÓI |, a gente reduziu para *boy*, quer dizer, |BÓI|, e daí até o carinha aquele, Kid Vinil, fez sucesso cantando "Eu sou *boy*", no remoto início dos anos 80. Ver *Motoboy.*

Off-road – Palavrinha incorporada há pouco no vocabulário brasileiro, em função, creio eu, desses veículos, esses jipes que se usam (ou que se podem usar) para andar em qualquer lamaçal, com rodas mais largas etc. Por isso a expressão: literalmente, *off-road* significa "fora de estrada pavimentada". Se diz, mais ou menos, |ÓF RÔUD|, com o "r" rosnado. Falar nisso: a nossa palavra jipe veio de *jeep*, que por sua vez foi uma palavra inventada a partir da sigla *GP*, que em inglês se pronuncia mais ou menos |DJI-PI|; a sigla veio da expressão *General purpose vehicle*, isto é, "veículo para uso geral", para qualquer uso, para qualquer propósito.

Hugo Pratt

Offset – Palavra abrasileirada, nos dicionários, para "ofsete", para designar um processo de impressão derivado da litografia, em que se grava numa chapa de metal o que se deseja transferir para o papel. Em inglês, a palavra tem um monte de significados, certamente porque resulta da combinação de duas palavrinhas cheias de manha, *off* e *set*; em todo o caso, já em inglês o termo composto *offset* (que a gente diz |Ó-fi-ÇÉ-tchi|, botando vogal nas sílabas em que não há, para abrandar a pronúncia inglesa |ÓF-ÇET|, seca) designa a impressão, um tipo de impressão, a transferência de tinta de uma página a outra.

Offshore – *Shore* é a terra às margens de qualquer mar, rio, lagoa; e *off* é uma partícula que denota ausência ou afastamento. O resultado é que *offshore* significa aquilo que vem dessas margens ou que está distante delas, por exemplo, no mar, distante da praia – pode-se falar de uma plataforma *offshore*, de exploração de petróleo, como as da Petrobras. Mas essa simpática palavrinha inglesa entrou no português de nossos tempos por um motivo apenas derivado desse: é que ocorreu que alguns bancos tolerantes, e genericamente quaisquer outras empresas, se estabeleceram em determinadas ilhas, seguindo a velha tradição de haver cidades à beira-mar com vasto e incontrolado comércio. Mais amplamente, empresas desse tipo são filiais situadas em regiões por assim dizer "extraterritoriais", que praticam graus variados de tolerância fiscal, servindo de caminho para as matrizes fazerem seus capitais passearem sem ser importunados. Ali os bancos configuram os paraísos fiscais atuais – o senhor e eu já ouvimos falar das ilhas Cayman, por exemplo, ou décadas atrás no vizinho Uruguai –, recebendo dinheiro de qualquer origem (suja ou limpa) e cobrando muito pouco de taxa e coisas do gênero. Daí se falar, hoje em dia, nos "investimentos *offshore*", que poderiam parecer, a um ingênuo, investimentos em construção civil na beira da praia. A pronúncia inglesa é |ÓFF CHÓR|.

OK – Expressão inventada na América do Norte, que ganhou o mundo (o leitor percebeu a ambigüidade? Então tá. Desculpe a intromissão). Tão universal que suscitou uma série de hipó-

teses sobre sua origem. Houve quem apontasse uma origem frenética: que durante a guerra da Secessão, lá na altura de 1860 e pedrinhas, quando as tropas voltavam das batalhas sem baixas, sem mortes (o senhor sabia que em inglês "baixas" no sentido de morte em combate se diz *casualties*, isto é, "casualidades"? Cruel destino de uma língua, não?), alguém anotava num quadro de avisos *O killed*, quer dizer, "zero mortos", ou "zero matados" mais propriamente, de onde *OK* seria significaria "tudo certo, estamos bem", por aí; uma segunda versão, desta vez engraçadinha, atribui a origem ao general Grant, herói da mesma Guerra da Secessão, de quem se dizia ser subletrado, a ponto de haver dito que mandaria escrever as iniciais *OK*, referentes à expressão *all correct* ("tudo correto", tudo certo), que ele imaginava que se escrevesse *oll korrect*, em tonéis de bebida a serem distribuídos aos generais que tivessem tão bom desempenho quanto o de Lincoln, acusado de beberrão; e uma terceira hipótese, a mais fantasista de todas, dá conta de que o presidente (do mesmo país, o dono do Ocidente) Woodrow Wilson (1856-1924, presidente entre 1913 e 1921), que era letrado, escrevia de vez em quando, para assinar um texto seu, *Okeh. W. W.* – daí, quando alguém perguntava por que ele fazia tal anotação, ele dizia meio de sacanagem que estava errado e mandava procurar no dicionário; o que estava consignado era a palavra *okek*, da língua indígena *choktaw*, que significa "é isso". Mas parece que a pendenga sobre a origem da expressão ficou vencida por outra hipótese, ligada à campanha de reeleição do presidente norte-americano Martin Van Buren (1782-1862) – que morreu, olha só, justo no começo da tal guerra fratricida, entre 1861 e 1865. Eleito em 1836, em 1840 ele enfrentou dois pesados adversários, numa campanha que parece ter sido feroz e marcada por traços modernos. Os adversários tentaram atacar Van Buren identificando-o com a aristocracia (de que ele de fato provinha, basta ver o "*van*"). Um dos ataques contra ele consistia em chamá-lo de *Old Kinderhook*, sendo Kinderhook o nome de sua cidade natal, no estado de Nova York; alguns apoiadores tomaram o mote e, aproveitando – parece – o fato de que já se usavam, informalmente, as iniciais *OK* como uma espécie de piada para dizer *all correct* (segundo a mesma lógica já apontada), e fundaram um *Democratic OK Club*. Distribuíram aqueles *pins* (v. *pinup*), que a gente equivocadamente chama de *bottom* (v.), com as duas letras bem grandes, *OK*, e parece que a coisa pegou, daí por diante. O tal Van Buren perdeu a eleição, mas entrou para a história.

Ola – Espanhol, equivalente à nossa palavra "onda". De vez em quando aparece a palavra no idioma original, para designar um movimento, uma onda no sentido figurado, uma moda. Não confundir com *hola*, que equivale à nossa saudação "olá". Se diz |Ô-la|. Parece que se popularizou como coreografia mais ou menos espontânea em arquibancadas de estádio, com as torcidas levantando e baixando braços e corpos num certo ritmo coletivo, na Copa do Mundo de Futebol de 1986, no México.

Old-fashioned – Inglês, significando "antiquado", fora de moda. Se pronuncia |ÔLD FÉ-chân|. *Fashion* (v.) quer dizer "moda" – em português arcaico, há um equivalente, a bela e sonora palavra *façon*, às vezes grafada *façom*, aparentada da atual "feição", todas orbitando no mesmo circuito semântico, derivado do francês antigo *façon*, que veio do latim *factio*, particípio do verbo *facere*, que quer dizer "fazer". Então, *factio*, *façon*, *façom*, "feição" e mesmo *fashion* significam, em primeiro nível, "execução", fazimento, criação, fabricação; derivadamente, significam maneira (de fazer), logo, significam moda. Que historinha, hein?

Ombudsman – Palavra de origem sueca, usada há pouco tempo no Brasil, especialmente depois que o jornal *Folha de S. Paulo* começou a empregá-la. E começou a fazê-lo pelo bom motivo de ter implantado no jornal a função que a palavra descreve, função que já tinha um nome português coisa mais linda: "ouvidor". O que faz o ouvidor, ou o que poderia e deveria fazer? Em primeiro lugar, ouve, como o termo insinua; depois, deveria encaminhar a reclamação a quem de direito ou de dever. Certo? Então. Em sueco, *ombud* é "agente" ou "comissário", e *man* o senhor já imaginou. Quer dizer: o significado literal é "homem comissário", um sujeito que recebe um encargo, uma espécie de procuração para cuidar de certos interesses. Até aí, nada de mais; o caso é que, em 1809, inventaram na Suécia o cargo de *riksdagens justitieombudsman*, que vem a significar algo como procurador dos interesses da justiça nos conflitos entre o Estado e os cidadãos (estou traduzindo essa informação do *American Heritage Dictionary*). Os norte-americanos copiaram a palavra e a função em vários estados, e a coisa evoluiu muito particularmente no ambiente do jornalismo, onde vários órgãos nomearam pessoas para fazer a função de ouvidoria dos interesses do leitor junto à redação e à direção do jornal. A pronúncia original parece ser |ÔM-budz-man|, mas por aqui a gente ouve mais |õ-BUDZ-mãn|. A *Folha* usa o termo para homens e mulheres, indistintamente.

Omelette – Palavra francesa, já aclimatada no Brasil sem um dos "t", que designa aquele prato feito com ovos batidos ou mexidos, com algum tempero ou incremento, e fritado. Vem do francês antigo *amlette*, que é uma alteração de *alumette*, variante de *alumelle*, que vem de *lemelle*, que significava a "lâmina" da faca, sendo que *lemelle* vem do latim *lamella*, diminutivo do também latim *lamina*. Agora, como é que de uma palavra como "lâmina" se chega a "omelete", do ponto de vista semântico, é explicável pela aproximação de "lâmina" com "camada".

Omertà – Palavra do mundo da máfia, ou da Máfia (v.). Designa o código de honra dos mafiosos, que se traduz, na prática, pela obediência às leis não escritas que obrigam ao silêncio, à irrestrita subordinação do indivíduo à hierarquia. Parece que se trata de uma palavra dialetal para *umiltà*, isto é, "humildade". Se pronuncia como se fosse português.

On demand – Esses tempos apareceu um anúncio publicitário que trombeteou: "Bem-vindo à era *on-demand*". Adesismo, é claro. O significado: dá para traduzir *on demand* como "conforme a demanda". Isso significa uma lógica de produção de bens em estreita vinculação com a demanda, de maneira a não haver excedentes a serem armazenados. Se pronuncia |ÓN di-MÉND|, com os "d" como em "dedos". Ver *just-in-time*.

On-line – Termo empregadíssimo em nossos eletrônicos e internéticos tempos, vindo do inglês e significando, literalmente, "em linha", quer dizer, em conexão. Se diz |ÓN LÁIN|. Em sentido amplo, abrange qualquer coisa conectada a outra, mas especificamente designa a "conexão" de um terminal a um computador central: eu estou *on-line* com o meu provedor da internet, por exemplo; eu compro livros *on-line* na livraria Tal.

On the road – Nome de livro, clássico da cultura *beat* (v.) norte-americana, escrito por Jack Kerouac (1922-1969). O livro foi lançado em 1957 e no Brasil manteve o nome, *On the road*, que literalmente significa "na estrada", mas recebeu um subtítulo muito mais expressivo e condizente com o tema, *Pé na estrada*, que dá uma boa medida sobre o conteúdo libertário, de mistura com a vida moderna de padrão norte-americano. A expressão se emprega, de vez em quando, no Brasil, em referência à atitude de disponibilidade, de vontade de ir pra rua, de viajar, de aventurar-se, a partir dos conteúdos do livro. Se diz |ON dâ RÔUD|, com "r" rosnado, se bem que aquele "d" ali é o fonema "th", aquele que a gente não sabe pronunciar direito sendo falante do português – nesse caso é como um "d" pronunciado com a língua entre os dentes.

On the rocks – Parece que perdeu vigência a expressão, que era muito apreciada junto com outros elementos do contexto em que aparecia. Literalmente, a expressão quer dizer "nas pedras" (diz-se |ON dã RÓCÇ|, com o "r" rosnado e o "d" estranho aquele – ver o verbete *On the road*). E as pedras em questão eram as de gelo, para acompanhar o uísque. De brincadeira, se dizia em português, ao garçom, "um uísque nas pedras", como um trocadilho entre as línguas. O contrário do uso de tomar uísque com gelo se chama *cowboy*, isto é, "caubói", termo ainda hoje empregado nos bares para a dose servida e tomada sem gelo, purão. (Em inglês, a expressão significa outras duas coisas, além dessa das pedras de gelo: estar *on the rocks* quer dizer estar em dificuldade, em crise; a expressão também significa, ou significava, estar sem grana.)

One-man show – Expressão inglesa largamente usada em partes não inglesas do mundo, significando "o *show* de um homem só" – o senhor já vê que *show* não tem jeito, a gente usa a palavra deles mesmo. Trata-se daqueles espetáculos em que um sujeito conta piada, canta, sapateia, brinca e representa, feito os espetáculos de teatro de Jô Soares, de Miéle, por aí. Se diz |UÂN MÉN CHÔU|.

One-way – Expressão do inglês que teve vigência no Brasil, mas já perdeu totalmente seu lugar. E isso por motivos claramente históricos: começou a circular aqui, a expressão, para designar embalagens (de bebida, especialmente) que deviam ser postas no lixo após o consumo do conteúdo. O uso da expressão fazia sentido: *one-way* significa, literalmente, "caminho único", isto é, só de ida, sem volta. Tem a distinção: *One-way ticket*; "passagem só de ida" ou *roundtrip*, "ida e volta". Alguns produtos começaram a abrasileirar a expressão, chamando a embalagem *one-way* de "sem retorno", ou "não retornável". Isso significava um alerta, que por extenso e dizendo toda a verdade seria mais ou menos assim: "Meu caro consumidor, ao contrário do que você está acostumado a fazer – guardar a garrafa de cerveja assim que termina de tomá-la, para usar o casco, o vasilhame, numa nova compra –, agora a embalagem vai ser cobrada na sua

conta, e vai ser posta no lixo, e vai entrar em nova circulação, agora na mão dos catadores de lixo, que ficarão felizes em poder ter uma migalha do seu consumo para vender para uma empresa de reciclagem". Civilização do desperdício, é o nome certo disso. Pense nisso, barato leitor: as sacolinhas de plástico que a gente "ganha" nas compras, sacolinhas *one-way*, são de material plástico, que vai requerer energia para sua reciclagem e gasta petróleo para sua confecção. Na Inglaterra, por exemplo, as pessoas levam suas sacolas de pano nos mercados; se quiserem sacolas dali, pagam mais. A pronúncia é, era, |UÂN UÊI|.

Op. cit. – Fala a verdade: a cada tanto a gente depara com essa abreviação, em nota de pé de página, não é? Trata-se, por extenso, de um latinzinho, *opere citato*, ou *opus citatum*, quer dizer, "obra citada", e se usa para não repetir o título do livro (da *opere*, dito |Ó-pere|) citado logo antes.

Open – Palavrinha mansamente inglesa, sem nada de latim no caminho, que como verbo, *to open*, quer dizer "abrir". Daí que *open*, assim, o particípio do verbo, signifique "aberto". Por isso é que lojistas adesistas ao inglês botam isso inscrito na porta de seus estabelecimentos. Em inglês, se diz |ÔU-pân|, mais ou menos.

Opera omnia – Latim, significando as "obras todas", o "conjunto da obra" (de um artista, um escritor). *Opera* é o plural de *opus*. Se diz |Ó-pe-ra ÔM-nia|. Em português, parece que a tendência é usar como singular: "A *opera omnia* de Fulano de Tal".

Opus – "Obra", também latim. No mundo da música erudita, se usa a abreviação *op*. Diz-se |Ó-pus|.

Orixá – Palavra aportuguesada a partir do iorubá (Aurélio grafa *orisha*, para a forma iorubá, mas não deve ser isso mesmo), significando a personificação, a entificação de uma força da natureza ou de um ancestral considerado divino, superior. Equivale, se bem entendo, aos santos católicos, no sentido de ser, o orixá, uma divindade, um guia, mas certamente não tem o sentido político do santo católico, que representa a apropriação pelo Vaticano da história de um indivíduo considerado virtuoso pelo cânone oficial católico.

Out – Oposto de *in* (v.). É uma preposição do inglês que significa "fora", e por isso é usada em contextos como os de *in*, mas significando o contrário: uma roupa fora de moda é julgada pela crônica de jornal como *out*. Se diz |ÁUT|.

Outdoor – Tem *indoor* (v.), e tem *outdoor*; a primeira se compõe da preposição *in*, semelhante à nossa "em", mais a palavra *door*, "porta"; a segunda varia a preposição, que é *out*, significando "fora". Em português, curiosamente, a palavra *outdoor* (pronunciada |ÁUT-dór|) designa aqueles painéis imensos de propaganda que ficam ao lado de estradas e avenidas; em inglês, essa coisa se chama *billboard*, e a palavra *outdoor*, como adjetivo, significa apenas "ao ar livre", sentido derivado do sentido literal da expressão, que é "(para) fora da porta". Em inglês se diferencia o tênis jogado *indoor*, "dentro" de estádios cobertos, e o tênis jogado *outdoor*, "ao ar livre". Essas coisas.

Outlet – Em inglês, tem alguns significados, entre os quais o de loja em que se vendem coisas mais baratas, em sentido amplo; mais restritamente, significa uma loja de apenas um fornecedor, uma marca – e esse é o sentido que se verifica no Brasil de nossos dias. (Também significa a tomada de energia que se encontra na parede. Isso sem falar de outras coisas que significam saída, ponto de passagem entre uma coisa e outra, como as que se encontram na foz dos rios, nas intersecções de estradas maiores com menores, essas coisas todas.) Se diz |ÁUT-LÉT|, com os "t's" ditos como em "travessa".

Output – Inglês, pronunciado mais ou menos |ÁUT-put| (na pronúncia brasileira, tende-se a dizer |áu-tchi-PU-tchi|, naturalmente), significando "produto", o resultado de um processo. Falava-se, certa época, de *input* e *output*, a propósito de comentar planejamento e coisas do gênero: *input* é o que entra (como insinua a preposição *in*) e *output* o que sai. Ver *input*.

Outsider – Em inglês, *outside* é o "lado de fora", em relação a algum lado de dentro; daí que *outsider* (que se pronuncia |áut-ÇÁI-dâr|) signifique "aquele que está do lado de fora", aquele que não pertence ao conjunto, ou então, radicalizando, "aquele que é marginal". No uso geral, no mundo da língua inglesa assim como no mundo brasileiro, a palavra parece ter um conteúdo ligeiramente elogioso: fala-se que um artista de vanguarda é um, que um rebelde é um, que um insubmisso é um, que um contestador é um. O termo aparece muitas vezes em associação com a idéia, expressa também em inglês entre nós, de *drop out*, quer dizer, "cair fora", isto é, fugir dos condicionantes sociais, morais, comportamentais – a linha *hippie* (v.) ou romântica em geral, como se pode perceber.

Over – Preposição da língua de Shakespeare, que significa duas coisas básicas: uma é equivalente à nossa "sobre", e não causa maior comoção, sendo por isso um significado secundário no uso brasileiro; a outra tem o significado de "excessivo", demasiado, fora de proporção ou de controle – e esse é o sentido com que aparece entre nós. Fala-se que determinada criatura estava meio *over* (dizendo, à inglesa, |ÔU-vâr|, ou abrasileirado para |Ô-ver|), ou que uma festa *idem*. Havia outro sentido, já agora desusado, referente ao mundo das finanças: enquanto durou a megainflação, de má memória, falava-se em aplicar no *over*, pronunciando também à inglesa, em referência ao mercado *overnight*, que aceitava aplicações resgatáveis no dia seguinte, apenas passada uma mera noite – daí o sentido da expressão. Ainda existe, mas não é mais tão comum a gente comum feito eu e o senhor aplicar lá, porque não é coisa para o nosso modesto bico.

Overbooking – Uma cretinice atualíssima, referente ao mundo dos vôos de avião. É assim: o sujeito chega no aeroporto, vai fazer o *check-in* (v.) no balcão da companhia, estando com a passagem previamente acertada com a agência de viagem e tudo o mais; aí a moça abre um sorriso protocolar e diz que aquele vôo está com *overbooking*. Trata-se, como diria Machado de Assis, de um eufemismo em ação: a palavra *overbooking* significa "reservas (para assentos no vôo, nesse caso) acima das capacidades do avião". Sim, eles fazem isso, sacanagem pura: botam mais gente na lista de passageiros do que cabem pessoas nos assentos. Daí, meu amigo, sem amigos na gerência vai ficar difícil. Isso não é uma prática apenas brasileira, mas mundial. A palavra é, como se pode deduzir, um neologismo em inglês: mistura um dos sentidos do verbo *to book*, "anotar", com um sentido derivado da palavra *over*, "em excesso". Se diz |ÔU-vâr BU-quin|.

Overdose – Palavra inglesa, que se compõe da preposição *over*, "sobre" (nesse caso "super-") ou "em excesso", e do substantivo *dose*, com o mesmíssimo sentido da nossa conhecida "dose", palavra que não nos veio do mundo inglês, mas do grego, matriz de tanta coisa. Os angloparlantes dizem |ÔU-vâr DÔUÇ|, ao passo que nós fazemos uma mistura, |Ô-ver DÓ-zi|. O significado literal é o de "superdose", dose excessiva, e por extensão qualquer coisa que seja excessiva pode ser enquadrada por aí: pode-se dizer que uma música tem uma *overdose* de efeitos eletrônicos, por exemplo. Nos EUA se usa a abreviatura *OD* para o mesmo significado.

Gilbert Chelton

Overlapping – Palavra que os mais velhos vão lembrar como tendo sido pronunciada pelo falecido treinador de futebol Cláudio Coutinho, que era capitão do exército, um protótipo do milico autoritário e moderno dos tempos do regime militar instalado em 64. Sim, aquele mesmo que disse que o Brasil foi "campeão moral" da Copa do Mundo de 1978 porque nós fomos desclassificados por um imoral 6 X 0 sofrido pela seleção peruana – adivinha para quem? Exatamente: para a seleção dona da casa. Essa peça foi treinador da Seleção Brasileira de futebol na Copa de 78, aquela da Argentina, vencida pelo país-sede, por sinal (mas sem o Maradona, que era uma criança ainda). Pois o tal Coutinho veio com sua tecnocracia para o mundo da crônica esportiva, e inaugurou a fase do falar difícil. Para ele, uma tabela entre um lateral e um ponteiro (naquele época ainda se usava isso) virava *overlapping*: o lateral entregava a bola aqui, corria e a recebia lá na frente – isso era o *overlapping*, que era pronunciado à inglesa, |ÔU-vâr LA-pin | ou |LÉ-pin|. A palavra vem do verbo *to overlap*, que designa, entre outras coisas "sobreposição" (por exemplo, em matemática *overlapping* é a "intersecção entre dois conjuntos", isto é, os elementos comuns aos dois).

Overnight – Ver *Over*.

p

PABX – Sigla conhecida na vida brasileira para designar uma "central automática de telefones", um aparelho que faz conexões entre telefones internos a uma organização (uma empresa, por exemplo) e a rede externa. A sigla representa a expressão *Private Automatic Branch Exchange*, o que dá "comutação automática de ramais telefônicos privados". A gente pronuncia as letras em português mesmo, por aqui.

Pace-car – O carro que, nas corridas de alta velocidade, entra de vez em quando na pista – exatamente nos momentos em que há alguma alteração, algum acidente ou coisa do gênero – para liderar todos os competidores, pondo-os em fila atrás de si e impondo um ritmo homogêneo a eles. Fica ali até que a direção da prova ordene o recomeço, quando a tigrada se atira, cada um por si, conforme é a ética mesmo da competição. A expressão é inglesa e significa, literalmente, algo como "carro do passo", carro do ritmo, no sentido de ser o carro que vai ditar o andamento de todos por alguns momentos. Parece alternar, o uso do termo, com *safety car* (v.). Se diz |PÊIÇ car|.

Paddle – Palavra inglesa que entrou na circulação brasileira por causa de um jogo com raquetes, parecido com o tênis mas jogado de modo mais dinâmico, quase frenético – toda aquela nobreza do tênis foi pro brejo, em favor da rudeza da competição mais desabrida de nossos dias. Já se lê por aí a forma "pádel", que representa aproximadamente a pronúncia original da palavra. Em inglês, a palavra era, anteriormente, o nome daquele instrumento com que homens impulsionam uma canoa pelas águas, popularmente conhecido em nossa língua como remo.

Paddock – No mundo do turfe, é o nome da área em que os cavalos são aglomerados antes de entrarem no partidor, para a corrida (em gauchês, isso se chama "mangueira"); no mundo do automobilismo, é a área em que os carros fazem seu ajuntamento, antes de entra-

rem no *grid* (v.) de largada. Em inglês, se diz |PÉ-doc|, mas parece que em português a gente prefere a forma oxítona e com o "a" abrasileirado, |pa-DÓ-qui|.

Paella – Comida espanhola, aportuguesada para "paelha". É uma comida que envolve vários tipos de carnes (aves, gado vacum, crustáceos), postas a fritar em uma panela larguíssima e bem baixa; a seguir, enche-se de água e se põe o arroz, mais legumes, tudo temperado com açafrão. A origem? Tem história para todo o gosto. Uma é mitológica, mas bacana: que a *paella* (os espanhóis, em média, dizem |pa-Ê-lha|, os platinos dizem |pa-Ê-ja|, os centro-americanos |pa-Ê-ia|) teria sido inventada pelos homens, que cozinhavam, em certas ocasiões, para servir as mulheres, e daí teria vindo o nome: *paella* significaria *pa ella*, isto é, "para ela". Verossímil, mas chute. Em catalão e em espanhol, *paella* é o nome da tal panela, grandona, que serve também para fritar. A palavra vem do latim *patela*, pequena *paten*, quer dizer, "pequeno prato" (ao latim ela veio desde o grego, em que uma forma parecida com *patane* significa "prato").

Pager – Exemplo da impressionante obsolescência da tecnologia em nossos vibrantes dias. A palavra vem do inglês, em que é dito |PÊI-djâr|, e designa o aparelho dotado de um pequeno mostrador que retransmite mensagens enviadas previamente a uma central, que as retransmite. O aparelho emite um sinal que se chama *beep*, daí que se use o verbo "bipar" para designar a chamada que se faz por meio do *pager*. (O aparelho saiu de circulação acho que totalmente, porque os celulares fazem isso e muito mais.) De onde nasceu o termo inglês? Nada a ver com *page* no sentido corrente de "página", mas com o antigo uso equivalente ao português "pajem", que vem, junto com o *page* inglês, do francês antigo *paje*, usado para designar o menino ou rapaz que servia a um cavaleiro, por exemplo levando mensagem de um lado a outro, enquanto se habilitava no aprendizado para ser ele mesmo um cavaleiro. Seria, em boa linguagem gauchesca, o chasque, ou o próprio, ou, em português, o mandalete, o moleque de recados. De forma que no Rio Grande do Sul a gente poderia chamar o *pager* de "chasquer" – que tal?

PAL-M – Sigla usada no Brasil para um sitema de transmissão televisiva em cores, que na Europa era usado sem o "M", sendo uma sigla para *phase alternate line*, isto é, "linha de fase alternada". O "M" é um padrão específico do *PAL*. Difere do sistema *NTSC* (v.).

Palmtop – Palavra nova, do mundo informático, que designa um computador que vai na "palma da mão" – daí o nome. O *palmtop* é tão pequeno que pode ser usado em cima (*on top*) da palma da mão. Diferencia-se, nesse aspecto do tamanho, de *desktop* (v.) e de *laptop* (v.), aquele cabendo em cima da "mesa" (*desk*), este em cima do "colo" (*lap*). Se diz |PAM-tóp| em inglês, e |páu-mi-TO-pi| ou simplesmente |PÁU-mi| em português.

Pancake – Se o senhor não conhecia, aí está a palavra que deu origem à nossa "panqueca", sim, aquela fina camada de massa feita com farinha, ovo e outros temperos (vários, em variada combinação), cozida dos dois lados e depois recheada de alguma coisa, doce ou salgada. Mas a palavra na sua forma inglesa, com pronúncia à inglesa, |PÉN-quêic|, designa, no meio teatral, a base da maquiagem com que os atores vão à cena. Por cima dele, *pancake*, os atores recebem todas aquelas características necessárias ao estilo da encenação e do personagem. Este não é um uso unânime, mas é bem freqüente.

Panem et circenses – Expressão latina que significa literalmente "pão e (coisas do mundo) do circo", ou mais simplesmente "pão e circo", que é como a gente interpreta, e corretamente, o conteúdo da frase. (Está na Sátira X, de Juvenal, o satirista latino (42-125), verso 81, no original; na tradução brasileira que conheço, feita por Francisco Antônio Martins Bastos, está "Teatro e pão, é nosso afã agora".) A frase quer dizer, com sarcasmo, que só precisa pão

e circo para o povo, que se contenta com pouco, e por isso é facilmente engambelável. O dado brasileiro na questão: um dos discos mais criativos de todos os tempos, no mundo brasileiro, se chama justamente *Tropicália ou Panis et circensis*, lançado em 1968, contando com ninguém menos que Caetano Veloso, Gilberto Gil, Gal Costa, Tom Zé, Nara Leão e Os Mutantes, com arranjos de Rogério Duprat e algumas letras de Torquato Neto. Era o grande manifesto do Tropicalismo, que botava na rua canções e interpretações revolucionárias (mas não a própria "Tropicália", canção-colagem de Caetano, que foi gravada em seu disco-solo desse mesmo ano simbólico de 1968). Não sei se o senhor percebeu, mas o título do disco é latim errado – e ficou, assim mesmo, na memória visual e talvez auditiva do país. A pronúncia da frase é |PA-nem êt çir-ÇÊN-çis|.

Panettone – Palavra italiana que ganhou mundo por designar um tipo de bolo, ou um pão, com frutas cristalizadas e outras manhas, que a gente, aqui por estas bandas, costuma comer apenas no Natal. A palavra é um aumentativo de *panetto*, que por sua vez é um diminutivo de *pane*, o nosso bom e velho "pão". (Tanto aumento e diminuição daria em português uma forma como "pãozinhozão". Que tal?) Pronuncie como se estivesse escrito em português, prezado leitor.

Panzer – Palavra alemã que significa "armadura", couraça ou, mais especificamente, "veículo blindado" – daí o sentido alusivo que há no seu uso no português. Na Segunda Guerra Mundial, havia as *Panzerdivisionem*, as "Divisões Panzer", agrupamentos de vários tanques, veículos blindados, de enorme eficiência, que muitas vezes reduziam a pó os alvos. Daí se dizer que, por exemplo, "determinada bancada no Congresso Nacional agiu como uma Divisão Panzer" (pronúncia alemã: mais ou menos |PAN-tza|; brasileira: |PÂN-zer| mesmo).

Paparazzi – Palavra italiana, já no plural (o singular é *paparazzo*), que designa os fotógrafos que perseguem uma figura famosa com o propósito de fotografá-la em condições de intimidade ou em situações informais, justamente aquelas condições e situações em que a figura queria ter privacidade. A graça do *paparazzo* é justamente sacanear o famoso, tirando a foto e vendendo para a imprensa marrom. A palavra veio de um personagem com tais características oportunistas, o Signor Paparazzo, do filme *La dolce vita* (feito em 1960), de Federico Fellini (1920-1994). A história do filme é reveladora: Fellini queria filmar algo sobre a decadência de Roma naquela altura, final dos anos 60; calhou de ele conhecer o fotógrafo Tazio Secchiaroli, falecido em 2004, que naquela mesma época começou, com colegas, a fazer as tais fotos indiscretas (uma do rei Faruk, do Egito, virando uma mesa num bar, por exemplo). Eles eram chamados, singelamente, de "fotógrafos de rua", em oposição aos fotógrafos de estúdio. Mexe daqui e dali, Fellini tinha lido um romance de um autor inglês quase esquecido na altura, George Gissing, que tinha escrito um livro de viagem, a partir de uma longa gira pelo sul da Itália; nesse livro aparecia um certo Conrado Paparazzo, dono de hotel, e Fellini tinha guardado o nome na cabeça. Quando tudo se juntou, aconteceu o que o senhor já sabe: Paparazzo virou o nome do fotógrafo no filme, e daí passou ao mundo. A palavra *paparazzo* é um sobrenome incomum mesmo na Calábria, onde foi encontrado; parece provir do grego *papasaratsis*, que significa "seleiro do padre", o cara que faz (fazia) a sela e os aparatos de couro do padre. Se diz |papa-RA-tzi|.

Paper – Do inglês, literalmente, "papel", mas tem um conteúdo bem específico no mundo acadêmico de hoje: é como se chama o que antigamente se chamava de "trabalho", a pesquisa apresentada em forma de ensaio. Trabalho apresentado em congresso, hoje em dia, só leva essa designação: "Vou ler o meu *paper* hoje de tarde", "Trouxe o *paper*?", e por aí vamos. Se diz |PÊI-pâr|.

Papier-mâché – Expressão francesa já abrasileirada para "papel machê", mas ainda encontrável na imprensa brasileira. Trata-se não de um papel, mas de uma pasta feita de papel picado, triturado, quase se poderia dizer mastigado (daí a palavra francesa *mâcher*, "mastigar"), mais algum elemento ligante (cola), pasta que quando está molhada é moldável, mas depois de seca fica bem firme e dura, podendo ser pintada e tal. Se faziam cabeças de bonecos de manipulação com essa técnica. (O verbo francês *mâcher* vem de uma forma *maschier*, francês antigo, primo do nosso "mascar", tudo vindo do latim *masticare*.) A pronúncia é |pa-PIÊ ma-CHÊ|.

Par excellence – Francês, o mesmo que – o senhor já viu, garanto – "por excelência". Por que então usar a forma francesa? Frescura, claro. Um pouco de afetação não faz mal a ninguém. Se usa em situações nas quais se pretende enfatizar a qualidade de algo: diante de um vinho bom, eu posso dizer que aquele sim é o vinho, *par excellence*, querendo dizer que vinho é aquilo e não outra coisa, que aquele ali é o melhor vinho imaginável. Se diz mais ou menos |PARR ec-çe-LÂNÇ|, com o "r" na garganta, *comme il faut* (v.).

Paredón – Palavra espanhola, conhecida de todo mundo pelo menos no uso alusivo – ainda mais que, nos recentes programas televisivos "Big Brother Brasil" se dizia que os candidatos a sair da competição iam para o paredão, isto é, iam para um lugar imaginário onde virariam alvo. Exatamente: o *paredón* é uma instituição ditatorial e sanguinária, que significa o "fuzilamento junto a uma parede".

Pari passu – Latinzinho manso, que, porém, gera vários equívocos. O significado literal é "a passo igual", simultaneamente, e se usa, corretamente, em situações como "As mudanças na educação e na cultura acontecem *pari passu*". Só que tem gente que pega de orelhada a expressão e a reinterpreta, erradamente, como "par e passo" ou pior ainda "a par e passo", o que é coisa de outra ordem, sei lá qual. Se diz |pa-ri PA-çu|.

Parking – Inglês, hoje em dia freqüente no Brasil por motivos conhecidos: cidades entupidas de automóveis, pouco lugar pra estacionar na rua – e aí entram os estacionamentos pagos, uma das mais rentáveis indústrias do mundo recente. E entram muitas vezes com a designação inglesa, preferindo o verbo *to park* ao "estacionar". Como se pode facilmente deduzir, *to park* tem tudo a ver com *park*, que é o nosso "parque", área delimitada de terra, com certa finalidade específica (diversão, exposição etc.). Não tem nada a ver com o assunto, mas me lembrei que na Espanha os caras dizem *aparcar* para estacionar. Daí que *parking* (dito |PARquin|) signifique o "ato de estacionar" e o "estacionamento propriamente dito" (chamado por extenso, nas terras inglesas e norte-americanas, *parking lot*).

Parti-pris – Palavra francesa bastante usada no mundo culto de todo o mundo, significa, literalmente, "decisão tomada" – *parti* é "partido", "decisão", e *pris* é o particípio do verbo *prendre*, "tomar". Se fala em *parti-pris* a propósito de uma espécie de preconceito, de prejulgamento, que será a razão para o sujeito ter uma tendência preliminar de ficar contra (ou a favor de) alguém ou de algo, antes mesmo de ouvir os motivos, as circunstâncias. Se diz |parr-ti-PRRI|, com os "r's" na garganta.

Partisan – Palavra francesa, incorporada ao inglês também, que significa – o senhor olhe bem para ela que vai reconhecer – "partidário", "aquele que toma partido", aquele que escolheu um

lado específico da briga em questão. Lá na ponta tem a palavra *pars*, "parte", em latim, e no meio do caminho parece haver a forma italiana *partigiano*, mesmo sentido de *partisan.* A palavra é antiga no francês (século 15), mas ganhou força recentemente em função da resistência de gente francesa durante a ocupação alemã na Segunda Guerra Mundial: havia um movimento de guerrilha chamado *Francs-Tireurs et Partisans*, "Franco-Atiradores e Partidários", em tradução literal, conhecido pela sigla FTP, que aparece em filme norte-americano na figura daqueles franceses que bebem vinho, usam a espingarda de caça para abater os soldados alemães e usam echarpe em volta do pescoço. A pronúncia aproximada é |parr-ti-ZÃ|, com o "t" de "teta" e o "r" rascando na garganta.

Partner – Inglês bastante famoso que significa "parceiro", companheiro, aquele (ou aquela) com quem se compartilha um destino, uma partida, uma tarefa. Se diz |PART-nâr|, mais ou menos.

Party – Palavra inglesa também, que em português tem sentidos bem diversos: é o mesmo que a nossa "festa", reunião social com fins de diversão (é por esse significado que a palavra circula por aqui, por exemplo na expressão *garden party*), mas também é o "partido político". Se diz |PAR-di|, com o "d" de "dedo".

Parvenu – Palavra francesa que significa o mesmo que o nosso atual "emergente": designa o sujeito ou a sujeita que subiu na vida mas não conseguiu aprender as maneiras correspondentes à nova posição. É mais ou menos o mesmo que *nouveau-riche* (v.), "novo-rico". A palavra nasceu na França, no seio da aristocracia, para designar as jovens fortunas burguesas, que significavam dinheiro mas não os bons modos da antiga classe. Se diz |parr-vâ-NI|, mas esse "i" dito com boca de dizer "u" e o "r" na garganta. O feminino é *parvenue.*

Pas de deux – Expressão francesa, originada no mundo da dança, que tem o sentido literal de "passo de dois", isto é, dança com duas figuras, duas pessoas (qualquer momento de um balé em que duas pessoas dançam se chama assim), a partir do qual há um sentido figurado, ou alusivo, em que a expressão designa qualquer parceria de dois. Se diz, por exemplo, que o ministro

da Fazenda e o presidente do Banco Central estão fazendo um *pas de deux*, significando que estão atuando em parceria. A pronúncia é ruim para o bico brasileiro, porque nós não temos aquele som vogal do fim: é mais ou menos |PÁ dâ DÊ|, mas este último "e" dito com boca de dizer "u". Tem também *pas de trois* ("passo de três"), *pas de quatre* (adivinha) e *pas seul* ("dança só").

Pasionaria – Tá na cara que dentro dessa palavra tem uma *pasión*, espanhola. Tem mesmo: se diz *pasionaria*, pronunciando |pa-çio-NA-ria|, para uma "mulher empolgada com sua posição militante", especificamente de esquerda. A origem? Veja no verbete *No pasarán*.

Passe-partout – Palavra francesa, composta do verbo *passer*, que quer dizer "passar", e *partout*, que em português dá "por tudo", em toda parte. Designa uma fita de papel que se usa para fazer uma espécie de moldura de uma foto ou ilustração. Se diz |PAÇ par-TU|, com "r" na garganta.

Passim – Latim usado em citações, na seguinte situação: quando se quer dizer que determinada idéia é freqüente na obra que se está citando, porque o autor a menciona várias vezes, escreve-se algo assim, na nota de pé de página – "Fulano de Tal, *passim*", o que se lê "Fulano de Tal, que fala disso em várias partes dessa obra". Literalmente, *passim* significa "aqui e ali". A palavra é oxítona, |pa-ÇIM|.

Password – Palavra da língua de Bill Gates que designa o mesmo que nós chamamos aqui de "senha", uma palavra ou uma seqüência de caracteres que dá acesso a determinadas áreas ou programas do computador. Se diz |PÉÇ-uârd|. Às vezes aparece composta na expressão *password key*, que daria em português "chave de senha", ou seja, a chave de entrada.

Pasta – Aquilo que até certo tempo atrás se chamava, e o povo continua a chamar, "massa", aquela admirável invenção chinesa divulgada pelos italianos. Tem de vários tipos: *maccarone* (ver "macarrão"), *canellone* (v.), *cappelletti* (v.), *farfalle* ("borboletas", em italiano, para designar a massa em forma de borboleta), *fettuccinne* (v.), *rondelli*, *spaghetti* (v.), *tagliatelle* e *tagliarini* (v. *fettuccinne*), *penne* (em forma de tubos cortados na diagonal, a partir de *penna*, plural *penne*, em italiano "pena" ou o tubo que estrutura a pena), *lasagna* (provavelmente a partir do latim *lasanum*, nome de um prato de cozinhar), *gnocchi* (v.), *raviolli* (v.) – cada qual com sua história e suas variantes. E tem os molhos ou estilos de preparação: *alla carbonara* ou *alla bolognesa* (ver *alla*), *al dente* (v.).

Pastasciutta – Palavra italiana, um tipo de massa, aliás, uma forma de apresentar massa – com molho vermelho. Parece que nasceu em Nápoles e daí ganhou o mundo. A pronúncia é |PAÇ-ta CHIU-ta|, não |PAÇ-ta TCHIU-ta|. *Asciutta*, em italiano, quer dizer, "enxuta", seca.

Pastiche – Francês, abrasileirado para "pasticho", tem tudo a ver com *pâtisserie* (v.). Vem do italiano *pasticcio* e significa a mesma coisa, metaforicamente: uma "pasta", uma "massa feita de outras coisas", numa mistura que também se conhece por *pot-pourri* (mistura de vários pedaços de óperas, por exemplo, para uma apresentação rápida), ou uma "composição ou o obra de arte, qualquer arte, que seja uma imitação de outra" – daí se dizer que certa obra é um pasticho de outra. Ver *medley.*

Patchuli – A gente conhece como nome de perfume, não é? Pois é o nome da língua tâmil para um arbusto que dá a resina com que se faz o perfume. Parece que no Brasil a tendência é pela pronúncia à francesa, com acento na última sílaba, |patchu-LI|. Em francês e inglês se escreve *patchouli.*

Patchwork – Palavra inglesa que circula entre nós designando, como no contexto original, um tecido composto por pedaços de outros, numa agregação de resultado multicolorido. *Patch* é um "remendo", tanto um retalho velho para compor um trabalho como o mencionado acima quanto uma insígnia que se costura numa camisa. *Work* quer dizer "trabalho". De forma que o resultado poderia ser traduzido como "trabalho com retalhos", a nossa popular colcha de retalhos, que aliás, é uma expressão idiomática. Se diz mais ou menos |PÉTCH-uârc|.

Pâtisserie – Palavra francesa que freqüenta o Brasil chique, designando a padaria que faz coisas singelas e sofisticadas, bolos e tortas e delicadezas em geral – não vá o senhor chamar a padaria da esquina da sua casa assim, que não é o caso. Se diz, mais ou menos, |pa-tiç-RRI|, com o "r" na garganta. A palavra vem, remotamente, do latim *pasta* (pasta > pasticium > pastiserie > pâtisserie), que quer dizer massa, como nós sabemos. É o equivalente da nossa "confeitaria".

Pause – Qualquer um de nós já viu estampada essa palavra inglesa (em um aparelho de reprodução de fitas ou discos), parecidíssima com a nossa "pausa" – e com boas razões, a parecença: é que as duas significam a mesma coisa: "pausa" mesmo, que vem do latim *pausa* e do grego *pausein*, nessa ordem. Só que em inglês se diz mais ou menos |PÓZ|.

Pay-per-view – Outra formação conhecidíssima em nossa terra, nos últimos anos, também da língua inglesa. Literalmente, significa "pagar para ver", ou melhor, "pagar pelo visto": *to pay* é "pagar", *per* é "por" e *to view* é "ver", assistir. Se chama assim o sistema de pagar por programas ou canais específicos, para além dos programas ou canais que já vêm no pacote principal. Se diz |PEI-pârVIU|.

PC – Sigla antiga e desusada para *personal computer* ("computador pessoal"), pronunciado |PÊR-çonal câmPIÚ-târ|. Criou-se o termo no tempo em que ainda era novidade o sujeito ter um computador em casa, só para seu uso. Que coisa. Para quem nasceu até os anos de 1960, PC era sempre sigla do Partido Comunista – aqui e em toda parte do mundo ocidental. Depois, por curto mas inesquecível tempo, entrou em circulação por causa do tesoureiro e lavador de dinheiro Paulo César Faria, de infausta memória, assessor do não menos Fernando Collor de Mello. Outro sentido para as mesmas duas letras, nessa ordem: a expressão inglesa recente *political correctness*, que se traduz como "correção política" ou, na ordem esquisita que a cultura brasileira preferiu, "politicamente correto". Sim, isso mesmo, o senhor percebeu: é aquela moda, ou, se preferir, aquele estilo de pensar e se expressar que substitui expressões desairosas ou agressivas por outras, de aspecto descritivo tendencialmente neutro, ainda que de vez em quando ridículo: chamar anão de "pessoa verticalmente prejudicada", ou ascensorista de "oficial de transportes verticais", por exemplo.

Pedigree – Significa a "genealogia" de um animal de raça, especialmente cavalos e cachorros, ou melhor, cães (porque um cachorro de raça não ia deixar barato, naturalmente). Vem do francês *pied de grue*, literalmente o "pé do grou", uma ave pernalta que não me atrevo a descrever. (Hipótese: que o desenho da árvore genealógica, com aquelas raízes que derivam de um ou dois indivíduos e ramificam em vários, parece um pé de ave. Outra: que o grou é bonito, daí a associação. Mas em francês há a expressão *faire le pied de grue*, que significa "esperar muito de pé", ficar de bobeira esperando algo ou alguém que demora – e nesse caso haveria qualquer relação com o *pedigree*, com a demora de se chegar a um exemplar refinado? Acho que não.) Diz-se em inglês |PE-di-gri|, com "d" de dado e "r" rosnado; em português ficou |pê-dji-GRI| mesmo.

Peeling – Negócio moderníssimo, espécie de tratamento de pele, que implica raspar, ou desgastar, enfim substituir uma pele por outra. OK, não é tão assim: fazer *peeling* é tratar a pele escamando a sua parte exposta, para que a camada de baixo venha à tona. É termo inglês: *to peel*, em português, dá "pelar", quer dizer, "tirar a pele" – se bem que pelar é mais usado como sinônimo de tirar o pêlo, mas deixa pra lá. Se diz |PI-al|, exagerando um pouco. Se diz |PI-lin|, com o "l" espichado.

People – Palavra inglesa, bem freqüente em toda parte, que significa "pessoal", "as pessoas", um conjunto de seres humanos qualquer (e se diz mais ou menos |PÍ-pâl|). No Brasil, tenho a impressão de que ela aparecia apenas em coluna social, onde era freqüente ouvir falar do *beautiful people* (v.), inglês equivalente ao carinhoso (ou puxa-saco) "gente bonita".

Per ardua ad astra – Latim, que uns anos atrás foi repopularizado pelo defenestrado presidente Fernando Collor, que mandou estampar a frase numa camiseta. O sinal era claro: dizer aos seus opositores que "Por (caminhos) árduos (se chega) aos astros". Pra ele, não funcionou. A pronúncia é |per AR-dua ad AS-tra|. Tem uma variante: *Per angusta ad augusta*, isto é, "Por (caminhos) apertados (se chega) às regiões sublimes".

Per capita – Latim bem conhecido, que entrou na vida diária do português e de outras línguas, significa "por cabeça", quer dizer, "por pessoa", por indivíduo. Fala-se em renda *per capita*, por exemplo. É latim, por isso não tem acento; mas tem gente que já abrasileirou a expressão, escrevendo "per cápita", apontando com o acento a pronúncia.

Perestroika – Palavra russa que significa "reconstrução" e que foi popularizada nos anos 1980, quando a hoje extinta União Soviética entrou num processo de reorganização total, que acabou dando em nada, ou melhor, acabou por desmanchar a própria União Soviética. Se diz |pê-res-TRÓI-ca| mesmo. Ver *glasnost*.

Performance – Palavra inglesa muito encontrada no português brasileiro como sinônimo de "desempenho". Ela já foi incorporada ao uso comum, mas não teve sua grafia abrasileirada: a pronúncia é |pâr-FÓR-manç|, o que obrigaria, em português, a um acento, "perfórmance".

Performer – Palavra inglesa também, que designa o "sujeito" (ou a sujeita) que desempenha alguma coisa", isto é, designa o cara (ou a cara – mas eu não vou ficar botando a forma feminina o tempo todo, não, senhor, não, senhora) que executa uma *performance*. Usa-se o termo para atores (atrizes), mas menos quando eles (elas...) estão em palcos convencionais, e mais quando se trata de *happenings* (v.). Se diz |pâr-FÓR-mâr|, mais ou menos.

Per omnia secula seculorum – Fórmula latina, tradução de expressão do hebraico, usada na Bíblia como uma forma superenfática de dizer "até o fim dos tempos". Literalmente, quer dizer "Por todos os séculos dos séculos" e se pronuncia |per ÔM-nia ÇÉ-cula çe-cu-LÓ-rum|.

Per se – Latim, significando "por si", e daí, por extensão de sentido, "naturalmente", sem interferência de outros motivos. Há também a expressão latina *de per si*, de mesmo sentido.

Personal trainer – Designação de nossos tempos, nascida com a privatização de tudo, até mesmo de professor de ginástica, que é o que a expressão significa. É inglês, se pronuncia |PÂR-çâ-nâl TRÊI-nâr|, mais ou menos, e literalmente quer dizer "treinador pessoal". Há também, pelo menos nas propagandas e nas altíssimas rodas sociais, o *personal stylist* (se diz |PÂR-çâ-nal ÇTAI-liçt|), que é mais ou menos o mesmo que a antiga modista que fazia roupa conforme as medidas do freguês (ou da freguesa, mais propriamente), assim como tem *personal bank*, o que é uma piada, porque onde é que já se viu haver um banco pessoal?, ora vamos e venhamos. Esses dias apareceu um *personal chef*. Curiosamente, na língua de dia de semana, parece que o Brasil preferiu ficar só com o adjetivo, "pêrsonal", dispensando o substantivo: "Vou falar com o meu pêrsonal", por exemplo. Acontece outras vezes isso de a gente ficar com o acessório, o adjetivo, e limar o substantivo: vai me dizer que o senhor não sabe o que é, no mundo das corridas de carro, "Fazer a pôli"? Sabe sim, não se faça de bobo. É ficar com a primeira posição na largada. E por quê? Porque aquela posição ali, na frente de todos, é a *pole position*, ou seja, a "posição-pólo". Parece ser uma estratégia da língua portuguesa do Brasil; meu amigo Cláudio Moreno me lembrou o caso da expressão "flagrante delito", adjetivo mais substantivo, da qual sobrou apenas o adjetivo, que passou a carregar todo o significado antigo: "dar um flagrante" significa flagrar alguém em delito. A mesmíssima coisa aconteceu com o nome *cheese-burger* (a propósito, ver *hamburger*), designação de um sanduíche quente com carne e, como a primeira palavra da expressão indica, queijo. Ocorreu que, abrasileirado o tal *cheese-burger*, resultou o "xisbúrguer", e mais recentemente o "xis", e era isso. Mais uma vez, ficamos com a palavra de valor adjetivo e limamos o substantivo.

Personal bank – A expressão é inglesa e é, na minha impressão, uma embromação. Ver *personal trainer*.

Persona non grata – Latim dos mais conhecidos, significa "pessoa não grata", isto é, "pessoa que não é desejada" em determinada circunstância. É expressão diplomática, que demarca claramente a condição indesejada da tal pessoa. Se diz |per-ÇO-na non GRA-ta|. Há também a expressão oposta, *persona grata*.

Pesto – Do verbo *pestare*, italiano, que quer dizer "esmagar". *Pesto* é um molho italiano, de consistência untuosa, composto por manjericão (que os gregos chamavam *basilikos* e os antigos indianos consideravam planta importante, consagrada ao deus Vishnu), alho, pinholes, queijo parmesão *reggiano* e azeite, tudo socado e pilado em almofariz. Em francês, se diz *pistou* (diga |piç-TÚ|). Tem variações em sua preparação, por exemplo, aquele que se mistura com tomate e é chamado *pesto alla Santa Margherita* ("pesto à Santa Margarida"). Mas tem quem use alecrim, rúcula etc.

Pet – Inglês, entrado na circulação brasileira faz pouco, junto com essa maiamização das coisas. É como se chama o "animalzinho de estimação" – o cachorrinho, o gato, aqueles ratos, até iguana – o gosto das pessoas não tem limite. Tenho a impressão de que os animais maiores, mesmo estimados, não se chamam assim, em regra, por aqui. Em todo o caso, a palavra designa, em inglês, tanto o dito animal quanto outro objeto de estimação (e mesmo pessoa: o aluno preferido da professora se chama *the teacher's pet*). Aparece em nomes de loja de comidas e apetrechos para os animais de casa (a *pet shop* – até uma banda havia com esse nome, Pet Shop Boys) e se diz, adivinha, |PÉT| mesmo.

Petit comité – Expressão francesa, também encontrável na forma *en petit comité*, significa, literalmente, "(em) pequeno grupo". Usa-se para mencionar o caráter restrito de um encontro, uma reunião, algo por aí, envolvendo certo sigilo e/ou certa intimidade entre os participantes. Diz-se, por exemplo, tomar uma decisão *en petit comité*, reunir-se idem etc. A pronúncia é |ãn p(e)-TI cô-mi-TÊ|.

Petit-pois – "Ervilha pequena", sem casca. Se diz |p(e)-TI PUÁ|, mais ou menos. Mais amplamente, se usa a expressão para designar "tecido com bolinhas" – um vestido (de) *petit-pois*, por exemplo.

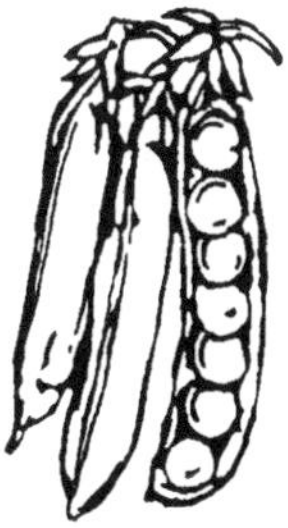

Petits fours – Doces de massas delicadas, bolinhos, biscoitos feitos artesanalmente para acompanhar cafés ou chás e leváveis à boca numa tacada só. Se diz |p(e)-TI FURR|, mais ou menos, e significa, literalmente, "pequenos fornos".

Ph. D. – Abreviatura para a expressão latina *Philosophiae Doctor*, isto é, "Doutor em Filosofia". Usa-se, generalizadamente, para qualquer título de doutorado, e não apenas o que se faz na área específica de Filosofia. Se pronuncia a sigla toda, |pê a-gá DÊ|, ou por extenso |fi-lo-zo-FI-e DÓC-tor|. (Millôr Fernandes brincava com o ex-presidente Fernando Henrique Cardoso, que era mencionado na imprensa com a sigla FHC: dizia o humorista que FHC era o superlativo de Ph. D – isso em referência à grande vaidade e à simultânea alta formação do sociólogo presidente.) Ver *M. Sc.*

Physique du rôle – Expressão francesa, de pronúncia aproximadamente |fi-ZIC di RRÔL|, com aquele "i" de "di" pronunciado com boca de dizer "u", e o "r" na garganta. A primeira palavra significa "físico", com a mesma vastidão de sentidos que tem em português (a Física como disciplina científica, o mundo físico, real, o físico do indivíduo), aqui referido ao corpo de alguém; a segunda não permaneceu em português, mas sim em espanhol: *rôle* é "papel", aquele que um ator desempenha. *Physique du rôle* significa, em tradução dura e simples, o "físico do papel", mas numa dimensão teatral: diz-se que um determinado ator tem o "físico do papel" quando ele tem um corpo (ou uma cara, ou um aspecto) adequado para determinado papel. Digamos: o cara para fazer o Hamlet, por exemplo, é melhor que seja meio magro, meio lívido, e não sangüíneo, ou atlético. Derivadamente, a partir desse contexto teatral, fala-se que alguém tem o tal *physique* quando ele parece adequado para a tarefa: fala-se que fulano tem o *physique* para ser presidente da república – mais ou menos aquilo que Nélson Rodrigues, em suas memoráveis crônicas, dizia do senador Pinheiro Machado, que tinha perfil de medalha, um perfil adequado para aparecer de lado numa moeda.

Pickup – Tem o carro, a caminhonete, e tem os pratos de tocar disco, os moderníssimos aparelhos para animar festa (se diz "as picapes", parece que sempre tem mais que uma, sei eu lá), tudo com o mesmo nome: pickup, abrasileirado para "picape". A palavra é inglesa. O verbo *to pick* tem quinhentos significados; já a forma *to pick up* é mais restrita: designa, pra começo de conversa, "pegar algo com a mão" – pegar um livro, por exemplo, é *to pick up a book*; e daí "apanhar", selecionar, ajuntar, tirar de um lugar (o ônibus *picks up* passageiros na parada), tudo isso e mais um tanto. Mas o que interessa: os toca-discos – estamos falando daquelas velharias de tirar som de discos pretos de vinil mediante agulha, hoje em dia reabilitadas pelos tais DJs – funcionavam transformando vibrações mecânicas da agulha que passa pelos sulcos do disco em vibrações elétricas;

isso foi chamado, um tanto metaforicamente, de *to pick up* o som do disco, "colher" o som do disco, pegá-lo. Daí que tenham sido chamados de *pickups*, tudo junto, agora um substantivo, designando o ato de apanhar algo. O caso da caminhonete: em inglês se chama *pickup truck* ao "caminhãozinho", à caminhonete que tem a carroceria aberta, de maneira a poder – aqui a coisa – apanhar coisas pelo caminho. Igualzinho ao que nós assimilamos. Se diz mais ou menos |PI-câp| em inglês, mas em português a gente mandou a tônica para o lugar que nós preferimos, na penúltima sílaba, |pi-CA-pi|.

Pièce de résistance – Expressão francesa que se usa em algumas condições, a principal estando no mundo da comida, mas da comida fina, não o arroz-e-feijão: se chama de *pièce de résistance* ao "prato principal" de toda a refeição. O significado literal: "peça de resistência". Também se chama assim o prato mais substancioso, aquele que oferece a comida que mais alimenta, em uma certa circunstância. A expressão é usada igualmente para designar uma grande realização, uma condição extraordinária: no caso de um instrumentista que sabe tocar excepcionalmente bem determinada peça (ou de um instrumentista cujo melhor desempenho seja nessa peça), também se diz ser essa peça a sua *pièce de résistance*, que se pronuncia, mais ou menos, |PIÉÇ dâ rê-ziç-TÃNÇ|.

Piercing – Palavra que entrou faz pouco no mundo brasileiro, sendo porém antiga no inglês. O verbo *to pierce* (dito mais ou menos |tu PÍÂRÇ|, como um ditongo) quer dizer "perfurar", literal ou figuradamente. Daí vem a forma *piercing*, dita em inglês mais ou menos

como nós temos dito em português, |PIR-çin| (com o "i" tônico mais comprido que o habitual e o "r" rosnado), que é um adjetivo na origem: fala-se de uma coisa *piercing*, isto é, uma "coisa perfurante". No nosso mundo – "nosso" é um modo de dizer, porque meu não é – tem gente que fura a asa do nariz e outras partes do corpo para pendurar ali umas coisas que em português antigo se chamariam brincos, penduricalhos, algumas com pedras brilhosas, outras de metais com cara mais assustadora. Se chama *piercing*, em português de nossos dias, tanto a perfuração ("Vou fazer um *piercing*") quanto a coisa que se pendura no furo ("Vou botar um *piercing*").

Pilsen – Ver "cerveja".

Pink – A cor que é cor-de-rosa, mas da família das cores gritantes. Talvez o uso brasileiro tenha a ver com aquele popular desenho da "Pantera Cor-de-Rosa", chamada em inglês de *Pink Panther*. E tem também (sem relação nenhuma com a cor, é bom dizer) o inigualável conjunto (hoje "banda") inglês chamado Pink Floyd, nome inventado por Syd Barrett não numa *bad-trip* (v.) de ácido, como já se insinuou, mas em homenagem a dois blueseiros da Georgia, o estado norte-americano: Pinkney Anderson e Floyd "Dipper Boy" Council. Muito recentemente, li em uma revista a expressão *pink money* designando o "dinheiro nascido do consumo protagonizado por *gays*" – se não me engano tinha a ver com turismo para *gays* ou algo assim. Mas não sei se tal uso prosperará, entre outros motivos porque parece ter uma conotação pejorativa, que em tempos politicamente corretos não vinga. *Pink* tem raiz dinamarquesa, com dois significados que parecem ter convergido para designar uma flor, *Dianthus plumarius*: um sentido é o de "pequeno", outro é o de "buraco". Eu, hein, Rosa?

MGM/UA

Pin-up – É o termo pelo qual se referem as mulheres apetecíveis, do ponto de vista masculino trivial: mulheres de perna de fora, mulheres gostosas, mulheres que aparecem em revistas para homens, mulheres seminuas etc. A expressão nasceu durante a Segunda Guerra Mundial (1939-45), ao que parece, e na origem não tem nada a ver com mulher: literalmente, *pin up*, sem hífen, é uma mistura que ajunta *pin*, que é "alfinete", "percevejo", uma coisa dessas, com o elemento *up*, que quer dizer "para cima", ou "em cima". Resumindo: se um americano diz que

Berthet

vai *pins up* certa fotografia, ele vai pendurá-la metendo um percevejo na parte de cima da foto. Mas trata-se de uso metonímico: o cara lá, no meio da guerra, recebia revista com mulher nua (ou com apenas uma nesga de perna de fora, não importavam tanto esses detalhes, que a tesão era imensa), e logo destacava a página e a pendurava na parede, com um *pin* lá em cima. Em inglês a pronúncia fica |PI-nâp|, mas em português a gente preferiu |pi-NA-pi|, mais ou menos.

PIP – Sigla aparecida em função de determinado aparelho de televisão, que contava com o recurso (a meu juízo quase inútil) de poder colocar na tela uma outra tela, bem menor, com outro canal. Chamaram a isso *picture in picture*, literalmente, "imagem dentro da imagem", o que explica a sigla.

Pirex – Designação de um tipo de louça de uso caseiro. Vem do inglês *pyrex*, nome que parece ter sido inventado pelo inventor Jesse Littleton, lá em 1913. Para ser específico, ele não inventou o vidro temperado que leva esse nome, que alemães umas décadas antes já tinham bolado; o que ele fez foi inventar de cozinhar um bolo em um prato feito do tal vidro. Como se criou o nome? Parece que vem mesmo de *pir*, que em grego quer dizer "fogo". Em português, a pronúncia ficou como se lê mesmo.

Pit stop – A expressão veio a nós por causa do mundo das corridas de Fórmula 1, aquelas em que os brasileiros costumam se destacar há eras, de Emerson Fittipaldi e Ayrton Senna, passando pelo meu predileto, Nelson Piquet, e alcançando o atual Rubens Barrichello, que não dá muito certo mas parece ser gente fina. Em inglês, *pit* era originalmente um "buraco", uma depressão no terreno, e daí também aquele buraco no chão da oficina para o mecânico mexer por baixo no carro. *Pit stop*, então, é a "parada no *pit*", a parada para manutenção (de vez em quando se ouve, no mundo das corridas, chamar aquela ruazinha ali de *pit lane*, quer dizer, literalmente, a "ruela do *pit*"). A expressão tem uso alusivo, já no inglês, e também em português: "Vou fazer um *pit-stop* ali" é igual a "Vou dar uma parada rápida ali", isso no meio de uma viagem de carro. Se diz em inglês como em português, |PIT ÇTÓP|, com as consoantes mudas ao final das palavras.

Pitboy – Ao que parece, uma criação legitimamente brasileira (lamentavelmente brasileira, dá para acrescentar). É a mistura de *pitbull*, nome de raça de cachorro agressivo e treinado, hoje em dia, segundo uma lógica de ataque, e *playboy*, que no Brasil (mas não só) designava o sujeito de condição social confortável que faz questão de ostentar. O *pitboy* nem precisa ter um cachorro desses; para ser considerado dentro da categoria, basta ter o comportamento agressivo, estúpido, ligeiramente assassino, facinoroso. Na fala brasileira, fica |pi-tchi-BÓI|, e se fosse inglês teria a tônica na primeira sílaba.

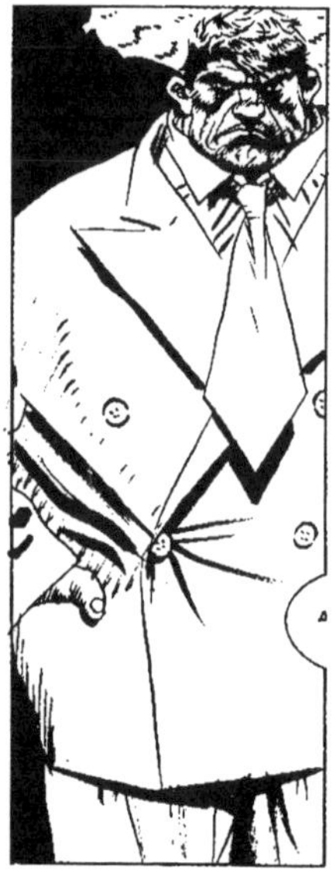
Carlos Trillo

Pixel – Palavra do mundo dos computadores, originada no inglês, que designa, como diz o Aurélio, "a menor unidade gráfica de uma imagem matricial", seja lá o que isso signifique. Os dicionários dizem que a palavra vem de *pix*, que é plural de *pic*, que é uma abreviatura para *picture*, quer dizer, "imagem", no inglês, isso com o final *el*, que parece ter vindo de *element*, "elemento". Assim, *picture element* teria virado *pixel*. O certo é que quanto maior o número de *pixels* no monitor, mais nítida é a imagem que a gente vê. Se diz, lá, |PIC-çâl|; aqui, |PI-qui-çêu|.

Pizza – Não vou eu explicar para o prezado leitor o que é que significa *pizza*. Todo o planeta sabe: uma massa de farinha de trigo e água, achatada e em forma de disco, com queijo e molho de tomate, mais qualquer coisa por cima – alguma carne, alguma azeitona, alguma verdura, até chegarmos à pizza de banana, de doce de leite, rigorosamente qualquer coisa. A origem é que é um enigma: muitas fontes atribuem aos napolitanos a invenção, outros imaginam uma origem norte-americana, enfim, há para todo gosto. Num *site* italiano aparentemente confiável, recolhi a seguinte história: que em 1992, enquanto se fazia uma escavação arqueológica num sítio da idade do bronze, descobriu-se, perto de uma palafita, numa rocha submersa sob dois metros e meio de água, uma *focaccina schiacciata e bruciacchiata*, isto é, uma "torta achatada e assada", com doze centímetros de diâmetro. Isso à beira do lago Garda, em Lazise, perto de Verona. A coisa teria quatro mil anos de antigüidade. O *site* aproveita para registrar que se conhece uma origem ainda mais remota, coisa de seis mil anos, no Egito, onde se fazia alguma coisa parecida com a *pizza*, que seria chamada de *pita*, por sinal, o nome de certo pão redondo e chato, no Oriente Médio. Os napolitanos, então, teriam sido apenas os marqueteiros da *pizza*, e os venezianos seriam os primeiros da península itálica a fazer uma pizza. Se diz |PI-tça|, em toda parte.

Play – Palavra inglesa que encontramos a cada momento, no Brasil, incluída na tecnologia moderna, impressa acima da tecla que aciona o comando de fazer andar o aparelho (o toca-discos, o gravador, essas coisas). *To play*, em inglês, quer dizer "jogar", "atuar", "entrar em ação", entre milhares de sentidos derivados ou aparentados. Se diz |PLÊI|, como todo mundo sabe.

Playback – Palavra composta do inglês, já com certa idade: o Houaiss refere o ano de 1929 como o de nascimento do termo, justamente em função de seu uso na indústria do disco: o *playback* era e é a reprodução de uma gravação, originalmente sonora. Nada a estranhar: o verbo inglês *to play*, como se disse ao lado, significa, entre outras coisas, "tocar" ou, mais genericamente, "desempenhar", "atuar"; e *back* quer dizer "de novo", "mais uma vez". O uso regular de hoje em dia tem a ver ainda com isso: fala-se que um cantor vai, em programa de auditório, cantar em *playback* (dito em inglês |PLÊI-béc|, mas em português parece que mais |plêi-BÉ-qui|) quando ele vai acompanhar com sua voz viva uma gravação que vai ser reproduzida. Às vezes nem isso: cantar em *playback* pode ser apenas fajutar uma interpretação, cantar sem som, apenas dando ao pateta do espectador a ilusão de que aqueles trinados todos, aquelas contorções de dor e de amor são ao vivo, quando não passam de gravação, porque o microfone está desligadíssimo.

Playboy – Palavra centenária do inglês, e de circulação bastante antiga entre nós também, hoje em relativo desuso. Se forma do mesmo *play* anterior, "jogar" ou, mais precisamente, "divertir-se", e *boy*, "menino", rapazote, dando um conjunto de significado conhecido: o *playboy* é o cara

que vive se divertindo, curte a vida, anda à toa, isso tudo, pelo menos no Brasil, associado a uma certa posição social, no mínimo confortável – acho que ninguém chama de *playboy* um pobre metido a tanto. A acentuação flutua do inglês para o português: eles dizem |PLÊI-bói|, e nós preferimos, parece, |plêi-BÓI|. Em certa época, usava-se chamar os rapazes desse tipo apenas de *boy*, "boyzinho", sempre com o "o" tônico aberto. Feneceu esse uso? Acho que sim.

Player – A palavra tem vários sentidos, como o prezado leitor já sabe. Genericamente, significa "jogador", mas tem sido usada recentemente como sinônimo de "investidor" ou, nas minhas contas, "especulador", quer dizer, aquele sujeito que joga com o capital financeiro, investindo aqui, tirando dali, ganhando sempre. Ainda esses dias ouvi falar de uma feira de negócios, que antigamente era freqüentada por industriais e comerciantes, e que o promotor disse que seria uma feira boa para *players*. Eta, ferro. Ouve-se falar, nestes momentos de vida globalizada, em *global player*, quer dizer, um "investidor ou especulador de alcance global". Se diz |PLÊI-âr|.

Playground – Outra palavra inglesa muito usada no português, naturalmente por ter sido introduzida em nosso vocabulário para designar um conceito de construção, especialmente em prédios de apartamentos: neles, *playground* é o nome da área pública (quer dizer, pública para os moradores do prédio, bem entendido) de diversão para crianças, com algum escorregador, um balanço, uma caixa de areia, essas coisas. Se diz, no Brasil, |plêi-GRÁUN-dji|, ao passo que em inglês fica |PLÊI-gráund|, com o "r" rosnado.

Play-off – Também escrito *playoff*, palavra inglesa que significa "desempate", série de partidas finais, em número ímpar – como se dizia e diz no Brasil em português, a "melhor de três" ou "melhor de cinco", quer dizer, ganha o campeonato aquele que ganhar a metade mais uma das partidas. Se dizia, mas parece que hoje virou incorreto, "negra" a partida que desempataria uma série em que dois competidores tivessem ganhado as coisas meio a meio, até então. Em inglês, a tônica é a primeira sílaba, |PLÊI-óf|, ao passo que entre nós ficou |plêi-ÓF| ou |plêi-Ó-fi|.

Plongée – Palavra francesa muito usada no mundo cinematográfico como designação de um certo modo de botar a câmera em relação ao seu objeto. *Plongée* é o particípio do verbo "mergulhar", e portanto significa "mergulhado": essa é a origem do termo no mundo do cinema, em que essa palavra designa a filmagem feita de cima para baixo, com a câmera pegando a cena a partir de cima. Há o movimento de câmera contrário e complementar que se chama, em português, de *contra-plongée*. Se diz |plon-JÊ|, mais ou menos.

Plot – Palavra inglesa que era comum encontrar em comentários sobre literatura como designação daquilo que se chama mais francamente de "enredo", conjunto de ações e relações que compõem a espinha dorsal das narrações. A palavra designa, entre outras coisas, um "plano", no sentido de um terreno, um pedaço de chão, e talvez, por derivação, signifique o "plano das ações" que vão acontecer no relato. Se diz |PLÓT|.

Plugar – Verbo novíssimo, nascido na recente onda de atualização tecnológica, coisa de uns no máximo vinte anos. Acho que o começo mais efetivo veio com o uso da palavra *unplugged* (v.), para designar os discos gravados apenas com aparelhos acústicos, sem eletrônica e mesmo sem energia elétrica. *Plug*, abrasileirado para "plugue", é o mesmo que nós chamávamos de "tomada", aquele bagulho que fica na ponta do fio e que a gente enfia na tomada da parede, se é o que senhor me desculpa a informalidade, aqui entre nós. *To plug*, assim como o novíssimo "plugar", significa ligar na tomada, conectar na rede elétrica.

Plus – Palavra latina, que ficou assim mesmo no inglês, significando mais (a operação de somar). Curiosamente, não aparece nem no Aurélio, nem no Houaiss, embora seja largamente usada no Brasil em nossos tempos: se fala que o cara tem um *plus*, dito |PLUS| mesmo, ou se diz, de brincadeira, que determinado produto tem "um *plus* a mais", ou "um *plus* extra", redundando de propósito, já que *plus* é isso mesmo, uma coisa a mais, uma coisa extra.

Plush – Nome de um tecido aveludado e elástico. A palavra foi do francês (*pluche*, que vem de *peluche*, que tem a ver com *pelucher*) ao inglês, tudo isso, mais atrás, originado do latim *pilucare*, que significa "ter pêlos" ou "penugem". Se diz mais ou menos |PLÂCH|, ou, mais abrasileirado, |PLU-chi|.

Pochette – Palavra francesa, ainda não dicionarizada em forma adaptada, que significa "pequeno bolso", mas mais propriamente "pequena bolsa", como aquelas coisas que, não me leve o senhor a mal, é bastante deselegante, se usam penduradas na cintura. Já existia em francês a palavra, mas designando uma bolsinha qualquer, um bolsinho de roupa (e por metonímia aquele lencinho que os homens colocam no bolsinho externo no peito do *blazer*), um pequeno recipiente. Se diz, em francês, |po-CHÉT|.

Pocket – Tem o *book* e o *show*, como o senhor sabe. O *pocket* original é o "bolso", da camisa ou da calça (mas também pode ser um "saco", uma "sacola pequena"). Daí é que nasceu chamar o livro pequeno de *pocket book*, quer dizer, o "livro de bolso", que cabe no bolso. Assim também, mas não literalmente, o formato chamado *pocket show*, quer dizer, "*show* de bolso", *show* que cabe em qualquer lugar, com pouco cenário e/ou poucos atuadores. Se diz |PÓ-quet|, lá como cá, embora aqui também se diga |PÓ-que-tchi|.

Pogrom – Palavra do iídiche, derivada do russo, que foi incorporada aos vocabulários de toda língua culta de nosso tempo em função do que significa: a perseguição organizada, muitas vezes sistemática e oficial (como ocorreu na Alemanha e da Polônia durante a Segunda Guerra) dos judeus e, derivadamente, de outros grupos minoritários. Se diz |po-GROM|. A origem: *pogrom* é "destruição completa", tendo em sua base a palavra *grom*, "trovão".

Point – Palavra bem conhecida do inglês, que significa "ponta", a culminação de uma coisa, e "ponto", em todos os sentidos em que o senhor está pensando, incluindo o local da moda para encontrar gente. Se diz |PÓINT|, e aqui a gente faz |PÓIN-tchi|. Parece ter entrado no país pelo vocabulário dos surfistas, que designam (ou designavam) assim os bons lugares para surfar.

Poire – Palavra que entrou na vida brasileira contemporânea por designar a "aguardente feita de pêra" que era a bebida predileta do grupo do falecido Ulisses Guimarães. Se diz |PÔARR|, com "r" na garganta. *Poire* é a própria "pêra", para começo de conversa.

Poker – Palavra já abrasileirada há horas, na forma "pôquer", veio do inglês, em que se escreve com "k" e se pronuncia |PÔU-câr|. A origem é controversa, mas parece convergir para o francês *poque*, igualmente designação de um jogo de cartas. No pôquer há várias expressões em inglês, muitas delas reinterpretadas de modo equivocado. Tem por exemplo o *flush*, quando todas as cartas na mão do jogador são do mesmo naipe, mas não na seqüência natural – e *flush*, que vem do latim *flux*, que veio dar no português "fluxo", se diz |FLÂCH|, possível origem da reinterpretação de *flush* como *flash*, que é como alguns brasileiros dizem a palavra, sem saber da confusão que se ins-

taura, já que *flash* quer dizer "clarão súbito", veloz. Derivados: *straight flush*, quando além de serem do mesmo naipe as cartas estão em seqüência, e o *royal straight flush*, tudo isso de ouros. Numa antiga canção de Lamartine Babo, "Para inglês ver", de 1937, há uma estrofe que confirma a confusão, em contexto macarrônico: "Oi, *I love you* / Abacaxi, uísque of chuchu /Malacacheta, Independence Day / *No street flash* me estrepei". Outro caso é o da expressão *full hand*, que quer dizer, literalmente, "mão cheia", e consiste em um par e uma trinca – e o povo pronuncia, barateando, |FU-la|(eu conheço pela pronúncia |FU-lan|), sendo a pronúncia original |FUL rrénd|, com o "r" dito à brasileira, sem vibrar na ponta da língua.

Pole position – Expressão inglesa, nascida no mundo das corridas, talvez ainda as de cavalo, mas que certamente entrou nas veias do português brasileiro em função das corridas de Fórmula 1. *Pole position*, que na língua original se diz |PÔUL pâ-ZI-chon| e entre nós parece que ficou |PÔ-li pô-ZI-chon|, quer dizer, em tradução literal, "posição-pólo", posição que está na extremidade absoluta, ou seja, a primeira posição. Na prática dos dias brasileiros – aliás, das manhãs brasileiras, que é o período preferencial em que passam as corridas na tevê –, a expressão ficou reduzida a *pole*, dito |PÔ-li|: Schummacher fez a *pole*, se diz. A propósito dessa conversão do adjetivo em substantivo, ver *personal trainer*.

Politburo – Palavra russa, contração da expressão *politicheskoye buro* – nem me atrevo a sugerir como é a pronúncia –, isto é, "escritório" ou "comitê político". (Este *buro* aí é o mesmo que deu o francês *bureau*, palavra que foi ao mundo todo significando o móvel em que se guardam coisas, depois a "escrivaninha", e dela, por metonímia – a parte pelo todo, aquele negócio todo –, o "escritório", a repartição. Quer dizer: a matriz da burocracia. Tem um latim na ponta dessa história: *burra* era como se chamava no latim a vestimenta grosseira, peluda; tal vestimenta, em certo momento, será guardada num armário; dele em diante, pela mesma metonímia, a *burra* passa a ser o armário que guarda a roupa desse nome.) Na prática, o *politburo* era o grupo que mandava no Partido Comunista Soviético e, portanto, na União Soviética. A mesma estrutura de poder se reproduziu em todos os países comunistas, sendo muitas vezes conhecida pelo nome da filosofia do "centralismo democrático", isto é, a definição de que as minorias (que às vezes eram maiorias numéricas, mas sem lugar no tal comitê) deviam se subordinar ao que a maioria (...) decidia. Se diz, em português, como paroxítona, |pô-lit-BU-ro|, e se usa alusivamente, com referência aos comandos partidários, especialmente no caso dos partidos de esquerda.

Pool – Ouve-se e lê-se essa palavra inglesa a cada tanto, especialmente quando se trata de um *pool* de emissoras de rádio ou televisão. Para ser mais exato, acho que não se usa mais tanto quanto se usava, talvez em função da consumação das redes estáveis de emissoras. Pois *pool*, que se diz |PUL|, significa, entre outras coisas ("piscina", por exemplo), uma associação de pessoas ou instituições com vistas a uma tarefa comum.

Pop – Palavra das mais usadas no mundo de nossos dias, comportando vários sentidos. O menos expressivo é o termo inglês para "estouro", em que as letrinhas p+o+p simulam o barulho. Seguem daqui alguns sentidos alusivos, incluindo o nefasto *pop-up* (ver abaixo). O mais expressivo dos usos tem a ver com "popular", de que *pop* é um encolhimento dos mais significativos; nesse caso, *pop* tem a ver com a música *pop*, a arte *pop*, a atitude *pop* e essas coisas todas que têm a ver com o mundo popular, mas já entraram no circuito das mercadorias, já foram incorporadas pela lógica do consumo. E não vamos mais adiante que isso aqui não é lugar para debater a Indústria Cultural e suas vizinhanças. (Querendo saber mais, o senhor vá direto ao pessoal da Escola de Frankfurt, a Theodor Adorno e seus pares. E fará bem em ir.)

Popstar – Alguma dúvida do significado? É o *star* (v.), a metafórica "estrela", do mundo *pop* (v.), tal como definido acima.

Pop-up – É o nome em inglês daquele quadrado que se abre bem na tua frente quando menos tu esperas, na internet, em geral com uma propaganda que não foi solicitada. O nome já era usado para designar aquela ilustração tridimensional de livros infantis, lembra? Aquela que a gente virava a página e saía dali um castelo, ou um sapo, uma fada. E tem mais um sentido associado: sabe as caixinhas de lenço de papel, em que a gente pega um, arranca, e logo outro se oferece? Se chamam *pop-up tissue boxes*. A pronúncia é mais ou menos |PÓ-pâp| em inglês.

Porca miseria – Expressão italiana que, de tão usada pelos falantes nativos da língua de Ítalo Calvino, acabou virando uma marca de todo o italiano ou descendente. Significa exatamente o que o senhor está pensando: é um desabafo contra o destino, na forma de um diagnóstico pessimista do presente – a miséria é chamada de porca, quer dizer, imunda, indecente, em alusão (preconceituosa) à mulher do porco, como em nossa língua. Se diz como se fosse português mesmo: |PÓR-ca mi-ZÉ-ria|.

Por supuesto – Expressão espanhola que a gente logo aprende, ao primeiro contato com os vizinhos, especialmente os platinos, que a pronunciam a cada frase, junto com um vago e retórico *este*. Quer dizer "evidentemente", "sem sombra de dúvida", "claro" ou o nosso atual e já insuportável "com certeza". Se diz lá como cá, com o "e" fechado".

Portfolio – A forma tem cara de latina, mas veio ao português a partir do inglês, emprestado ao italiano *portafoglio*, este por sua vez influenciado pelo francês *porte-feuille*, ao que consta. O significado é, singelamente, o mesmo que "pasta", quer dizer, a pasta em que se carregam papéis, por exemplo aqueles (em) que um profissional (se) apresenta a um cliente: *portfolio* significa "porta-folhas", e derivadamente significa, também, um grupo de investidores (aquilo que os bancos brasileiros chamam de "carteira de investimentos", com a palavra "carteira" substituindo "pasta"). Em inglês, a pronúncia seria mais ou menos |pórt-FÔU-li-ôu|.

Portrait – Palavra francesa, depois imigrada para o inglês, onde se aclimatou legal. Mas o eventual uso brasileiro da palavra é com a pronúncia francesa mesmo, mais ou menos |porr-TRRÉ|, com os "r's" na garganta, como convém. O que quer dizer? Desculpe, ia esquecendo: o nosso conhecidíssimo retrato, especialmente o de rosto.

Post-mortem – Latim relativamente fácil de entender e de encontrar: se diz |PÓST MÓR-tem| e significa "depois da morte", e vai com hífen por ser já um composto da língua portuguesa – fala-se em providências *post-mortem*, por exemplo.

Potin – Palavra francesa, usada de vez em quando, mais por chique do que por necessária, na imprensa brasileira. É masculina a palavra, e significa "fofoca", intriga, uma informação que pode abalar a reputação de uns e outros, enfim, uma daquelas observações que circulam nos altos mundos sociais e políticos. Se diz mais ou menos |pó-TÂN|.

Pot-pourri – O Houaiss dá como tendo hífen, de maneira que vamos nessa. A palavra é francesa e se pronuncia |pô-pu-RRI|, com o "r" na garganta (no Brasil parece que a gente diminuiu mais ainda, dizendo |pupu-RRI|). Consta ser uma tradução ao francês de expressão espanhola, *olla podrida* – e aí o senhor já viu que tem a ver com "podre", não? A tal da *olla podrida* é um fervido de carnes e legumes, com *olla* significando, originalmente, uma panela, mas também o conteúdo dela, e *podrida* significando "podre". Claro que é um modo de falar, não precisa se assustar; vai ver é porque a comida assim fervida fica com aquela cara de mistura total, com os elementos com aspecto de coisa apodrecida, sem vida, só que muito substanciosa. Daí que o francês tenha resultado em *pot*, "pote", mais *pourri*, "podre". Bom, mas o caso é que a expressão já há séculos significa outra coisa que a comida: fala-se em *pot-pourri* para designar um conjunto mais ou menos ensandecido de coisas, uma "coleção", uma "seleção", uma "miscelânea". No Brasil permaneceu especialmente o sentido de "coleção de fragmentos de canções": cantar um *pot-pourri* de Ary Barroso, por exemplo. Hoje parece que o nosso americanismo está preferindo *medley* (v.), que dá na mesma.

Pra riba de *moi* – Expressão jocosa, que mistura português popular ("pra riba") com um pronome francês (*moi*, dito |MUÁ|, significando "mim"). Se não me falha a memória, era usada no finado *Pasquim*, o jornal satírico carioca, em tom de desafio a uma possível embromação: o governo militar dizia que ia distribuir a renda dali a certo tempo, ou que ia promover a distensão lenta, gradual e segura (adjetivos usados pelo general Geisel), e alguém respondia: "O quê, pra riba de *moi* o governo vem com essa conversa?".

Praxis – Palavra latina, de origem grega, já abrasileirada para "práxis", com acento, que esteve em moda no discurso de meio mundo, na área da cultura, em função do jargão marxista e/ou existencialista (dos anos 1950 aos 70, pelo menos), tendências ambas que falavam da necessidade de unir a teoria à ação, ou, mais ainda, diziam que a ação (a práxis) é que regulava a teoria, esta sendo a versão abstrata daquela, que devia ser radical, pragmática e militante. Se diz |PRA-cçis|.

Premier – Palavra francesa, já abrasileirada para "premiê", que na língua de Montaigne significa o "primeiro", e no mundo moderno designa o "primeiro-ministro", quando existe o cargo. Se diz |prre-MIÊ|, com o "r" na garganta.

Prèmiere – Ver *avant-prèmiere*.

Press release – Expressão da língua inglesa que significa "anúncio", ou mais restritamente "nota à imprensa". Em português brasileiro, se usa mais, nesse sentido, o final da expressão, *release* (v.), que significa "liberar", lançar, tornar público" (lá na origem, esse verbo tem relação com o latim *relaxare*, que veio ao nosso "relaxar", isto é, afrouxar, dar folga, soltar – e aqui os sentidos se aproximam, "soltar" como sinônimo de "anunciar para o mundo"), isso considerando que *press*, nesse contexto, refere a "imprensa". Se diz |PRÉÇ ri-LIÇ|, com os "r's" rosnados, e na vida real brasileira se usa dizer |ri-LIS| (alguma vez já vi escrito "relis", rimando com "raiz".

Prêt-à-porter – Expressão francesa, parece que traduzida do inglês *ready to wear*, mesmo significado: "pronto (ou pronta) para usar", quer dizer, "pronto(a) para vestir". Usa-se para qualificar um certo tipo de roupa, aquela que já vem pronta, é feita em série mas tem boa qualidade, e portanto se diferencia da roupa feita sob medida e também da chamada *haute couture*, a "alta costura", aquela que tem assinatura e tal. Se diz |PRRÉ-ta-porr-TÊ|, com os "r's" na garganta.

Prima donna – Já há a forma abrasileirada "prima-dona", de mesmo sentido: a "principal atriz" de uma companhia de ópera. Em italiano, *prima donna* é, singelamente, "primeira mulher", "primeira dama", mas não no sentido de mulher do presidente. Usa-se também chamar a *prima donna* de "diva", palavra que tem a ver com divina e coisas assim sublimes, aliás, em latim *diva* é exatamente "deusa". Se diz |PRI-ma DO-na|.

Primus inter pares – Expressão latina, de certo sucesso ainda hoje, que significa "o primeiro entre seus pares", "o primeiro entre seus iguais". Se pronuncia |PRI-mus IN-ter PA-res|.

Princeps – Assim se diz a primeira edição de um livro, porque a palavra significa "o primeiro", em latim.

Print – No computadorês brasileiro, é bem comum ouvir "printar" para designar "imprimir um texto do computador"; em redação de jornal, se usa a novidade talvez para diferenciar do processo de impressão geral do jornal. *To print*, em inglês, é "imprimir" mesmo. A pronúncia é |PRINT|, com "t" no fim.

Prise – Palavra francesa de origem latina que tem a ver com o verbo *prendre*, que no sul a gente usa num sentido castelhano, que é o de "acender o fogo", e por extensão ligar um aparelho elétrico como o rádio, verbo que no geral significa "tomar", "agarrar". Bem, mas *prise*, que se diz como se escreve, significa, atualmente, o "golpe", a "tomada de algo", especificamente a cheirada de cocaína; daí deriva outro sentido brasileiro atual, o barato que o cheirador de pó sente. Em francês, se diz |PRIZ|, com o "r" na garganta.

Private joke – Inglês, ouvido aqui e ali, significando literalmente "piada privada", isto é, aquela piada que só alguns poucos entendem. Se diz |PRÁI-vât DJÔUC|.

Privé – Francês, igual ao nosso privado (a forma feminina é *privée*). Por motivos de elegância ou de macaqueação, se costuma chamar de *privé*, no Brasil, algo que é "privado", como uma festa, uma sessão de cinema (tá cheio de "cine privê" como eufemismo para filme de sacanagem), um clube (idem) etc. Se diz |pri-VÊ|.

Pro domo sua – Latim, usado eventualmente, mas bem bacana, significa "pela própria casa", ou melhor, "a favor de sua (própria) casa", o que é uma forma elegante de dizer que a coisa foi feita em proveito próprio. Exemplo: se diz que alguém está argumentando *pro domo sua* quando ele está defendendo sua própria posição, embora pareça estar falando apenas em tese ou em termos gerais. É o título de um discurso de Cícero, o grande orador latino (106-42 a. C.). Se diz |pro DO-mo ÇU-a|.

Pro forma – Latim usadíssimo, significando, literalmente, "pela forma", segundo a forma, mas traduzível mais propriamente para algo como "para cumprir a formalidade exigida pelo protocolo". Se diz |pró FÓR-ma|.

Pro labore – Latim, já aportuguesado para "pró-labore", significa "pelo trabalho". É a designação de uma forma de remuneração por serviços que não chega a ser salário regular. Fala-se em pró-labore de sócios de uma empresa, por exemplo. Pronúncia: |PRÓ la-BÓ-re|.

Promoter – Palavra inglesa de uso bastante significativo hoje em dia. Se diz |pro-MÔU-târ| e significa algo que o leitor de português pode deduzir: o *promoter* é alguém que promove; no caso atual, se chama de *promoter* a criatura, homem ou mulher (parece que se trata mais de mulheres que de homens, hoje), que agita, produz ou protagoniza a organização de uma festa, de um evento.

Prosecco – É o nome italiano de um vinho branco e leve, geralmente frisante ou espumante. Parece que se pronuncia |prô-ÇE-co|.

Pro tempore – Latim bastante conhecido, usado em várias situações formais, significa o mesmo que "temporário", provisório. A pronúncia é |PRÓ TÊM-po-re|.

PS – Sigla para a expressão latina *Post scriptum*, isto é, "pós-escrito", aquilo que vem depois do fim de um texto, em geral depois da assinatura.

Pub – Forma reduzida de *public house*, "casa pública", significando um bar em que se conversa, se faz negócio e se bebe, não necessariamente nessa ordem. A pronúncia inglesa, a original, é aberta, |PÂB|. Na Inglaterra e no Reino Unido em geral, é típico os *pubs* serem redutos muito mais masculinos do que mistos e fecharem, para espanto dos brasileiros em férias, lá pelas onze da noite.

Publisher – Palavra inglesa que significa literalmente "publicador", isto é, o cara que publica, o "editor". Mas há uma diferença, em inglês e em parte no Brasil de nossos dias, entre *publisher*

e *editor* (diga |PÂ-bli-châr| e |É-di-târ|): o primeiro é o chefe, o que é o "dono da editora", enfim, o sujeito que assina o contrato e fuma charuto, digamos assim, ao passo que o segundo é o cara que mete a mão na sujeira, revisando o texto que vai ser publicado, reunindo-se com o autor para desempenhar a medonha tarefa de dizer para ele clara e calmamente que o texto dele não é tão genial quanto ele pensa e que lamentavelmente vai, sim, ter que mexer um pouco.

Puchero – Nome de uma comida, um cozido em que se misturam as mais variadas coisas numa mesma panela, incluindo carnes e legumes, que se come no sul do Brasil. A palavra é espanhola, língua em que ela designa, originalmente, uma panela para cozinhar coisas como sopas. Se diz |pu-TCHÊ-ro|.

Pule – Palavra do mundo do turfe, oriunda do francês (*poule*, que se diz |PUL| e quer dizer, originalmente, "valor apostado em um jogo" que se destina ao vencedor – e esse significado parece ter derivado de outro que a mesma palavra tem em francês, "galinha", sendo que o caminho entre uma coisa e outra é totalmente obscuro). Em português, se usa o termo tanto como designação do papel que registra a aposta quanto do valor a ser rateado entre os acertadores da aposta.

Pulp fiction – *Pulp* é o nosso "polpa", aquela massa que se obtém macerando uma árvore, por exemplo. A tal *pulp fiction*, literalmente, "ficção de polpa" ou "ficção-polpa", é uma designação alusiva: chamam-se assim os romances baratos, de enredo esquemático (mocinhos e bandidos bem separados entre si, um herói que atua e resolve a parada etc.), impressos em papel de baixo refinamento, justamente chamado de *pulp*, porque mostra sua natureza de ser quase a própria polpa da árvore. A ficção com esse nome está na raiz do cinema de entretenimento para multidões como o dos *Westerns* (v.). Anos atrás, Quentin Tarantino fez um filme com esse nome, *Pulp fiction* (1994, no Brasil com o subtítulo *Tempo de violência*), e com isso renovou o alcance da expressão. Se diz |PÂLP FIC-chân|.

Punch – Palavra inglesa usada no mundo do boxe. Significa "soco", bofetada, e designa a "energia", a força de um boxeador, como também um "golpe rápido". Entre nós, tem um uso alusivo: fala-se que determinada pessoa tem *punch* (dito |PÂNTCH|) quando ela é impactante em algum aspecto, em algum mister.

Punk – "Estilo de música", de rock, nascido na Inglaterra no fim dos anos de 1970, caracterizado por uma música alta, rápida e violenta. Em suas origens, era praticado por jovens suburbanos, filhos de operários de cidades industrializadas (ou desindustrializadas...), que pareciam ter perdido a ilusão nas

Carlos Trillo

regras bem comportadas que eram apresentadas como o melhor caminho para suas vidas. Bandas como Sex Pistols e The Clash são a marca do estilo. Naturalmente, como toda a onda rock, a coisa virou chique anos depois, sendo comercializada por gente como a costureira Vivienne Westwood, com as modelos fazendo aquelas caras de anoréxicas, vestindo roupas de couro, muitos metais espetados nelas e no próprio corpo, cabelos de cores esquisitas. Se diz, lá, |PÂNC|, aqui |PÂN-qui|, e a palavra parece ter designado, lá no século 16, a prostituta, mas também a madeira podre (que também era designada por *spunk*, palavra mais que assemelhada, por sinal).

Putsch – Palavra alemã que significa desde "tumulto" até "revolução". Se usa pouco no Brasil, e parece que cada vez menos, talvez pela superpresença norte-americana, que tudo absorve, ou quem sabe porque as tentativas de golpe têm sido menos freqüentes, o que deve ser uma boa notícia, em matéria de vida civilizada. Usava-se chamar de *putsch* (diga |PUTCH| mesmo, não americanize a pronúncia para |PÂTCH|) aquela tentativa de golpe de 1935, pelos comunistas, episódio que passou para a história com o nome vagamente ridículo de Intentona Comunista, designação claramente dada pelos vencedores.

Puzzle – Palavra inglesa, de origem desconhecida, significando "enigma", em geral, e o "jogo de quebra-cabeça", em particular. Se diz mais ou menos |PÂ-zâl|.

PVC – Sigla em inglês de um material plástico de larga utilização, em canos de água e esgoto, por exemplo, por extenso *polivinil chloride*.

PVR – Sigla moderníssima para *personal video recorder* ("videogravador pessoal"). A pronúncia do inglês dá mais ou menos |PÂR-sâ-nâl VI-dê-ôu ri-CÓR-dâr|. Trata-se de um modelo novo de videocassete, com disco rígido feito computador, com capacidade de gravar em si, e não em fitas ou disquetes, os programas preferidos pelo usuário.

Q

QED – Sigla latina, súmula da frase *Quod erat demonstrandum* (dita |CUÓD É-rat dê-mons-TRÂN-dum|), que significa, literalmente, "o que se tinha de demonstrar". Usava-se, nas aulas de matemática, quando o professor, em geral muito feliz da vida, acabava de demonstrar um teorema. Ou então se usava a sigla CQD, que simbolizava a frase portuguesa "Como queríamos demonstrar", de significado equivalente, no contexto. A frase latina traduz outra frase, grega, de Euclides, o famoso matemático do século 3 antes de Cristo, que a usava justamente para isso, para dar por encerrada uma demonstração.

QI – Todo mundo sabe: é a sigla de "quociente de inteligência", uma medida da capacidade intelectual do indivíduo, coisa daquelas que os psicólogos e biólogos mais espertos renegam como coisa definitiva. (Seguindo a velha lenda de que o Brasil consegue desmoralizar tudo, também essa sigla ganhou outro conteúdo aqui: diz-se que para entrar em determinados lugares ou postos é preciso, no Brasil, ter QI, quer dizer, "quem indica", o famoso "pistolão".) A sigla só está aqui porque é um daqueles casos em que a gente traduziu tudo do inglês, onde se diz *intelligence quotient*, sigla *IQ*; diferente do que acontece em outros casos, em que no Brasil nós mantivemos a sigla inglesa, por exemplo, AIDS e DNA (v.).

Q. s. – Sigla para *Quantum satis* (v.).

Qua – Nexo latino, que aparece de vez em quando em textos mais sofisticados em nossa língua, em lugar de "enquanto", "na condição de", "no papel de", exatamente aquilo que alguns preferem designar com a expressão "a nível de". Exemplo: "Tomando este crime *qua* manifestação de brutalidade, podemos concluir que se trata de um caso...".

Qualifying – Palavra inglesa que significa "qualificação", no sentido de exame que se faz para averiguar as qualidades de alguém e, a partir dessa avaliação, declarar o tal alguém esse como capaz, qualificado. Salvo engano, há dois usos brasileiros: um se refere ao mundo dos esportes, em que as etapas iniciais de um torneio são assim chamadas, e outro se refere ao exame que os doutorandos prestam quando seu trabalho vai em meio. Se diz, mais ou menos, |cuó-li-FÁ-ín|.

Quantum satis – Latim usado antigamente em poções e loções (boa essa rima, não?) das farmácias de manipulação. A expressão latina é *quantum satis* ou, de mesmo valor, *quantum sufficit.* A primeira significa "quanto basta", a segunda, " quanto é suficiente", ou seja, a mesma coisa. As letrinhas aparecem em receitas de remédios, indicando que naquela composição, além dos elementos usados na fórmula, cada um dos quais vai secundado pelo volume empregado ali, uma quantidade específica, há um "x" de água, ou de um líquido outro, em quantidade qualificada como "q. s.", quer dizer, o que basta para o caso. Se diz |CUAN-tum ÇA-tis|.

Quiche – Palavra francesa que já se estabeleceu, com armas e bagagens, de pantufa e penhoar, no português. É o nome daquela torta salgada que ultimamente entrou no gosto brasileiro, ao lado das empadas, dos pastéis e tal. (Para os franceses, o verdadeiro quiche é com bacon ou presunto.) A origem do termo francês é uma palavra alemã, *Küchen*, "bolo", que no Rio Grande do Sul e em algumas outras partes veio a estacionar em outro termo, "cuca", também bolo, mas doce. Se diz |QUICH|, lá como aqui, embora aqui se diga também |QUI-chi|.

Quid pro quo – Latim velhíssimo, já aportuguesado para "qüiproquó", sinônimo de "confusão". Literalmente, a expressão latina significa "uma coisa pela outra", aproximadamente o mesmo que "mal-entendido", daí "confusão".

Quiz – Palavra da língua inglesa que parece ter se aclimatado no Brasil. Significa "teste", a pergunta, ou melhor, a sucessão de perguntas feitas a uma pessoa, um interrogatório. Fala-se em *quiz show*, um programa de rádio ou tevê em que um sujeito ou um grupo é perguntado sobre vários temas (ou sobre um tema específico, alternativamente), eventualmente ganhando prêmios e dinheiro quando atingido um nível alto. A origem da palavra é controversa; há quem a associe ao verbo *to inquisite*, investigar. A pronúncia é |CUIZ|.

Quizumba – Palavra abrasileirada também, a partir de línguas africanas, ou de *kizomba*, no sentido de festa, ou de *kizumba*, que é "hiena". O certo é que o termo, em português do Brasil, significa "confusão", briga, arranca-rabo, por aí.

Quorum – Expressão latina, usada entre nós assim mesmo, pronunciando |CUÓ-rum|, significa "dos quais", ou, preenchendo as elipses, "(o número) dos quais (é necessário)", quer dizer, o número mínimo exigido para a situação, a presença mínima para que uma determinada reunião possa deliberar.

Quo vadis? – Pergunta latina bastante conhecida, que significa "Aonde vais?" Teria sido feita pelo apóstolo Pedro ao próprio Jesus, que surgiu diante dele em certo momento. Esse episódio foi evocado pelo escritor polaco Henryk Sienkiewicz (1846-1916), autor do romance histórico com esse nome, *Quo vadis?* (1896), base de filme igualmente famoso, rodado em 1951, com Robert Taylor e Deborah Kerr, dirigidos por Mervyn LeRoy.

R

Rack – Do inglês, designa uma armação, que pode ser um móvel com prateleiras ou um dispositivo para anexar à capota do carro para amarrar coisas, como pranchas de surf. A pronúncia original é |RÉC|, com "r" caipira, mas a gente diz |RRÉ-qui|, com "r" aspirado como em "rei".

Rafting – *Raft*, em inglês, pode ser uma "jangada", uma "balsa", por aí. Por isso a palavra se usa para o atualíssimo esporte, dito radical, chamado *rafting*, descida com essa tal balsa rio abaixo, no meio de pedras e corredeiras, dito |RÉF-tin|, em inglês, ou |RRAF-tchin| entre nós. Dá pra chamar de "canoagem", mas não fica tão chique.

Ragtime – Não é o lugar para longas teorias musicais, mas veja o caro leitor que essa palavra está lá nas nascentes do mundo do *jazz* (v.). O registro escrito parece começar nos fins do século 19, princípios do século 20, na mesma época em que no Brasil se começava a usar francamente a palavra "samba" para designar um estilo de música. *Ragtime* é um jeito sincopado de ser da música praticada por negros como o R&B. *Rag* tanto significava, originalmente, uma "roupa velha", quanto um "jornal sensacionalista", quanto ainda outras coisas estropiadas ou velhas, e parece ter entrado no nome desse estilo em tom de brincadeira, de ironia, em torno da idéia de sincopar o ritmo, alterando os tempos fortes e fracos (exatamente como o

Muñoz-Sampayo

samba, falando nisso), coisa que muita gente afirma que tem a ver com a experiência da música africana subsaariana. Se diz mais ou menos |RÉG TÁIM|, com o "r" rosnado.

Raison d'être – Francês, literalmente "razão de ser", de existir. Expressão usada em contexto filosófico. Se diz |RÉ-zõn DÉTRR|, com "r" carioca.

Raisonneur – Em francês, *raison* é "razão", tanto no sentido de "a Razão", quer dizer, a Racionalidade, quanto no sentido de "ter razão", quanto ainda no sentido de argumento. Daí o termo *raisonneur* (dito mais ou menos |ré-zo-NÉRR|, com os "r's" na garganta e o "é" final como se fosse dizer "o"), usado eventualmente no português culto (e antigo) brasileiro, que designa o cara que discute e argumenta, o sujeito que sabe sustentar uma posição argumentando fortemente, o intelectual que sabe examinar racionalmente e com habilidade um determinado objeto.

Rally – Palavra já aportuguesada para "rali", mas que se encontra escrita na forma original ainda; é inglesa, vinda do francês, significando, nas duas, ajuntar gente para fazer alguma coisa em comum. Acabou por designar a competição de carro por estradas medonhas, embarradas, mas super-reguladas, o que confere à coisa toda a necessidade de trabalho em conjunto,

entre o piloto e o co-piloto ao menos. No vôlei, chama-se assim também aquele lance em que a bola demora a cair, em que há ataques e contra-ataques sucessivos, momento de grande tensão e emoção para todo mundo. Uma subcategoria do rali é o "enduro", competição de moto, bicicleta ou gente correndo (que vem do francês e do inglês *endurance*, "resistência", qualidade do que é resistente, palavra que vem do latim *indurare*, que veio ao nosso *durar* e *duro*, evidentemente), por entre matos, pedregulhos, dificuldades em geral, agora sem o sentido de trabalho coletivo.

RAM – Sigla de *random-access memory*, "memória de acesso aleatório", ou "randômico", como se diz. *Random* vem de *randir*, francês, "galopar sem destino", correr loucamente. Memória RAM, então, é uma redundância: é a memória da memória de acesso aleatório, se isso fosse razoável. Em inglês se pronunciaria |RÉM|, com "r" caipira e o "m" como se viesse uma vogal depois, mas no português de todo dia se diz como se fosse o bichinho aquele, a rã.

Random – Já está dito aí em cima, mas repito: *random*, palavra que está vivendo muito bem em inglês, desde o século 14, mas nasceu no francês. Na língua de Michael Jackson, *random* (dito |RÉN-dâm|, com o "r" rosnado e o "m" como se viesse uma vogal depois) quer dizer "sem padrão definido", aleatório. Nos aparelhos de reprodução de CDs, quando a gente aperta a tecla *random* a gente está acionando um mecanismo que reproduz as faixas do disco em ordem aleatória, e não na ordem em que foram programadas.

Ranking – O Luis Fernando Verissimo tem uma crônica saborosa em que ele conta ter ouvido dois caras discutindo futebol e, lá pelas tantas, um deles pronuncia o enigmático termo "ranca": "Mas e o ranca? Nós vamos cair no ranca ou não?". Demorou um pouco para que caísse a ficha: o"ranca" era o *ranking*, a "ordem", a "hierarquia" (no caso da crônica, era o ranca dos clubes de futebol). A palavra vem para nós desde o inglês. O verbo *to rank* significa posicionar um elemento em uma dada seqüência, em uma hierarquia. O substantivo *rank* pode referir a um posto na carreira militar – "o cara tem o *rank* de sargento" –, ou no sentido de "fila", série, conjunto. (Outro sentido, aproximado: na forma *ranks*, no sentido nosso de "as armas", quer dizer, as Forças Armadas.) Se pronuncia, em inglês, mais ou menos |RÉN-quin|, com o "r" rosnado. Engraçado que a gente abrasileirou o verbo – fala-se em ranquear, ranqueado – mas não o substantivo, que permaneceu na forma inglesa.

Rap – Sigla bem divulgada em nossos tempos globais: vem de *rhythm and poetry*, "ritmo e poesia", que é uma designação brevíssima mas precisa da natureza da coisa, aquele estilo musical, aquele jeito de cantar que tem uma linha melódica tenuíssima, quase numa nota só, uma intensa falação e uma forte marcação do tempo, o que faz a cantoria parecer uma fala ritmada, só. Em geral se faz acompanhar pelos *scratches* (v.) ("arranhões", por assim dizer) também ritmados nos discos (aí entram os DJ's, |DI-djêis| – v.), mais uns barulhos de boca feitos como simulação de instrumentos eletrônicos, tudo isso acompanhado por um bailado, um gestual todo significativo, com o corpo em posição de ameaça ao interlocutor, braços balançando à toa e de repente jogados à frente em golpes no vazio, e os caras (tem pouquíssimas mulheres na parada, falando nisso) vestidos com roupa de bandidinho urbano, largas e largadas. Falando em golpe: em inglês, a palavra *rap* significa outras coisas, há muito tempo. Uma delas é, justamente, "tamborilo", "batida dada com a mão" (um bater suave repetidamente com a mão numa mesa, por exemplo). Outra é "criticar", "falar mal", "meter bronca". Outra, de gíria: a sentença de prisão que o bandido leva, após processado. E tudo isso se soma no campo semântico do *rap* (dito |RÉP|, com o "r" rosnado) nos Estados Unidos, que foi onde a coisa começou, nos últimos anos 60, mas ganhou projeção nos recentíssimos anos 80. Por aqui se diz |RRÉ-pi |.

Rapper – O "cantor do *rap*". A palavra entrou na circulação brasileira também, com a pronúncia modificada no "r" inicial, que passou de rosnado a o que em inglês seria o som de "h": |RRÉ-per|.

Rastafári – Seguidor da mesma religião do Bob Marley (ver *reggae*), que tem a ver com uma fantasia de retornarem os negros à África. A palavra se compõe da palavra *ras*, da língua amárica (da Etiópia), que quer dizer "chefe" ou "cabeça", mais *tafari*, que vem de Tafari Makonnen, um sujeito real, que viveu entre 1892 e 1975 e foi coroado imperador da Etiópia (1930-1974) sob o nome de Haïlé Selassié.

Rating – Palavra do inglês que é pouco usada no Brasil (no mundo hispano-americano é diária), mas usada, mesmo assim, para falar das posições que estações de televisão (ou rádio, ou jornais) ocupam na preferência dos telespectadores. Fala-se que uma emissora está com um *rating* alto ou baixo, está numa posição alta ou baixa em uma escala geral. Esse sentido é diretamente inglês. Se diz |RÊI-tin|, com "r" rosnado e "t" de TV.

Rave – Tipo de festa dos tempos atuais, nascida parece que na Inglaterra dos anos 80, com música eletrônica, quero dizer, música *techno* ou *house*, tocada muito alto em lugares como armazéns abandonados, prédios velhos em áreas degradadas das cidades ou ao ar livre mesmo, todo mundo chacoalhando o esqueleto naquele ritmo variadíssimo do bate-estaca. Em geral, tais festas são conhecidas por serem locais de consumo de drogas sintéticas, como o ecstasy. Em inglês, o verbo *to rave* significava, antes disso, "falar loucamente", freneticamente, e as festas essas parece que primeiro se chamavam *rave parties* por isso mesmo, porque as criaturas se juntavam e gritavam por nada, falavam destrambelhadamente, em função da excitação da batida e da droga. Se diz |RÊIV|, com o "r" rosnado.

Carlos Trillo

Ravioli – Também chamado *panciuti* (palavra que se traduziria por "pancinhas", pequena pança), é a massa que parece um travesseirinho, ou, melhor ainda, um pastelzinho. A palavra, para o Houaiss, tem origem obscura, mas Sílvio Lancellotti espicha a conversa: diz que haveria uma origem no latim *gravis*, "cheio" ou "pesado", e que o "g" inicial teria caído, em algum ponto. Sei eu lá. Já tem registro brasileiro como "ravióli".

Ray-ban – Tipo de óculos para sol, que a gente abrasileirou, na pronúncia, para "raibã". Trata-se de marca registrada nos *States*, originalmente correspondendo àqueles óculos que os pilotos de avião militar usavam, com lentes esverdeadas de grande eficácia para proteger os olhos. A origem: *ray* é "raio", e *ban* parece ter vindo direto do verbo *to ban*, "banir", evitar – pelo menos é isso que o Houaiss diz. A pronúncia do John Wayne devia ser mais ou menos |RÊI-bén|, com o "r" rosnado.

Razzia – Palavra italiana que entrou há anos no português como "razia" (Houaiss dá 1881), com o mesmo significado de lá: "aniquilamento", ataque guerreiro com vistas a derrotar completamente o inimigo. Se diz |ra-TZI-a| em italiano, e a mesma coisa, menos o "t", em português.

R & B – Sigla para o estilo musical que por extenso se chama *rhythm and blues* (a pronúncia é mais ou menos |RI-dâm én BLUZ|, com o "r" rosnado e aquele "d" dito de preferência com a língua entre os dentes, sabe como é). É um dos tantos e tão produtivos estilos musicais nascidos da experiência negra na América, nesse caso na do Norte, misturando o velho *blues* (v.) com um "ritmo" (*rhythm*) mais marcado, coisa florescida nos anos de 1940. A sigla sozinha se pronuncia aproximadamente |ÂR én BI|, com "r" rosnado também.

Ready-made – Conceito artístico, nascido no começo do século 20, a partir de uma espécie de brincadeira de Marcel Duchamp, artista francês (1887-1968) que foi um dos expoentes do Dada, o movimento artístico anarquista e intensamente criativo. Foi ele que brincou de expor, em um salão de artistas independentes, um mictório de parede mas de ponta-cabeça, como sendo um objeto artístico, a que ele deu o nome de *Fountain*, "Fonte", isso em 1917, em Nova York. Não era, naturalmente, mas por que não? Antes disso, em 1913, ele já tinha feito outra brincadeira: aquela famosíssima piada de colocar uma roda de bicicleta presa sobre o assento de um banquinho, as duas coisas perdendo, portanto, as funções para as quais haviam sido concebidas. O negócio do *ready-made* (diga |RÉ-di MÊID|, com o "r" rosnado) é este: um objeto que existe com determinada função é deslocado para outra, para outro contexto que não o seu original, e passa a significar outra coisa, e por isso passa a questionar o lugar a ele reservado e, por extensão, passa a argüir tudo o que com ele se relaciona. Consta que Duchamp queria era acabar com a solenidade, a pose, a demasiada importância que o objeto artístico tinha. Era um brincalhão. Então um *ready-made* é uma composição, uma ajuntação de coisas a partir de um reposicionamento. *Ready* quer dizer "pronto", e *made*, "feito"; somando, *ready-made* seria algo como "feito-pronto". (Talvez seja interessante pensar em *ready-made* em analogia com *hand-made*, que quer dizer "feito à mão": nesse caso, *ready-made* seria algo como "feito de coisas prontas".) Anos depois, o artista norte-americano Andy Warhol (1930-1987) retomou a conversa de seu mestre, brincando com ícones da sociedade já totalmente engolfada pela lógica do consumo – aquela onda de imitar o desenho das sopas Campbell, de reproduzir a imagem da Marilyn Monroe etc.

Reality show – Mania recentíssima, criada por alguma mente diabólica, que consiste em botar umas pobres criaturas a viver uma aventura qualquer diante das câmeras de televisão, ou nas lonjuras de um mato escuro ou dentro de uma casa, sempre sob a vigilância de ansiosas câmeras de televisão, que transmitirão tudo para quem quiser bisbilhotar. Espécie de cúmulo da mistura entre ficção e realidade – aliás, a expressão quer dizer isso mesmo, "espetáculo (no sentido televisivo, no sentido de... *show*, como dizemos em português) da realidade", mas não da realidade crua e dura, e sim da realidade selecionada para aquele momento. Em inglês se diz mais ou menos |ri-É-li-ti CHOU|, com o "r" rosnado.

Realpolitik – Expressão oriunda do alemão (daí haver um bom motivo para usar a palavra escrita em maiúscula, como sempre são grafados os substantivos na língua de Beckembauer), que significa, inocentemente, "política real", ou "política realista". Mas debaixo dessa serenidade a palavra quer dizer mais: significa a política que é levada a efeito sem consideração das circunstâncias ideológicas ou das condicionantes de detalhe. Em outras palavras, a expressão é a síntese do pragmatismo, mais ou menos inescrupuloso. A pronúncia é |rre-al-po-li-TIC|, com "t" como em "tubo".

Real time – Expressão inglesa que se traduz, literalmente, por "tempo real", "tempo verdadeiro" (e se pronuncia |RI-âl TÁIM|, com "r" rosnado. Trata-se de um conceito muito presente nos nossos internéticos tempos, em que pode haver uma conversa em *real time*, em tempo real, via internet.

Recall – Prática recentíssima da indústria e do comércio decentes, que consiste em "chamar de volta" (o sentido original do verbo inglês *to recall*) o cliente para trocar, no todo ou em parte, o produto que ele comprou e está bichado, com problemas, mal feito etc. Em inglês, se diz mais ou menos |ri-CÓL|, com o "r" rosnado.

Receiver – Aparelho também moderno, que reúne em si um amplificador de sons e um sintonizador de ondas e sinais. É desses negócios a que se ligam, nas casas da classe média confortável de nossos dias, o vídeo, o DVD, a televisão, o rádio e todo o aparelho de som, e se bobear entra também o liquidificador e sei lá mais o quê. Se diz |ri-ÇI-vâr|, com os "r's" rosnados.

Réchaud – Aparelho usado para esquentar (ou reesquentar, ou manter aquecido) um prato de comida, sobre a mesa de comer mesmo, ou num balcão próximo, isto é, já longe do fogão ou do forno originalmente usados para a preparação. A palavra é diretamente francesa, em que significa isso mesmo, "reesquentador", e se diz |re-CHÔ|.

Record – É a forma inglesa da palavra (dita |RÉ-cârd|, com "r" caipira) que já foi abrasileirada para "recorde", com duas pronúncias: a que os gramáticos preferem, |rre-CÓR-dji|, ou a do resto da humanidade, |RRÉ-cor-dji| (caso que deveria vir marcado por acento, récorde). Originalmente, *to record*, verbo inglês pronunciado |ri-CÓRD|, significa "gravar", guardar em registro estável; daí apareceu um sentido derivado, já em inglês, que é o de marca extraordinária, que vai para o registro, marca até então insuperada nos registros de alguma competição – o recorde de gols em uma partida, o recorde de tempo na corrida de 100 metros rasos.

Reductio ad absurdum – Latim. Ver *Ad absurdum*.

Referendum – Latim totalmente incorporado ao português, com essa cara mesmo, e raras vezes aportuguesado para "referendo", com o mesmo sentido: aquilo que deve ser submetido ao critério de alguém. Se usa em situações como "passar por referendo popular", o que quer dizer ser submetido à apreciação popular. Em burocratês, há a expressão *ad referendum* (v.), que se usa quando uma decisão é tomada em caráter provisório, sujeito à confirmação (referendo) posterior, na instância adequada.

Refill – Palavra de largo uso em nossos industrializados dias, significando "encher de novo", que em inglês é *to fill again* ou então, sinteticamente, *refill* – sim, eles também usam o bom e velho prefixo "re-" para indicar repetição. Daí que nós usemos hoje em dia chamar de "refil" (muitas vezes assim, com um "l" só, abrasileirando a palavra) a nova porção de alguma coisa, para substituir uma antiga que acabou – uma pastilha de limpeza, uma nova carga de caneta etc. Se diz, como o senhor está cansado de saber, à inglesa

|RI-fil|, com o "r" rosnado e "l" de fato, ou |rrê-FÍU|, com o "r" de todo dia, como o de "rico".

Reggae – Estilo de música oriundo da Jamaica, ou mais genericamente no mundo caribenho, com característica sincopada e levada mansa, com elementos do calipso, do *soul* e do *rock'n'roll*, geralmente tramada em torno de temas que têm a ver com uma visão pacifista do mundo. Para ser mais preciso: nos anos 20 se criou um estilo de música, na Jamaica, chamado de *mento*, mistura de calipso e rumba, que era de grande gosto popular, gosto que foi se acentuando com o tempo; nos anos 40, caminhões de som, mais ou menos como o primitivo trio elétrico, divulgavam esse *mento*, acrescido de *rhythm and blues*; nos anos 60, com a independência do país e uma onda de nacionalismo, acrescida do surgimento do gênero *ska*, que alguns dizem ser o *jazz* do Caribe, uma nova mistura, agora entre o *mento* e o *rhythm and blues*, a coisa muda de novo; na altura de 1966, alguém resolve ralentar o *ska*, que é muito rápido, e colocar nele algum tempero social, comentando a vida real – miséria, êxodo rural, violência; aí vem o *reggae*, com Bob Marley e sua banda The Wailers. O *American Heritage* diz que a origem tem a ver com a expressão *rege-rege*, que quereria dizer "roupa velha", "roupa rota" (*ragged clothes*), isso vindo de *rag*, "trapo", pano velho. Robert Nesta Marley, o popular Bob, era rastafári, quer dizer, de uma religião que prega o retorno dos negros à África (religião esquisitíssima para meu gosto, porque reconhece como uma espécie de deus encarnado a ninguém menos que Hailê Selassiê, vulgo Ras ("chefe") Tafari), postula o uso da maconha como um caminho de iluminação e a adoção dos cabelos compridos arranjados em *dreadlocks* (v.), e viveu entre 1945 e 1981, tendo legado ao mundo canções como a megafamosa *No woman, no cry* (que um palhaço traduziu para a frase machista "Sem mulher não tem choro", quando ela quer expressar um consolo à mulher, algo como "Não, mulher, não chore") e popularizado outra que foi *I shot the sheriff*. A pronúncia inglesa é mesmo |RÉ-guêi|, com o "r" rosnado.

Reich – Não só o demente Adolf Hitler pensava em *Reich*, que quer dizer "império", na língua de Bismarck (1815-1898), o "Chanceler de Ferro", que unificou o país deles, a Alemanha. O nazista era o terceiro *Reich*, que durou de 1933 até o final da Segunda Guerra, em 1945. (O primeiro era o Sacro Império, do século 9 ao começo do 19, e o segundo foi articulado pelo citado Chanceler, durando entre 1871 e 1919, no fim da Primeira Guerra.) A pronúncia alemã tem um som estranho ao português, |RRÁICH|, esse "ch" que se diz como se se quisesse coçar o céu da boca com o ar fortemente expelido de dentro. Se é que faz sentido a descrição.

Edgar Vasques

Reiki – Devo admitir minha total inocência no tema, quando fui atrás da informação. Aí fiquei sabendo que o tal *reiki*, que parece que se diz assim mesmo, |RRÊI-qui|, consiste em curar gentes pela imposição das mãos. Uma daquelas terapias milenares (tudo no

Japão é milenar?). Na ponta recente desta história, está um certo doutor Mikao Usui, monge cristão de origem japonesa que alguns afirmam ter sido padre. Esse senhor teria descoberto, mediante meditação de vários dias num monte do Japão mesmo, uma energia fortíssima em si mesmo, no topo de sua cabeça, e daí teria percebido que era possível servir de canal para que essa mesma energia fosse usada pelo bem de outros. (Uma versão mais poética diz que ele teria sido desafiado a imitar Jesus, que curou pela imposição das mãos, e ele teria falhado nesse intento; daí teria saído a caminhar pelo mundo e, na Índia, teria finalmente descoberto a tal energia.) A palavra é de origem japonesa e se compõe de *rei*, algo como "energia universal", e *ki*, algo como "energia vital". Em suma, dá "energia de energia".

Relax – Palavra inglesa incorporada ao português há bastante tempo, talvez por um motivo de intimidade: é que em nossa língua existe o verbo "relaxar", que é o mesmo que *to relax*, e isso acrescido pelo fato de que nós gostamos muito de apocopar, cortar o fim das palavras, para torná-las mais expressivas. Daí que *relax*, que a gente pronuncia à inglesa, |ri-LÉCÇ|, significa a "atitude relaxada", confiante, distensa. No coração dessa palavra está o latim *laxus*, que está em "relaxar" e em "laxante", por exemplo. (Os cariocas gostam de botar uma vogal no fim, |ri-LÉC-çi|.)

Release – Em inglês, o verbo *to release* significa "liberar", soltar, e o substantivo *release* quer dizer, correspondentemente, "liberação", o ato da soltura. Por analogia, também quer dizer lançamento de um produto ou publicação, por exemplo. Daí veio uma expressão na mesma língua, exportada para o mundo todo, que é *press release* (v.), que é traduzível por "(coisa) liberada para a imprensa" (*press* é "imprensa", naturalmente), "informação para a imprensa", quer dizer, aquelas informações que os interessados soltam para os jornalistas, esperando que eles publiquem em seus respectivos jornais ou veículos. Na vida real brasileira, essa coisa de chama apenas de *release*, com pronúncia brasileira |rri-LIS| ou |rri-LI-zi|.

Remake – O verbo *to make*, inglês, significa "fazer"; donde *to remake* se traduza por "refazer". Como substantivo, entrou no mundo brasileiro pela mão dos Estados Unidos, onde o termo se usa há décadas para designar especialmente as "refilmagens", portanto, a "refazeção" de filmes – e no Brasil aconteceu de algumas telenovelas serem refeitas, como *Selva de Pedra*, primeira edição em 72 e segunda em 86. Se diz |ri-MÊIC| em inglês, com o "r" rosnado, e a gente diz |rri-MÊI-qui| por aqui.

Remix – Em inglês tem o verbo *to mix*, "misturar", combinar, arranjar; o nosso *remix* é isso, "de novo", e se aplica especialmente na indústria fonográfica, quando se fazem novos arranjos para novas gravações, ou algo por aí. A palavra já está dicionarizada no Brasil, com a a pronúncia |rre-MICÇ|, parecido com a inglesa.

Rent (a-car) – Expressão que se encontra na fachada das agências de aluguel de carro, por exemplo nos aeroportos. Claro, porque é isso mesmo que está escrito ali: *to rent* é "alugar", e a expressão *rent-a-car* se consagrou já em inglês como nome das "agências locadoras" (originalmente, a frase *Rent a car* é um imperativo, "Alugue um carro"). Se usa o "r" rosnado, e o mais é quase como português: |REN-tâ-car|.

Rendez-vous – Palavra francesa, que até uns vinte anos atrás era sinônimo mais ou menos chique para a casa de encontros sexuais, a avó do atual motel, ou para o "prostíbulo", que podia ser também chamado de puteiro, em língua chula. Se pronuncia |rran-dê-VU|, e nasceu, muito singelamente, da frase *rendez-vous* (*à tel endroit*...), segundo o *Houaiss*, frase traduzível por "dirija-se (a tal lugar...)". Está dicionarizada há tempos a forma "randevu", masculina. Em certos contextos a expressão podia designar apenas "encontro", qualquer encontro, até mesmo de trabalho, mas o que predominou no Brasil foi o sentido libidinoso, agora fenecido, pelo jeito.

Rentrée – Palavra francesa que significa "retorno", "reingresso", "reabertura de trabalhos". Se usa ou usava no mundo culto e chique brasileiro (que era afrancesado) para designar a volta de alguma figura, ou um cantor que gravava um novo disco, ou um pintor que voltava a expor, por aí. Nas colunas sociais também aparecia o termo, para dizer que fulaninha estava de volta, depois de alguma ausência – uma estação de águas, como se usava fazer no passado, uma viagem de temporada à Europa (no tempo em que o Velho Continente era preferido a Miami), uma cirurgia plástica que tivesse deixado a paciente de molho por muito tempo etc. A pronúncia é mais ou menos |rrãn-TRRÊ|, com os "r's" na garganta.

Replay – Palavra do inglês, muito usada aqui na redondeza, que significa "tocar de novo", "fazer de novo". Começou a aparecer quando as televisões começaram a passar repetidas vezes determinada jogada, no futebol, logo que a jogada acontecia. Foi uma novidade já dentro do mundo do *videotape* (v.), novidade que significa maior precisão: dá-se um *replay* para ver de novo uma passagem específica, e não toda a partida. Em transmissões esportivas ao vivo se usa muito o recurso, justamente nos lances que merecem, na opinião de quem transmite, uma nova atenção. É tal a nossa familiaridade com o *replay* (dito |RI-plêi|, em inglês, com "r" rosnado") que, se a gente não cuida, até ao ver jogos ao vivo a gente fica esperando para ver de novo, no *replay*, a jogada que nossos olhos acabaram de ver.

Reprise – Palavra de origem francesa, já bem aclimatada na língua nossa de cada dia, significando "repetir", "reapresentar" (um filme, uma peça de teatro, uma canção). A origem é o verbo francês *reprendre*, que quer dizer "refazer", "retomar" (a ação). Se diz como em português mesmo – mas em francês, o senhor sabe, os "r's" são na garganta.

Reset – *To reset* é um verbo inglês que significa "recompor". Parece que a tendência brasileira é fazer a pronúncia aclimatada, |rê-ÇÉ-tchi|, longe da pronúncia original |ri-ÇÉT|, com "r" rosnado.

Resort – Palavra que entrou mais ou menos há pouco tempo em circulação forte no Brasil, para designar o que já designava noutras partes: um "hotel", uma hospedaria para gente que está a passeio, que nem precisa ser muito chique, mas tem que contar com muitas opções de lazer. A palavra parece ter vindo para cá desde o inglês, mas a matriz é o francês. *Ressortir*, em francês, quer dizer "sair de novo", mas *ressort* quer dizer "recurso", no sentido jurídico; no inglês, *resort*, um "s" só, pode ser o verbo "recorrer" ou o substantivo que nomeia o "local de descanso" (além de "recurso"). Se quiser fazer a pronúncia inglesa, a coisa vai mais ou menos por |ri-ZÓRT|, com os "r's" enrolados.

Restaurant – Parece que primeiro era o nome de um grosso caldo de carne servido nos refeitórios e, bem, restaurantes públicos. Era assim chamado por ser, claro, um restaurante, um "restaurador" das energias. A origem é francesa, meados do século 19, onde se dizia mais ou menos |rreç-to-RRÃ|, caprichando nos "r's" na garganta. Naturalmente, a palavra está dicionarizada em português já faz tempo, com um "e" no final

Restaurateur – Francês, o que dá a pronúncia (mais ou menos) |rreç-tó-rra-TÉRR| – sempre com os "r's" na garganta e o "e" tônico dito com aquela boca meio arredondada – que significa, literalmente, "restaurador", mas hoje em dia é a designação do "dono do restaurante". Naturalmente, se refere ao dono dos restaurantes finos, não da churrascaria ou da pizzaria amiga aquela ali perto do fim da linha do ônibus do nosso bairro. Faz feminino em *restauratrice*.

Revanche – Palavra francesa velha conhecida dos brasileiros, especialmente nos jogos de futebol. A palavra tem circulação internacional, constando do mundo inglês também. No começo do século passado, era considerada um galicismo, isto é, uma palavra imprópria para a suposta pureza do português, por ser claramente francesa. Alguns chegaram a sugerir alternativas, com o mesmo sentido: "desforra", "desafronta", "vingança".

Réveillon – Nome daquela festa que todo mundo conhece, praticada nas passagens de ano, de 31 de dezembro para 1° de janeiro. É francês, do verbo *réveiller*, que quer dizer "acordar", de onde vem o substantivo *réveil*, o "despertar". (Também é o nome de um relógio com uma sineta, que desperta conforme programação, popularmente chamado de despertador.) A palavra *réveillon*, que a gente diz mais ou menos como no francês, |rrê-vêi-ON|, designava desde séculos uma "refeição noturna", bem tarde; depois, passou a ser o rango que se fazia nas noites de

Natal após a missa do galo; finalmente, no século 20, passou a ser especificamente o nome da "refeição feita na noite de passagem de ano" – daí o nome da festa toda das viradas.

Review – Palavra inglesa que significa "revisão", mas também "resenha" (de filmes, de livros) e por extensão "revista", e nesses sentidos tem sido usada em vários ambientes brasileiros, por exemplo na televisão, em que de tanto em tanto alguém anuncia um *cine-review*, aludindo a uma nova sessão de filme antigo. Se diz |rrê-VÍU|, adaptando a pronúncia original, que faz |ri-VÍU|, com "r" rosnado.

Revival – A palavra é inglesa, e significa o "ressurgimento" do interesse em alguma coisa, alguma peça artística, qualquer lance. Diz-se, por exemplo, que houve um *revival* de Fulano de Tal quando ele reapareceu, voltou a ser visto, ouvido, vendido no mercado. (Há um sentido europeu aqui inexistente, que tem a ver com "reviver a fé", no mundo religioso.) Se diz |ri-VÁI-vâl|, mais ou menos. E tinha uma banda norte-americana chamada, estranhamente, Creedence Clearwater Revival, de largo sucesso nos anos 70, que se chamava antes Tommy Fogherty and the Blue Velvets, depois passou a The Golliwogs e, para piorar, virou o que virou. Há quem diga que o nome é uma piada, misturando o nome de um carinha conhecido deles, um certo Creedence Nuball, mais um nome de cerveja (*clearwater*, que, literalmente, quer dizer "água limpa"), mais a palavra ali acima.

Revólver – Palavra totalmente aclimatada no português, com acento e tudo – e, para nosso horror, a coisa que ela designa entrou na vida atual brasileira com uma facilidade assustadora. Em todo o caso, vale a pena dizer que o termo vem do inglês *revolver*, e que nasceu por causa do cilindro que guarda as balas no corpo do bicho, cilindro que a gente chama de tambor e que, veja só, "revolve" ali no meio, sendo essa a origem da designação.

Rewind – Nome que aparece em aparelhos de gravação e reprodução de som para designar a ação de "rebobinar" a fita. Em inglês, o verbo *to wind*, dito |tu UÁIND|, significa "enrolar", de onde *to rewind* signifique "reenrolar", ou melhor, nesse caso, desfazer a enrolação anteriormente feita. Se diz |ri-UÁIND|, com o "r" inicial sempre enrolado.

Riesling – Nome de uva e por isso nome de vinho, o branco, alemão, aqueles bons. É uma das melhores uvas brancas, ao lado da Chardonnay. Se diz |RRIZ-lin|.

Riff – Palavra inglesa que entrou em circulação entre nós no mundo da música. Ela designa um fraseado, ou melhor, uma frase musical pronunciada pela guitarra elétrica, por exemplo, num solo. Muitas vezes, a palavra se usa para uma dessas frases que calharam de ser incorporadas a uma canção particular – pense no *riff* de guitarra que abre e acompanha *Cocaine*, belíssimo rock popularizado por Eric Clapton, de autoria de J. J. Cale, frase simplésima, com apenas duas notas, mas altamente expressiva. A palavra *riff* parece ter vindo como uma simplificação de *refrain*, equivalente ao nosso "refrão". Em inglês, a pronúncia é como o senhor está pensando, só que com o "r" enrolado.

Rifle – Em português nós assimilamos a palavra com pronúncia diversa da inglesa: era |RÁI-fâl|, com o "r" rosnado, e nós passamos a |RRI-fli|. A palavra designa aquela arma de fogo que se apóia no ombro para atirar. O nome vem de uma palavra do francês antigo, *rifler*, que quer dizer "arranhar", palavra que passou ao inglês designando o entalhe de ranhuras espiraladas dentro de um cilindro – um barril, o cano de uma arma de fogo.

Rigor mortis – Expressão latina que se traduz literalmente por "rigidez da morte". A expressão designa precisamente a rigidez do cadáver, que se instala no pobre corpo algumas horas após a morte e desaparece aos seis dias, mais ou menos, quando começa a decomposição das carnes, prazo que varia conforme uma série de fatores, a começar pelas condições ambientais. Assim é, meu caro leitor. Se diz no latim como se fosse português: |rri-GÔR MÓR-tis|.

Ring – Palavra inglesa que significa "círculo", mas também "arena", e igualmente "anel". No Brasil, se usa o termo para designar a arena de lutadores de esportes marciais, pronunciando o "r" à brasileira, |RRIN-gui|. Tem forma aportuguesada em "ringue".

RIP – Sigla latina para a expressão *requiescat in pacem*, traduzível para "descanse em paz". Aparece ou aparecia em lápides, mas também em anúncios públicos de falecimento. (Em caso de mais de um cadáver, a concordância exigiria *requiescant in pacem*.) Se diz |rre-cui-ÉS-cat in PA-cem|.

Roadie – É a designação do "profissional que monta e desmonta os palcos e os intrumentos de bandas e cantores". Se diz, no Brasil, |RÔU-dji|, com o "r" pronunciado à brasileira, como se fosse um mero "h" aspirado (se for para caprichar na pronúncia inglesa, o "r" tem que ser rosnado, e o "d" não deve virar "dj"). A palavra, evidentemente, vem de *road*, "estrada", sendo o *roadie* o carinha que segue a estrada, segue a excursão.

Roam – *To roam*, em inglês, é quase o mesmo que *to wander*, "andar à toa", sem rumo, mover(-se) aleatoriamente, sem roteiro previamente marcado. Se o prezado leitor me permite a variação, seria algo na linha do verso de António Machado, "*Caminante, no hay camino, se hace camino al andar*". Ou eu delirei demais? Enfim. A palavra aparece, aqui entre nós, nos visores dos telefones celulares, quando o aparelho está fora de sua área original, necessitando portanto de conexões por assim dizer errantes, erráticas, para completar as ligações feitas do e para o aparelho. Em inglês, a pronúncia é mais ou menos |RÔUM|, com o "r" rosnado e o "m" como se viesse uma vogal depois.

Robô – Palavra já aportuguesada há horas, mas de origem remota: vem do

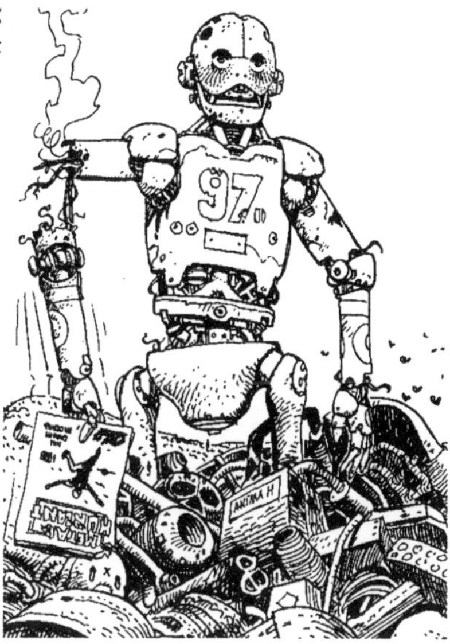

Moebius

francês *robot*, que vem do checo *robota*, que por sua vez significa "trabalho forçado". O termo foi criado por Karel Capek (1890-1938), escritor checo, em uma peça chamada *R.U.R.*, de 1921 (a sigla se referia a uma *Rossum Universal Robot Corporation*), e pegou. Nem vou explicar o que o termo "robô" significa, né?

Rock ('n'roll) – Expressão das mais presentes na vida de todo mundo, já faz algumas décadas, quando se trata de falar de música popular, especialmente no Ocidente, mas não só. O substantivo *rock*, sozinho, quer dizer "rocha", como todos nós sabemos, mas o verbo *to rock* quer dizer "balançar". A expressão *rock and roll*, simplificada visualmente para *rock'n'roll*, parece ter nascido com uma conotação sexual forte (como tantas outras, no mundo da cultura popular – ver *jazz*, por exemplo). Há certa canção chamada "*My baby rocks me with one steady roll*", gravada em 1924 por Floyd Campbell, músico e cantor que trabalhou com Louis Armstrong e vários outros. O título seria traduzível, por extenso, em algo como "Minha gata me endurece com seu balanço uniforme" – isso sendo delicado com as palavras. *Rocks me* é muito parecido com "me dá tesão", pensando na palavra "teso" como duro, duro como pedra; *steady* tanto quer dizer "uniforme", isto é, "homogêneo", quanto, em gíria, significava a "garota regular" de um sujeito, a moça com quem ele transava regularmente, que certamente não era a namorada oficial, que isso não rolava naquelas épocas; *roll* pode designar a ação de "enrolar", de "fazer movimentos circulares". Junta tudo e imagina. Parece que desse nome de música (um *r & b*) veio a expressão, que passou a designar um estilo musical que se estabilizou nos anos 50 e ganhou o mundo, com uma batida regular, guitarras e baixo elétricos mais bateria, tudo a serviço de movimentos de corpo ousados como nunca antes, no mundo ocidental. As raízes do estilo musical entram pela tradição do *blues*, do *country*, do *rhythm and blues* e outras manhas mais. Depois, foi o que se viu: uma enorme capacidade de captar os anseios inexpressos da juventude dos anos 50, 60, 70, 80, 90, talvez agora perdendo força, mas sempre se misturando a várias linguagens musicais e culturais.

Roller – Antigamente os patins eram chamados de "patins" mesmo, aqueles sapatos com sola de lâmina (para andar no gelo) ou rodinhas, que permitem deslizar. A palavra veio ao português desde o francês, segundo o Aurélio; vai daí que agora, estando em vigência a dominação norte-americana em substituição à francesa, até aí estamos transigindo, ao trocar a de-

Shelton & PIC *in* (Not Quite Dead)

signação para *roller*, que por sua vez é uma designação encurtada de *roller skates*, quer dizer, *skates* (v.) com rodinhas em baixo e ajustadas ao pé. Se diz, com pronúncia inglesa, |RÔU-lâr|, com os "r's" enrolados.

Roll-on – Primeiro havia o desodorante de bolinha, que era moderníssimo justamente por causa dela, que rolava e ficava molhadinha do líquido que ficava no interior do tubo. A essa tecnologia se chamou *roll-on* (dito |RÔUL-on|, com "r" rosnado), que junta o verbo *to roll*, "rolar", com a preposição *on*, "sobre", o que dá, na soma semântica óbvia, "rolar sobre", no caso rolar sobre a superfície da axila, que por determinação fisiológica fica de cabeça para baixo, se é que consigo me explicar. Em português se diz |rrô-LON|. Ainda esses tempos vi um anúncio de umas telhas de metal que, ao que me pareceu, eram desdobradas, como se fosse uma imensa fita durex de metal, sobre trilhos previamente instalados. Por isso mesmo que rolam sobre e se chamam também *roll-on*. Oh, tempos.

ROM – Ver CD-ROM.

Roman à clef – Expressão francesa, literalmente, "romance à chave", designa um romance em que os personagens são baseados em pessoas reais, mas aparecem na ficção com nome mudado – de maneira que será necessário ter uma chave para fazer a conversão e decifrar quem é quem. Se diz |rro-MÃ-na-CLÊ|. Ver *à clé*.

Roots – Palavra inglesa que significa "raízes", essas partes das plantas que em geral mergulham no escuro da terra para buscar alimentos. Tem sido usada metaforicamente, no mundo do rock, da música pop e quejandos, para designar estilos de composição e interpretação que sejam mais próximos das raízes, das origens daquele gênero de música (ou comportamento). Fala-se de um *reggae* mais *roots* que outro, por exemplo. A palavra ganhou pronúncia simplificada entre nós, de algo como |RUTÇ|, com "r" rosnado, para |RRUTS|, com "r" aspirado.

Rôtisserie – O nome francês para o restaurante que prepara carnes assadas, mais ou menos a nossa churrascaria. A palavra designa, originalmente, a peça da casa em que tais carnes são preparadas. Pouco tempo atrás, a palavra ainda era encontrável no Brasil, designando o restaurante e agora permanece como designação da loja em que se compram carnes já assadas, aquela polentinha amiga para acompanhar o almoço, e a seção do supermercado em que se compram queijos, frios, carnes, por aí. Os dicionários registram a forma "rotisseria". A pronúncia francesa seria algo como |rrô-tiç-RRI|, com os "r'S" na garganta.

Rouge – Forma francesa da palavra abrasileirada "ruge", nome do pó que as mulheres usam para deixar as maçãs do rosto mais vermelhas. (Ainda se usa?) Como o abrasileiramento sugere, a pronúncia da palavra é |RRUJ|. Ela vem, em última instância, de um latim, *rubeus*, "avermelhado". Em francês, a palavra é o próprio nome da cor vermelha. Ver *blush*.

Round – Tem pelo menos dois, em português vivo: o do boxe (o esporte) e o de negociações. Nos dois casos, a palavra quer dizer "turno", "momento", "capítulo", parte de um conjunto que se desenvolve no tempo. É palavra inglesa, se pronuncia |RÁUND|, com "r" rosnado, querendo dizer, "redondo" e coisas assemelhadas, e vem do latim *rotundus*, "redondo", exatamente.

Royalty – Palavra inglesa que, ao pé da letra, significa "realeza", naturalmente em referência não ao mundo das coisas reais, simplesmente, mas ao mundo das coisas ligadas ao rei e à rainha. Trata-se também de um valor referente à autoria ou a propriedade, que se paga ao autor ou proprietário. Pode-se falar em *royalties* no mesmo sentido de "direitos autorais", os que um autor de livros ganha com a venda deles, mas em geral a palavra se refere a coisas mais polpudas, ou melhor, a coisas mais reais, mais diretamente pertencentes ao mundo real ou Real, como os valores que se pagam a um país que vende seu petróleo, digamos. A origem, é claro, tem a ver com os reis, que cobravam pagamentos por concessões de uso e exploração de recursos de seu reino. A pronúncia seria mais ou menos |RÓI-iâl-ti|, com o "r" enrolado e o "t" de tato.

RPG – Sigla moderna para a palavra *roleplaying game*, que, literalmente, significa "jogo de interpretação (de identidades ficcionais)", jogo em que os participantes assumem papéis. Eu sou inocente no tal jogo esse, mas parece que ele acontece a partir de cartas e coisa e tal. E parece que tem adolescentes e outros que adoram a brincadeira. Há toda uma família de livros dedicados a isso, mesmo no Brasil. Existe um outro significado bem conhecido para a mesma sigla: "Reeducação Postural Global", negócio a ver com mudança da postura física, com reaprender a sentar e a dormir, etc.

RPM – Sigla para "rotações por minuto", nascida em inglês *revolutions per minute*, de mesmíssimo sentido. Se usava nos antigos toca-discos, em referência à velocidade com que o disco girava. Havia os de rotação 78 (quer dizer, 78 rpm), mais antigos, os de 45 e os de 33 (que na verdade era 33,3), os mais modernos.

RSVP – Sigla tirada das primeiras letras da frase francesa *Répondez, s'il vous plaît*, que quer dizer "Respondei (ou "Responde"), por favor". (A frase francesa se pronuncia mais ou menos |rrê-pôn-DÊ sil vu PLÊ|.) Usa-se a sigla em convites mais ou menos formais, para os quais o convidado espera resposta do convidado para organizar as quantidades, as companhias, essas ondas todas de festa chique. Em geral aparece a sigla e logo abaixo um número de telefone, com uma data-limite para o sujeito de pronunciar. De sacanagem, alguém brincou que a sigla se traduz por "Responde se vai, porra", o que daria uma notícia precisa sobre os padrões de socialização entre nós, essa mistura de afeto e baixaria tão brasileira.

Rum – Nome de uma bebida destilada do suco da cana ou de melaço. O nome parece ser o encurtamento da palavra inglesa *rumbullion* ou *rumbustion*, de origem obscura, significando "grande tumulto", "confusão", o que sugere que a bebida pega pesado. Em inglês a pronúncia é |RÂM|, com "r" caipira e "m" final dito como se viesse uma vogal depois; em português ficou bem diferente: |RRUM|, com o "m" ali só para dizer o "u" é nasal.

Rush – Palavra inglesa que significa "pressa", "corrida", correria, e que entrou na nossa vida para designar isso mesmo, em escala citadina: a hora do *rush*, por exemplo, que é a hora do início ou fim do expediente típico do comércio e dos escritórios nas cidades. A pronúncia original é mais ou menos |RÂCH|, com o "r" rosnado.

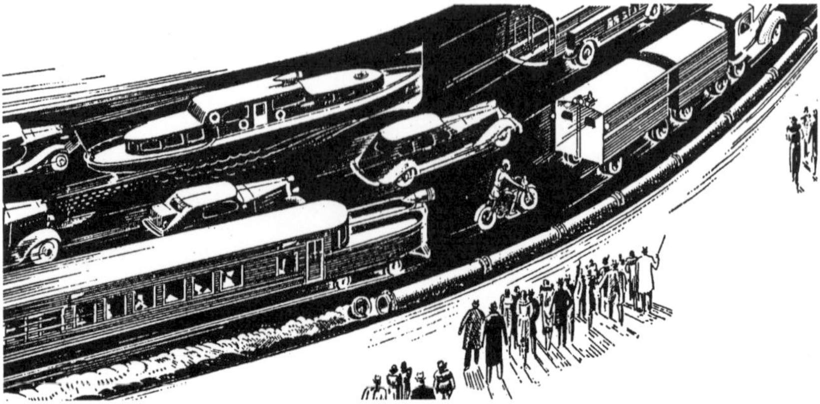

S

Sachet – Palavra francesa, de circulação internacional, que designa um saquinho (de pano, de matéria plástica) com alguma coisa cheirosa dentro, como esses que a gente usa dentro de armários. A palavra quer dizer isso mesmo, saquinho, eis que é um diminutivo para *sac*, que é a forma francesa para o latim *saccus*, que é o nosso "saco". Se diz |ça-CHÊ|. Tem o registro português "sachê".

Safety car – Expressão da língua inglesa que entrou nos nossos ouvidos há alguns anos, em função primeiro das transmissões de Fórmula Indy, aquele estilo de corrida de carro norte-americano, em que se usa o tal *safety car* há mais tempo do que na Fórmula 1, que adotou a novidade. A expressão significa "carro de segurança", literalmente, e se diz |ÇÊIF-ti CAR|. Ver *pace-car*.

Saint-tropez – Se estiver escrita a palavra com duas maiúsculas, pode ter certeza que é o nome de um famoso balneário francês, na chamada Riviera francesa, também conhecida como Costa Azul, ou melhor, Côte d'Azur, chamado Saint-Tropez. (Em alguns lugares, o nome vem com hífen, noutros, não.) Assim, porém, com minúscula, é o nome de um estilo de calça, com cintura baixa, abaixo do umbigo, ali na região mais larga do quadril – das mulheres, originalmente, mas parece que hoje em dia até homem usa. A pronúncia é mais ou menos |çãn-trro-PÊ|, com o "r" na garganta. Origem do nome: aquela região ali, entre o sul da França e o norte da Espanha, é cheia de cidades com nomes de mártires cristãos – San Sebastián, Santiago, Santander e Saint Tropez; esse último teria sido um certo Tropez, em latim *Tropecius*, soldado de

Nero convertido ao cristianismo, a quem o megapoderoso e incendiário chefe teria oferecido algumas vantagens para largar aquela fé amalucada. Tropecius teria segurado a onda, e por isso teria sido condenado à morte; seu cadáver foi colocado numa canoa com um cachorro e um galo, ambos famintos; mas aconteceu que quando a canoa deu em terra, ali onde está o balneário, o corpo estaria intacto, provando uma espécie de bendição divina. O lema da cidade, por causa do bom e velho Tropecius, é o latim *Ad usque fidelis*, "Fiel até o fim".

Saison – Palavra também francesa, que significa "estação", "temporada", como são as estações do ano. Se usa, entre nós, no mundo da moda, nas colunas sociais, para designar uma temporada de alguma coisa importante para o *grand monde*: uma estação de férias, ou a estação dos desfiles de moda, ou a estação dos casamentos, esses babados. Se diz |çe-ZÔN|.

Salamaleque – Palavra totalmente aclimatada ao português, eu sei, mas é que vale a pena lembrar que ela vem do árabe, diretamente, língua em que uma coisa como *salamalaik* quer dizer "A paz esteja contigo", frase que é acompanhada por um gesto de corpo, com inclinação da cabeça em direção ao chão e eventualmente um abaixar de braço também. Daí que a palavra, quando veio ao português, passando pelo francês, ganhou um sentido apenas derivado: "salamaleque" passou a designar uma gesticulação demasiada, um cumprimento exagerado.

Sale – Palavra inglesa, ultimamente aparecendo nas vitrines do país para anunciar, singelamente, "venda", essa mesmíssima venda que pode ser chamada assim mesmo, venda, ou promoção especial de vendas, se quiser dizer por extenso. Só que a palavra em inglês, na opinião de quem a estampa nos vidros e anúncios, deve parecer melhor, mais chique. Típica palavra que não precisa, de que não precisamos, que está aqui apenas por submissão mental ao modelo Miami de civilização. Em inglês, a palavra quer dizer também o que nós aqui chamaríamos "promoção", quer dizer, venda em condições especiais. Se diz, na terra do Bush, |ÇÊIL|. Ver *off*.

Saloon – Essa a gente conhece dos antigos filmes de caubói, certo? Cada cidadezinha tinha o seu *saloon*, um misto de bar, restaurante e casa de espetáculos, com bordel agregado muitas vezes, tudo isso servindo de cenário para os confrontos, fossem tiroteios ou lances de amor. A palavra veio do francês *salon*, que por sinal os angloparlantes mantêm para designar os salões de beleza (dizem |çâ-LÓN |), reservando a forma *saloon* (dita |sa-LUN|) para o caso nosso conhecido.

Sampler – Palavra inglesa, como sabemos, dita |ÇÉM-plâr |, que entrou no vocabulário jovem, especialmente no mundo musical, nos anos recentes, de 1980 para cá, na forma "samplear", isto é, fazer um *sample* (em inglês |ÇÉM-pâl"). *Sample* quer dizer "amostra", como a de uma população que é estudada em função do todo. Veio do latim

exemplum, o mesmo que acabou no nosso "exemplo". Samplear quer dizer copiar um pedaço de uma canção, gravá-lo eletronicamente, e inseri-lo noutro contexto musical, ou rebatê-lo contra outros pedaços de outras canções, e assim por diante. Pelo pouco que sei desse mundo do baticum eletrônico, parece que o pessoal brincava com trechos de canções ao repô-los num ambiente de batida forte, dessas que um sujeito como eu chama de bate-estaca, uma repetição monótona como poucas coisas neste mundo.

Sam, Tio – Todo mundo já viu, nesta parte do planeta, a imagem de um sujeito de cavanhaque e cabelos brancos, cartola branca com uma faixa vermelha, casaca vermelha e azul, apontando o dedo indicador da mão direita na direção do espectador e dizendo *I want you* ("Eu quero você", o que daria até letra de tango apaixonado, *Te quiero*). É a figura do Tio Sam, em inglês *Uncle Sam* (dito |ÂN-câl ÇÉM|), conclamando o sujeito a se alistar para uma, qualquer uma, das guerras em que seu imperial país se meta – o símbolo é oficial apenas desde 1961, mas funcionou muito já nas duas guerras mundiais do século 20. Virou metonímia do país: já no distante 1940, Assis Valente compunha *Brasil pandeiro*, um samba-crônica em que dizia "O Tio Sam está querendo conhecer a nossa batucada". A história do Sam é interessantíssima: no começo do século 19 havia um fornecedor do exército americano chamado Elbert Anderson que vendia charque e carne verde para os soldados, e havia um sobrinho dele, Samuel Wilson (o Sam original), que trabalhava como fiscal de suprimentos do exército – o que nos leva a pensar que o nepotismo era comum, mas deixa pra lá. Aí aconteceu a guerra de 1812, guerra de americanos contra a Inglaterra, ex-metrópole, que ainda queria forçar os nativos da América a servir nos seus navios, o que levou a uma reação fortíssima, cuja força simbólica alcança até o hino do país, *Star-spangled banner* ("Bandeira ornada com estrelas", "Bandeira estrelada"), feito em 1814, com melodia de uma antiga canção inglesa mas letra nacionalista norte-americana, aquela que a gente cansa de ouvir nas Olimpíadas, que termina proclamando a vitória triunfalmente: "*And the star-spangled banner in triumph will wave / O'er the land of the freee and the home of the brave*", quer dizer, "E a bandeira estrelada em triunfo vai tremular / Sobre a terra dos livres e lar dos bravos". Compete com o nosso céu com mais estrelas, várzeas floridas e berço esplêndido, mas no caso deles o acento recai sobre os indivíduos livres, enquanto nós louvamos mais a natureza. Essas diferenças. Bom, mas onde é que nós estávamos mesmo? Ah, sim: nessa guerra, o Elbert botava as comidas que vendia ao exército em barris e pintava assim "E.A. – U.S.", o que queria dizer "Elbert Anderson –

United States", mas, por causa do sobrinho Samuel, que era manjado em toda parte e além de tudo era fiscal, logo um cara com certo poder, foi reinterpretado como "Elbert Anderson's Uncle Sam", o que dá, em língua nem tão canônica assim, "Elbert Anderson, tio do Sam". Quer dizer: o tio era o Elbert, mas o sobrinho foi quem ficou com o título. Essa história é contestada, mas circulou bastante já na época de vida do próprio Sam, e parece não haver outra para explicar a origem.

Gôseki Kojima

Samurai – Palavra japonesa velhíssima (no Houaiss, a palavra já é dada como aportuguesada e vem de *samurafi*, "servir", composição de *as*, um prefixo, mais *morafi*, "espera cautelosamente"), que designa originalmente o sujeito que pertence a uma específica classe, a dos samurais, palavra que guarda em seu coração um verbo que, diz o mesmo Houaiss, se escreve *mor*, "guardar", proteger, mas que segundo certa modificação passa a significar "esperar cautelosamente". Eu não sei nada disso, mas parece que faz sentido, pelo menos para a imagem que temos daquela gente antiga e remota. Eles compunham uma casta de guerreiros do campo, que no século 12 chegou ao poder, permanecendo aí até a segunda metade do século 19, na famosa Restauração Meiji, processo histórico que acompanhou o fim do feudalismo naquela país – o que deixou os velhos samurais na rua da amargura, motivo de várias revoltas deles nos anos de 1870, sem sucesso. Os samurais sempre tiveram grande destreza nas lutas marciais, aliada a uma enorme capacidade de manter a disciplina, renunciando a quaisquer confortos em favor de atingir o objetivo. O lance da honra deles chegou ao ponto de codificar o suicídio ritual como uma alternativa à derrota ou à deslealdade (manja, né? O tal *sepukku* ou *haraquiri* (v.)). Enfim, soldados altamente eficazes.

Sans-cullote – Expressão histórica, do tempo da Revolução Francesa (em torno do ano-símbolo 1789, o da Queda da Bastilha), cunhada por gentes aristocráticas contra os pobres que, em certo momento, se tornaram fervorosos adeptos da República, da Revolução, das mudanças sociais que pareciam estar ao alcance da mão. A expressão quer dizer, literalmente, "sem-calção", ou, traduzindo em termos de indumentária recente, "sem-calça", portanto, parentes dos descamisados do Perón e do Getúlio Vargas, enfim, "pobres", "miseráveis". Se diz |ÇÃ cu-LÓT|, com o "u" dito com a boca de "i" e o "t" dito como se viesse uma vogal depois (pode aparecer a forma *sans-cullotes* também), e se aplica a "gente pobre e revolucionária", ou radicalizada, desde então.

Sansei – Em japonês, *san* significa "terceiro", e *sei*, "geração". Juntando tudo, dá descendente de japonês nascido no exterior mas de avós japoneses imigrantes. A geração anterior é a de *nisseis* (v.), e, segundo a piada, a posterior é não-sei.

SAP – Nome de uma tecla que apareceu nos televisores ultimamente. Trata-se de uma função que permite ver o filme ou qualquer programa que estiver passando mas com outra língua que não aquela em que ele ele está sendo veiculado. Exemplo: canal brasileiro, filme inglês dublado; aciona-se a tecla SAP e ouve-se o filme em inglês. SAP vem de *second audio program*, "segundo programa", "segundo canal de áudio".

Sarong – Nome inglês de uma saia de origem malaia, abrasileirado para "sarongue". A palavra é malaia também, e daí migrou para vários lados. A saia é amarrada na cintura e cobre, com suas cores vivas e estampas, parte das pernas, em homens e mulheres.

Savoir faire – Francês, significando literalmente "saber fazer" (e dito |ça-vu-A FÉRR|). Usa-se como expressão, o que justificaria um hífen ali entre as duas palavras. Exemplo: "O Jorginho Guinle tinha *savoir-faire*", isto é "estilo de viver", "jeito para fazer as coisas", em geral associando tal capacidade com um jeito à-vontade de ser e pensar, e muitas das vezes em ambiente aristocrático, de alma e de grana. Ver *fair play*.

Scanner – Palavra nova, cuja entrada na língua é exatamente contemporânea do aparelho que ela designa (o copiador de qualquer imagem para dentro do computador), aparelho que pelo jeito não tem como dizer de outra maneira – e nem precisa. O verbo *to scan*, em inglês, quer dizer "examinar minuciosamente", sentido que veio de outro, "separar as sílabas de um verso", "contar as sílabas". Adivinha como é que se diz esse último sentido em português? Escandir. Viu o radical latino ali? O mesmo. Em latim, *scandere* queria dizer primeiro "escalar", subir numa montanha, e daí passou a designar a contagem das sílabas, consta, porque se costumava (e alguns ainda costumam) contar as sílabas subindo e descendo o pé ou a mão, para marcar o tempo. Em inglês, a pronúncia é |ÇQUÉ-nâr| mesmo. E em português já tem um verbo perfeitamente integrado, "escanear", que se conjuga como "sacanear", mas nada a ver. Já está dicionarizado como "escâner".

Scat – Sabe quando um cantor ou uma cantora, especialmente se ele ou ela pertencerem ao mundo do *jazz*, fica fazendo "tchubiru-biru, sacundim-sacunden, parararaueira" etc. e tal? Ele está fazendo um scat (se diz |SQUÉT|), que é isso mesmo, cantar a melodia mas sem letra, ou melhor, com alguns sons que fazem o papel de entoar a linha melódica já prevista ou algum improviso. Esse sentido da palavra é de origem desconhecida, mas olha só: *scat* também significa, no mesmo inglês, "excremento", "estrume". Será que alguém, algum dia, resolveu, de brincadeira, chamar de excremento o "tchubiru-biru" do cantor? Ver *vocalise*.

Scénario – Palavra francesa, não usada aqui no Brasil regularmente em sua acepção forte, que é, surpreendentemente, o mesmo que "roteiro", quer dizer, "argumento escrito" para ser filmado. (Pronuncia-se |çê-na-RRIÔ|.) Nós pegamos mais *script*, do inglês (v.). *Scénario* em francês significa também o que nós temos chamado, hoje em dia, de "cenário", em um dos sentidos: um perfil, uma estimativa de um quadro conjuntural, como por exemplo "o cenário econômico do mês que vem", "o cenário do clima do próximo inverno", essas coisas.

Schmier – Em alemão (não o padrão, mas um dialeto dele, praticado por alemães que vieram para o Sul do Brasil), a palavra *schmiere* significa "graxa", "lubrificante", e no sul do Brasil ela foi adaptada para designar o que em outras partes do país se chama genericamente de "geléia", aquela pasta feita de alguma fruta e açúcar, tudo cozido em ponto de calda grossa, que se passa sobre o pão. A pronúncia é |chi-MI-a|, e os dicionários registram a forma "chimíer".

Schnaps – Alemão mais uma vez, significando "aguardente", "licor", bebida alcoólica forte. Usa-se assim mesmo, em regiões com gente germanodescendente. Se diz |CHNAPÇ|.

Scholar – Palavra inglesa que significa "erudito", o sujeito que tem conhecimento acadêmico, universitário. Pela cara, está claro que tem a ver com *school*, "escola", em inglês, que vem do latim *scola*. A pronúncia é |ÇCÓ-lâr| e não |ÇCU-lar|, como poderia parecer, por causa de *school*, que se diz |ÇCUL|.

Science fiction – A expressão designa a narrativa ficcional que tem a ver com ciência. Literalmente, as duas

Moebius

palavras juntas seriam traduzidas por "ficção de ciência" ou "ficção científica" mesmo, como se usa dizer. Consta que a expressão se configurou e se consagrou nos Estados Unidos dos anos de 1920 – na Inglaterra era preferida a forma *science romance*, "romance científico". Conforme a definição que se dê, abrange desde o *Frankenstein*, de Mary Shelley, livro de 1818, passando por Edgar Allan Poe, Júlio Verne, H. G. Wells, Aldous Huxley, Edgar Rice Burroughs, Isaac Asimov, George Orwell, Ray Bradbury, até o megassucesso atual J. R. R. Tolkien. Mas claro que depende. Críticos mais minuciosos dizem preferir a expressão *speculative fiction*, "ficção especulativa", sempre conservando o sentido de uma narrativa que lide com inovações científicas, sempre mantida dentro de um quadro de possibilidade racional. Usa-se, em inglês, a redução *sci-fi*, que se pronuncia |ÇÁI FÁI| ou, por extenso, |ÇÁI-ênç FIC-chân|.

Scooter – Em inglês, significa antes de outras coisas o que nós chamamos de "patinete". Mas aqui ela é usada para designar o veículo de duas rodas pequenas, diferente da motocicleta, que é mais conhecido pelo nome de uma marca, *Lambretta*, origem do genérico "lambreta", em português. Se diz, lá, |ÇCU-târ|.

Scout – Contagem de lances, jogadas etc. feita ao longo de um jogo, para depois ser usada como dado científico para melhorar a *performance* (v.) do atleta. Num jogo de basquete, por exemplo, faz-se um *scout* (diz-se |ÇCÁUT|) dos passes dados por determinado atleta, ou, mais subdividido ainda, os passes certos e os errados, os passes para o lado e os para a frente. Em inglês, a palavra designa também o que em português se chama de "escoteiro", palavra que a gente adaptou de *boy scout*. Mas nem precisava. O senhor sabe de onde vem *scout*, em última instância? Do verbo latino *auscultare*, que em português deu em "auscultar", quer dizer "averiguar", conferir, "fazer diagnóstico", o mesmo, portanto, que o inglês. Eita, vida.

Scouter – Caçador de gente que caiba no modelo prestigioso no momento, como o cara que indica as modelos para fotografia de moda, essas ondas. Poderia ser chamado de "olheiro", no sentido que já se usa no universo dos jovens candidatos a jogador de futebol. Se diz |ÇCÁU-târ|. A origem, como dá para imaginar, é a palavra *scout* (v.).

Scratch – No mundo atualíssimo dos DJs, *deejays*, que são a encarnação atual dos antigos *disc-jockeys* (v.), *scratch* é o nome do barulho que o tal discotecário faz com a agulha sobre o disco, mas um barulho pensado, para fazer certo efeito no conjunto da música que está sendo levada ao ar. Em bom português, isso se chama "arranhar", feito raspar as unhas numa superfície. Se diz |ÇCRÉTCH|, igualzinho a uma antiga palavra inglesa já incorporada ao português (e nesse sentido abandonada pelos usuários), aclimatada como "escrete", igual à "seleção", quer dizer, time dos melhores – a palavra era usada nos anos 50 e 60 do século passado. Sabe por quê? No inglês há um sentido de *scratch* como "linha riscada" (feita com arranhão) em uma superfície, espécie de raia, e daí, metonimicamente, se pensa em selecionar, como se a tal linha fosse a linha da colocação de todos, em iguais condições, e deles seriam selecionados (com a mesma unha?) os melhores.

Script – Palavra inglesa que designa o "roteiro" de um programa de televisão, de uma peça, ou mais genericamente uma previsão de passos a serem dados em determinada direção. A palavra vem de *manuscript*, exatamente o mesmo que "manuscrito". A redução já tinha sido feita no próprio inglês. A pronúncia é |ÇCRIPT|, com o "r" caipira e o "t" sem mais, só que nós botamos vogal em qualquer parte, para tornar as sílabas mais pronunciáveis – ninguém estranharia, no Brasil, ouvir |is-CRIP-tchi|, ou até |is-CRI-pi-tchi|.

Sedan – Nome de tipo de automóvel, esse genérico de duas ou quatro portas e carroceria fechada. O termo é dado como de origem desconhecida pelos dicionários, mas é nome de uma famosa cidade francesa, e parece sem relação uma coisa com outra. Se diz |çe-DÂN|.

Self-made man – Expressão do inglês que encerra toda uma ideologia, a do "se fazer sozinho", "subir na vida às próprias custas". Literalmente, significa "homem feito por si mesmo" e se pronuncia |ÇÉLF-mêid MÉN|.

Self-service – Outra expressão que é a cara do nosso tempo. Traduz-se por "auto-serviço", quer dizer, serviço que a própria pessoa faz. Exemplo: os supermercados de nossa era. Antigamente, crianças, a gente ia a um armazém e pedia o que queria, e um empregado ia até as prateleiras e pegava os produtos, as latas, as caixas, e punha tudo em sacos de papel ou em caixotes de papelão ou madeira, que depois iam ser levados em casa. Aí aconteceu essa coisa moderna: a gente entra e se serve do que quer, contanto que pague na saída. Se diz |ÇÉLF ÇÂR-viç|, mais ou menos.

Send – Em alguns aparelhos celulares de nossos comunicativos dias aparece essa palavra inglesa estampada numa tecla, e é nessa tecla que a gente aperta para fazer a conexão com o telefone para o qual estamos ligando no momento. *To send* quer dizer "enviar", e a lógica seria esta: eu digito os números no meu telefone e, ao apertar a tecla *send*, eu os envio para o espaço, para a central misteriosa, que por sua vez vai fazer a conexão com o telefone desejado. Se diz |ÇÊND|.

Serial killer – Expressão inglesa que em nossos tempos entrou no repertório das barbaridades a que estamos sujeitos nas grandes cidades (e nas pequenas também, lamentavelmente). Literalmente, quer dizer "matador em série", ou "matador serial", o assassino que mata em seqüência uma série de pessoas – vai-se ver depois, o cara acaba tendo preferências recorrentes. Se diz |ÇI-ri-âl QUI-lâr|, com os "r's" rosnados, se for o caso de falar como os americanos do norte. Em certo momento, em São Paulo, houve um *motoboy* que era também *serial killer*: duas expressões inglesas perfeitamente incorporadas ao nosso linguajar.

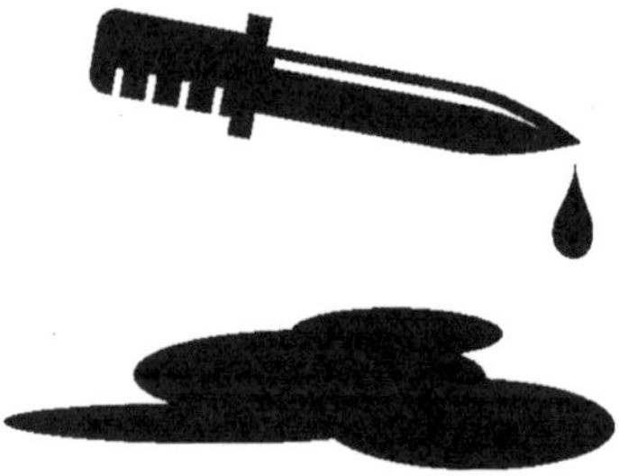

Set – Essa é daquelas palavras do inglês que querem dizer umas seiscentas coisas. Começa mais ou menos significando, como verbo: "dispor", "colocar", "ajustar", "botar", "fixar", "imobilizar"; ou então como nome: "ajustamento", "disposição de coisas", e também o "conjunto de coisas" – é nesse sentido que a palavra mais aparece nos português brasileiro de nossos tempos. Fala-se num *set* de músicas que um cantor vai apresentar. Mas também se usa, aliás há mais tempo, em *set* de filmagens, isto é, o "conjunto das coisas" dispostas em seu lugar para as filmagens.

Set-list – Expressão inglesa que designa uma lista de coisas arranjadas para determinado fim, por exemplo, a lista de canções que uma banda vai cantar num *show*. Para exemplo de frase em português brasileiro contemporâneo, ver *cover*. Se diz |ÇÉT LIÇT| mesmo.

Sex – “Sexo”, claro. O que é que o senhor estava imaginando? A raiz é a mesma, latina, *sexus*. Por razões de subserviência mental, muitos anúncios publicitários agregam essa palavra, em sua forma inglesa, a palavras outras, portuguesas também, para dar um ar de coisa chique, moderna, irrecusável. Combina-se de variadas formas, como se vê abaixo.

Sex appeal – Expressão da língua inglesa, muito em voga nas décadas de 60 e 70 do século passado, significa “apelo sexual”, mas num sentido genérico. Dizia-se que determinada mulher ou determinado homem tinham *sex appeal* quando eram charmosos, chamavam a atenção, eram desejáveis. Não sei quem fez primeiro a piada, parece que foi algum dos poetas concretos, Haroldo de Campos, Décio Pignatari ou Augusto de Campos, que disseram de algum sujeito que fazia sessenta anos que ele era um “*sex-appeal*-genário”, sugerindo que o tal cara ainda dava gosto. Se diz |ÇÉCÇ â-PI-âl|.

A. Varenne

Sex-shop – A loja em que se compram coisinhas que ajudam a brincar de sexo. Gostou da definição? É por aí. Literalmente, é “loja de sexo”, mas nós sabemos que não é tão direto assim o significado. Se diz |ÇÉCÇ CHÓP|.

Sex symbol – Expressão correlata com *sex-appeal* (v.): um sujeito ou uma sujeita que são tidos como *sex symbols*, quer dizer, como “símbolos de sexo”, em sentido literal, são pessoas que têm *sex appeal*. Deu pra entender? Se diz |ÇÉCÇ ÇIM-bâl|.

Sexy – Em inglês, se fazem adjetivos de substantivos, em certos casos, com este “y” posposto ao nome: de *wind* (“vento”), se faz *windy* (“ventoso”); *luck* (“sorte”) vai dar em *lucky* (“sortudo”); ora, de *sex*, que quer dizer “sexo”, se faz *sexy*, que em bom português dá não sexual mas “sensual”, quer dizer, “sexualmente atraente”. Que coisa. Se diz |ÇÉC-çi|.

Shampoo – Palavra inglesa já abrasileirada para “xampu” (desde 1945 a forma original circula aqui no país, segundo o Houaiss, o que significa dizer que desde o fim da Segunda Guerra, quando essa moda chegou por aqui), mas nascida, veja só, na Índia, numa forma que eu não arrisco reproduzir aqui e que significa “apertar”, “massagear”. Por quê? Historinha beleza pura. Muitas épocas tentaram achar a fórmula para livrar o cabelo da gordura produzida pela pele da cabeça. Egípcios usaram suco de laranja, com bons efeitos; sabão era possível, mas ele deixava sua própria gordura ali; detergente podia ser, mas só foi inventado no século 19, e era muito forte. Em algum momento do fim da Idade Média européia, descobriu-se uma mistura de sabão com soda que deu pé, numa fórmula caseira que teve muito sucesso. No final do século 19, químicos alemães chegaram à formula de hoje em dia, mas quem nomeou a coisa foram os ingleses, que nessa época dominavam a Índia mas estavam em política de ceder espaços para os nativos (os dóceis ao Império, naturalmente), o que implicava inclusive importar termos da língua deles para o inglês. Foi o caso do *shampoo*, palavra inventada nos anos 1870, que designava não um líquido ou um sabão, mas um processo, o de massagear o couro cabeludo dos que tinham como pagar por isso. A massagem era feita com uma mistura de água, sabão e soda, mais perfumes, que cada salão inventava e guardava dos demais. Nos anos 1890, quando os químicos alemães definiram o produto, a palavra estava ali, pronta para designar a coisa. Consta que, da Europa para a América do Norte, o transporte foi feito por um certo John Breck, que estava ficando careca (é verdade!) e, insubordinando-se contra o destino, começou a fabricar umas gosmas para massagear sua própria cabeça. Deve ter dado mais ou menos certo, porque muitos outros homens e mulheres pediam a ele o líquido miraculoso, a ponto de ele abrir um centro de tratamento (o que nós chamaríamos, com certo requinte, de "instituto de beleza", no Brasil), em 1908 (era a cidade de Springfield, Massachussets), para nos anos 30 começar a vender xampus já distintos para cabelos oleosos e secos. Sucesso total. Sabe como se diz? Mais ou menos |chém-PU|.

Shape – Palavra inglesa usada, ao que parece, no mundo do *surf*, para designar aquilo mesmo que designa no original: a "forma", o "contorno", a superfície característica da coisa em questão. Se diz |CHÉIP|.

Shiatsu – Palavra japonesa que dá nome a uma técnica de massagem com a ponta dos dedos, atingindo músculos e também os canais de energia que os orientais juram que percorrem o corpo humano. Parece que *shi* é "dedo" e *atsu* é "pressão". Ver *do-in*.

Shirt – "Camisa", em inglês (pronuncia-se mais ou menos |CHÂRT|). A palavra mais aparece na composição *T-shirt*, literalmente "camisa-T", que é o nome descritivo da camiseta comum, essas de usar debaixo da camisa no inverno (e hoje em dia em todas as estações, dada a moda), que lembra um "T" mesmo, quando aberta, as manguinhas semelhando o traço de cima do "T". Se pronuncia |TI-chârt|, mas com o "t" dito como em "tudo".

Shopping – Palavra que entrou totalmente no mundo brasileiro, especialmente em função dos *shopping-centers*, quer dizer, os "centros de compras", tradução literal ao português. *To shop* é "ir às compras", "andar pelas lojas" etc. Aconteceu, como em vários outros casos, que a expressão adjetiva, *shopping*, restou com a função substantiva (que originalmente era desempenhada por *center*), de maneira que hoje em dia a gente vai ao *shopping*, não ao *center*. O Luis Fer-

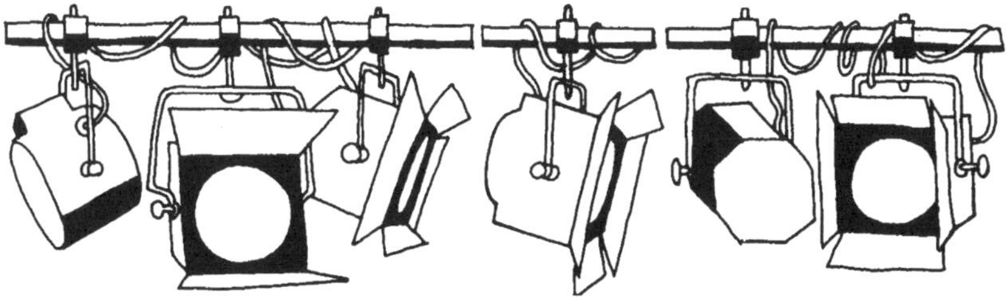

nando Verissimo brincou de escrever "xópin", que reproduz o som da pronúncia; mas parece que o abrasileiramento dessa palavra ainda não encontrou seu destino, da mesma forma que outras palavras estrangeiras muito freqüentes no Brasil, como *show*, *short* e outras. Tem também, hoje em dia, expressões como *home shopping*, "compra em casa" (pelo telefone, pela internet), como antes havia o *shopping mall* (ver *mall*), designação norte-americana do que nós chamamos *shopping-center*, mas que nunca pegou por aqui.

Short – Palavra inglesa, de antiga permanência no português no Brasil para designar as "calças curtas" – aliás, no começo se usava a palavra no plural, *shorts*, no mesmo número de calças. A tendência parece ser a de usar apenas no singular mesmo. Se diz |CHÓRT| ou, à brasileira, |CHÓRT-tchi|. Ah, sim: significa, em inglês, "curto", de pouca extensão, e daí passar a designar as calças curtas, os *shorts*.

Show – Palavra do inglês muitíssimo comum no português brasileiro, com evidência nos últimos dez anos, pouco mais ou menos, por exemplo no famosíssimo "Xou da Xuxa". Esse abrasileiramento, de resto, não pegou, e a palavra segue sendo escrita do jeito original, sem solução. Curiosamente, a palavra não deu verbo, ao contrário de *to zap*, que deu "zapear", e *to delete*, que deu "deletar". Por quê? Em parte a resposta deve ser de ordem fonológica mesmo, porque seria muito estranho ao português algo como "xouar". Ver *cover*.

Show business – Expressão da língua inglesa, muitíssimo conhecida no mundo cultural de todo o Ocidente, chegou a ganhar uma versão abreviada, *showbiz*, dicionarizada há tempos. Quer dizer, literalmente, o "negócio do *show*", ou seja, o lado empresarial do mundo dos espetáculos e do entretenimento. Se diz |CHÔU BIZ-nâç|.

Show room – Expressão da língua inglesa, para variar só um pouco, usada já há certo tempo, designando uma sala em que se expõem mercadorias. Se diz |CHÔU rum|, com o "r" rosnado e o "m" como se viesse uma vogal depois, mas entre nós é comum |chôu-RRUM| e até |chô-RUM|. Na mesma família de significado, usava-se antes mais a palavra *vitrine*, que por sinal é originalmente francesa, abrasileirada para "vitrina", as duas evidentemente aparentadas de "vidro".

Shoyu – Palavra japonesa, oriunda do chinês, dá nome a um molho, o "molho de soja", hoje em dia bastante aclimatado no Brasil. Se diz |CHÔ-iú|.

Si hay gobierno, soy contra – Frase da língua espanhola bastante famosa; expressa um ponto de vista anarquista, irreverente, insubmisso. Significa, como o senhor já entendeu, "Se há governo, sou contra", quer dizer, qualquer que seja a organização, ela me terá como

inimigo. Isso tem a ver com o fato de a tendência política anarquista ter encontrado grande acolhida na Espanha, antes da Segunda Guerra Mundial, particularmente.

Se non è vero, è ben trovato – Frase italiana, também famosa, significando "Se não é verdade, foi bem achada (a frase, a explicação)", frase que é dita sempre que se apresenta uma versão, uma explicação, que até pode não expressar a verdade, mas tem muita elegância e verossimilhança. Se pronuncia como se fosse português mesmo (mas juntando a segunda e a terceira palavras, o que resulta assim: |çe NO-né VE-ro, é BEN tro-VA-to|). Existe desde o século 16, sendo encontrada nos escritos de Giordano Bruno (1548?-1600), filósofo da Renascença que, seguindo as teses copernicanas, formulou uma hipótese sobre a infinitude do universo. O que foi motivo suficiente para ser processado pela Inquisição (como blasfemo, herege e imoral) e, por isso mesmo, condenado à morte. Foi queimado. Não há relação conhecida entre a frase e esse triste desfecho.

Sic – Latim puro e simples, que deu origem ao nosso "assim", mas também ao nosso "sim", que se usa de vez em quando em textos eruditos de todas as línguas ocidentais na seguinte situação: a gente está reproduzindo em nosso texto uma esquisita opinião de outra pessoa, ou um estranho dado de alguma fonte, e ao mencionar tal opinião ou tal dado a gente mesmo sente a necessidade de avisar nosso leitor que aquela opinião ou aquele dado é assim mesmo, por mais incrível que pareça – nessa situação, exatamente, a gente escreve, entre parênteses ou colchetes (estes para não confundir com eventual parêntese já usado no texto), o tal *sic*, como quem diz "Não duvide de mim, prezado leitor, essa besteira ou essa enormidade é assim mesmo como eu estou referindo aqui".

Sic transit gloria mundi – Frase latina, parece que oriunda de um livro religioso chamado *A imitação de Cristo*, que significa "Assim passa a glória do mundo", isto é, deste pobre mundo mortal, insinuando que outra glória maior existirá, mas na outra vida, aquela que os cristãos acreditam que há depois da morte. Se pronuncia |ÇIC TRAN-zit GLÓ-ria MUN-di|.

Silkscreen – Palavra e coisa inglesas, originariamente. Trata-se de uma técnica de impressão (no papel, mais especificamente no tecido), que se faz passando a tinta por uma tela que é esticada em um caixilho, conhecida entre nós com o nome de "serigrafia". *Silk* é "seda" e *screen* é "bastidor", "tela", "caixilho"; donde se deduz que originalmente a tela era de seda, ou parecia assim. Se diz |ÇILK-scrin|.

Similia similibus curantur – Frase latina que serve de súmula e divisa para os homeopatas, os seguidores de médico alemão Christian Friedrich Samuel Hahnemann (1755-1843), os que crêem que se curam as doenças fazendo o organismo doente receber doses diluídas do mesmo elemento que causa a doença. A tradução é "Os semelhantes curam-se pelos semelhantes", e a pronúncia é |çi-MI-lia ci-MI-libus cu-RAN-tur|.

Sine die – Latim famoso, usado em posição adverbial, tipo "A entrega do imóvel foi adiada *sine die*", isto é, "sem dia" (marcado). A pronúncia é |ÇI-ne DI-e|.

Sine qua non – Ver *Conditio sine qua non*.

Single – Palavra inglesa que significa "solteiro", "solitário", "não-acompanhado", e assim tem sido usada entre nós, no universo das relações interpessoais. Mas tem outro e mais antigo uso no Brasil: para designar o disco e, hoje, um CD com uma só música. Em inglês, a pronúncia é mais ou menos |ÇIN-gâl|, e por aqui ficou |ÇIN-gôu|.

Sitcom – Abreviatura para *situation comedy*, inglês para "comédia de situação". A palavra designa aquelas séries de televisão (norte-americana, originalmente) em que se dramatizam, com bom humor, situações cotidianas ao longo de um tempo, tipo uma família com filhos adolescentes e um pai bonzinho (a antiqüíssima *Papai Sabe-tudo*) até amigas mulheres independentes vivendo suas vidas amorosas livremente (a atualíssima *Sex and the City*). O equivalente nacional é *A grande família*. A pronúncia é |ÇIT-côm| em inglês, mas por aqui se diz também |çi-tchi-CÕ|. Ver *soap-opera*.

Site – Palavra inglesa hoje totalmente incorporada ao português brasileiro como designação para os endereços da internet, aqueles lugares virtuais em que a gente encontra rigorosamente de tudo, informação, diário, literatura alta e baixa, fotografia, filme etc. Equivale totalmente ao português "sítio", o que não estranha, porque as duas vêm do latim *situs*, "local". A pronúncia inglesa é |ÇÁIT|.

Skate – O que é, a gente sabe: aquela pranchinha com rodas embaixo, que a gurizada usa para deslizar por aí, para fazer acrobacias e tal. A palavra primeiro designava um peixe chato, achatado, e no mundo angloparlante designava desde muito o que nós chamamos de "patins"; daí passou a fazer parte da palavra *skateboard*, "prancha-skate". Se diz |ÇQUÊIT| ou, abrasileirando, |is-QUÊI-tchi|.

Sketch – Quer dizer "esboço", rascunho, súmula, perfil traçado de forma rápida e grosseira, para eventual detalhamento posterior. Isso no mundo da representação pictórica, mais que noutros. Daí a palavra passou a designar a "peça rápida", para representação em teatro, rádio ou televisão, com temperamento humorístico – seria como um dos quadros de um programa do Chico Anísio, por exemplo. Se diz |ÇQUÉTCH| ou, abrasileirando, |is-QUÉ-tchi|.

Skinhead – Nome de um padrão de comportamento, aquele que no Brasil se chama de "os carecas", no plural, porque, como no original, que é inglês dos anos 1960, os *skinheads* andam em bando. Literalmente, a palavra quer dizer "cabeça raspada" (*skin*, "pele", e *head*, "cabeça" – a pronúncia é mais ou menos |ÇQUIN-rréd|. Os *skins*, como também são chamados, usam roupas pesadas, coturnos e idéias nacionalistas simplificadas, e por isso consideram, na Europa, que os imigrantes são uma das causas dos problemas sociais, como desemprego e tal. Tendem a ter um comportamento belicoso e preconceituoso contra negros, mestiços, homossexuais e mulheres, não necessariamente nessa ordem. No Brasil aparecem de vez em quando na mídia, quase sempre em função de brigas ou manifestações públicas de suas idéias, o que não raro inclui agressão a algum de seus inimigos – por paradoxal que pareça, há *skinheads* em São Paulo que são etnicamente mestiços, filhos de gente trabalhadora vinda do Nordeste, e odeiam nordestinos que chegam na cidade grande.

Gallardo y Mediavilla

Sleeping bag – Objeto que já foi famoso, no tempo em que acampar era uma atividade mais do que meramente turística – era uma espécie de estado de espírito, mais ou menos *hippie* (v.), paz & amor, essas coisas. *Sleeping bag*, dito |ÇLI-pin BÉG|, é o nome em inglês do nosso "saco de dormir".

Slide – Em nossa língua e na cultura ocidental, todo mundo sabe o que é: aquela fotografia, ou melhor, aquele diapositivo que a gente projeta numa tela ou numa parede e se diz, frouxamente, |iz-LÁI-dji|, em inglês |ÇLÁID|. É isso mesmo, a partir de um significado anterior, que é, como verbo, o de "deslizar" sobre uma superfície.

Slim – Adjetivo inglês que significa "fino", magro, esbelto. Apareceu por aqui, salvo engano, para designar um cigarro que era mais fino que os comuns, na época. Se diz |ÇLIM|, com o "m" final dito como se viesse uma vogal depois.

Slip – Em inglês, é daquelas palavras de vários sentidos. O que vem ao caso aqui é o de roupa de vestir deslizando, escorregando pelo corpo, a cueca-sunga" – pelo menos é assim que o Houaiss a define. Se diz |ÇLIP| em inglês, e |iz-LI-pi| muitas vezes por aqui .

Slogan – A palavra vem de uma forma escocesa, de origem gaélica por sua vez: *slogorne*, na terra do uísque, quer dizer "grito de guerra", ou seja, a frase gritada pelo exército ao atacar. Daqui veio o inglês *slogan*, dito |ÇLÔU-gan|, que passa a *eslógão* em Portugal e, entre nós, a uma coisa como |iz-LÔ-gan|. O que significa, o senhor sabe, não? É uma frase, um conjunto restrito de palavras, facilmente lembrável, que é capaz de concentrar todo um significado relevante para o âmbito em que ocorre, como uma palavra de ordem política, uma propaganda etc.

Slot – Nos dicionários, *slot* quer dizer tanto um espaço destinado especificamente a algum fim, em determinada organização, quanto algum "buraquinho" feito aquele em que se punha a moeda nos telefones públicos, que nós ainda chamamos orelhões. Mas parece que a palavra ganhou nova vida no mundo da aviação: *slot* (em inglês, diga |ÇLÓT|) é singelamente uma "vaga", sim, exatamente a vaga que o avião precisa não para estacionar, que isso tem, mas para descer ou subir. *Slot* é a vaga na programação de subidas e descidas de aeronaves nas pistas de algum aeroporto, coisa por sinal mais e mais rara.

Slow food – Inglês, o contrário de *fast food*: esta quer dizer, literalmente, "comida rápida", e aquela, "comida lenta". Mas é mais que isso; virou movimento organizado, uma espécie de resistência ao Sistema pela estratégia de comida lenta, como que dizendo "Não, senhor, eu não aceito essa lógica de comer rápido um McDonald's para voltar ao trabalho, porque eu prefiro comer devagar, meditadamente, como um velho europeu". Claro que eu romanceei um pouco, mas é mais ou menos isso. A pronúncia é |ÇLÔU FUD|, *versus* |FÉÇT FUD|, de *fast food* (v.).

Slow motion – Mais um americanismo, derivado na televisão: significa, literalmente, "movimento lento", que é o nome de uma técnica de filmagem que resulta em uma reprodução da ação numa velocidade menor do que a da vida real – sabe como é, né? A nossa conhecida "câmera lenta". Aqueles dois amantes se reencontrando, e a imagem vai filmando um em direção ao outro, abrindo os braços, cabelos balançando graciosamente, lentamente, até chegar ao abraço e ao beijo. Ou o gol recém-marcado, com o goleador levantando os braços, socando o ar, a cara em contrações de prazer e desabafo. Por aí. Se diz |ÇLÔU MÔU-chân|.

Smart – Palavra inglesa que andou aparecendo como qualificação de negócios, aqui em nosso bom e jovem país. Significa "esperto", e se pronuncia |ÇMART| em inglês, mas é claro que muita gente aqui vai dizer |iz-MAR-tchi|.

Smoking – Para nós, no Brasil, *smoking* é o nome do traje de gala noturno para homens, consistindo (vou descrever segundo meus precários conhecimentos na área) num terno, eventualmente com o paletó branco, mas quase sempre preto, como as calças, e mais ainda adornado na lapela com um cetim ou coisa que o valha, tudo completado pelo uso de gravata borboleta. A origem é a expressão *smoking jacket*, quer dizer, a "ja-

queta (o *blazer*, o "paletó") de fumar", literalmente. (*To smoke* significa "fumar".) Tem gente que identifica o *smoking* (que se diz, em inglês, |ÇMÔU-quin| e a gente abrasileira para |iz-MU-quin|) com o que se chama, mais restritamente, de *tuxedo*, cuja história remonta a 1886, quando pela primeira vez gente de posição social alta resolveu vestir-se para uma ocasião formal com paletó sem rabo, sem aquela coisa estranha chamada "casaca", que ainda hoje se vê em filmes e na roupa dos maestros de orquestra. A história do *tuxedo* é bacana: a família Lorillard, de gente de muita grana (nascida da indústria do fumo – mais uma relação entre esta roupa e o fumar) que vivia numa cidadezinha do estado de Nova York chamada Tuxedo Park, tinha, além de grana, prestígio, e o patriarca de então (1886), Pierre Lorillard IV, encomendou para seu alfaiate uns paletós sem rabo, para uma determinada recepção, inspirado no casaco de nobres ingleses caçadores de raposa. O filho dele é que acabou usando e divulgando o novo traje, que passou a se chamar *tuxedo* por motivos geográficos. A palavra é de origem indígena, lá deles, uma coisa como *p'tauk-seet*, que queria dizer "lobo"; os colonos ouviram a palavra e a reinterpretaram à sua maneira, e já em 1765 ela é grafada *tuksito*. A pronúncia de *tuxedo*, em inglês, é |tâc-ÇI-dôu|.

Snack bar – Bar que vende *snacks*, "lanches", comidas rápidas e leves. Se diz |ÇNÉC bar|.

Snob – A origem da palavra é desconhecida. O que se sabe é que no inglês do final do século 18 significava "sapateiro", depois passou a designar gente pobre em geral, e mais depois, aí por 1850, aquilo que o senhor sabe: o sujeito que imita seus superiores sociais, nas maneiras e nos gostos, assim como despreza os que lhe são inferiores socialmente. Em inglês, se diz |ÇNÓB|, e aqui ganhou acréscimos de letras, para fazer as sílabas que a gente sabe pronunciar bem, "esnobe". Eu conhecia uma historinha para a história da palavra, que, no entanto, não se confirma nos melhores dicionários – mas é tão boa que eu não resisto a contar. Consta que, no mesmo século 18, marcado pela ascensão da burguesia, classe sem modos mas com grana, e pela decadência da aristocracia, vice-versa, nos colégios chiques eram admitidos os filhos da gente ascendente (hoje a gente diz, no Brasil, "emergente"), mas se marcava, na ficha deles, as letras *s. nob.*, o que seria a sigla para o francês *sans noblesse* ou para o latim *sine nobilitate*, ambos significando "sem nobreza". Bela história, mas chute, invenção total, cujo autor parece ter sido William Thackeray (1811-1863), inglês que, por sinal, publicou *O livro dos esnobes*, em 1848, reunindo artigos seus publicados alguns anos antes sob o sugestivo título *Os esnobes da Inglaterra, retratados por um deles*.

Snorkel – É o nome daquele respirador que os mergulhadores usam, naturalmente para respirar. O princípio é o de um canudo, simplesmente. A palavra é alemã, *Schnorchel* (pronúncia, mais ou menos, |CHNÔR-chel|, mas o "ch" ali dito como se fosse o "j" espanhol, manja? Daí foi ao inglês, porque durante a Segunda Guerra a palavra foi usada para designar o respiradouro dos submarinos alemães, inventado por um holandês, R. J. J. Ricken. Se diz |ÇNÓR-câl|, e entre nós |iz-NÓR-quêu|, é claro.

Soap opera – O nome norte-americano da nossa conhecidíssima "telenovela", só que muitíssimo mais simples em termos de produção e com muito menos relevância social. Nasceu para designar teledramaturgia seriada, com meia hora em cada episódio, sobre temas cotidianos. *Soap opera* se traduz, literalmente, por "ópera de sabão", ou "ópera-sabão". Sabe por quê? Porque as primeiras delas nos Estados Unidos foram patrocinadas por fábricas de sabão, especialmente sabão em pó, uma novidade para as donas de casa de então, anos 50. (Mas a coisa começou antes, na Inglaterra, no rádio, depois na televisão.) Se diz |ÇÔUP Ó-pra|, com o "r" rosnado.

Social climber – Expressão da língua inglesa, usada de vez em quando na imprensa brasileira (parece que em lugar da antiga *nouveau riche* – v.), que

designa a pessoa que no Brasil se chama de "emergente". Literalmente, se traduz por "alpinista social", quer dizer, o cara que sobe na sociedade – e nós sabemos que tais figuras são, regra geral, mais para o inescrupuloso. A pronúncia é, mais ou menos, |ÇOU-châl CLÁIM-bâr|.

Socialite – Palavra grandemente usada no Brasil para designar pessoas (em geral mulheres, entre nós) que têm algum destaque no mundo *fashion*, no mundo da moda e das coisas destacadas nas colunas sociais, no mundo mundano, com perdão pela redundância. A tendência no Brasil é a de fazer uma pronúncia híbrida |çô-çia-LÁI-tchi|, quando em inglês se diz |ÇÔU-châ-láit|. Diz o Houaiss que a palavra aparece desde 1928 no português.

Soft – Adjetivo inglês que significa "leve", "suave", "delicado", por aí. Aparece no Brasil para designar qualidades de coisas como tecidos, ou roupas feitas com certos tecidos, assim como sabões que fazem tecidos ficarem com essas características. Em outros contextos, se usa em oposição a outro adjetivo inglês, *hard* (que se diz |RRARD|), que significa "duro", "resistente", "áspero", por aí. *Soft* se diz assim mesmo, |ÇÓFT|, mas entre nós se ouve |ÇÓ-fi-tchi|.

Software – No mundo dos computadores, *software* é o nome genérico dos programas que organizam a ação da máquina. Um programa de escrita, um processador de texto, é um *software*. Se diz |ÇÓFT-uér| em inglês, e entre nós parece estar se firmando a pronúncia |ÇÓF-ter| ou |ÇÓ-fi-ter|. E tem a piada para distinguir *software* do *hardware* (v.): *hardware* a gente chuta, e *software* a gente xinga – piada sábia, que insinua, nas entrelinhas, que é certo que vai dar merda, em algum momento, o computador.

Soi-disant – Expressão francesa que, literalmente, quer dizer "que diz de si mesmo", "assim dito", "autodenominado". A escrita é assim mesmo (mas já vi escrito *soit disant*), e a expressão se usa muitas vezes com ironia: "O *soi-disant* escritor Fulano publicou mais um livro", isto é, "O Fulano, que se acha um escritor – mas eu não acho –, publicou mais um livro". Se diz |ÇUÁ diZÃN|, com o "d" de "dado".

Soirée – Francês, primeiro uma designação de certo momento do dia, aquele que vai do fim da luz do sol até o momento de nanar, o que, feitas as contas, vem a ser a nossa conhecida "noite", mas só até aquele momento (sem a madrugada, que está abrangida no termo português). Se diz |çuá-RRÊ|, com o "r" na garganta. Desse sentido primeiro, derivou para outros: um, a função social e/ou artística que se pratica nesse período – o que vem a ser o nosso "sarau" –; dois, uma sessão noturna de cinema ou teatro, em oposição a uma sessão diurna, *matinée*, que apesar de parecer que é coisa da manhã é coisa que acontece entre o meio-dia e a hora da janta (abrasileirado para "matinê"); três, uma "roupa de mulher", roupa chique, de sair para a festa, para ser usada naquela hora, como aparece no samba *Cem mil-réis*, de Noel Rosa – "Você me pediu cem mil-réis pra comprar um *soirée* e um tamborim", diz ele. Ainda se usará nesse sentido? A palavra vem do latim *sero*, que quer dizer "tarde", hora adiantada do dia.

Sold out – Inglês norte-americano usado, no Brasil, por gente que quer macaquear o comércio de Miami, para estampar num cartaz quando acabou a mercadoria, quando o produto já foi vendido. Se diz |ÇÔULD ÁUT|.

Sommelier – Palavra francesa que designa o sujeito entendido de vinhos, ou, mais genericamente, entendido em bebidas alcoólicas, empregado em restaurantes elegantes, que funciona como conselheiro de compras para os clientes e como escolhedor de vinhos para a casa em que trabalha. A origem é uma estrada tortuosa: em algum momento do passado, lá pelo século 14, o *sommelier* era o condutor de bestas de carga; depois, século 19 já, passou a designar o sujeito encarregado dos víveres e bebidas de uma casa de família ou de um restaurante. *Sommier* é a besta de carga, e essa é a origem da palavra, que conheceu algumas variações pelo caminho. Se diz |çô-me-LIÊ|.

Songbook – Na língua de J. D. Salinger (desculpe citá-lo, mas é um dos meus escritores prediletos), *songbook* é o nome do conjunto de hinos religiosos, aquele que se usa (ou usava) nas igrejas, para acompanhar a cantoria geral. Aqui no Brasil, por um daqueles atos de subserviência mental, parece que as editoras e jornalistas e sei lá mais quem preferiram essa palavra inglesa ao nosso simples e direto "cancioneiro", que quer dizer a mesma coisa, "coleção de canções". Eita, nóis. A pronúncia é |ÇONG-buc|, com o "g" quase mudo.

Sorbet – É o nome de uma sobremesa que parece um sorvete, mas é feita de outro jeito, sem leite e com o suco de alguma fruta, mais bebida alcoólica, dando no fim uma consistência de musse, ou um sorvete mas menos cremoso, por aí. A palavra vem lá da Ásia Menor, do turco *sherbet* ou algo assim, e pelo que sei se diz |çor-BET| mesmo. Ver *ice-cream.*

Sotto voce – Expressão italiana que se diz |ÇO-to VÓ-tche| e significa, mais ou menos, "em voz baixa", com voz discreta. Ou então, num uso metafórico – pense na frase "Ele me falou isso *sotto voce*" –, significa "privadamente", reservadamente.

Soufflé – Forma francesa já aportuguesada para "suflê", representando bem a pronúncia. O verbo *souffler* quer dizer "assoprar", de forma que *soufflé* significa "soprado", o que dá uma descrição aproximada da cara dessa comida, que de fato, pelo aspecto ligeiramente inchado, parece ter sido insuflada de ar. Se faz de vários jeitos e temperos, mas sempre com alguma farinha e claras de ovos batidas (aqui é que entra o ar, em bolhas).

Soul music – *Soul* quer dizer "alma", em inglês, de maneira que a combinação significa, literalmente, "música da alma". A expressão designa um estilo musical lento, associado originalmente com músicas religiosas cristãs (o *gospel* – v.) cantadas pelos negros do sul dos Estados Unidos. Ela tem parentesco, também, com o que se chama de *rhythm and blues* (v. *blues*). A pronúncia é, mais ou menos, |ÇÔUL MIÚ-zic|.

J. A. Muñoz

Sousplat – Palavra francesa que designa, em mesas refinadas, o "prato de baixo", que fica, evidentemente, embaixo do prato em que está a comida, que é maior que os realmente usados e que serve mais para decoração. Se diz |çu-PLA|.

Souvenir – Palavra francesa de circulação internacional, significando "lembrança", o objeto que lembra alguma coisa, em geral um objeto que é trazido de uma viagem. Tem forma aportuguesada, "suvenir", que é mesmo a pronúncia aproximada da palavra, mas parece que a imprensa prefere ainda a forma original. Em francês, a palavra é um verbo, equivalente ao nosso "lembrar", guardar na memória – e vem do latim *subvenire*, que significa, literalmente, "subvir", ou melhor, por estranho que possa parecer, "sobrevir" (à lembrança).

Spa – De primeiro, era o nome de uma localidade, na Bélgica, que é uma estância hidromineral. Daí, passou a designar, genericamente, *resorts* (v.), hotéis em que o sujeito se hospeda para recuperar saúde, emagrecer, fazer férias, essa onda toda. Se diz |ÇPA|, como não poderia deixar de ser, a menos que o senhor queira botar um "e" na frente, para fazer uma sílaba mais fácil para a fala brasileira.

Spaghetti – Essa merece um verbete à parte, tal a sua onipresença. Tem forma aportuguesada em "espaguete", como o senhor sabe. *Spago*, em italiano, quer dizer "corda", "fio", "barbante", de maneira que *spaghetti* quer dizer "barbantinhos". Simples, não?

Spalla – Palavra italiana que dá nome ao cargo do "instrumentista líder" de seu naipe, líder dos outros que tocam o mesmo instrumento. Especificamente, se chama *spalla* ao primeiro violinista da orquestra, aquele que fica sentado bem à esquerda do maestro, na primeira fila. É ele que, antes da entrada do maestro, chama todos ao serviço, convoca o oboé para dar o lá de afinação de todos os demais instrumentos, primeiro os sopros, depois as cordas, enfim, faz o papel de um auxiliar direto do chefe, sendo ao mesmo tempo o representante de todos os membros da orquestra junto ao maestro, que de vez em quando, cá entre nós, é uma peça vaidosíssima, tendendo ao nojento. (Quando tem talento, vá lá. Mas quando não, o que é que se faz com aquela casca de arrogância?) A palavra designa o mesmo que omoplata, ou a parte alta do membro superior, o ombro, que é onde o violinista encaixa seu instrumento, para tocar. Se diz |ÇPA-la|.

Spam – Hoje em dia tem sido chamada assim aquela desagradável correspondência de propaganda que a gente recebe pela internet. Sabe qual é? Muita porcaria, enchendo a caixa do correio. Um saco. O nome é uma espécie de piada: desde muito tempo existe um produto feito de carne enlatada, que se come frio mesmo (deve ter um gosto de papel molhado, mais ou menos), e esse produto se chama *spam* (se diz, na América, |ÇPÉM|). Foi popularizado na Segunda Guerra (1939-45) pelo consumo dos soldados do Tio Sam, tanto que os britânicos também viraram consumidores. Daí que qualquer porcaria nova que aparece sempre tem um piadista para chamar de *spam*. A empresa que faz o troço se chama Hormel Foods Corporation, de Austin, Minnesota.

Sparring – Palavra da expressão em língua inglesa *sparring partner* ou *sparring mate*, que designa aquele boxeador (ou lutador em geral) que serve para o craque da matéria treinar. No inglês antigo, *sparren* quer dizer "empurrar", "golpear", e daí *to spar* designar, depois, movimentos de ataque no *box*, aliás, boxe, em português culto. Se diz mais ou menos |ÇPA-rin|, com o "r" rosnado, na pronúncia à moda americana.

Spleen – É o nome inglês do "baço", aquele órgão humano que fica do lado esquerdo do estômago, armazena sangue, destrói células sangüíneas velhas, filtra o sangue e produz linfócitos – não é que eu saiba isso tudo, mas tá no dicionário. Antigamente se acreditava que o baço era a sede das reações emocionais, as paixões, e por isso *spleen* passou a significar "melancolia". Por esse motivo, o Romantismo tomou o *spleen* como referência simbólica daquela deprê que tipicamente tomou os corações de certos artistas daquele período, como o poeta inglês Lord George Byron (1788-1824), figura referencial do tema, porque compôs poemas de longa e triste meditação sobre a condição humana e, no fim, morreu heroicamente, lutando na independência da Grécia, por raro que pareça. (Usa-se o adjetivo "byroniano", quer dizer, |bái-ro-ni-Â-nu|.) No Brasil, o poeta mais notável na matéria é (Manuel Antônio) Álvares de Azevedo, paulista que viveu entre 1831 e 1853 – era daqueles típicos adolescentes geniais cuja vida acaba não cabendo nos limites reais e que escreveu um poema chamado "*Spleen*" *e charutos* (em *A lira dos vinte anos*). Byron era uma de suas admirações mais diletas, como era de todos aqueles que o tempo acabou chamando de "geração *mal-du-siècle*" (v.). Isso sem falar que o imenso poeta francês Charles Baudelaire (1821-1867), além dos vários poemas chamados *Spleen*, batizou a primeira parte de seu clássico *As flores do mal* com a esdrúxula combinação "*Spleen* e ideal". A pronúncia é |ÇPLIN|, com "n" de náusea.

Sponsor – Palavra inglesa que designa o "patrocinador", em todos os sentidos, mas especialmente, no mundo dos espetáculos e das artes, o "cara que financia o artista", o "patrono". Se diz |ÇPÓN-çâr|. A palavra circula assim mesmo em várias partes, por exemplo, no mundo de língua espanhola, enquanto no Brasil a gente fala mais em "patrocinador", que seria o termo equivalente.

Sponte sua – Latim meio raro, mas interessantíssimo, significa "por vontade própria", por iniciativa própria, sem pressão de ninguém outro. Se diz, por exemplo, "Ele propôs aquela medida *sponte sua*". Literalmente, quer dizer "com vontade própria". A pronúncia é |ÇPON-te ÇU-a|.

Sportsman – A palavra é inglesa, mas é tão conhecida nossa que parece nascida debaixo de uma palmeira, à sombra do laranjal. Literalmente, quer dizer "homem esportivo", "homem do esporte", e se diz |ÇPÓRÇ-mén|. Também aparece *sportswoman*, quando se trata do sexo feminino, naturalmente.

Sportswear – Em inglês, quer dizer "roupa esportiva", ou melhor, "roupa para esporte". Diz-se |ÇPÓRTÇ-uér|.

Spot – Em inglês, assim isolada, a palavra tem vários significados, a começar de pequeno pedaço de alguma superfície, um trechinho de chão ou uma mancha específica numa parede, por exemplo. Daí vai para um ponto qualquer, ou melhor, um ponto específico. Daí é que compõe com *light*, "luz", para fazer a matriz do uso brasileiro: em inglês, *spotlight* é a luminária que faz a luz dirigir-se a um foco preciso, coisa que nós passamos a chamar *spot* (incluindo o chamado canhão de luz atual), dito |ÇPÓT|, por redução, e muitas vezes |is-PÓ-tchi|.

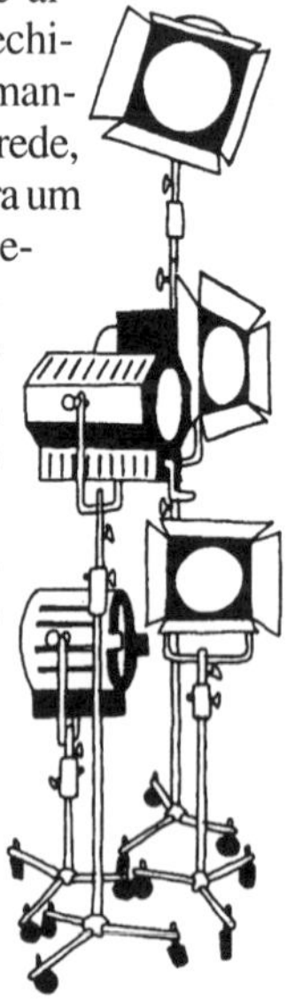

Spray – Palavra inglesa que a gente conhece muito aqui no Brasil, poderia ser traduzida como "borrifo", "poeira de água", perdoada a metáfora. Mas é isso mesmo: aquela massa de pequenas gotas d'água que sobrevoa a uma onda do mar, por exemplo, é um *spray* (dito |ÇPRÊI|). Aqui, ela ganhou força por um sentido derivado desse, que existe desde o inglês: *spray* é também o tubo, o recipiente que contém um líquido que vai ser – atenção para a palavra portuguesa – espargido (ou esparzido, que é a mesma coisa), que vai ser espalhado no ar. Para o meu olho, *spray* e "espargir" têm muito em comum, mas os dicionários não dão assim: dão a primeira como derivada de uma forma do holandês antigo, e a segunda como vindo do latim *spargere*. Não lhe parece?

Spread – Pra mim, a palavra é parente da anterior, tanto pela semelhança de escrita (aquele nó "spr+vogal") quanto pelo significado: em inglês, *to spread* significa "espalhar", assim como a extensão ou a distância entre dois pontos. No mundo globalizado pela dominância do capital financeiro, a palavra circula significando a diferença entre os juros cobrados e os pagos, quer dizer, a taxa que os bancos ganham no jogo entre receber investimentos e emprestar dinheiro, o chamado "*spread* bancário". Se diz |ÇPRÉD| ou, entre nós, |is-PRÉ-dji|.

Sprinkler – Dá uma olhada nos verbetes *spray* e *spread*, que aqui ganham outra realização: *sprinkler*, que se diz |ÇPRIN-clâr|, é o nome inglês do chuveiro automático, particularmente aquele que é acionado pela própria fumaça e pelo calor do fogo, em dispositivos antiincêndio. Em inglês, *to sprinkle* é "gotejar", dispersar água ou "salpicar".

Sprint – Palavra inglesa que significa corrida a toda velocidade, a corrida final em uma competição – os últimos metros da corrida no atletismo ou no ciclismo de velocidade. O cara que dá essa corrida, o cara (e também o cavalo, no turfe) que é capaz de nos últimos esforços se superar e ganhar num fulminante *sprint* final, se chama, em inglês e aqui na nossa terra, *sprinter*. Se diz como em português mesmo,

|ÇPRINT|, mas entre nós, é claro, também há quem diga |is-PRIN-tchi|.

Squash – Espécie ligeiramente ensandecida de jogo de raquetes, em que os competidores ficam lado a lado, dando porrada numa bolinha, que é lançada contra a parece frontal, com o objetivo de que o colega ali do lado não a alcance para rebater. Em inglês, *to squash* é "esmagar", o que faz sentido. Se diz |ÇCUÁCH| em inglês.

Staff – Tem uma forma aportuguesada em "estafe", mas não parece ter pegado direito. A palavra é inglesa e designa o grupo que cerca um político, por exemplo, ou o conjunto de técnicos de determinada missão, ou mais genericamente o conjunto de profissionais de uma instituição. Se pronuncia |ÇTAF| mesmo. Na língua de Shakespeare, a palavra designa, antes disso aí de cima, um bastão para apoio em caminhadas, um cajado, mas também um bastão de combate, e daí talvez tenha ido ao significado mais geral de "apoio".

Stand – Palavra inglesa já abrasileirada para "estande", mas ainda aparece na forma original entre nós, designando predominantemente uma loja, um local de venda, especialmente aquele que se organiza na provisoriedade de uma exposição. Também assim se chama o local de prática de tiro ao alvo. A pronúncia em inglês é |ÇTÉND|.

Standard – Formato de jornal, aquele que é grandão, tipo *Folha de S. Paulo* ou *Jornal do Brasil*, correspondendo ao dobro do tamanho dos tablóides, tipo *Zero Hora* e o *ABC Domingo* (a expressão *tabloid journalism* é do começo do século 20). Engraçado que a palavra é inglesa, aportuguesada em outros contextos como "estândar", numa imperfeita imitação da pronúncia, forma não-dicionarizada ainda. A palavra significa "padrão", e não apenas no campo jornalístico, em qualquer coisa, em qualquer campo se pode falar em *standards*, "níveis de referência", "modelos".

Stand-by – Função que em eletrônica corresponde a uma posição em que o aparelho está pronto para ser acionado, para ser ligado de novo. De maneira simplificada, pode-se dizer que é a função que deixa a luzinha acesa, mas sem o aparelho estar ligado totalmente. Sabe? Como um substantivo composto, designa a pessoa que está prestes a entrar em ação, prestes a ganhar vaga no avião, prestes a alguma coisa, incluindo o cara que é o braço-direito de outro – *to stand* quer dizer "ficar em pé", e *by* significa "ao lado", metaforicamente "à mão". Se diz |ÇTÉND-bái|.

Starlet – A jovem atriz, ou candidata a atriz, aquela moça que quer vencer no *star system* (v.). Se diz |ÇTAR-let| e parece ter uso desde os anos 20, justamente quando o cinema entrou no mundo adulto do consumo de massas.

Star system – Expressão inglesa que se traduz literalmente por "sistema das estrelas", mas que na prática designa o mundinho dos astros de cinema (nos EUA) e de tevê (no Brasil). Ao dizer *star system*, se está aludindo ao fato de que nesse grupo há regras, há procedimentos, há rotinas, há critérios de inclusão e exclusão e, sobretudo, há grana envolvida, e não é para qualquer bico entrar ali. Se pronuncia |ÇTAR CIÇ-têm|, com o "m" dito como se viesse uma vogal depois.

Start – O verbo inglês *to start* quer dizer "começar", "arrancar", iniciar, enfim. Como ele apareceu bastante nos computadores, na forma de uma ordem muitas vezes (*Start*), não faltou brasileiro para inventar um verbo "estartar", o que, convenhamos, é uma demasia. Tão demasia que não permaneceu. Se diz |ÇTART|.

Status – Palavra latina que, por todos os motivos, o senhor já deduziu que é a mesma coisa que o nosso "estado", o nossa "estatuto". O senhor acertou. Fala-se de "ter *status*", de coisas que "dão *status*", no sentido de coisas que dão um aspecto de grande coisa ao possuidor. Aparentemente, o uso atual de *status* em português veio, com certa dose de ironia do destino, da língua inglesa, que usa o termo nesse sentido há mais tempo. Qual sentido? O de "situação", "estado", jeito em que a coisa anda. Há expressões latinas relativas a isso, como *In statu quo ante*, que quer dizer "No lugar em que (se achava) antes", que pode ser usada abreviadamente como *statu quo ante* ou, mais curto ainda, *statu quo*. No mundo jurídico dos tratados de paz, quer dizer, nos intervalos das guerras, a expressão completa se opõe a outra, *Uti possidetis*, que se traduz, literalmente, por "Como possuis agora". Deu pra entender? Aquela expressão, *In statu quo ante*, manda voltar a linha da fronteira (por exemplo) ao que era antes, ao passo que esta, *Uti possidetis*, afirma a posse do território tal como se encontra agora, no momento em que a questão se instala, não importando o estado anterior nem as eventuais barbaridades cometidas para que as coisas chegassem ao ponto atual. A pronúncia nossa é |is-TA-tus|, ou, mais chiquemente, |STA-tus|, ao passo que os de fala inglesa dizem diferente, |ÇTÊI-tâç|, mais ou menos.

Steak – Palavra do inglês que veio do nórdico antigo (é o que dizem os dicionários) e significa "bife", posta de carne de boi (diferentemente de *beef*, que quer dizer, em inglês, a carne de boi como alimento em sentido amplo). A pronúncia é meio rara, |ÇTÊIC|. Tem o chamado *steak tartar*, que é carne crua com um nome diferente – também não precisa me convidar para essa. Em português, nós já fizemos "bisteca", do italiano *bistecca*, que por sua vez parece ser uma adaptação de *beef steak*, "bife de carne de gado".

Step – A tradução direta da palavra é "passo" ou "degrau", mas ela acaba tendo outros sentidos metafóricos e metonímicos, como "degrau": por isso chama-se assim um tipo de ginástica, em que o sujeito fica trocando passos, subindo e descendo de pequenos patamares, simulando andar em escada ou algo assim, e também assim se chama uma dança. Se diz |ÇTÉP| em inglês, e é daí também que vem o "estepe", o pneu sobressalente do carro, já que em inglês *step* também é "substituto".

Stick – Em inglês, a palavra significa várias coisas, sempre a partir da noção-matriz de "bastão", pedaço de pau, por aí. Tenho a impressão de que no Brasil tem sido usada como redução de *lipstick*, "bastão para os lábios", quer dizer, "batom". Tem também o desodorante assim qualificado. Se diz |ÇTIC|.

Stone washed – Expressão inglesa que aparece como designação para um tipo de tecido para roupa. Literalmente, quer dizer "lavado com pedra", ou "lavado a pedra", e alude ao aspecto desgastado que tem o tecido esse (efeito que começa a ser chamado de "estonado"). Para quem tem mais de 30 anos, o efeito *stone washed* é o mesmo que vinte anos atrás se conseguia, nas calças *jeans* (v.), depois de muito uso, ou depois de o tecido ser ralado, submetido a um tratamento quase de lixa. Se diz |ÇTÔUN UÓCHD|.

Stoned – Variação da designação acima, em forma mais sintética: se diz daquele tecido de aspecto propositalmente desgastado que ele é *stoned*, o que, literalmente, daria "pedrado", ou algo assim. Não por acaso, é gíria do mundo da língua inglesa para designar o sujeito drogado. Se diz |ÇTOUND|, mais ou menos.

Stop – Palavra do inglês bem famosa em toda parte, talvez muito porque ela aparece nas placas de trânsito, que obrigam a parar nas preferenciais (e tudo que é filme de rua ou de estrada estampa). No Brasil, parece ter circulação, pelo menos em algumas regiões, como nome de um jogo familiar, em que se estipulam determinadas categorias (nomes de atores, títulos de filme, marcas de carro, nomes de livros, nomes de flores etc.) e os participantes devem, no menor tempo possível, lembrar um nome para cada categoria, sempre começando pela mesma letra, letra essa escolhida ao acaso: manda-se alguém recitar, mentalmente, o abecedário, e alguém grita para ele *Stop*; a letra em que ele parar a recitação será a letra eleita para aquela rodada. Agora, por que chamar de *stop* esse jogo, é duro de saber. Se diz |ÇTÓP| em inglês, mas a gente diz |isTÓ-pi|.

Store – Assim, solta, a palavra designa o mesmo que "loja", um lugar em que se vendem coisas. Com essa função, acrescida do atual charme do inglês entre nós, é que ela aparece em fachadas e tal, para assinalar que ali tem uma loja, um comércio, mesmo que seja o antigo armarinho: vamos de *homestore*, com coisas para o lar, *bookstore*, para livros etc. Se diz |ÇTÓR|.

Storyboard – Palavra inglesa relativa ao mundo do cinema, designa uma seqüência de desenhos feitos a traço grosso, que representam as cenas de um roteiro a ser filmado. Se diz |ÇTO-ribórd|, com os "r's" rosnados, se for para imitar a pronúncia oliudiana, quer dizer, hollywoodiana. *Board*, nesse contexto, quer dizer "quadro", e *story*, como o senhor já viu, é o mesmo que "história", enredo.

Straight flush – Ver *poker*.

Strass – É o nome de um vidro usado para fazer bijuteria. Vem do nome do sujeito que começou a brincadeira, um francês chamado Georges Fréderic Strass (1700-1773). Brincadeira para mim e o senhor, porque ele era joalheiro e deve ter levantado uma grana, é claro.

Stream of consciousness – Assim a seco, a expressão quer apenas dizer "fluxo de consciência", literalmente, e tem a ver com a psicologia. Mas no mundo da literatura do século 20, a expressão representa todo um conceito: designa um estilo narrativo que no plano da linguagem imita, ou parece imitar, o próprio andamento da consciência do personagem. Trata-se de uma seqüência de frases, mais ou menos ordenadas, que vão dando conta da intimidade do personagem, relatando suas percepções, os fragmentos de sua inteligência e sensibilidade. Pense em Virginia Woolf e seu sensacional *Rumo ao farol*, romance de 1927 que o senhor precisa ler pelo menos uma vez na vida. Se diz |ÇTRIM âv CÓN-châç-nâç|.

Street dance – Expressão inglesa, de circulação recente entre nós, tem a data do *rap* (v.), quer dizer, tem a idade dessa modalidade de arte popular urbana norte-americana, que se espalhou pelo Ocidente. *Street dance* significa "dança de rua", especificamente aquela de requebrados vigorosos, passos agressivos e rápidos, os bailarinos trajando aqueles bermudões soltos e camisas vários números maiores que o corpo em que estão. Talvez a designação tenha nascido em oposição à dança de salão e à dança de academia. Se diz |ÇTRIT DÉNÇ|, se bem que a gente dá uma atenuada nessas consoantes todas e faz, frouxamente, |is-TRI-tchi DÉN-çi|.

Street wear – Inglês também, significa "roupa de rua", isto é, roupa sem alinho maior, roupa largadona, em oposição à roupa requintada, cara e de marca. Se bem que as marcas hoje em dia também fazem *street wear*... Se diz |ÇTRIT UÉR|, com os "r's" rosnados.

Stress – Palavra inglesa largamente utilizada entre nós, a ponto de já ter sido dicionarizada como "estresse", forma que dá a pronúncia brasileira para a palavra original. Aparece na forma inglesa ainda bastante, na imprensa. Sua origem, como a maior parte do vocabulário culto da língua de Bertrand Russell, vem do latim, neste caso a partir de *strictus*, que quer dizer "estreitado", "comprimido", o que dá o passo inicial para o *stress* biológico, que começa significando tensão e termina designando uma doença que, dizem os dicionários, abala a homeostasia e faz o corpo produzir mais adrenalina para compensar a coisa. Doença de nosso tempo, como o senhor sabe. A pronúncia no inglês é |ÇTRÉÇ|, com o "r" rosnado.

Stretch – *To stretch*, na língua da senhora Woolf, citada no verbete *stream of consciousness*, quer dizer "esticar", estender, e daí o sentido do substantivo, de mesma forma escrita: é o nome que se dá ao tecido que estica, que se amolda ao corpo, em certa proporção, e por isso é usado em certa moda (feminina, mais que nada). Se diz como se escreve, |ÇTRÉTCH|.

Stricto sensu – Latim, é sozinha uma locução adverbial inteira e se traduz por "em sentido estrito", em sentido específico – a preposição "em" já está implicada na forma latina, não cabe o senhor escrever "em *stricto sensu*", nada disso. (Que nem *grosso modo*, que não se deve usar na forma "a *grosso modo*", porque, sendo latim, as palavras já trazem em si as marcas de declinação, de terminação, que significam isso.) Se diz como se lê, |ÇTRIC-to ÇEN-çu|. A expressão se opõe a *lato sensu* (v.).

Striptease – Vai me dizer que o senhor não sabe? Sabe, sim. Todo mundo sabe, sem saber nada de inglês. Quer dizer aquele pequeno *show* em que alguém vai tirando a roupa, sensualmente, para excitar a tigrada. Em inglês, *strip and tease* pode ser traduzido por "tirar e provocar", e nós já entendemos tudo. Se diz, em inglês, |ÇTRIP-tiz|, com o segundo "i" mais comprido que o primeiro. A criatura que faz *streptease* se chama *stripper* (também pode ser, mais estritamente, *strepteaser*), em inglês (e entre nós também).

Strogonoff – Nome de comida, hoje em dia bastante comum, que parece encerrar alguns equívocos. Os dicionários de culinária disponíveis no Brasil são unânimes em afirmar que o nome correto é *Stroganov*, que seria nome de uma família da qual brotou um certo general que teve participação na invenção do prato (Houaiss dá como sendo do século 19 o general, mas Lancellotti e Gomensoro o localizam no começo do século 18.) Ele teria ajudado a transformar o que era apenas um jeito de armazenar nacos de carne em um prato refinado. Sei eu lá. Está dicionarizada a forma "estrogonofe".

Strudel – Aquele belíssimo doce alemão, que se diz |CHTRU-del|. Que eu saiba, tem o *apfelstrudel*, "strudel de maçã", e o de banana, pelo menos (e tem com salgados, também). Trata-se, nas palavras de gente que manja do riscado, de um doce de origem austríaca, feito com massa finíssima, difícil de fazer, que leva de recheio maçã, passas, nozes, tudo temperado com manteiga, açúcar e canela.

Struggle for life – A expressão inglesa entrou em circulação internacional por causa de um grande cientista, Charles Darwin (1809-1882), que formulou a teoria da evolução. Seu trabalho tinha por nome, originalmente, *On the origin of species by means of natural selection, or the preservation of favoured races in the struggle for life* (1859), o que em português daria a seguinte enormidade: *Sobre a origem das espécies por meio de seleção natural, ou a preservação de raças favorecidas na luta pela vida*. O nome mais comum do trabalho é breve, *A origem das espécies*, e o senhor já entendeu que *struggle for life* quer dizer "luta pela vida", no sentido darwinista, segundo o qual alguns espécimes saem-se melhor na busca de alimentos e abrigo e na capacidade de reproduzir e de se adaptar. Se diz |ÇTRÂ-gâl fâr LÁIF|.

Sturm und Drang – Expressão alemã que designa uma tendência do movimento romântico, em fins do século 18, a partir de uma peça para teatro com esse nome, escrita por Friedrich Maximilian von Klinger (1752-1831). Literalmente, significa "tempestade e impulso" – por isso mesmo representa a idéia de um temperamento sensível, uma personalidade delicada, em conflito com as convenções sociais. Ou seja: o Romantismo, tal como o conhecemos, incluindo uma dose de gosto pelas tradições locais, de tipo folclórico. Se pronuncia |CHTURM und DRANG|, com o "m" dito como se viesse uma vogal depois e o "a" dito assim mesmo, não como "ã".

Style – Palavra inglesa que quer dizer a mesmíssima coisa que o nosso "estilo". A forma inglesa parece ter curso em pelo menos dois mundos: o da moda e o do *skate*. Se diz |ÇTÁIL|. (De vez em quando aparece o termo *stylist*, "estilista", para designar o "fazedor de moda", o cara que desenha roupas.)

Sub judice – Latim bastante conhecido, é uma expressão que informa a condição de um processo, de uma questão, de um problema em exame pelo Judiciário: diz-se que está *sub judice* (dito |SUB JU-diçe|) quando a questão está "sob apreciação do juiz", "em julgamento", literalmente.

Sub specie aeternitatis – Expressão latina daquelas bem sábias – eu, particularmente, aprecio muito usá-la –, significando "do ponto de vista da eternidade". Pronuncia-se |sub ÇPÉ-çie ê-ter-ni-TA-tis|, e é usada para relativizar a importância que é dada a determinado episódio que, se fosse tomado de um ponto de vista maior, como o da eternidade, perderia aquela excessiva importância.

Succès d'estime – Expressão francesa que significa, literalmente, "sucesso de estima", isto é, "sucesso de público" por parte de uma obra, um livro ou uma canção, digamos, que é recebido(a) com gosto. Se diz |çuc-ÇÉ deç-TIM|, com o "u" dito com a boca de dizer "i" e o "m" final como se viesse uma vogal depois.

Suelto – Palavra da língua espanhola, o mesmo que "solto", do português. O termo era usado no mundo do jornalismo para designar o texto curto, em tom de comentário, meio cronístico, sobre assunto cotidiano. Se diz |çu-ÊL-to|.

Sui generis – Latim bastante conhecido, a ponto de ter virado nome de uma famosa e interessantíssima banda de *rock* argentina nos anos 70 e 80 (que contava com o genial e genioso Charly García), significa "de seu próprio gênero" e se pronuncia |ÇÚI JÊ-nê-ris|. É uma expressão interessante porque, sendo precisa na descrição, é uma capitulação: quando se diz de alguém ou de alguma coisa que é *sui generis*, está-se dizendo que não há nada mais a dizer, porque não temos capacidade de aproximar a pessoa ou a coisa em questão de outra pessoa ou coisa.

Suite – Palavra francesa, já com forma abrasileirada, para "suíte", com acento, que significa "seqüência", sucessão, aquilo que segue alguma coisa.

(Lá atrás há uma forma latina, *sequitus*, particípio passado do verbo *sequere*, que veio para o nosso "seguir".) A palavra é usada em vários universos, sempre com um significado dessa família aí: chama-se de suíte o quarto de dormir que tem uma pequena seqüência, um apêndice, que é o banheiro; em música, chama-se de suíte uma composição feita de uma seqüência de trechos, alternando passagens mais vivas com outras mais lentas, como a megafamosa suíte *Quebra-nozes*, de Tchaikovsky (1840-1893), composta em 1892 para balé. A pronúncia nem precisamos dizer, porque o acento no português indica como é.

Summa cum laude – Latim, que se pronuncia |ÇU-ma cum LÁU-de| e significa "com máximo louvor". Ver *cum laude*".

Summer – Assim sozinha, a palavra é o equivalente a "verão", em inglês (e se pronuncia |ÇÂ-mâr|). Mas designa um paletó, um *blazer*, que se usa no verão, por extenso *summer jacket*.

Summit – Tem aparecido na imprensa a palavra "cúpula" não como designação do ponto mais alto de uma construção, mas de uma reunião de dirigentes máximos – presidentes de país, em especial. "Cúpula das Américas", por exemplo. Os portugueses dizem "cimeira". Em espanhol é *cumbre*, com os mesmos significados, e em inglês é o tal *summit*, dito |ÇÂ-mit|, por extenso *summit conference*, "conferência de cúpula". As formas espanhola e inglesa são estampadas na imprensa porque, bem, em se tratando de América como um todo, temos de fato muitos países de língua espanhola e alguns de inglesa, muito particularmente o grandão aquele, o país sem nome (como observou Caetano Veloso), o país que parece nome de empresa, os Estados Unidos da América.

Summum bonum – Latim, significando "o bem supremo", o estágio mais desenvolvido de alguma coisa ou algum mister. Se diz |ÇU-mum BO-num|.

Sundae – Quem não sabe o que se esconde debaixo desse nome? Todo mundo manja: o "sorvete com cobertura", com calda e até algumas outras coisas por cima. A palavra é inglesa, e é uma forma antiga de *Sunday*, o "domingo", as duas sendo pronunciadas do mesmo jeito, |ÇÂN-dêi|.

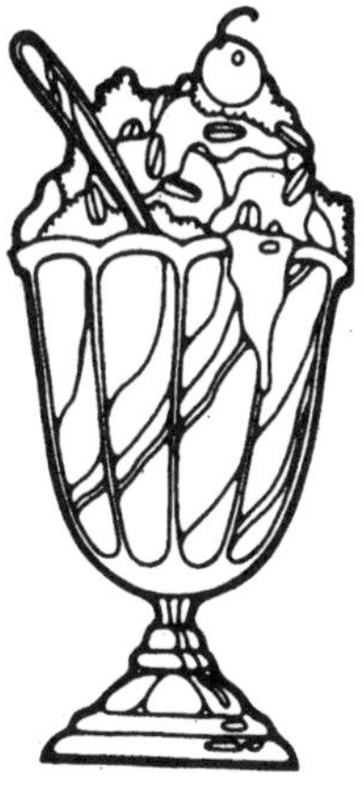

Superavit – Latim bem conhecido, abrasileirado pelo Aurélio como "superávit", é uma forma verbal que significa literalmente "sobrepassou", "sobrou". Se pronuncia |çu-pe-RA-vit| e se usa como substantivo para designar, bem, exatamente a quantia que sobrou, feitas todas as contas. Ver *deficit*.

Superego – É uma categoria criada por Sigmund Freud, formando um conjunto de conceitos fundantes da psicanálise (v. *ego*). *Ego*, em latim, é "eu", de forma que *superego* (que se diz com a tônica aberta, |çu-pe-RÉ-go|) seria traduzível para "super-eu". Dito de

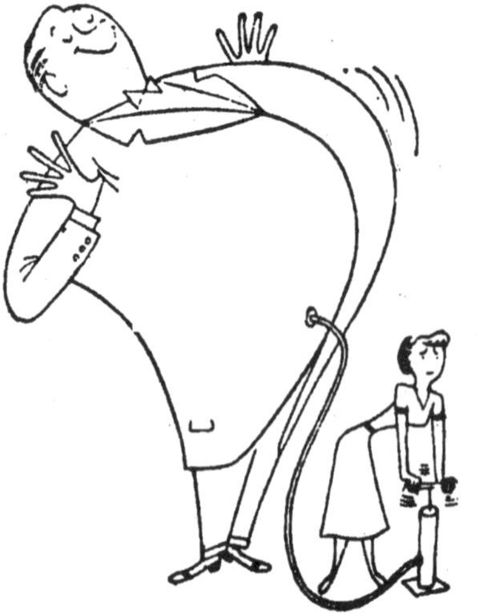

modo breve e impreciso, é aquela estrutura da personalidade formada pelos valores da sociedade, da família, da moral, valores que reprimem os ímpetos do *id* e os desejos do *ego*.

Sur place – Francês, significando "no local" e pronunciado mais ou menos |ÇURR PLAÇ|, com o "u" dito com bico de dizer "i" e com "r" carioca. Usa-se para contrastar, por exemplo, uma *pizza* para comer *sur place*, "no local mesmo", e outra *pour emporter*, "para levar pra casa".

Surf – Nome de um esporte de enorme sucesso no mundo todo, que no Brasil a gente pronuncia tanto "surfe" quanto |ÇÂRF|, imitando a pronúncia norte-americana. Primeiro, a palavra designa, em inglês, a onda quebrando, e por isso é que o esporte herdou a palavra, porque se trata de equilibrar a prancha no coração da onda, enquanto ela quebra. (Aliás, para ser preciso, a onda só existe para o surfista enquanto quebra. Eu nunca tinha pensado nisso: a onda é puro movimento.) A coisa é pré-histórica de tão velha, sendo praticada em mares do hemisfério sul desde sempre. O famoso capitão e desbravador britânico James Cook (1728-1779) é que deu, ao que parece, a primeira notícia moderna, lá por 1777, quando viu um pessoal pegando onda no Taiti.

Surfwear – Palavra muito encontrável em nossos dias, como designação da roupa feita para o mundo do *surf*, para as gentes que fazem *surf* ou meramente se identificam com aquele mundo. É roupa largadona, de praia, sugerindo liberdade de movimento e alguma rusticidade, valores ambos de grande aceitação no mercado, precisamente porque a vida urbana real os nega. Se diz |ÇÂRF uér| em inglês.

Surplus – Palavra de matriz latina (é formada originalmente de *super* mais *plus* encontrada na imprensa brasileira, mas a partir do inglês ou do francês. Significa "excesso", aquilo que excede, aquilo que apareceu para além do esperado, como a quantidade de grãos acima da expectativa, em uma plantação. Dá para pronunciar à maneira brasileira mesmo, mas se quiser referir à importação da palavra desde o inglês, será preciso dizer |ÇÂR-plâç|, mais ou menos.

Surround – Palavra da língua inglesa que aparece na designação *surround sound*, do efeito sonoro de determinados aparelhos, sofisticados, como aqueles que levam o nome de *dolby* (v.). *To surround*, como verbo, significa "circundar", envolver completamente, no sentido físico. E essa é a sensação de quem ouve o tal som. Como nas melhores salas de cinema de hoje em dia. Se diz |çâ-RÁUND ÇÁUND|, com o "r" rosnado.

Sushi – Comida de japonês que faz um sucesso medonho hoje, mas não conta com a minha irrelevante admiração, porque comer arroz molhado e peixe cru, e além do mais tudo frio como barriga de sapo, não é comigo. Mas tudo bem, tem quem goste. O senhor quer ver só? O Houaiss, que em vida era um *gourmet* refinado e manjava do negócio, diz que a palavra japonesa *sushi* significa "o que está azedo". Não sou eu que digo... Em todo o caso, a descrição da coisa é: bolinho de arroz enrolado em uma folha de alga e decorado com fatias de peixe cru ou cozido, vegetais, ovos e sabe Deus o que mais, tudo temperado com vinagre. A pronúncia, como o senhor sabe, é |çu-CHI|. Tem um parente disso que é o *sashimi*, a carne crua do peixe, pura e simplesmente. Argh.

Swap – Palavra inglesa que designa a troca de empréstimos entre bancos, não me pergunte para quê. O termo existe em inglês há séculos para designar "permutas", negociações, mas

parece que nasce da designação (talvez onomatopaica) do choque das mãos, quando dois negociantes vão fechar um negócio. Se diz |ÇUÓP|.

Swing – A palavra é inglesa e já tem forma abrasileirada para "suingue" (a pronúncia aproximada da forma inglesa), designando "balanço", o ritmo, o... suingue de certas músicas, de certos estilos musicais (aquele *jazz* dos anos 30), mas também acontece significar prática sexual heterodoxa da troca de casais. O primeiro sentido parece ter nascido diretamente por causa do *jazz*, da música negra norte-americana, em cujo acompanhamento os corpos balançavam mesmo.

Switch – Em inglês, significa um "comutador", um comando que troca (liga e desliga), ou alterna ou combina coisas, como imagens e sons. Se denomina assim no Brasil a mesa de comando de imagens (e sons) em uma estação de televisão, por extenso, *switchboard*. A pronúncia abrasileirada |çu-Í-tchi| é muito parecida com a original |ÇUITCH|, aportuguesada para "suíte", mas nada a ver com *suite* (v.).

T

Tabula rasa – Latim, bastante usado, significa "tabuinha lisa" ou "rasa", mesmo, se bem que uma tábua rasa não faz muito sentido, tomada literalmente. Quando alguém reduz uma discussão ao seu nível mais simplificado, ou quando alguém iguala coisas muito diversas entre si, diz-se que ele está fazendo *tabula rasa*, quer dizer, está tomando as coisas num sentido demasiadamente simples, elementar. Se diz |TA-bula RRA-za|, como se sabe.

Taglierine – Ver *fettuccine*.

Tai chi chuan – Nome daquele esporte (dança? mistura de tudo isso com filosofia?) chinês, que parece lindo de fazer. São movimentos lentos, que envolvem meditação e exercício físico, e que plasticamente são fascinantes. Cada parte daquelas tem a ver com um bicho, evocado em um de seus aspectos. Parece que a composição é *tai* significando "o mais alto", o mais elevado, *chi*, o "processo de atingir", e *chuan*, o "punho", por extensão, o pugilismo, o boxe. A pronúncia original é parecida com a que a gente faz – aliás, a forma escrita em caracteres ociden-

tais foi feita para tentar dar uma idéia justamente da pronúncia chinesa.

Tailleur – Palavra francesa que, no Brasil, designa apenas uma roupa feminina, um conjunto de saia e casaco, geralmente feitos ambos do mesmo tecido. Originalmente, a palavra designa bem outra coisa: é o nome da profissão do sujeito que corta, que talha, isto é, o "alfaiate", o *tailleur* (em inglês, deu parecido o nome do alfaiate, *tailor*, ao passo que em alemão é *Schneider* e em espanhol é *sastre*, que era usado também em Portugal, que, porém, preferiu a forma *alfaiate*, que é totalmente de origem árabe). A pronúncia francesa seria |tái-ÉRR|, mas com a boca de dizer "o".

Take – Palavra da língua inglesa com vários significados. Em português, porém, é um só, nascido do uso que se faz dela no mundo do cinema: um *take* (dito |TÊIC|) é uma "tomada", uma cena filmada sem corte. O verbo *to take* significa, acima de outras coisas, "tomar", pegar, e esse sentido é a matriz do uso cinematográfico, naturalmente.

Talk of the town – Expressão inglesa que parece ter nascido para comentar, meio como colunismo social, uma onda que toma conta da cidade. Literalmente, significa "a conversa da cidade", quer dizer, o assunto da cidade, e se diz |TÓC âv dã TÁUN|. Aparece de vez em quando, na imprensa brasuca, em imitação do estilo nova-iorquino de ser e dizer, na linha aquela do "Sabe da última?", ou "Não se fala de outra coisa na cidade".

Talk show – Expressão da língua inglesa que designa, desde há umas décadas, o programa de televisão em que um entrevistador bate papo com uma personalidade em frente a um auditório com gente real. Tipo o programa do Jô Soares, o mais famoso do Brasil, que nasceu faz já uns quinze anos, à imitação total de programas norte-americanos. Se diz |TÓC-chôu| e significa, ao pé da letra, "apresentação (ou programa) de conversa".

Tape – Palavra do inglês que ficou no português desde que apareceu o recurso televisivo de gravar a transmissão (o que se chamou de *videotape*, ou "vídeo-teipe") para exibi-la depois. Em inglês, *tape* é uma "faixa" de tecido, um pedaço estreito de tecido, e daí foi aproveitado para designar a fita magnética em que se gravam coisas, ou sons (já disponível nos anos 1930) ou imagens (disponível em larga escala para televisão um pouco depois, se bem que, na forma de fita usada no cinema, já exista há bem mais tempo). Se diz |TÊIP| e o Houaiss já dá a forma "teipe".

Target – Palavra inglesa que parece ter entrado na circulação do português brasileiro, com certa força, a partir do mundo da Administração e da Publicidade. *Target* é "alvo", o ponto que se tem em vista, aquilo que se quer atingir. Michael Quinion (ver a bibliografia) rastreia a história da palavra para mostrar que o termo *targe*, de raiz germânica, designava o escudo que os arqueiros e infantes carregavam; daí para *target* significando "alvo" é um passo, ou um tiro. Se diz |TAR-gât|.

Tattoo – Palavra inglesa, onde foi parar por obra do mesmo capitão James Cook citado a propósito do *surf* (v.), que a trouxe lá dos Mares do Sul, parece que do Taiti, em que ela nasceu e primeiro designou o que nós, em português, adaptamos para "tatuagem", aquela marca indelével na pele. Se diz |tâ-TU|, mais ou menos.

Techno – Tipo de música de nossos barulhentos dias, praticada em locais em que o pessoal dança e eu nem sei mais como é que se chama (não é mais boate, nem *dancing*, talvez bar mesmo; ou será que se pode dizer, como nos anos 70, danceteria?). Trata-se de um som gerado com grande auxílio de tecnologia, num ritmo forte, marcadíssimo, tão repetitivo que deve fazer o vivente entrar em transe. A designação toma um pedaço da palavra "tecnologia", justamente, mas segundo a pronúncia (|TEC-nôu|) e a compreensão norte-americanas.

Teclado – Ver *keyboard*.

Teen – Uma das boas soluções da língua inglesa, neste caso para designar a adolescência, que vai dos *thirteen*, "treze", aos *nineteen*, "dezenove", passando pelos *fourteen*, "quatorze", *fifteen*, "quinze", *sixteen*, "dezesseis", *seventeen*, "dezessete", e *eighteen*, "dezoito". (Se bem que hoje em dia pode começar antes e terminar bem depois, como sabemos.) Daí que nós tenhamos tomado essa designação do inglês quase a seco: os *teenagers*, as criaturas com idade *teen*, são os que em português corrente na imprensa já aparecem como *teen* (que se c |TIN|, com "t" de tato e "i" mais comprido).

Pons

Telecatch – Coisa antiga e perfeitamente vencida pelo tempo, pelo menos até a próxima onda. Tratava-se de um programa de televisão que transmitia lutas, aquelas que acontecem dentro de um ringue de boxe e são previamente arranjadas, com tipos maus e tipos bonzinhos, formando uma equipe que se alternava ao longo dos eventos. A palavra junta *tele*, de "televisão", e *catch*, de uma designação curiosa, o *catch-as-catch-can*, expressão dicionarizada que significa usar os meios disponíveis para vencer, não importa quais sejam, o que em português aparece como "luta livre", sem restrições. Os locutores pronunciavam com gosto |té-lê QUÉTCH|.

Telemarketing – Venda de coisas pelo telefone, em geral torrando a paciência de quem atende o telefone, mas, vamos considerar, dando emprego a bastante gente, neste mundo sem emprego. Ver *marketing*.

Teleprompter – Também conhecido pela sigla *TP*, é o nome do mecanismo que permite aos locutores de televisão simultaneamente ler e olhar a lente da câmera. Se o senhor nunca viu, eu descrevo: o locutor fica lendo diretamente, linha por linha, aquelas falas que ele parece dizer de cabeça, e o detalhe é que o texto aparece para ele justamente ali onde está a lente da câmera que o foca, por um mecanismo simples de projeção do texto num espelho. Nasceu como uma marca específica, e é assim que está dicionarizada: *TelePrompTer*, com essas maiúsculas bem assim. Segundo o Houaiss, a palavra (que se diz, em português, como se escreve mesmo, |té-lê-PROMP-ter|) se compõe de *tele*, de "televisão", ou de distância mesmo, mais uma menção do verbo inglês *to prompt*, que significa, nesse caso, a ação de ajudar o ator, lembrando-o das palavras que ele precisa dizer – coisa que em português se designava como "ponto".

Tertius – Palavra latina que designa o "terceiro", simplesmente isso, mas é usada para referir um terceiro elemento (candidato numa eleição especialmente) que entra na história para desempatar, para servir de desempate num confronto simples. Há quem pronuncie |TÉR-tius| e há quem diga |TÉR-çius|. Como se trata de latim, língua que não se fala mais espontaneamente, as duas pronúncias parecem ser adequadas.

Test-drive – Expressão da língua inglesa, importada diretamente para o mundo brasileiro, significa exatamente o que o senhor está careca de saber: aquela atividade de dirigir um carro com vistas a avaliá-lo, para eventual compra posterior. *To drive* é "dirigir" o carro, e *to test* é "testar" mesmo, de maneira que a tradução literal seria "direção para teste". Se diz |TÉÇT-dráiv|, mais ou menos.

Tête-à-tête – Para variar, um pouco de francês, numa expressão conhecidíssima, que significa o mesmo que, em português, a expressão "cara-a-cara", quer dizer, "face a face" (ver *cheek-to-cheek*), e por extensão significa um encontro entre apenas duas pessoas, sem terceira alguma, que pode ser de amor ou de total verdade, às vezes as duas coisas ao mesmo tempo. *Tête*, na língua de Montaigne, quer dizer "cabeça", mas se a gente pensasse em "cabeça a cabeça" não daria certo, porque ficaria parecida com a expressão de locutor de turfe "cabeça com cabeça", descrição de uma corrida renhida, em que cavalos ficam assim, na mesma velocidade e com os corpos lado a lado. Se diz |TÉ-ta-TÉT|, mais ou menos, mas muita gente no Brasil diz |té-tchi-a-TÉ-tchi|, é claro.

The best – A língua inglesa usa *the best* para referir "o melhor de todos", em alguma coisa, em algum mister, em alguma carreira. Alguns discos de música são apresentados assim: "The *best* of Fulano de Tal", porque contém o que de melhor o Fulano compôs. No Brasil, a expressão parece ter curso mais ou menos franco, nesse sentido, e mesmo na língua mais relaxada da gíria jovem aparece, em comentários como "Ele é o *the best*", o que é uma brincadeira de linguagem, porque "o" e *the* ocupam a mesma função (são artigos); nesse caso, a pronúncia é propositalmente abrasileirada, |dê BÉS-tchi|, fazendo uma sílaba final a mais do que a expressão tem em inglês.

Think tank – Expressão inglesa que começa a aparecer por aqui, mas é muito usada nos Estados Unidos; designa uma instituição que reúne intelectuais, pesquisadores, técnicos e tal, para formular saídas conceituais (mais do que na forma de projetos fechados) para questões de importância para o grupo de interesse que sustenta a atividade. É prática corrente em várias instâncias nos EUA, o que demonstra que a proximidade da universidade em relação à administração pública é bem maior do que costuma ocorrer entre nós. Traduzida ao pé da letra, daria "tanque de pensamento", "tanque de pensar", uma imagem para a imersão em que entram os pensadores. Se diz |TINC-ténc|, mas com o primeiro "t" dito entre dentes.

Thinner – Nome de um líquido que se usa para diluir tintas. Os dicionários dão a forma "tíner", que imita a pronúncia do inglês original, que porém começa com aquele "th" estranho para nós. No fim, dizemos |TCHI-ner|, o que é bem diferente. Literalmente, a palavra significa "afinador", aquilo que torna mais fino, porque *thin* quer dizer "fino" (no sentido físico). Ou seja, "diluidor", aquele que torna mais fina a viscosidade da tinta.

Thriller – Designação corrente para narrativas, em livro ou em filme, cuja marca central é o suspense combinado com a ação. *To thrill* quer dizer "emocionar", "vibrar", "comover". A pronúncia brasileira se realiza como |TRI-ler|, mas em inglês o "t" deveria ser dito daquele jeito para nós estranho, com a língua entre os dentes. A palavra designa também um álbum de Michael Jackson lançado em 1982, por sinal o disco que mais vendeu em toda a história conhecida da música pop – mais de 25 milhões de cópias. Lembra dele? Tem aquela sacolejante *Beat it*, tem outra beleza chamada *Billy Jean*.

Magnus

Ticket – Palavrinha muito presente em nosso mundo atual, no Brasil pronunciada muitas vezes como "tique", que não se pode confundir com o nervoso. *Ticket*, inglês, vem do velho francês *etiquet*, que já significava, lá no século 16, etiqueta no sentido de um papel em que se escreve alguma coisa para identificar um objeto. ("Etiqueta" como conjunto de modos que se deve observar, cerimônia etcétera e tal, é do fim do século 17.) Por algum mistério, a palavra perdeu o "e" inicial quando cruzou o canal da Mancha. *Ticket* é "bilhete", o senhor sabe, e se pronuncia |TI-quêt|, com o "t" de talho. Aqui dizemos também |TCHI-quê-tchi|

Tiebreak – Palavra inglesa que a gente aprendeu a considerar nos jogos, especialmente no tênis, em que ela designa um novo enfrentamento, um período extra, uma nova rodada, para desempate. Literalmente, se traduziria por "desfazimento de empate", o que em português se chama, ou chamava, "negra", sabe-se lá por quê, quando se tratava de uma última partida com vistas a desempatar uma série em que cada um dos dois competidores tinha vencido a mesma quantidade que o outro. Se pronuncia |TÁI brêic| em inglês, mas aqui a gente diz |tái-BRÊI-qui|.

Time is money – Frase que se encontra à toa, em qualquer parte deste mundo regido pelo dinheiro. A frase significa, literalmente, "Tempo é dinheiro", significando que não se pode jogar tempo fora, que o negócio é concentrar todo o esforço em não desperdiçar o tempo, quer dizer, o dinheiro. Se diz |TÁIM iz MÂ-ni|. Há quem atribua a frase a ninguém menos que Benjamin Franklin (1706-1790), um dos "pais da pátria" norte-americana, aquele mesmo que descobriu, ou comprovou, que a eletricidade estava presente no raio – aquela historinha de ele andar com um papagaio (ou uma pipa, ou uma pandorga) na tempestade –, e que ajudou a escrever tanto a Declaração de Independência quanto a Constituição americana.

Consta que ele gostava de fazer frases; o *Word and phrase origins* atribui a ele outras: "*Early to bed, early to rise*", que significa "Cedo dormir, cedo acordar"; outra é "*Snug as a bug in a rug*", literalmente, "Confortável como inseto no tapete", mas cujo equivalente cultural brasileiro seria "Feliz como pinto no lixo", ou "Faceiro como sapo em banhado".

Timer – Uma das palavras derivadas de *time* que está presente no português contemporâneo. *Time*, ao contrário do que diz o verbete anterior, não é dinheiro, mas tempo, de maneira que *timer*, dito |TÁI-mâr|, mais ou menos, quer dizer "temporizador", ou, em língua mais decente, "cronômetro", marcador de tempo. Tem *timer* em fogões ou fornos elétricos e eletrônicos, hoje em dia: a gente vai lá e regula quanto tempo quer, aperta o botão e o bicho vai desligar, ou pelo menos soar um alarme, assim que chegar o prazo.

Time-sharing – Expressão inglesa, adotada aqui sem mediações, que designa o compartilhamento de uma propriedade ao longo do tempo. Compra-se não um imóvel inteiro para uso o tempo todo, mas o direito de usá-lo durante determinada parte do ano, ou por determinado número de dias. A expressão junta *time*, "tempo", com o verbo *to share*, que significa "compartilhar", dividir, o que daria, ao pé da letra, "compartilhamento de tempo". Se pronuncia |TÁIM CHÉ-rin|.

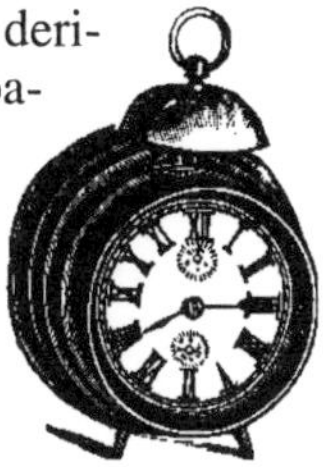

Timing – Outra palavra derivada de *time*, *timing* aparece freqüentemente no mundo brasileiro de hoje, a partir de seu significado original inglês: a administração do tempo, ou, mais diretamente, a sensibilidade ligada ao momento certo para fazer ou deixar de fazer alguma coisa, segundo objetivos que se quer alcançar. Fala-se de alguém que tem (ou não tem) *timing*, quer dizer, tem ou não tem o senso de oportunidade para fazer ou não fazer algo. Se diz |TÁI-min|, mais ou menos.

Tio Sam – Ver *Sam, Tio*.

Tiramisù – Doce italiano feito com um pão-de-ló e um creme de ovos e licor, tudo terminado com cacau e outras manhas. A origem: *tira* do verbo *tirare*, que é "puxar", "levantar", mais *mi*, o nosso pronome "me", mais *su*, "para cima"; quer dizer, o nome do doce é um pedido, algo como "Me puxa pra cima", o que vem de suas supostas qualidades energéticas. Se diz com tônica na última sílaba, |tirami-ÇU|, com "t" dental , em italiano, mas entre nós todo mundo diz "tch".

TM – Sigla da palavra inglesa *trademark*, que significa a "marca registrada", a marca comercial devidamente inscrita no cadastro adequado. A sigla de vez em quando aparece ao lado de marca que o dono quer proteger, feito Coca-cola, McDonald's, essas coisas todas.

Toilette – Hoje em dia se escreve já "toalete" (que é a pronúncia francesa, mais ou menos), sem problema algum, mas essa palavra, na forma francesa, foi uma das responsáveis pela intensa e amalucada polêmica de gramáticos puristas, na virada do século 19 para o 20, contra o que eles chamavam de galicismos, palavras francesas ou afrancesadas que deveriam ser substituídas por outras mais "puras", lá na opinião deles. *Toile* se traduz por "tecido", de maneira que *toilette* é "paninho", sendo esse o seu sentido primeiro: um paninho para a criatura se arrumar, se limpar, para ficar decente na hora em que isso convém, ou o paninho sobre o qual a mulher dispunha seus potes de cremes e tal, para se embelezar. Daqui derivou o resto, que é o sentido atual: a peça da casa em que o convidado pode dar uma ajeitada no cabelo, fazer seu xixi, lavar a cara, por aí.

Toll free – *Toll*, em inglês, significa "taxa", "pedágio", de maneira que a expressão *toll free*, encontrada hoje em dia em anúncios que sugerem que a gente ligue para lá (para um telefone que começa com 0800), para conferir as ofertas e comprar o produto anunciado, significa "sem taxas", livre de cobrança, quer dizer, eles é que pagam a chamada. Se diz |TÔUL FRI|, mais ou menos.

Toner – É aquele pó que fica impresso nos xeroxes que o senhor e eu tiramos à toa, espécie de tinta de impressão, mas seca. É palavra inglesa, a partir de *tone*, que é "tom", no sentido visual; *toner* é aquilo que dá o tom visual. Se diz |TÔU-nâr|, na língua do inventor, e |TÔ-ner| entre nós.

Ton sur ton – Expressão francesa que descreve a "combinação de tons diferentes de uma mesma cor". A tradução é "tom sobre tom", e se diz |TÕ sur TÕ|, com "r" carioca e o "u" dito com a boca de quem vai dizer "i". É parecido com *dégradé* (v.), só que esse tende a ser mais propriamente a alteração, passo a passo, de uma cor em direção ao mais claro ou ao mais escuro, e não a combinação de tons diferentes de uma mesma cor.

Top – Outra palavra inglesa muito presente em nossa vida atual. Aparece como nome de uma pequena blusa feminina, uma blusinha, que deixa a barriga de fora. Aparece também como indicação de "a coisa mais alta", em determinada escala, seja o píncaro de uma pilha de coisas, seja como item mais destacado de uma série (nesse caso, a expressão brasileira é "*top* de linha", quer dizer, o mais perfeito elemento dessa linha, dessa linhagem). Se diz, como o senhor sabe, |TÓP|, se bem que a gente tende a fazer mais uma sílaba, |TÓ-pi|. Uma expressão da língua inglesa tem aparecido um pouco aqui: *top to bottom*, que significa "de alto a baixo". Outra forma: *Top ten*, quer dizer, os "dez de cima", os dez mais bem colocados, seja naquilo que se chamava de parada musical, seja no *ranking* (v.) dos surfistas. Mais outra, igualmente oriunda diretamente do inglês: *top secret*, designação do grande grau de segredo que deve cercar algum documento – se bem que isso é mais coisa de filme americano... Uma que aparece realmente muito: *top of mind*. Fazem-se pesquisas para saber quais as marcas de determinados tipos de produtos que ficaram na cabeça do consumidor, e se descobrem os *top of mind*, os "acima na lembrança", como poderia ser a tradução aproximada do sentido da expressão. Isso tudo sem falar em outro uso, cada vez mais freqüente em nosso pobre mundo: *top model*, quer dizer, a modelo *top*, a modelo que está em cima, por cima, mais alto. (Ver *übermodel*) Eita, tempo.

Topless – Roupa de banho feminina que consiste na parte de baixo do biquíni e mais nada. Pode parecer uma demência descrever assim a coisa, mas é isso mesmo: *topless* quer dizer "sem a parte de cima", naturalmente tomando como referência a anterior e suposta existência de tal parte. Se diz |TÓP-lâç|, em inglês, mas a gente diz |tó-pi-LÉS|. Mas, quando se diz "fazer *topless*", isso significa tirar a parte de cima do biquíni. E aí?

Topos – Palavra grega, que permaneceu no português e noutras línguas, significando "lugar". Para dar um exemplo, a palavra "utopia", que se compõe de *ou*, "negação", mais *topos*, significa "não-lugar", lugar inexistente, tal como foi designada por Thomas More, lá no distante século 16. O plural grego seria *topoi*. Usa-se a palavra, em registro erudito, como sinônimo de "tema", motivo, lugar-comum, "elemento recorrente na tradição", como, por exemplo, o *topos* do amor impossível, o *topos* da guerra injusta, o *topos* do jovem impetuoso etc. Se diz, como o senhor já deduziu: |TÓ-pos| e |to-PÓI|. O Aurélio dá "*tópos*", assim, com acento, mas indicado como estrangeirismo.

Torrone – Palavra italiana que vem do espanhol *turron* e designa um doce branco e duro, com consistência do velho e saudoso puxa-puxa, feito de amêndoas (amendoim) tostadas, mel e outros ingredientes. Em português, temos a forma "torrão", que dá na mesmíssima e tem a ver com torrar. Se pronuncia |tô-RRÔ-ne|.

Touché – Francês, bastante comum tempos atrás, quando a língua de Sartre e Simone de Beauvoir tinha bastante prestígio, significa, literalmente, "tocado", o particípio do verbo "tocar". Se usa, na esgrima, para enunciar o reconhecimento de que o golpe atingiu seu objetivo, e o corpo do opositor foi tocado. Mas também acontece, por extensão desse sentido, como uma exclamação de felicidade quando qualquer objetivo desejado foi alcançado: quando se ganha um debate, quando o argumento do oponente é derrubado etc. Se diz |tu-CHÊ|.

Touchscreen – Novidade que apareceu ainda esses tempos: uma tela de monitor de televisão que traz em si, em sua superfície, ou melhor, em sua imagem, uma série de comandos que se operam mediante toque da ponta dos dedos. Já viu como é? Tem por aí. A expressão é a simples composição de *screen*, a "tela", com o verbo *to touch*, "tocar". Se diz |TÂTCH-çcrin|, com o "r" rosnado.

Tour – Palavra inglesa e francesa nascida lá atrás de uma forma latina, *tornus*, que veio até nós em composições como *city tour*, que se traduz como "passeio pela cidade". *Tour* é "volta", tanto no sentido de limite de um objeto, o "contorno", quando no sentido de percurso ao redor de certo espaço. Se diz |TURR|, se for pensando em francês com o "r" carioca; |TÚÂR| se for pensando em inglês, com o "r" caipira.

Tour de force – Expressão francesa, empregada em toda parte integrada ao mundo ocidental e não só no Brasil, designa um emprendimento grandemente exigente, uma empreitada em que se empregam grandes esforços. Literalmente, significa "movimento (circular) de força" e se pronuncia |TURR dâ FÓRRÇ|, com os "r's" à maneira carioca.

Tout – Pronome indefinido francês equivalente ao nosso "todo/toda" ou "tudo", que se encontra de vez em quando na imprensa brasileira, especialmente aquela metida a grande coisa, ou ligada ao colunismo social, em frases como "*Tout* Porto Alegre estava lá", querendo dizer que "Toda Porto Alegre estava lá", mas na prática significa "Todo mundo que conta em Porto Alegre estava lá", quer dizer, "Todo mundinho que nós achamos que presta para alguma coisa em Porto Alegre estava lá". Se diz |TU|.

Tout court – Expressão francesa empregada no discurso culto brasileiro (e noutros quadrantes), significando "sem mais nada", "tal e qual", "apenas isso", "independentemente de qualquer outra consideração". A expressão se compõe de *tout*, "todo/toda" ou "tudo", e *court*, literalmente, "curto"; a junção das coisas dá a citada expressão idiomática. Se diz |TU CURR|, com o "r" carioca.

Tower – Inglês, significa "torre", usada hoje em dia para tornar mais chique um edifício. Vai-se fazer um projeto imobiliário de dois edifícios altos, o publicitário vai lá e tasca "Quitandinha *Towers*". Se diz |TÁU-âr|.

TP – ver *Teleprompter*.

Trade – Significa "troca", "comércio", pura e simplesmente, em inglês. Se diz |TRÊID|.

Trade center – Como *trade*, significa "troca", "comércio", e naturalmente *trade center*, um "centro de trocas comerciais", e como nós no Brasil a-dora-mos imitar os americanos, acabou que um monte de edifícios em que se instalam escritórios comerciais leva a designação *trade center*. Se diz |TRÊID ÇÊN-târ|, ou mesmo |TRÊID-çê-nâr|.

Trailer – Em português tem dois, como no inglês: o do filme (trecho exibido como chamariz para o público) e o do cachorro-quente, sendo que este último é uma adaptação do *trailer* que se liga a um carro ou caminhonete e que é uma casa em miniatura sobre rodas. Os dois vêm da mesma matriz: *to trail*, na língua dos grandes caçadores ingleses, é seguir uma trilha (atenção para a familiaridade da palavra) na direção de uma caça desejada, especialmente se a trilha for desconhecida, ou não for totalmente sabida de antemão. O Houaiss não registra abrasileiramento. A origem da palavra é latina, o verbo *trahere*, "puxar" ou "arrastar", passando por formas intermediárias como a francesa *trailler*, "caçar sem roteiro predeterminado". A pronúncia aqui, como nós todos sabemos, é |TRÊI-ler|.

Trainee – Nome chique e moderno para o velho e conhecido "estagiário", aquele jovem estudante ou recém-formado que se contrata para aprender o ofício (quando há boa intenção) e para pagar menos de salário (nos outros casos). Vem do verbo inglês *to train*, que quer dizer "treinar", e lá atrás está a mesma origem latina do termo anterior, o verbo latino *trahere*, "puxar", "arrastar". Isso, naturalmente, não chega a querer dizer que se trata de puxar de arrasto o pobre estagiário. A pronúncia é |trêi-NI|, e em alguns lugares já se usa uma adaptação brasileira, "treineiro", cruzes.

Trance – Trata-se de um ritmo que se dança em casas noturnas, um estilo musical. Em inglês, a palavra significa o mesmo que a nossa "transe", e por aí já dá pra imaginar o efeito que o tal estilo busca nos dançarinos, dançadores, danceiros, sei lá como se diz. Mas é certo que se trata de coisa inebriante, que vai deixando o sujeito num estado anímico que desconecta a racionalidade. Se diz |TRÉNÇ|, com "r" caipira.

Trash – Literalmente, significa "lixo", aquelas coisas que a gente bota fora porque não prestam mais, aquilo que chega a ser ofensivo aos olhos e ao nariz, enfim, porcaria. No Brasil atual, a palavra é bastante usada como designação de algo realmente radical, mas radical na direção da podridão – mas, atenção, "podridão" pode ser um elogio, dependendo da boca que pronuncia. Uma criatura de comportamento detonado, que bebe até cair de borco na sarjeta, pode ser descrita como tendo um temperamento *trash* (dito sempre |TRÉCH|, quase igual ao inglês). Há também um estilo, ou um subestilo, de rock pesado que se chama *trash metal*, dito |TRÉCH MÉ-tal|, parece que é um desdobramento ou desvio ou radicalização do *heavy metal* (v.)

Trattoria – É o nome do restaurante relativamente informal de comida italiana. O nome começa com *trattare*, italiano que significa "tratar", cuidar, e daí que o *trattore* seja o "tratador", no sentido de ser o "dono", o que trata, o que cuida; finalmente, *trattoria*, dito |trato-RI-a|, é a casa de comida atendida (teoricamente, ou inicialmente) pelo próprio dono.

Traveler's check – Inglês, significa "cheque de viajante", aquele cheque que se usa (usava? Depois do cartão de crédito internacional e da globalização financeira, sei não) no exterior. A gente compra no próprio país, ganha o papel em que consta o valor contratado e o leva na viagem; chega lá e vai num banco adequado para descontá-lo, coisa que se faz com supervisão local, em função da assinatura do contratante. É ou era uma forma mais segura de ter dinheiro fora, em viagem, porque se fosse roubado o ladrão precisaria ir até a agência bancária e assinar em presença do caixa a mesma assinatura que está ali registrada, o que complicaria a vida dele. Se diz |TRÉ-vâ-lârz TCHÉC|.

Travelling – Palavra inglesa que designa o movimento de uma câmera de filmagem em relação ao objeto que ela está focalizando. Geralmente, ela está montada sobre um carrinho que desliza sobre trilhos, de maneira a não sofrer nenhum solavanco e dar a impressão de fluidez na cena, como se essa estivesse sendo observada por um ponto de vista de alguém que passasse por ali, digamos. Se diz |TRÉ-vâ-lin|, com "r" caipira, e vem de *to travel*, que é "viajar".

Trekking – Palavra que veio do inglês, mas nasceu na língua dos brancos da África do Sul (o africânder), hoje em dia

designando a caminhada penosa, difícil, mas feita por gosto, voluntariamente. Consta que *trek*, em princípio, designava a viagem feita em carreta puxadas a bois, naquela lentidão característica. Depois é que veio *Star trek*, a série de televisão dos anos 60 que fez sucesso mundo afora. Se diz |TRÉ-quin|.

Très bien – Francês, significando "muito bem" e pronunciado |TRRÉ BIÃN|, com "r" na garganta e o "i" bem rápido.

Trip – Inglês que quer dizer "viagem", literal ou metaforicamente. Ver *badtrip*.

Troika – Palavra russa que significa "trio" ou "três", usada no mundo ocidental todo para designar um governo formado por três pessoas. A palavra entrou para o vocabulário político por um episódio específico: quando Lênin (1870-1924) teve um primeiro piripaque cerebral, em 1922, começou uma luta de bastidores muito forte por sua sucessão. De um lado estava o intelectualmente brilhante e vaidosíssimo Leon Trótski (1879-1940), e de outro o manhoso e truculento Stálin (1879-1953). Na ausência do líder, formou-se um triunvirato contra a eventual ascensão de Tróstki, e era gente barra-pesada na política comunista de então: Zinoviev, Kamenev e o próprio Stálin. Daí em diante, *troika* significa não apenas um trio que exerce o poder, mas um trio que

toma o poder meio despoticamente. Foi usada na Segunda Guerra, por Hitler (1889-1945), para designar o trio formado por Roosevelt, presidente norte-americano (1882-1945), Churchill, primeiro-ministro britânico (1874-1965), e o mesmo Stálin. Se diz |TRÓI-ca|.

Trompe l'oeil – Expressão francesa do mundo das artes visuais, designa a pintura que dá a impressão de total realidade, como se fosse fotografia ou, mais ainda, sugerindo mesmo a terceira dimensão, uma sensação de relevo. Daí se usa, derivadamente, para qualquer engano do olho. Aliás, a expressão poderia ser traduzida literalmente para "engana-o-olho", que é o que as palavras francesas dizem. A pronúncia é que é: fica mais ou menos |TRROMP LEI|, mas com este "e" dito como se a boca fosse dizer "o" e um pouquinho mais aberto que fechado, mais para "é" do que para "ê".

Trottoir – Palavra francesa, hoje em dia desusada mas de larga folha de serviços prestados ao português, significando a "atividade da prostituição". Dizia-se que as mulheres da chamada vida fácil "faziam *trottoir*" (dito |tró-TUÁRR| em francês; |tro-tu-Á| muitas vezes por aqui). A palavra vem do verbo *trotter*, "trotar", mas há muito tempo designa a "calçada", o lugar em que, digamos assim, a gente trota, e daí, por uma metonímia óbvia, passou a designar as prostitutas que se expunham caminhando na calçada.

Pons

Troupe – Os dicionários registram já a forma "trupe" para a mesma coisa: "grupo de gente", especialmente artistas de teatro ou circo. A palavra é francesa, como sua forma sugere, e se diz como o senhor já deduziu, mas com o "r" na garganta, se for pra imitar o francês falando.

Trust – Palavra já aclimatada para "truste", de vez em quando ainda aparece grafada assim, em inglês, língua em que *trust* significa "confiança" no pagamento futuro da operação que se está fazendo. Truste é nome meio desusado para conjunto de empresas que domina um setor, tendendo ao monopólio. Em inglês a pronúncia é |TRÂÇT|.

T-shirt – Ver *shirt*.

Tuner – Palavra inglesa que veio para cá junto com os aparelhos de rádio, décadas atrás. É o botão de fazer a sintonia da estação, já que *to tune* é "afinar", sintonizar. A palavra vem de *tune*, que é o nosso "tom" musical. Diz-se |TU-nâr|.

Turf – Palavra, já aportuguesada em "turfe", significa originalmente a "grama", ou melhor, o "gramado", uma extensão de terra com grama crescida, que é onde os cavalos corriam, lá na Inglaterra. Se diz, na terra da rainha e de seus vários cavalos, |TÂRF|, mas nós ficamos com |TUR-fi| mesmo, parecido com o que aconteceu com "surfe".

Turning point – Expressão inglesa traduzível por "ponto de virada", quer dizer, o ponto em que um determinado andamento de coisas muda, se inverte, reverte. Usa-se em contextos políticos, por exemplo, para designar um ponto em que, digamos, uma campanha decolou, ficou irreversivelmente favorável ao candidato. Se diz |TÂR-nin PÓINT|.

Turn over – Expressão inglesa que pode ser traduzida como "reverter", "rodar", "girar", mas com sentido de mudar completamente de orientação ou de posição. Se diz |TÂRN ÔU-vâr|.

Tutti frutti – Uma expressão italiana que anda em toda parte, significando "todas as frutas" ou "os frutos". Usa-se para descrever a composição de um sorvete, por exemplo. Em remotíssimos tempos, lá na minha infância, só tinha dois sabores para o chiclete: hortelã e o *tutti frutti*. Foi o Elvis Presley (1935-1977) quem popularizou a expressão, que constava no refrão de uma canção famosa. Se diz em italiano como se lê, mas com os "t" ditos como na palavra "tu", e os brasileiros dizemos |TU-tchi FRU-tchi|.

Tutti quanti – Outra expressão italiana que ocorre em tudo que é canto do mundo, significa "todos", "todas as pessoas" e, literalmente, quer dizer "todos quantos". A pronúncia italiana é como a brasileira, mas com os "t" duros e firmes, como em "tu".

Tuxedo – Ver *smoking*.

Tweed – Nome de tecido meio rugoso, de lã cardada, com cor compósita (por ser tramado com fios de duas cores) tendendo ao escuro, usado para fazer roupas de tipo esporte, mas no sentido antigo da palavra, quer dizer, roupa esporte para os aristocratas ingleses do século 19, se é que o senhor me entende. A palavra parece ser um misto de engano (entre algo a ver com o verbo *twill*, que significa "tecer de modo a produzir um sulco" e o nome do rio Tweed, que fica na fronteira entre a Escócia e a Inglaterra. As roupas masculinas feitas de *tweed*, aliás, têm muito a cara da Grã-Bretanha, ou pelo menos daquela antiga Grã-Bretanha. Se diz |TUÍD| em inglês, mas a gente aqui diz |tu-I-dji|, é claro.

Tweeter – Nome bem conhecido para alto-falante com especialidade na reprodução de sons agudos. Há em inglês o verbo *to tweet*, de origem pelo jeito onomatopaica, que significa o canto de pássaro pequeno ou jovem, algo que em português culto de chama "chilrear", por aí. Se diz |TUÍ-târ|.

Iotti

Twin-set – Expressão da língua inglesa traduzível, literalmente, por "conjunto gêmeo", é o nome de um conjunto de roupa feminina composto de blusa e casaquinho da mesma cor e mesmo tecido. Se diz |TUIN-çét| em inglês, com o "n" de "nada", mas a gente diz |tu-in ÇÉ-tchi|.

Twist – Palavra inglesa que significa, entre outras coisas, "giro", "torcedura", e se usou nos muito antigos anos 60 para designar um estilo de música e dança, da família do rock'n'roll. Dançava-se torcendo o tronco em relação aos membros inferiores, na altura da cintura – se é que a descrição faz algum sentido. Era uma coisa sensual, requebrada para os padrões brancos (nada que se aproximasse do muito mais requebrado estilo de sambar do Brasil, por exemplo), que levou muita gente jovem no embalo de Chubby Checker (um sujeito nascido Ernest Evans, em 1941, que canta a famosíssima *Let's twist again*) e outros proto-roqueiros de então. Se diz |TUIÇT| em inglês e ficou |tu-IS-tchi| na pronúncia brasileira.

Tycoon – A palavra é japonesa, mas nasceu chinesa e se popularizou pelo inglês. O significado atual é "magnata", sujeito poderoso, um manda-chuva, por aí. Historinha: até meados do século 19 e durante um bom período antes disso, o Japão era comandado de fato não pelo imperador, mas por um *shogun*, equivalente ao nosso posto de general, mas um general que na prática regia o país. Por algum motivo (há quem diga que para maior magnificação do *shogun* regente), começaram a chamar o *shogun* de *taikun*, que significa "grande príncipe". Naquela altura, um desbravador chamado Mathew Perry, comandante naval e diplomata, fez contato com o Japão para os americanos, e a palavra veio com ele para a América. Gente que trabalhava na presidência da República começou a chamar o próprio Abraham Lincoln (1809-1865) de *taikun*, o que foi reinterpretado graficamente na forma *tycoon*, que permaneceu.

U

Übermodel – Gisele Bündchen, segundo a mídia brasileira, seria mais que uma *topmodel*: seria uma *übermodel*, que significa a mesma coisa só que com o *über*, que é alemão, em lugar do *top*, que é inglês. É uma boa piada, um bom trocadilho, porque a moça é de ascendência alemã mesmo. Mas parece que a palavra não circula na Alemanha. Se for pra pronunciar à maneira alemã, fica mais ou menos |U-ba mo-DÊL|, com o "u" dito com boca de que ia dizer "i".

UFO – Sigla da expressão inglesa *unidentified flying object*, o que em português dá OVNI, "objeto voador não-identificado", literalmente (os dicionários registram a forma "óvni"). Parece que a gente tem preferido a forma portuguesa, dita |ÓV-ni| ou |Ó-vi-ni|. Ver, a propósito, DNA. Em inglês, se pronuncia a sigla |IÚ-ÉF-ÔU| e, por extenso, |ân-ai-dên-ti-FÁID FLÁI-in ÓB-djéct|.

Ultimatum – Latim usado na diplomacia, e depois em várias outras áreas da vida, para designar o ponto mais afastado, mais remoto, mais distante a que é possível chegar numa negociação – literalmente, *ultimatum* significa "o mais afastado", último. Daí o sentido corrente, de "ameaça", que está contido na forma latina e na forma aportuguesada "ultimato".

Underground – Palavra da língua inglesa que significa, diretamente, "subterrâneo", aquilo que está debaixo da terra; genericamente, por onde andam

o metrô e o tatu, por exemplo. Mas assim também se qualifica a arte alternativa, que se pratica em locais menos nobres, até mesmo nas estações de metrô. Se diz |ÂN-dâr-gráund|, mas tem quem diga, mais sinteticamente, em referência à arte essa, que ela é *under*, |ÂN-dâr|. Nos anos 70, o jornal *O Pasquim*, de grande vivacidade e criatividade no combate à ditadura militar, passou a grafar "udigrúdi", significando a mesma coisa, "arte alternativa", naquele tempo arte que além de ser não-oficial era antitotalitária militantemente.

Underwear – Outra designação moderníssima, desta vez na língua do Novo Império, para coisa antiga: aquilo que até os anos 1950 se chamava, pudicamente, de "roupa branca", e mais genericamente se chamava, e chama, "roupa de baixo": calcinhas, cuecas, camisetas, essa onda toda. A palavra significa, literalmente, isso: roupa de baixo. Se diz |ÂN-dâr UÉR|.

Unisex – Forma inglesa que entre nós já tem adaptação para "unissex", é adjetivo recente, coisa dos revolucionários anos 60, em que o feminismo alcançou expressão inédita e impôs a presença feminina em cenários até então desconhecidos, e merecidos. A palavra quase fala por si: tem *uni*, com matriz latina referida à "unidade", e *sex*, "sexo", no sentido em que hoje se fala de "gênero". Quer dizer: "um só sexo", ou melhor, "nada de distinções de sexo". Foi usada em contextos variados, especialmente na moda, na vestimenta, no comportamento (roupas e cabeleireiro *unisex*). Em inglês, se diz |IÚ-ni-çecs|.

Unplugged – Palavra inglesa que entrou na corrente sangüínea do português brasileiro através, acho eu, da MTV, a estação de televisão especializada em música, que começou a promover gravações ao vivo de bandas *pop*, e com mais um requinte: os instrumentos tocados, por mais raivoso que fosse o *rock'n'roll* praticado pela banda em dias normais, deveriam ser acústicos, ou semi-acústicos. Em lugar de guitarras, violões, e assim por diante. Daí o nome: *unplugged*, que quer dizer, ao pé da letra, "desplugado", quer dizer, "desligado da tomada", sem o *plug* (forma brasileira já dicionarizada: "plugue"). Se diz, em inglês, |ân-PLÂGD|.

Upgrade – Palavrinha das mais ouvidas nos dias atuais, conectados à lógica da atualização a todo custo, particularmente no mundo da informática, em que programas e *hardware* mudam a todo instante, tornando as máquinas e tudo o mais, incluindo nós mesmos, velhos insuportáveis. A palavra existia no inglês com o sentido de "aclive" e, metaforicamente, "ascensão" ou "melhoria" (como quando a gente ganha lugar na classe superior no avião), "aperfeiçoamento" (como quando se compra um programa mais atual para o computador), que é o caso aqui. Se diz |ÂP-grêid|, com "r" caipira.

Upload – O contrário de *download* (v.), isto é, subir um arquivo para um computador maior, o do servidor. Se diz |ÂP-lôud|.

Up-to-date – Expressão da língua inglesa que entrou no nosso repertório moderno, que qualifica aquilo ou aquele que está em dia com as coisas, as tendências, as informações mais recentes. *Date* é, neste contexto, o mesmo que "data" para nós, e *up to* poderia ser traduzido por "próximo de", de maneira que o conjunto daria o significado de "atualizado". Ver, a propósito, *dernier cri*. Se diz |ÂP-tâ-DÊIT|.

Ur – Era o nome de uma cidade, na antiga Mesopotâmia, atual sudoeste do Iraque, o país invadido pelos americanos, aquele mesmo. Foi um importante centro da cultura suméria, tendo florescido num tempo velhíssimo para gente que, como nós brasileiros, mede o passado em meros séculos: Ur teve seu apogeu uns três mil anos antes de Cristo, tendo começado a declinar lá pelos 600 a. C. Pela tradição bíblica, é o local de nascimento de Abraão, o patriarca do povo hebreu. Daí derivou um sentido que permanece no mundo da cultura letrada: usa-se *ur* como prefixo ou elemento de composição de palavra para designar aquilo que é o primeiro, o primitivo, o mais antigo (e, na língua alemã, é mesmo um prefixo). Um extraordinário professor e crítico literário brasileiro, Antônio Candido, contou certa vez que, quando começou suas pesquisas em cultura popular, interessou-se em encontrar o "*ur*-cururu", quer dizer, o cururu mais antigo – sendo cururu uma dança e um canto do mundo caipira e sertanejo, que funciona meio como os desafios de trova, cururu que o senhor e eu conhecemos por causa da cantiga do "sapo cururu", lembrou?

Urbi et orbi – Locução latina, usada pelo papa, que significa, literalmente, "à cidade e ao mundo", sendo a "cidade" Roma e o mundo, o mundo mesmo, todo ele. O papa, seguindo a postulação universalista do catolicismo, de vez em quando faz pronunciamentos que, na opinião dele, devem interessar a todos; esses é que são qualificados como pronunciamentos *urbi et orbi*, que se pronuncia |UR-bi et ÓR-bi|.

URL – É o endereço de cada página na internet, aquela seqüência que tem uma cara como: http://www.umnomequalquer.com.br". É uma sigla para *uniform resource locator*, que, traduzido, quer dizer "localizador uniforme de recursos".

Uti possidetis – Ver *status*.

V

Vade mecum – Expressão latina já aportuguesada para "vade-mécum", significa "Vem comigo". Usava-se para designar o livro que acompanhava o dono para qualquer lado, no sentido de ser o livro de maior e mais continuado uso, como um manual ou um livro de resolução de dúvidas em determinada especialidade, podendo também ser a designação da simples agenda do cidadão. O primeiro livro a ter a expressão foi *Vade mecum sive epigrammatum novorum centuriae duae* (*Vade mecum ou Duas centenas de novos epigramas*), de Johann Peter Lotichius, publicado em 1625.

Vade retro – Outro latim, também constante de dicionários brasileiros em forma adaptada (*vade-retro*), significa, literalmente, "Vai para trás", isto é, "Sai da minha frente", "Desaparece", "Dá

no pé", e por aí poderíamos derivar bastante. A expressão aparece na *Vulgata*, a versão latinizada dos Evangelhos, em pelo menos duas cenas. Em Marcos, 4-10, quando Jesus está na famosa cena do deserto, quando é tentado por Satanás: "Vai-te, Satanás, porque está escrito: *Ao Senhor teu Deus adorarás, e só a ele prestarás culto*". Depois em Marcos, 8-33, em passagem clássica (e obscura) que relata viagem de Jesus fora da Galiléia, curando e fazendo outros milagres; a certa altura, num momento de grande dramaticidade narrativa, Pedro declara sua fé em que Jesus é o Cristo, e Jesus lhe adverte que não deve dizer isso para ninguém mais. Ato contínuo, começa a prever dias terríveis para si mesmo, dizendo isso abertamente, a quem quisesse ouvir, e o mesmo Pedro o chama de parte para lembrá-o de que não deveria falar essas coisas em público; surpreendentemente, Jesus lhe diz: "Afasta-te de mim, Satanás, porque não pensas as coisas de Deus, mas as dos homens". Um comentarista atual, John Drury (no extraordinário *Guia literário da Bíblia*, organizado por Frank Kermode e Robert Alter), observa que Marcos identifica em Jesus a condição de Príncipe dos Demônios, e é por essa condição que ele expulsa Satanás nessa cena.

Valet parking – *Valet* é palavra antiga, de origem talvez celta, que foi usada na Idade Média, em certa altura, para designar o jovem nobre ainda não nomeado cavaleiro, e por isso circunscrito a tarefas menores, auxiliares. Vai ver é daí que vem a expressão *valet de chambre*, "valete de quarto", o "mordomo", o "auxiliar", e por isso a designação do funcionário do hotel que cuida das coisas do hóspede. *Valet parking* é coisa mais moderna, que acontece nos grandes centros urbanos: é o cara para quem se entrega o carro, quando se vai a evento ou a restaurante sofisticado, para que ele, o *valet*, leve a máquina para o estacionamento. Troço chique à beça. A expressão combina o *valet*, que é francês de origem mas migrou para o inglês há séculos, com *parking*, "estacionamento". Cabe dizer que a expressão é o nome do empreendimento: *valet parking* seria traduzível por "estacionamento com valetes", ou com manobristas, na bela palavra portuguesa. Em inglês se diz |VÉ-let PAR-quin|.

Vamp – Palavra da língua inglesa que entrou na circulação recente do português para designar a "mulher fatal", aquela que usa truques aparentemente demoníacos e irresistíveis de sedução. (Em inglês, há outra significação, mais antiga: *vamp* é a "parte de cima de uma bota", aquela que cobre o pé, que os dicionários chamam de "pala", com origem no francês *avant-pied*, literalmente "na frente do pé", de onde teria ido ao inglês.) Nesse sentido, a palavra parece ser uma redução de *vampire*, o equivalente do nosso "vampiro". A pronúncia preferida nossa é |VÃM-pi| mesmo, podendo aparecer |VÉMP| raramente, imitando os norte-americanos.

Carlos Trillo

Van – Nome de tipo de carro que carrega um monte de gente junto, mas não tanto quanto um ônibus. É uma "caminhonete", em resumo. A palavra vem do inglês, por redução de *caravan*, que significa, como dá para ver, o mesmo que "caravana", conjunto de gente (e animais, ou carros) viajando junto. Em inglês se diz |VÉN|.

Vanitas vanitatum, et omnia vanitas – Latim, que se traduz por "Vaidade das vaidades, e tudo (é) vaidade", frase que aparece na *Vulgata* latina da Bíblia, no livro Eclesiastes (1,2). A filosofia da frase é que tudo, na ação humana, não passa de vaidade. Se diz |VA-ni-tas va-ni-TA-tum, et ÔM-nia VA-ni-tas|.

Vaterland – Alemão, palavra encontrada de vez em quando na imprensa brasileira, significa, literalmente, "terra paterna" (*Vater* é pai, *Land* é terra), isto é, a "terra de que o sujeito provém", a "pátria", a "terra natal" em sentido amplo. Em alemão se diz |FA-terland|.

Vaudeville – A palavra designa um gênero de espetáculo de palco, mistura de tudo: encenação teatral, canto, dança e o que mais pintar. É francesa a palavra, daí a pronúncia |vôd-VIL|, mas parece que no Brasil a tendência da pronúncia, mesmo a culta, é |vô-de-VI-li|. Há duas teorias para sua origem: uma postula que tudo começou com uma canção específica, a *Chanson du Vau de Vire*, sendo este um vale no noroeste da França, e outra imagina que a palavra tenha nascido de dois verbos franceses justapostos, *vauder*, "ir", e *vire*, "voltar".

Velcro – Desde que o zíper (v.) foi criado, em 1893, ou melhor, desde que ele tinha sido de fato adaptado para roupas (antes o zíper servia para fechar grandes sacos de correspondência, no máximo pequenos sacos de couro para guardar fumo), ele parecia imbatível para a finalidade de fechar, unir partes. Até que em 1948, um montanhista suíço de língua francesa, George de Mestral, se irritou ao ver como aqueles pequenos pega-pegas, pequenos carrapichos do mato rasteiro, grudavam em suas calças e meias. Deu asas à imaginação, enquanto arrancava os desagradáveis bagulhinhos, e bolou um jeito mais rápido de unir partes separadas, mais rápido que o zíper: fazer alguma coisa parecida com os carrapichos, que grudasse partes de tecido mas que permitisse também, mediante um puxão, que elas se desgrudassem . Daí nasceu o *velcro*, originalmente aliás, *Velcro*, marca registrada, contração de *velours*, "veludo" (palavra que ele escolheu aparentemente apenas pelo som) com *crochet*, que significa "gancho", "pequeno gancho", porque justamente o segredo da coisa é uma tira de tecido com pequenos ganchos que gruda noutra tira de tecido com pequeno furos.

Vendetta – Italiano, significa "vingança", desde pelo menos o século 12. É o nome que se dá à prática de vingança nas rixas, brigas de sangue e ódio, entre famílias corsas e italianas, especialmente aquelas ligadas à Máfia (v.). A pronúncia é com o "e" fechado, |vem-DÊ-ta|. Está dicionarizada em português com um só "t".

Veni, vidi, vinci – Frase proferida por Júlio César, significando "Vim, vi, venci", mais propriamente palavras que ele escreveu ao Senado (outra fonte, que não Suetônio, diz que foi em carta a um amigo), anunciando a vitória sobre Farnaces, em Zela, no Ponto. É uma frase de efeito para designar o cumprimento rápido e total de uma missão. Se diz |VÊ-ni, VI-di, VIN-ci|. Ver *Alea jacta est*.

Larry Gonick

Verbatim – Latim, significando o mesmo que *ipsis litteris*, isto é, "com as mesmas palavras". Se pronuncia |ver-BA-tim|.

Verba volant, scripta manent – Provérbio latino que significa "As palavras voam, o escrito permanece", muito usado para louvar a virtude principal da escrita, a capacidade de se eternizar, e para expressar dúvida sobre a confiabilidade das promessas apenas ditas. Parece que a frase não é antiga, mas medieval. Se pronuncia |VÉR-ba VO-lant, ÇCRIP-ta MA-nent|.

Vernissage – Francês, significando, literalmente, "envernizamento", a pintura com verniz. Nos anos 1880, começou na França a manha de convidar gente para expor quadros recém-terminados, alguns dos quais ganhavam mesmo uma mão final de verniz na própria hora da exposição, ou logo antes. Daí que tenha permanecido como designação da inauguração de exposição de artes visuais, pintura em particular. É palavra masculina e se diz |verr-ni-ÇAJ|, com "r" carioca. Nem o Houaiss nem o Aurélio registram a forma "vernissagem", abrasileiramento da palavra francesa, que parece ser freqüente na imprensa brasileira.

Versus – Palavra latina que significava originalmente "em direção a" (que permaneceu em parte no francês, em que *vers* quer dizer exatamente isso) e passou a significar "contra" parece que no inglês, e foi com essa acepção que ficou, passando ao português por aí. A gente diz |VÉR-çus|.

V. g. – Ver *E. g.*

Via crucis – Expressão latina, referente à figura de Jesus, que carregou a cruz em que seria pregado por uma rua – daí a expressão: literalmente, *via crucis* é latim para "rua da cruz", em alusão a esse caminho. Alternativamente, se encontram outras duas designações para a mesma coisa: *via dolorosa*, significando "rua das dores", ou *via sacra*, "rua sagrada", essa sendo também a designação da celebração católica das quatorze paradas que Jesus teria feito ao longo do percurso. Há a forma abrasileirada, com acento e tudo, "uma via-crúcis", que significa, genericamente, um caminho de dificuldades qualquer, aludindo ao de Jesus. Houaiss e outros dicionaristas já registram "via-crúcis".

Vibracall – Termo recentíssimo, do inglês, pertence ao mundo maravilhoso dos telefones celulares. Aparelhos dotados de um dispositivo desses vibram ao serem acionados, às vezes sem fazer barulho nenhum, só causando aquela leve cócega no seu dono. A palavra é formada de *vibration*, "vibração", e *call*, "chamada". Para pronunciar à moda inglesa, diga |VÁI-bra cól|.

Videoclip – Ver *clip*.

Videogame – Joguinho que se joga utilizando a televisão ou o computador. A palavra junta *video*, o "visor", a "tela", com *game*, "jogo", em inglês. Se diz |VI-dê-ôu-guêim|, à inglesa; à brasileira ficou |VI-djo GUÊI-mi|.

Videomaker – O cara que faz vídeo, quer dizer, o cara que é um diretor de cinema vocacional (na maioria dos casos, ao menos), mas que faz coisa que passa na tevê. Houve quem tentasse a palavra "videasta", em analogia com "cineasta", mas não sei se rolou. A palavra é totalmente feita no inglês, *video* e *maker*, "fazedor de vídeos". Se pronuncia |VI-de-ôu-MÊI-câr| em inglês, ou mais relaxadamente |VI-djo-MÊI-quer|.

Videotape – Ver *tape*.

Vin d'honneur – Expressão francesa, significa, literalmente, "vinho de honra" (e se diz mais ou menos |VÃN do-NÉRR|, com o "e" dito com boca de falar "o"). Na prática, é aquele vinho que se oferece em honra de alguém ou de alguma coisa – o vinho que se oferece nas sessões de autógrafos de livro em lançamento, num coquetel de vernissagem, por aí.

Vinhos – Tem um monte de nomes de vinhos neste dicionário. O senhor, querendo, dê uma passada lá: *brut* (v.), *sec* (em francês, "seco", quer dizer, sem açúcar), *demi-sec* (francês, "meio-seco"), *prosecco* (v.); *rosé* (francês, "rosado"), *rouge* ("vermelho", em francês), *blanc* ("branco", em francês); *Bordeaux* (v.); *Bourgogne* (v.); *Beaujolais* (v.); *Champagne* (v.); *Médoc* (v. *Bordeaux*); *Cabernet* (v.) *franc* ou *sauvignon*; *Riesling* (v.); *Merlot* (v. *Cabernet*).

Vintage – Olhando para ela, o senhor vê alguma semelhança como a portuguesa "vindima"? Pois devia ver, porque esse é o significado básico dessa palavra inglesa: "vindima", tanto no sentido de colheita das vinhas em um determinado ano, quanto no sentido de ano em que se produziu um vinho (ou ano das uvas com que se produziu certa quantidade de vinho) – isto é, o que nós aqui chamamos de "safra". Só que essa mesma palavra entrou agora faz pouco no vocabulário culto e da moda no Brasil, mas com outro sentido, já existente em inglês: fala-se de uma roupa *vintage*, de moda *vintage*, significando roupa ou moda velha ou baseada em roupas e modas e estilos de determinadas épocas passadas, tipo reciclagem (de estilos, em princípio, mas também das roupas, em si). Se diz, em inglês, |VIN-tâdj|, mais ou menos.

VIP – Sigla de *very important person*, dito |VÉ-ri im-PÓR-tant PÂR-çân|, com os "r's" caipiras, que quer dizer "pessoa muito importante". No Brasil, ficou apenas a sigla, mesmo, VIP, que a gente diz |VI-pi|, como em "camarote VIP". As pessoas sabem que é coisa pra gente graúda, e talvez nem saibam que tem um significado literal atrás da sigla. Em determinados lugares começou a aparecer a sigla CIP, *commercial important person*, "pessoas importantes do comércio". Certos aeroportos passaram a ter salas *CIP*, além das *VIP*, para os vendedores e comerciantes em trânsito, com linhas de telefone, terminal de computador, essas ondas modernas.

Visa – Expressão do inglês, mas nascida no francês, a partir do latim – ou seja, percurso bem normal. A expressão latina toda seria *carta visa*, significando "o documento foi visto"; disso, os franceses preservaram a última palavra, *visa*, e daí foi ao inglês, significando o que nós chamamos de "visto", o certificado de que o documento (o passaporte, mais que nada) foi visto e admitido como decente. Quanto à pronúncia, é |VI-za|.

Vis-à-vis – Francês, significando, literalmente, “face a face” (e dito |vi-za-VI| ou, se tiver uma vogal no começo da palavra seguinte, |vi-za-VIZ|). É expressão de uso internacional, aparecendo em contextos vários, do econômico ao comportamental. Fala-se, por exemplo, do valor do real *vis-à-vis* o dólar, significando o valor do real em relação ao do dólar.

Vitraux – Palavra francesa, plural de *vitrail*, que em português se diz “vitral”, na boa, e designa aqueles painéis de vidro, aquelas vidraças compostas com arte e ciência, especialmente a partir das igrejas medievais, com figuras impressionantes, ou figurativas, com cenas bíblicas, ou abstratas, com geometrias e desenhos variados. Ocorre que no Brasil se usa chamar o vitral, mesmo um só, de “vitrô”, forma não registrada pelos melhores dicionaristas nacionais. Esse “vitrô” é a pronúncia aproximada de *vitraux*, que por isso merece figurar aqui.

Vive la différence – Frase do francês que, obviamente, significa “viva a diferença”, mas usada assim mesmo, na língua original, talvez para acentuar a celebração da tolerância para com as diferenças – entre sexos, entre partidos, entre opiniões. Isso dando de barato que os franceses de fato tenham tal virtude... Se diz, em francês, |VIV la di-fê-RRÃNÇ|, com “d” (não “dj”), “r” carioca e aquele “ã” dito quase como um “õ”.

VJ – Sigla moderníssima, do tempo da MTV, a televisão especializada em música e comportamento jovem, significando *video-jockey*, em alusão ao *disc-jockey*, que virou *DJ* (v.). Trata-se, o *VJ*, do cara que bota música e a comenta, mas na televisão, no vídeo, e daí a adaptação. Se diz, em inglês, |VI-djêi|.

V-mail – Trata-se de uma abreviatura que já acumula três significados, ao longo de sua curta vida. Começou na altura da Segunda Guerra Mundial (1939-1945), com o sentido de “Correio da Vitória”, manha do exército norte-americano, que grafava *v-mail*, isto é, *victory mail*, em correspondências. Depois passou a significar *voice mail*, quer dizer, “correio de voz”, recado gravado para ser ouvido por quem de direito. Mais recentemente, tem significado *video-mail*, quer dizer, uma correspondência em forma de vídeo. Se diz |VI-mêil|.

Vocalise – Palavra francesa, com entrada no inglês também, que designa o exercício de canto sem palavras, ou apenas com uma vogal subindo e descendo a escala das notas, ou um lalalá que o cantor usa para aquecer a voz, para afinar, ou até para fazer uma onda na execução de uma canção. Naturalmente, a palavra tem origem latina, a mesma que nos deu “vocal”, “vogal” e outras. Se diz como se fosse português mesmo, |vo-ca-LI-zi| ou, afrancesando a coisa, |vo-ca-LIZ|. Ver *scat*, que é parecido. *Vocalise* parece se restringir mais ao aquecimento do cantor lírico, do cantor com formação erudita, ao passo que o outro se refere ao mundo *jazz* e *pop*.

Voilà – Expressão francesa que é usada muitas vezes apenas como alusão ao mundo francês em geral, ou aos franceses, quaisquer que sejam (junto com *Uh-la-la*). Significa o mesmo que o nosso “Eis”, uma palavra que aponta para uma coisa que aí está, diante de quem está falando e de seu interlocutor. Expressa comumente satisfação, regozijo, gosto por ver termina-

da a coisa que vinha sendo preparada ou esperada. Se diz |vuá-LA| e tem origem na junção de *voi*, imperativo de *voir*, "ver", com *là*, "lá", "ali": algo como "olha lá", "olha só", digamos.

Vol-au-vent – Prato francês, usado como entrada, feito com massa folhada, vazado no centro e recheado com frango, cogumelo ou crustáceos. Se diz |vó-lô-VÂN| e seria traduzível, ao pé da letra, por "vôo ao vento", não me pergunte por quê. Seria pela leveza da massa folhada?

Voucher – Nos aeroportos, onde se pronuncia a palavra, é comum ouvir |VÁU-cher|, forma de dizer essa palavra inglesa que eles lá preferem pronunciar |VÁU-tchâr| mesmo. Significa "atestado", "credencial", "vale", como no contexto dos vôos atrasados e das desagradáveis idas a hotéis próximos para passar a noite e pegar o vôo na manhã seguinte: aquele papel que a gente entrega para dizer que temos direito a alguma coisa, em geral ali consignada.

Vox populi – Expressão latina, que por inteiro é *Vox populi, vox Dei*, provérbio que parece ancestral, mas que é apenas da Idade Média, significando literalmente "A voz do povo é a voz de Deus", o que, traduzido em coisa mais direta, poderia significar "Se todo mundo acredita numa coisa, é certo que ela é certa", argumento democrático que naturalmente pode encobrir uma enorme quantidade de asneiras, conforme o tema e a época em consideração. Imagine o senhor se a gente, com base nessa suposta verdade geral, fosse acreditar na opinião de parte expressiva dos alemães dos anos 30, que jurariam que Hitler estava certo e que os judeus eram mesmo a causa dos males da humanidade. Ou se a gente fosse

acreditar na demência de parte dos habitantes de Israel em nossos atormentados dias, que jura que a melhor coisa do mundo é erguer um muro para os palestinos ficarem em seu canto. Se diz |VÓCS PÓ-puli, VÓCS DÊI|.

Voyeur – Palavra francesa bastante usada em várias partes do mundo, ela é bastante antiga e significava apenas "aquele que fica vendo" – atrás dessa palavra está o verbo latino *videre*, origem do nosso "ver". Mas de Freud (1856-1939) para cá passou a designar o indivíduo que tem prazer ao ver outros que transam, ou ao ver um corpo nu, estando o vedor devidamente oculto aos outros, aos que são vistos. Mais genericamente, fala-se em *voyeur* como alguém que gosta de ficar vendo, tendo prazer em ver, sem participar, e não apenas de atividades sexuais. A pronúncia é difícil para a boca brasileira: fica mais ou menos |voái-ÉRR|, com o "r" carioca e o "é" dito com boca de dizer "o".

W

Wafer – Palavra da língua inglesa que designa uma bolachinha (ou a massa de biscoito) bem fina, crocante, seca, como aquela massa de que se faz a hóstia católica ou aquela que faz certas bolachinhas em camadas. Se diz, na língua de Bob Dylan, |UÊI-fâr|.

Waffle – Nome de um bolo feito com massa aerada, assada em forno elétrico, em forma achatada, que se come solo ou com algum doce por cima. A palavra é inglesa e se pronuncia |UÓ-fâl|; em alemão a forma é *Waffel* e a pronúncia seria |VÁ-fâl|,

Walkie-talkie – O avô dos telefones celulares. Era uma invenção do tempo da Segunda Guerra Mundial, que a gente pode ver nos filmes: soldado americano, em pleno campo de batalha, com um bagulho imenso colado ao lado do rosto e falando com o chefe, que está noutra parte do cenário ou até no conforto de um escritório. Aquele bagulho é o *walkie-talkie*. A palavra, o senhor percebeu? Se compõe de *to walk*, "caminhar", e *to talk*, "falar" – daí o *walkie-talkie* (dito mais ou menos |UÓ-qui TÓ-qui|), que se poderia traduzir como "fala-e-caminha", ou "falando-e-caminhando", por aí. Consta que seu inventor, um certo Al Gross, morreu sem ganhar a grana correspondente ao tanto de sucesso que o neto de seu invento teve e tem.

Walkman – Ver *discman*.

WASP – É como se diz em inglês "vespa", mas assim, com maiúsculas, é sigla bastante conhecida na história dos Estados Unidos da América: ela resume uma condição sócio-histórica, a do sujeito que é simultaneamente "*white, anglo-saxon and protestant*, quer dizer, "branco, anglo-saxão e protestante". Dito

assim, pode parecer apenas uma descrição, mas ocorre que ela significa mais: assim seriam, segundo uma visão racista, os cidadãos de primeira ordem nos EUA, cidadãos que não são nem negros, nem de outra origem além da anglo-saxã, nem católicos ou judeus. Mas pode ser usada de modo *não* racista, evidentemente, apenas para designar aqueles que de fato são os primeiros norte-americanos, tirando os índios nativos, naturalmente. A pronúncia da sigla, lá, é |UÓÇP|.

WAP – Sigla moderna, para *wireless application protocol*, o que em língua de dia de semana dá "protocolo para aplicações sem fio", que os angloparlantes diriam mais ou menos |UÁI-ârlâç é-pli-QUÊI-chân PRÔU-tâ-cól|. Em resumo, para leigos como eu, *WAP* (que a gente talvez venha a chamar de |UÁpi| e os americanos dirão |UÓP|) é a tecnologia que funciona sem fio, tipo certo de *mouse*, ou o celular mais moderno, com acesso à internet e essas coisas todas.

Waterproof – Palavra inglesa que de vez em quando aparece gravada em produtos como certos relógios, significando "infenso à água", "impermeável", o que na prática quer dizer que pode mergulhar com ele que não dá nada, porque ele e à "prova d'água". A palavra se compõe de *water*, "água", e *proof*, "prova", no sentido acima mencionado, e se diz |UÓ-târ-pruf|.

WC – Sigla que se encontra em toda parte do país, que resume a expressão inglesa (lá desusada) *water closet*, composta de *water*, que é "água", e *closet*, que é "gabinete", "armário", "saleta". Na junção delas, temos o equivalente antigo e eufemístico para o nosso "banheiro" (em partes do Brasil se usava chamar, antigamente, "quarto de banho" ao banheiro). A pronúncia em inglês é |UÓ-târ CLÓ-zet|, mas no Brasil a gente diz |vê-ÇÊ|.

Web – Hoje em dia usado até como adjetivo: "A melhor agência *web*", por exemplo, para designar determinada agência de publicidade que atua nos espaços virtuais. A palavra sozinha quer dizer "tecido", trama do tecido, e também "teia de aranha", isso há muitos tempos; daí que, por uma analogia fácil de entender, tenha sido convocada para ganhar mais um sentido, passando a designar a rede mundial de computadores. Se diz |UÉB|. Aparece em compostos vários, como *webmail*, "correio na rede". Ver *www*.

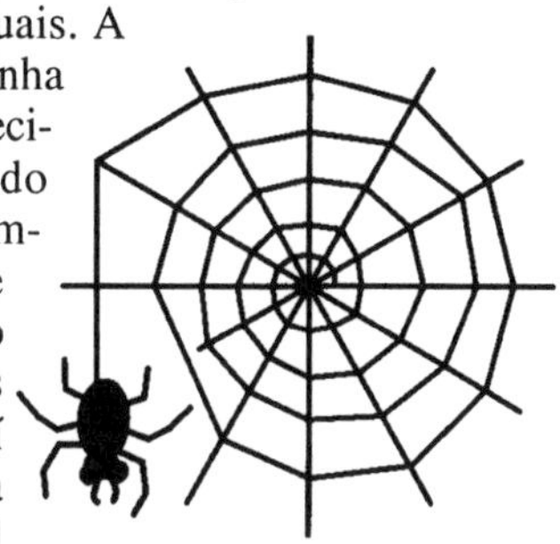

Webdesigner – *Designer* (v.) que trabalha na *web* (v.), desenhando páginas para a rede. Diga |UÉB-dâ-ZÁI-nâr|.

Weekend – Inglês, o que nós chamamos de "fim de semana", literalmente a mesma coisa. Se diz |UÍ-quênd| em inglês, mas aqui também se diz |uí-QUÊN-dji|.

Welfare state – Conceito e prática hoje em dia quase jogados na sarjeta da história, nos últimos tempos, pela ação dos ultraliberais, que acham que qualquer sistema de seguro social é demais. (O senhor não lembra do recente Fernando Henrique, no Brasil, querendo destruir a "Era Vargas"?) *Welfare* quer dizer "bem-estar", uma soma de coisas envolvendo saúde, prosperidade, felicidade, boa fortuna, tudo o que o senhor e eu queremos ver no mundo todos os dias. *Welfare state* se traduz correntemente pela redundante mas precisa expressão "estado de bem-estar social". Historicamente, significa que o Estado assume a responsabilidade pelo bem-estar dos cidadãos, oferecendo saúde, educação, seguro-desemprego, essas coisas todas. Não existe regularmente, a não ser excepcionalmente, como nos países nórdicos, sendo uma miragem no resto do mundo. A expressão teria sido usada pela primeira vez nos anos de 1930, por Sir Alfred Zimmern, para distinguir do *war state*, o "estado de guerra" que tomava o cenário da Segunda Guerra. O começo da prática de assegurar essas coisas para o povo nasceu na Alemanha de Bismarck, nos anos 1880, sendo seguida por várias nações do mundo, incluindo os países nórdicos já mencionados, o Reino Unido, os Estados Unidos, esses na altura de 1935, com Roosevelt e sua lei de Seguridade Social, e mesmo, em parte, na América Latina, com os direitos trabalhistas de Vargas, no Brasil, e Perón, na Argentina, na mesma década de 1930. Diz-se |UÉL-fâr ÇTÊIT|.

Weirdo – Palavra de gíria do inglês que parece ter entrado nos círculos descolados brasileiros; designa o sujeito estranho, de aparência esquisita, excêntrico, até o limite de parecer meio perigoso de tão fora dos padrões. Se pronuncia |UÍR-dôu|.

Weltanschauung – Palavra alemã bastante conhecida nos meios acadêmicos da área de Humanidades, é daquelas que têm trânsito em toda parte onde haja vida inteligente à maneira ocidental moderna. Significa "visão de mundo", ou, mais amplamente, uma interpretação das coisas do mundo, até mesmo da vida humana em geral. É coisa paca, convenhamos, e daí que calhe bem ser chamada em alemão, que alguns dizem ser a língua adequada para expressar coisas complexas (e o Caetano Veloso brincou, em sua canção chamada, apropriadamente, *Língua*: "Está provado que só é possível filosofar em alemão", isso contra a pretensão do brasileiro, que, se tiver uma idéia, o melhor a fazer é justamente uma canção). A palavra se compõe basicamente de duas outras, *Welt*, que quer dizer "mundo", e *Anschauung*, que significa "visão". Se diz |vêltan-CHA-ung|.

Western – Assim a seco, a palavra qualifica aquilo que está no ou se refere ao oeste, *west*, em inglês. Mas a palavra ficou famosa por ser a designação genérica dos relatos ficcionais, por escrito ou no telão do cinema (e na telinha da tevê, igualmente), da conquista do Oeste norte-americano, as histórias dos *cowboys* no que eles lá chamaram de *Wild West*, "Oeste Selvagem", com muito tiro, cavalo, vaca e índios, o que hoje em dia eles chamam, pela Correção Política, de *Native Americans*, sempre segundo uma visão simplificada que opunha os bons e os maus, mocinhos e bandidos. Se diz |UÉÇ-târn|.

Whisky – Bebida forte, feita da destilação de cereais como o centeio, o milho, a cevada e a aveia. A casa original do *whisky*, com forma aportuguesada em "uísque", é a Escócia; os uísques feitos na Irlanda e nos Estados Unidos em geral são escritos na forma *whiskey*. A palavra tem origem comum com vodca e com *water*, "água"; a matriz da palavra *whisky*, mais proximamente, vem do gaélico *usquebaugh*, que significa "água da vida".

Who's who – No inglês, significa "quem é quem", e serve para nomear uma lista de pessoas que valem a pena, em determinado âmbito. Por exemplo: *who's who* no rock nacional. Se diz |RRUZ RRU|, com os "r's" ditos aspirados.

Winchester – Era nome de rifle, daqueles que a gente via nos filmes de bangue-bangue, também conhecidos como filmes de velho oeste, ou de mocinho e bandido, por aí. E foi daí mesmo que veio a ser nome do disco rígido dos computadores. Diz que a IBM resolveu usar o nome para os *HD* (v.) porque o primeiro disco rígido tinha a capacidade de 30 megabytes (*MB*) e um tempo de acesso de 30 milissegundos, fato que levou os caras a associarem o invento com o velho rifle Winchester de calibre .30, conhecido como "30-30". Por isso.

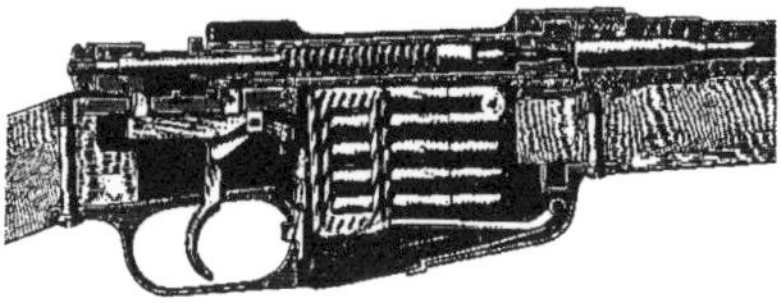

Windows – A palavra é inglesa e entrou na nossa vida como designação do sistema de computação que tomou conta do mundo todo. A palavra significa "janelas" (o que corresponde à imagem de janelas sucessivas que aparecem na tela), e por uma ironia do destino a empresa é de um William, ou Bill, Gates – *gates* quer dizer "portões", ou "portas". Se diz |UÍN-dôuz|.

Windsurf – Esporte que combina o *surf* (v.), o conhecido surfe, com *wind*, em inglês, "vento". Trata-se daquela prancha com uma vela incrustada em seu centro. Se diz |UÍNDçârf|.

Winner – Em inglês, "vencedor", aparece de vez em quando na vida brasileira, tanto nas cerimônias de entrega do prêmio Oscar quanto nas transmissões esportivas, algumas delas ao menos, como no vôlei e no tênis, nesse caso para designar a jogada vencedora, a jogada que o adversário não tem qualquer chance de defender ou revidar. Se diz |UÍ-nâr|.

Wireless – Inglês, palavra presente no mundo dos computadores e das transmissões de informação. Significa "sem fio", e se diz |UÁI-âr-lâç|.

Wishful thinking – Expressão inglesa das mais interessantes, se traduziria, literalmente, por "pensar conforme o desejo", mais ou menos. Usa-se para descrever a confusão que alguém faz entre seu desejo e a realidade (e tem sido usado como igual a "pensar com otimismo", em certos contextos. Se diz |UÍCH-ful THIN-quin|, sendo este "th" pronunciado como se fosse um "t" dito com a língua entre os dentes, aproximadamente.

W. O. – Sigla bastante usada no mundo esportivo, significando, na prática, a vitória formal, quando não chega a haver competição, porque um dos concorrentes não apareceu para o jogo. Vem do inglês, com origem no mundo do turfe: mesmo no páreo em que só um cavalo comparece, ele cumpre o percurso, o que é chamado de *walkover*, um passeio sobre a pista, por assim dizer. A pronúncia brasileira oscila entre o canônico |DA-bliu-Ó| e o distenso |vê-Ó|.

Woofer – O nome do alto-falante especializado em sons graves. *Woof*, em inglês, é como se chama aquele au-au grave do cachorro. Se diz mais ou menos |UÚ-fâr|.

Workaholic – Termo moderníssimo, composto a partir de *alcoholic*, que hoje em dia no Brasil a gente chama de "alcoolista" e não mais "alcoólatra" (deve ser mudança motivada pela correção política, porque se sabe que o adicto ao álcool ou a qualquer droga é, na verdade atual, um doente e não um sujeito que "idolatra" o álcool), com *to work*, "trabalhar". O resultado designa o sujeito que é "viciado em trabalhar", tem compulsão pelo serviço. Se diz |UÂR-ca-RRÓ-lic|.

Work in progress – Conceito artístico moderno que designa não apenas uma obra incompleta, mas uma obra que se compreende como infindável, como um contínuo trabalho de reformulação. A tradução literal seria "trabalho em curso". O conceito era caro a James Joyce (1882-1941), o genial escritor irlandês, autor do *Ulysses* (1922) e especialmente, para o caso presente, *Finnegans Wake* (1939), recentemente traduzido para o português em sua totalidade por Donaldo Schüler. Se diz |UÂRC in PRÓ-grêç|.

Work station – Expressão inglesa que significa "estação de trabalho", manha recentíssima, nomeação moderna para coisa moderna: trata-se de um espaço de trabalho, mais que um computador sobre uma escrivaninha, embora essas duas coisas sejam o conteúdo específico da tal estação. Se diz |UÂRC ÇTÊI-chân|.

Workshop – Termo inglês muito usado hoje no Brasil (e noutras várias partes do mundo), para designar uma "oficina", curso intensivo, uma série de sessões de trabalho com um especialista. A palavra existe há tempos no inglês, mas designando um local de trabalho, justamente uma "oficina", e daí foi ampliado para o sentido moderno antes mencionado. Se diz |UÂRC-chóp|, em inglês, ao passo que em português a gente tende a acrescentar sílabas e alterar a tônica, |uor-qui-CHÓ-pi|.

World music – Mais ou menos um milhão de estilos musicais que não cabem no vocabulário dos norte-americanos, feitos em lugares remotos da América, Ásia, África, Oceania e mesmo na Europa pobre, estilos ligados diretamente a matrizes populares ou folclóricas, e que são assim designados por uma mistura de preguiça, imperialismo e desprezo. Em lojas de discos brasileiras começa a aparecer o termo. Se diz, em inglês, |UÂRLD MIÚ-zic|, mas como a pronúncia de *world* ("mundo") é muito complicada a gente em geral diz |UÔU|.

Wurst – Nome da salsicha, em alemão, dita |VURST|.

WWW – Sigla das mais manjadas hoje em dia, resumo da expressão *world-wide web*, traduzível por "rede mundial", em referência à rede mundial de computadores. Ver *web*. Se tem pronunciado |DÁ-bliu| três vezes; se for pra dizer a expressão de origem, seria |UÂRLD-UÁID-UÉB|.

X

Xeque – A expressão xeque-mate veio do persa *shah mat*, mais ou menos, que significa "o chefe (o xeique) morreu", donde se vê igualmente que *shah* é "chefe", ou pelo menos "ancião", por aí.

Xerox – Palavra totalmente incorporada na língua portuguesa, em algumas regiões tomada como feminina ("uma xerox"), noutras, como masculina, ela nomeia uma empresa norte-americana com esse nome. A pronúncia inglesa é bastante diferente da nossa: para eles é |ZI-rocç|, com "r" caipira, ao passo que para nós parece que a tendência é por uma tônica na última sílaba, |chê-RÓCS|, mas muitos dizem |CHÉ-rocs|, e há ainda |CHÉ-ro-quis|. O inventor foi o norte-americano Chester Carlson (1906-1968), que ficou nababo, naturalmente, e a palavra se formou a partir de *xeros*, "seco", em grego; o motivo é também o mistério do xerox: imprime a seco.

Xiita – Termo recentemente incorporado ao português brasileiro, a partir da palavra árabe que não faço idéia de como se escreve naqueles lindíssimos traços da escrita árabe. A definição estrita diz que se trata de sujeito que, dentro da tradição muçulmana, reconhece em Ali o sucessor legítimo de Maomé, numa tradição a que se opõem os sunitas. O termo entrou no nosso vocabulário designando o radical, o extremado, o sujeito que é capaz de morrer (e matar, talvez) por suas idéias.

Y

Yetty – Termo recente. Trata-se de um novo tipo humano, cujo aparecimento tem a ver com o modo de vida e trabalho. A designação vem das iniciais da expressão *young entrepreneurial tech-based twenty-something* – ah, a vantagem de uma língua que concentra sentidos –, que em português daria "jovem (de vinte-e-poucos anos) empreendedor ligado à tecnologia", ou por aí. Assim que teríamos *yet*, palavra que por sua vez existe em inglês como advérbio, significando "ainda", "por ora", e, como conjunção, "contudo". O tipo apresenta as seguintes marcas: é jovem, em torno dos trinta anos, veste-se de modo relaxado ou à vontade, largadão, segue certo padrão de moda jovem (*piercing*, talvez uma tatuagem, camisetas básicas, óculos pequenos de aros grossos com certo aspecto retrô, tênis de *skatista*), mas – aqui o inusitado – é ligadíssimo na tecnologia de ponta, trabalhando com computadores umas treze ou quatorze horas por dia, tanto para inventar coisas como para divertir-se e comunicar-se (muito *ICQ* e muito *e-mail*, pouco telefone convencional). Toma decisões rápidas, muda de emprego careta para emprego *yettie* com muita facilidade, mora em apartamentos grandes com poucos móveis. Tem formação variada, e muitas vezes sem qualquer relação com a tecnologia propriamente dita – estuda dança, fez Letras, mergulha na Física. Ele trabalha em empresa de internet, fazendo qualquer coisa e todas as coisas. Distingue-se do *yuppie*, como dá pra sentir, mas também quer ganhar muita grana. Se diz |IÉ-ti|, com "t" de "tato".

Yin-yang – Par de forças complementares, na cultura chinesa: uma positiva, clara, masculina, solar (*yang*), outra negativa, escura, feminina, lunar (*yin*).

Yoga – Na origem sânscrita, a palavra significa "união", e designa uma prática física e mental dirigida a buscar equilíbrio e paz de espírito. Tem registro em dicionários como "ioga". Há quem diga |IÔ-ga| e quem diga |IÓ-ga|; parece que a primeira é mais próxima da pronúncia sânscrita. História sobre o *yoga* é o que não falta, como se sabe, mas não se erra ao dizer que ele é uma escola, um estilo de interpretação dos *Vedas*, conjunto de escritos em sânscrito que foram visualizados pelos sábios antigos, estilo que se preocupa com a mente, mais do que com rituais e orações. Uma bonita versão diz que Vishnu, uma das divindades principais do panteão hindu, aquela que criou e preserva o mundo, certo dia resolveu atender ao pedido desesperado dos humanos, que queriam saber o sentido disso tudo aqui; ele resolveu, então, enviar à Terra a serpente sobre a qual ele próprio dormia. Essa serpente teria encarnado num sujeito chamado Patândjali, que escreveu o texto-base do *yoga*, o *Yoga sutra*, uns quinhentos anos antes de Cristo. Patândjali veio para diminuir o sofrimento humano, que como nós todos sabemos não é pouco, e trouxe três conhecimentos: o *ayurveda*, para a saúde do corpo, a gramática, para a saúde da linguagem, e o *yoga*, para a saúde da mente.

Yuppie – Palavra inglesa criada a partir da expressão *young urban profesional*, "jovem profissional urbano", talvez com alusão à palavra *hippie* (v.). O *yuppie* é o sujeito jovem, bem pago, que vive bem e faz questão de ostentar isso, num consumismo notório (o que em alguns círculos se chama de "padrão de vida afluente"). A gente diz |IÚ-pi|, mas o inglês diz |IÂ-pi|.

Z

Zap – No vocabulário de nossos dias, com a superoferta de canais de televisão (especialmente os pagos, é claro), fala-se em "zapear" para dizer o gesto de ficar passando de um canal a outro, via controle remoto. No inglês, *to zap* significa, entre outras coisas, "movimentar rapidamente". *Zapping* é o substantivo que refere isso, o frenesi de zapear.

Zeitgeist – Palavra alemã de uso culto em toda parte, se traduz literalmente por "espírito do tempo", em referência a uma época, tomada em conjunto. O termo em geral é associado a Hegel, filósofo alemão (1770-1831), um dos responsáveis pela formulação moderna da dialética e um dos mais notáveis filósofos a perseguir a idéia de que todas as coisas, os desejos, as instituições, a filosofia, tudo, enfim, é profundamente histórico, depende de seu tempo e das condições objetivas da existência. Se diz, em alemão, |TÇZÁIT-gáist|.

Zen – Palavra chinesa e japonesa, de origem sânscrita, que corre mundo por causa de uma religião (ou uma filosofia, conforme o gosto do freguês), o zen-budismo, que afirma ser possível alcançar a iluminação mediante a meditação, a autocontemplação e a intuição, mais do que pela fé. O caminho é mais ou menos o seguinte: sânscrito *dhyanam*, "meditação" (teria a participação da forma *dhyati*, "ele medita"), indo ao *páli*, antiga língua indo-ariana usada nos meios religiosos budistas, na forma *jhanam*, mais ou menos, e daí indo ao chinês mandarim *chan* e daí, finalmente, ao japonês *zen*. Bacana paca. Querendo, o senhor vai encontrar boa leitura em dois clássicos recentes: *A arte cavalheiresca do ar-*

queiro Zen, do alemão Eugen Herrigel, e mais ainda, se bem que heterodoxamente – mas quem é que está aqui para ser ortodoxo? –, em *Zen e a arte da manutenção de motocicletas*, do norte-americano Robert Pirsig.

Zip – O verbo inglês *to zip* significa coisas que fazem o barulho que a palavra sugere, quer dizer, coisas cuja velocidade gere uma espécie de assobio, como fechar rapidamente um zíper ou, como é o caso de interesse agora, encolher o tamanho de um arquivo de computador, para armazená-lo ou para enviá-lo a algum destino. Sabe como se diz?

Zíper – Em inglês, *zipper*, aportuguesado para essa forma. Trata-se do fecho com duas fileiras de grampos, cada qual fixada a uma banda de tecido, fileiras que se unem ou separam mediante o movimento de um trequinho simpático cujo nome me escapa completamente, e não importa mesmo. Consta que a invenção não era exatamente para o que acabou servindo ("braguilha de calça", especialmente masculina), mas para fechar uma bota. Isso ocorreu no distante agosto de 1893, quando um engenheiro mecânico chamado Whitcomb Judson patenteou o primeiro zíper do mundo, e expôs sua nova brincadeira na Feira Mundial de Chicago no mesmo ano. Passou batida pelos milhões de espectadores. Depois, outro sujeito, Gideon Sundbrack, melhorou o *design* do zíper, que rompia por qualquer coisa. Foi o famoso B. F. Goodrich que patenteou a invenção, em 1925. Mas não conseguiu reter a marca para si – só levou o direito de propriedade sobre a marca *Zipper boots*, as tais "botas com zíper". O termo, de todo modo, é possível explicar com facilidade: veio de *zip*, nome e verbo associados ao som de algo que se move rapidamente. Ver *fecho éclair*.

Zoom – Nome do movimento de câmera para aproximar ou para afastar do objeto focado. A origem da palavra em inglês é onomatopaica, como *zip*: quase dá para ouvir um barulho como |ZUM| ao fazer um dos citados movimentos da lente.

Principais fontes consultadas

DICIONÁRIOS E LIVROS DE REFERÊNCIA EM VERSÃO ELETRÔNICA:

American Heritage Dictionary, third edition.

Aurélio, versão 3.0.

Encyclopaedia Britannica, Millenium Edition.

Houaiss, 1.0

Penguin-Hutchinson Reference suite.

DICIONÁRIOS E LIVROS EM PAPEL:

COSTA, Sérgio Corrêa da. *Palavras sem fronteiras.* Rio de Janeiro: Record, 2000.

CROWTHER, Jonathan (ed.). *The Oxford guide to British and American Culture.* Oxford: Oxford University Press, 1999.

Dicionário de Informática. São Paulo: Microsoft Press e Editora Campus, 1993.

GODINHO, John. *Once upon a time um inglês... – A história, os truques e os tiques do idioma mais falado do planeta.* Rio de Janeiro: Relume-Dumará, 2001.

GOMENSORO, Maria Lucia. *Pequeno dicionário de gastronomia.* Rio de Janeiro: Objetiva, 1999.

HENDRICKSON, Robert. *Encyclopedia of word and phrase origins.* New York: Checkmark Books, 2000 (edição revisada).

KINDER, Hermann e HILGEMANN, Werner. *Atlas histórico mundial – De los orígenes a nuestros días.* Trad. Carlos Alvarez e Antón Arenas. Madrid: Istmo, 1983, 12ª ed.

LANCELLOTTI, Silvio. *O livro da cozinha clássica* – a história das receitas mais famosas da história. Porto Alegre: L&PM, 2003.

Le petit Robert – Dictionnaire de la langue française. Paris: Dictionnaires Le Robert, 2000.

MAGALHÃES JR., Raimundo. *Dicionário de curiosidades verbais.* São Paulo: Ediouro, s/d.

NICOLA, José et alii. *1001 estrangeirismos de uso corrente em nosso cotidiano.* São Paulo: Saraiva, 2003.

PANATI, Charles. *Panati's extraordinary origins of everyday things.* New Yorh: Harper & Row, 1989.

RESENDE, Arthur. *Phrases e curiosidades latinas*. Rio de Janeiro: Serviço Gráfico IBGE, 1955.
RÓNAI, Paulo. *Não perca seu latim*. Rio de Janeiro: Nova Fronteira, 1980.
SPEAKE, Jennifer (ed.). *The Oxford dictionary of foreign words and phrases*. New York: Oxford Universtity Press, 2000.
TOSI, Renzo. *Dicionário de sentenças latinas e gregas*. Trad. Ivone Castilho Benedetti. São Paulo: Martins Fontes, 1996.
VALSI, Tatiana. *O fantástico mundo da informática*. São Paulo: Editora Panda, 2003.
ZIMMERMAN, Héctor. *Tres mil historias de frases y palabras que decimos a cada rato*. Buenos Aires: Aguilar, 1999.

SÍTIOS NA INTERNET:
www.sualingua.com.br, de Cláudio Moreno
www.worldwidewords.org, de Michael Quinion

O autor ficará muito grato de receber comentários, palpites, sugestões.

Endereço na internet: estrangeirismos@lpm.com.br

Endereço para correspondência física: Rua Comendador Coruja, 314, loja 9, CEP 90220-180, Porto Alegre, RS.

IMPRESSÃO:

GRÁFICA EDITORA
Pallotti
IMAGEM DE QUALIDADE

Santa Maria - RS - Fone/Fax: (55) 3220.4500
www.pallotti.com.br